运动技能发展指南

基于动作技能、姿势控制及运动素质提升的训练设计（修订版）

[英] 克莱夫·布鲁尔（Clive Brewer）著
任满迎 赵晓锋 译

人 民 邮 电 出 版 社
北 京

图书在版编目（ＣＩＰ）数据

运动技能发展指南 ： 基于动作技能、姿势控制及运动素质提升的训练设计 / （英）克莱夫•布鲁尔(Clive Brewer) 著 ; 任满迎, 赵晓锋译. -- 修订本. -- 北京 : 人民邮电出版社, 2025.9
ISBN 978-7-115-60719-5

Ⅰ. ①运… Ⅱ. ①克… ②任… ③赵… Ⅲ. ①运动技术—指南 Ⅳ. ①G819-62

中国国家版本馆CIP数据核字(2023)第031383号

内 容 提 要

本书用一种分享式的语言娓娓道来，在不同学科的知识之间架起沟通的桥梁，为致力于提升运动表现的运动员及教练提供综合性指导。本书不仅讲解了关于身体发挥出最优效能的方法、各年龄段运动机制的变化、动作的力学功能、姿势的重要性及其评估方法，还提供了关于设计渐进式训练课程的建议与案例，同时针对速度、灵敏性、力量、爆发力等身体素质的提升提供了训练方法。无论你是运动员、体育老师还是专业教练，阅读本书后都会获益匪浅。

◆ 著 ［英］克莱夫·布鲁尔（Clive Brewer）
译 任满迎 赵晓锋
责任编辑 刘日红
责任印制 彭志环
◆ 人民邮电出版社出版发行 北京市丰台区成寿寺路 11 号
邮编 100164 电子邮件 315@ptpress.com.cn
网址 https://www.ptpress.com.cn
大厂回族自治县聚鑫印刷有限责任公司印刷
◆ 开本：700×1000 1/16
印张：24.75 2025 年 9 月第 2 版
字数：552 千字 2025 年 9 月河北第 1 次印刷

著作权合同登记号 图字：01-2017-2576 号

定价：148.00 元

读者服务热线：(010)81055296 印装质量热线：(010)81055316
反盗版热线：(010)81055315

目 录

序

在我40多年的教练生涯中，我一直致力于加深对运动表现各方面的理解，并不断地参与运动。由于我懂得如何在多项运动中帮助运动员达到其运动潜能的极限，因而我能够帮助运动员达到其运动水平的新高度。出于这一目的，基于教育追求和实践活动，我开发了一种理念。我用该理念鼓励教练和运动员去努力拼搏，更加深入地理解和掌握运动发展的方方面面。

在这一理念的指导下，我没有止步于指导运动员，我还对教练、团队、国际联合会、奥委会，就多项体育项目提出了相关意见。我早年曾在母校麦迪逊分校担任高中教练，当时，我利用自己的专业知识与教练身份，指导冰球队及女子田径队，这两支运动队在州比赛中都曾成功夺冠。我始终尽我所能地去了解与运动表现相关的一切知识，这已经成为我的工作方法。我在威斯康星大学、田纳西大学和路易斯安那州立大学都一直秉持这种做法。我在路易斯安那州立大学工作时，作为女子田径队主教练，曾参与了一项培养140名全美女子选手的项目，并有幸带领一群出色的教练和运动员，参加了5届美国大学体育协会（NCAA）组织的团体冠军赛。我所秉持的理念曾帮助道恩·索维尔（100米跑10.78秒，200米跑22.03秒）和希拉·埃科尔斯（100米跑10.83秒，跳远6.94米）这样级别的选手摘金夺银，登上领奖台。

那段时期，不时会有其他教练批评我对运动员使用一些太过学术性的词语。有一天，我碰上了其中一位批评者。当时我正叫住一名运动员，叫她阐述生物力学中的一个表现概念。令那位正困惑不已的教练吃惊的是，运动员给出了一个正确、有说服力且言简意赅的答案。作为教练，我最自豪的成就之一，是看到许多我执教过的运动员当上职业或业余教练，并在执教过程中使用他们曾学到过的理念。

1989年，我离开象牙塔，专门从事培养职业运动员相关的工作。我培养出来的，在田径史上留名的高水平运动员包括曾在1991年国际田联世锦赛上获得100米和200米双料亚军的格温·托伦斯。近一段时期，我培养的运动员在短跑、跨栏及跳远3个项目上都收获颇丰，如多诺万·贝利、德怀特·菲利普斯、安杰洛·泰勒、拉肖恩·梅里特，以及蒂安娜·巴尔托莱塔都达到了高水平运动员的水准，但他们仍在如饥似渴地学习。德怀特·菲利普斯已经加入IMG学院的教练团队，这让我感到非常自豪。

集体类项目的运动员同样会从克莱夫·布鲁尔的最新出版物中受益匪浅。1989年，我加盟亚特兰大猎鹰队，担任他们的速度与运动表现顾问。直到很久之后，其他球队才配备了类似的顾问职位。那一年，猎鹰队闯进了超级碗（Super Bowl），部分原因是他们在首发赛事中缺席的比赛数量最少，在第四节比赛中得分差距最大，队员们的身体素质更出色、更健康。此外，我还担任过芝加哥公牛队、底特律雄狮队、杰克逊维尔美洲虎队的顾问，也为赫谢尔·沃克、多尔西·利文斯、马可·科尔曼和格伦·戴维斯等球员充当过顾问。我服务过的球员很多，这里我只提到了少部分。

本书的作者克莱夫·布鲁尔，是一位在全球范围内都被认可的高水平运动表现和运动训练专家。他为读者在该领域提供了一份综合知识指南。我认为教练应该有一个大样本量的数据库，以便在发生各种可能的情况后，及时提取可供参考的数据。教练应该熟悉关于提高（运动）表现领域的全部知识，同时主动寻找新的且富有创造性的方法。本书正好提供了这类应用性知识——本书中的素材能吸引、指导、启发读者，让他们按照先后次序来发展运动员的动作技能，从而取得成功。

我一直坚信，任何竞技发展教练的首要角色就是动作教练。运动员必须使自身关节在合适的时机处在合适的位置，这样肌肉才可以以最佳方式发挥作用。不恰当的动作发力方式，不仅会导致无效动作的出现，而且还容易使运动员受伤。因为在这种情况下，肌肉、韧带、关节都会重复受到多次巨大冲击，而人体的构造并不是被设计用来承受这种冲击的。毕竟，有什么运动不需要运动员动作合理呢？因此，合理的动作技术不仅为体能工作奠定了基础，还为体育教育项目和专项执教奠定了基础。因此，动作技术在可靠的运动表现发展方案中处于核心地位。

在整个运动发展领域（涉及发展过程的各个方面）对运动表现的知识和经验的追求过程中，我与怀有共同目标的同事并肩同行。我们已经分享了许多经验和专业知识来帮助大家理解“是什么”和“怎样做”背后的原因。在我的职业生涯中，我一直尝试对渴望学习的教练和科学家做同样的事情，这样他们就可以帮助其他人获得更多的知识。本书恰恰就提供了这样的学习机会。

十多年来，克莱夫·布鲁尔和我既是同事也是朋友。我们初次见面是在爱尔兰的都柏林，当时我正在那里参加欧洲体育运动教练协会研讨会（European Athletics Coaches Association Symposium）。那次见面让人难忘，我很快就发现克莱夫对发展力量与爆发力具有强烈的兴趣和深刻的理解，尤其是在与速度和动作相关的十分复杂的领域。克莱夫的方法结合了理论基础与实践经验，我认为这种方法在表述与证实基于理论依据和实践证明的观点方面是非常重要的。在运动表现这一主题的各个领域，克莱夫发表过数量可观的文章，其所述题材既多且广。他的著作为整个学科的知识体系作出了卓越贡献。我经常邀请克莱夫来帮助我评议新观点，请他为我的著作出谋划策。不久前，我们还在英国伯明翰再度合作，做了一场与速度相关的力量与爆发力的讲座，主要介绍职业运动员从初级水平提升到国际顶尖水平的过程。曾经克莱夫还和我一起在佛罗里达共事，为我执教的国家径赛运动队提供体能训练，当时这支队伍正在备战2016年里约奥运会。

本书使克莱夫的工作提升到了一个新的高度。本书详细地展示了不同的运动具有什么共性，并且介绍了如何通过使用运动技能来解决各种各样的挑战，探究了神经运动系统的运作方式。在第1章中，克莱夫与读者分享身体发挥出最优效能的方法，探究身体素质的重要性，同时还提供了各种动作术语。他在第2章和第3章中深入分析了各个年龄段运动机制的变化情况。

第4章着力探讨运动员动作的力学功能，以及有效发力后的运动效果。读者理解这些内容将有所裨益，其可以用于指导运动员通过进阶熟练掌握动作。

第5章对竞技运动姿势的重要性及其对运动效率的影响进行了深入的探讨，并从静态和动态两个方面对如何进行体位分析进行了全面的探讨。第6章强调了在动作技能发展过程中，尤其是在寻求正确的、可见的进阶挑战下，评估姿势的方法。

经过对前面内容的学习，读者已经掌握了基础知识。在第7章中，读者将学会如何构建一个实用且渐进的训练方案。训练方案应与运动员所处的阶段、个性特征相适应，而不是仅依据年龄设计的。第8章内容为发展速度与灵敏性的基本知识。第9章介绍了如何发展跳跃和快速伸缩复合训练技能。第10章为如何把功能性力量完美地融入一个训练方案中提供了解决方法。读者将受益于一系列的练习和技术指导，能够进入更高级的训练中，从而建立起功能性动作技能的优势。

如果一本书中没有读者可以参考和学习的各种真实案例，那么这本书是不完整的。本书的第11章就为读者呈现了几个案例，读者可以通过一个全面的、量身定制的动作训练计划，洞察解决挑战所需的内容。第11章还回顾了本书所阐述的基本原则，以帮助读者理解并优化动作训练计划。

与克莱夫共事，让我得以在执教期间亲身体会本书所提倡的内容与理念是如何发挥作用的。这些内容与我个人的理念、观点与实践体会相一致，因此我建议克莱夫分享他的专业经验。这样，我们就可以作为一个团队共同进步，以支持与我们合作的运动员。

阅读本书，你会深入理解如何帮助运动员，在他们努力拼搏的任何运动项目中最大限度地激发他们的潜能。

罗兰·西格雷夫
佛罗里达州布雷登顿市
IMG学院
速度与运动系主任兼田径与越野系主任

前 言

在职业棒球大联盟的比赛中，如果讨论到我在多伦多蓝鸟队中所起的作用，经常有人会问我是何时开始不把自己视为教练，而是视为科学家的。答案是，我从未有过这个想法。执教就是与人打交道，解决训练中的难题，让运动员保持最好的状态。因此，我首先是一名教练，一名践行科学原理的教练。

大多数与运动员打交道的人都是这么做的，因为他们的初衷都是让运动员更优秀。正是源于自己的兴趣与热忱，我想写本书来帮助其他人。因此，本书讲述了在执教不同年龄段和水平的运动员时，如何向他们传授核心动作技能背后的原理与机制。你会发现，阅读本书有助于发现正处于动作发展期不同阶段的运动员，他还需要做什么才能够更优秀。我已经把有关动作技能发展的“是什么”“如何做”，以及最为重要的“为什么”的答案都融合在了一起。

本书可用于训练方案设计的任何阶段。前5章就身体如何运作及如何提升运动表现给出了切合实际的说明。第6章和第7章在观察的基础上，将前面介绍的知识应用到了进阶的训练方案中。第8章到第10章提供了发展多方向的速度与爆发力潜能等的技术指导，该指导适用于从事不同项目的运动员。第11章呈现了一系列综合案例。

如果你是一名教练，既想有行之有效的方法，又想明白这些方法为何有效，又或者你是一名运动防护师，知道人体的工作方式，但还在寻找能够让客户提升运动表现和应对挑战的方法，那么，本书会适合你。同样，如果你是一名学生，正在寻找与科学运动接触并以一种有意义的方式把它带入生活的方法，那么本书会对你有所帮助。本书用一种分享式的语言娓娓道来，将在不同的专业知识间架起沟通的桥梁。

科学是基于成立与重构的原理和知识来解释、预测或影响某些现象的。在我的职业生涯中，这些现象就是动作。动作是每一种成功的运动表现背后的共同主题，也是竞技运动所需要的运动素质的基础，因为运动员通过动作来处理运动中的难题。我们可以识别各式各样的动作，按理来说，我们应该对它们全部加以研究。但当我在苏格兰担任运动员国家培养计划的负责人时，我所接触到的几乎所有运动都对跑（加速、减速、变向）、跳、快速发力等方面有基本要求。这种理解已经成为我与足球、美式橄榄球、英式橄榄球、田径、网球和棒球运动员合作的基础。我的工作不局限于服务精英级别的运动员，我还为许多机构设计训练方案，例如佛罗里达州的IMG学院和英国的儿童体育专项组织，我为其设计了动作术语和身体素质培养方案。

当许多人共同努力来激发运动员的潜能，以更好地服务运动员时，他们需要使用共同的语言体系和遵循共同的原则。每天我都遵循同一指导思想，即任何训练计划都需要把运动员置于中心地位。不管是服务团队（科学家、体能教练、运动防护师），还是教练，都必须做到不将自身的知识体系凌驾于运动员的需求之上。

每个参与运动员潜能开发工作的人都应该了解身体运作的基本原理，都应该知晓人体的工作、反应和学习方式（训练总是等同于学习），并把原理应用于已经设计好的实践活动中。本书将赋予你力量，让你能够对目前的竞技发展技术与方法做出评估，同时考虑如何才能进一步因材施教，从而规划和实施你的训练方案。

人体是彼此不同又相互联系的复杂集合体，训练时必须考虑运动控制系统的运作方式。这一基本原理是本书前面几章的纲领性内容。我确定了人体在运动中如何运作、儿童如何成长为成人，以及运动员如何控制三个维度（前后、左右、上下）上的力量的基本原则。我们需要具备交流这些知识的能力。我的目标是让大家（教练、学生、父母、老师、医生）都参与进来，在不降低科学含量、不以任何方式误解科学的前提下，让大家都能理解本书的内容。当我们知道做事的原因时，我们就能够确定如何更好地提升运动员所需的反应能力。同理，倘若我们清楚一个运动员经历过的（或将要经历的）发展过程，我们才会心中有数，知道如何才能优化运动员的发展过程。

我把书本上的概念融入实际生活中，广泛运用各项运动中的真实案例来阐述这些概念。这种方法也是教练执教时采用的重要手段。懂得动机是运动员的重要素质的教练，同时也会明白优化力量与爆发力引发身体适应性改变的重要性。理解了这些内容之后，教练便能客观地评估一种训练方法能否提升运动项目所要求的各项素质。如果答案为否，那么运动员就没有必要使用这种训练方法。最终，试图在训练中达到的目标将决定应该采用的方法。因而，本书指导教练考虑以下几个问题：训练需求有哪些？如何设立目标？如何独立地实现目标？

在任何运动中，高质量的动作训练能帮助运动员形成正确的动作姿势与身体姿态，从而让力量得以有效传递，并通过一种动作或专项技能，让力量得到爆发性的释放。我刚入行时，就了解到了运用其他知识体系来开展工作的重要性。我和医学专业的学生一起学习解剖学，除此之外，我每天还和物理治疗师一起研究受伤原因和康复的方法与过程。这让我认识到，正确的运动技术就是在适当的时机使关节位于恰当的位置，这样肌肉才能发挥出最大功效。这一认识改变了我的执教风格，我把我的关注点从结果（这个运动员跑得有多快）转移到了过程（这个运动员是怎样跑动的，我如何才能让他跑得更有效率）上。一旦教练对这种训练方法树立起信心，并加以适量的努力，运动员就会取得更大的进步。第5章和第6章详细阐述了这方面的内容，这两章探讨的是（动作）姿势的重要性，同时也阐述了如何评估姿势以便确定需要改善的部位。

全面有效的动作干预是以逐渐将一般运动能力发展为专项运动素质为基础的。基本上，损伤康复也是同样的一个过程。架起不同专业知识间的桥梁，有助于提升运动员的水平，这一理论将贯穿本书。当运动员的需求位于训练过程的中心地位时，我们就不必去确认由谁提出解决方案，因为这时我们有了更加全面的运动发展观。无论你是教练、科研人员、运动防护师、运动员还是父母，本书都为你提供了合理的应用性学习机会和运动情景分析方法，对此我颇具信心。

我的目标是帮助你培养出一种理解能力，即能明白应该去做某些事情的原因，并用案例来证明，怎样通过实施这些活动来实现目标。有个聪明人曾说过："练习是实践，动作是感知。"每一次训练和活动都是有目的的。识别运动员的目的并给他树立一个目标，目标将指引运动员的行动，促使其为实现目标去关注值得关注的事物。感知能力在动作中起至关重要的作用。本书的一条主线就是强调中枢神经系统在控制产生动作行为的骨骼肌肉系统时，所发挥的重要作用。明白这一点的运动员将能够更好地提高动作质量。

第7章着眼于发展运动员的动作技能和培养运动员的竞技能力。运动员习得的技术是一个多样且独立的动作体系的组成部分，运动员可以在任何运动项目中施展该技术。本章就教练执教计划给出了建议，比如在做示范时需要考虑哪些问题，怎样利用问题来培养初学者的理解能力。本章中的另一个关键概念是差异性，也就是说，如何将一项技能展现给一群运动员，同时还让每个运动员都能从中提升自信与能力。这个问题在任何情况下都是良好体育教育的核心。

第8章到第10章主要讲述运动员在应用所学动作技能时，动力系统是如何运作的，以及力量是如何传递的。

第8章将之前几章中提到的科学原理应用于速度方面，速度是竞技运动的核心部分。就加速、减速及变向而言，所谓的有效技术是什么样的呢？培养这些技术的核心训练又是什么？更为重要的是，在运动员已经达到一定的能力后，明白这些原理的教练是如何进一步提升运动员能力的呢？

我发现，许多人用富有想象力的训练和练习来发展跳跃技巧，却对触地时长与地面反作用力之间的关系缺乏基本的理解。所需的有效跳跃高度越高，触地时间就越长——许多教练知道这一原理，却还是安排了与实际要求恰恰相反的练习。教练需要了解跳跃背后的生理–力学机制，识别并应用安全且有效的技术，进而根据运动员的能力提升或调整技术难度，以帮助他们达到专项需求。第9章就是专门讨论这个问题的，针对不同强度与复杂性的快速伸缩复合训练技能，根据其相对挑战性设计了系统化的进阶路径。

合理运用力量和爆发力，构成了一切体育和动作技能的基础。运动员在关键时刻控制和使用爆发力的能力，是他们获得胜利的决定性因素。力量则是提升运动表现、减少运动损伤和健康生活的基础。第10章探讨了在力量训练中发展功能性这一概念，这实质上是指如何有效地利用各类基本动作，刺激运动员的神经肌肉系统，帮助运动员成功地产生和利用力量。对于这一内容，我选择了几个关键动作，说明如何通过进阶和退阶训练来挑战运动员的姿态和力学系统。这是一种全新的理念，不再是那种"只要求举得更重、更快"的力量训练方式。在运动员培养计划中，传统的力量训练是必经阶段，本书也无意否定传统的力量训练。但是竞技运动的发展，与高质量动作模式下的优质动作的执行能力有关。实质上，任何一名力量教练首先都应该是一名动作教练。

训练中最困难的事情之一，莫过于把方方面面的因素整合为一个均衡且结构分明的方案，这个方案要充分考虑到动作的基本原则，并能有效地助力运动员实现自身目标。最后一章将动作技能发展的原则与实践整合到了几个案例中。这一章对参与运动员发展的任何人来说都很重要，它提供了一个了解问题的机会，解读了一个基于证据的干预理论，并给出了一个结构化的、完全整合的训练计划（包括专项练习）。最重要的是，本章会引导读者提出一个最基本的问题："我还可以怎么做呢？"

无论你是教练还是运动员，也无论你年龄多大、背景如何，本书都能帮助你理解动作技能的重要性，提供能帮你增强运动技能的基本知识与理念。运动表现良好者都有一个共同点：他们都是优秀的运动员，而且身边都有一个明白做什么以及何时做的人，在某个时刻为他们指点迷津、教授动作技能的基本要领（本书数据截至英文版成稿时）。

修订说明

《运动技能发展指南：基于动作技能、姿势控制及运动素质提升的训练设计（修订版）》原名《运动技能提升指南：基于运动表现提升的动作练习与方案设计》，于2020年首次出版。本书不仅讲解了关于身体发挥出最优效能的方法、各年龄段运动机制的变化、动作的力学功能、姿势的重要性及其评估方法，还提供了关于设计渐进式训练课程的建议与案例，同时针对速度、灵敏性、力量、爆发力等身体素质的提升提供了训练方法。因此，本书得到了广大读者的认可。为了进一步直观地呈现本书的定位和特点，在本次修订中将《运动技能提升指南：基于运动表现提升的动作练习与方案设计》更名为《运动技能发展指南：基于动作技能、姿势控制及运动素质提升的训练设计（修订版）》。此外，这次本着严谨求实、对读者负责的态度，对书中的内容进行了修订。修订后，本书内容更加准确，也将更加方便读者使用。最后，如本书仍有疏漏或尚需改进之处，敬请同行专家以及广大读者指正。

2025年6月

第1章

动作技能开发

运动员（广义上指参与运动的人士）最终是以其运动表现论成败的。无论是在训练场地，还是在力量房、校园操场，或是在国际比赛中，最终肉眼可见的动作其实都是由身体内部发生的一系列复杂的相互作用所产生的结果。因此，教练将提高这些可见的运动表现作为总体目标成了一种合理的做法。

运动是一项发现问题、解决问题的活动。在运动（无论是短期还是长期）中，我们往往都需要制订极为周详的计划，从而在预定的时间最大化地提升一名运动员（或者是集体项目的运动队）的运动表现。实事求是地讲，一个训练或教育计划的特定目标就是提升运动表现[1]，这一目标应该与长、中、短期计划相匹配。

- **长期计划**。开发运动员终身参与体育运动的潜在运动能力需要合理的训练、比赛以及恢复，这是贯穿运动员整个运动生涯的，尤其是在青少年时期的重要生长阶段。这一过程不仅涉及开发与各个运动发展阶段相匹配的课程，而且还要把握好运动员从一个训练计划到另一个训练计划，或是从当前的运动水平到另一水平时所要经历的各种转变（图1.1）。长期计划可能会包括跨度长达数年的计划，在这些计划中，人们可以见证运动员运动水平节节攀升，从校级比赛到国内大赛，再到国际比赛；还可能会包括重大赛事之间的周期计划，例如两届奥运会之间的四年计划。
- **中期计划**。在某个特定的年份或赛季发展运动能力，可能是为了夺冠、赢得奖杯或一枚奥运会奖牌。制订中期计划也是为了提升个人某种特定的运动能力，或为了实现能力目标，这些目标标志着为达成长期目标经历的关键阶段。
- **短期计划**。短期内（以天或周为单位）制订的计划，是为了构建准确的训练干预手段（方法、训练量、训练负荷），以实现特定的目标。这些目标叠加起来就可以实现长期目标。

成功训练的关键在于，要明白在某个特定的时期，需要重视训练中的哪些元素。虽说训练计划不应该只关注某些特定的能力，但还是应该有所侧重。例如，在一般准备（赛季前）阶段，篮球运动员应该重点关注身体素质的发展；而在赛季中，侧重点应为维持体能，以便在比赛中全神贯注地有效发挥。同理，在准备阶段，训练目标的侧重点可以是与无氧能力有关的无氧爆发力水平的提升，或者是与某些速度方面有关的力量水平的提升，以此作为某些爆发力训练的前提。

这一时期（强调负荷时期）所采用的主要训练方法根据明确的目标来确定，而训练结果也必须建立在之前已经定型的基础之上。

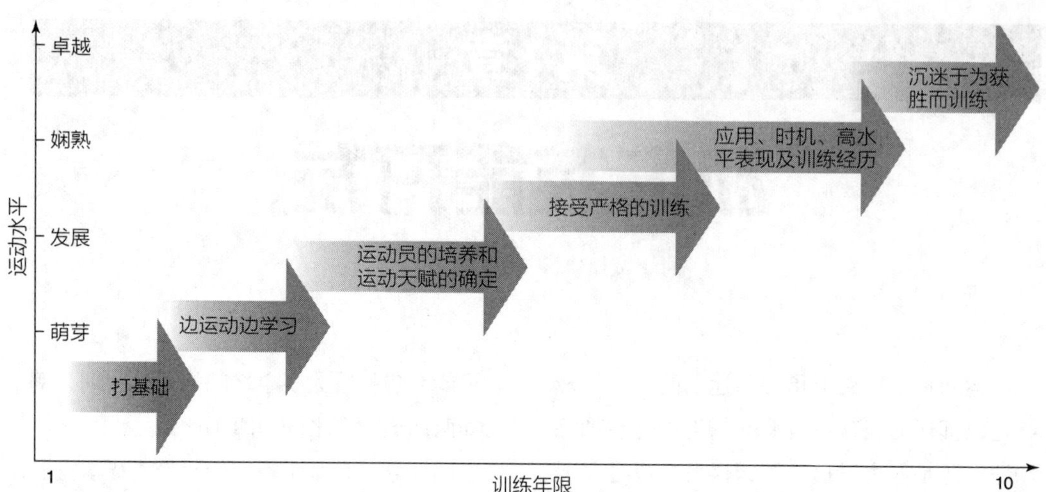

图1.1 为运动员设计长期计划，需要了解运动员可能会经历的各种转变

因此需要强调一个概念，即计划是后续训练成果的先决条件。或者说，计划是训练成果的基础。

举例来说，力量是指发力的能力，而爆发力则是指快速发力的能力。没有速度就提升不了爆发力，而爆发力的根源还在于力量。如果训练计划中在发展速度之前先训练速度耐力，最终将会制约运动员发展速度的能力——先要有速度，然后才谈得上速度耐力。正如本书后文中将提到的那样，要想楼房盖得高，地基就必须建得稳固，人类运动能力的构建也别无二致。

许多人都过于关注运动表现，而往往忽视了使这些表现成为可能的“幕后功臣”。许多年来，训练计划开发的重点都放在训练刺激度方面，表现出长期和短期的波动，制订这些计划往往是为了培养运动员需具备的运动能力。一般来说，人们在设计训练手段时，都瞄准与一个或多个功能相关的训练方面，这些最终都会影响运动员的运动表现[2]。

这种训练进程强调充分准备和转化机制的重要性，与基于个性发展的关键标准相符，并着眼于运动员短、中、长期的即时表现和运动状态。

传统上，教练执教计划一直关注训练的输入，这些输入旨在培养技术、战术、身体和心理等方面的内容。然而，这种方法在一定程度上过度简化了训练进程，并极有可能忽视对运动表现而言非常关键的一个方面：动作技能领域。正如运动学家维克申斯基所发现的，对所有运动任务而言，最核心的基本现象就是动作——体育运动是一项解决问题的活动，在这个过程中，动作被用来构建必要的解决方案[3]。

所有卓越的体育运动人士都有一个明显的共同品质：他们都拥有优秀的运动能力。优秀的运动能力这个短语很简单，人人都能理解和识别，可人们不知道的是，这个可以被分解为一系列与动作效率和动作控制有关的关键特质（即身体素质），这些特质构成了开发生物运动能力的基础（图1.2）。

在体育教育界，长期以来人们普遍接受

图1.2　卓越运动员的身体素质

这样一个观点：基本的动作技能（如接、抛、跑）是一个人参与所有流行体育项目或赛事的前提条件或基石[4]。动作控制论实质上是在基本动作技能的熟练度与其应用在各种专项体育运动情景中建立了一种基本联系。基本动作技能是指看上去有着固定模式的常见动作（如跑、跳、投等），大部分专项运动或动作技能都是基本动作技能的升级变形。动作技能的学习是一个循序渐进的过程，都建立在先前早已习得的动作技能的基础之上，这些先期学习到的动作技能为运动员掌握更高难度的和专项场景中的技能做好了准备。稳定的动作技能及发展完备的目标控制技能，将成为大部分运动专项技能与动作的根基。

体育运动中观察到的运动表现基于运动员良好的运动能力。动作熟练度是一切技巧发展的基础（熟能生巧），因而它必须与运动表现的其他方面协调发展，而非孤立地发展。这种有计划的发展方式，有助于运动员把运动的各个成分整合成协调一致、力学机制合理、高效率的各种动作。

表1.1描述了基本动作技能的组成部分。需要注意的是，在青少年运动训练中，综合方法并不总是常见的，因为通常这些训练更重视可见的技能效果，而非运动专项技能所需要的对动作技能和姿态控制过程的把握。

在这些组成部分中，稳定性无疑是应该优先发展的一项基本技能，因为稳定的姿态是所有移动及目标控制技能的基础。图1.3很好地诠释了这一观点。对于网球运动员而言，有效施展技能（转身接发球）的基础就是姿势平衡与姿态的完整性。

- 稳定性。重心位于支撑面中，为转体创建一个平衡的姿势，同时为发力提供一个稳定的基础。足、膝、髋、脊柱与肩部对位对线正确，为力量的产生和传导提供一个稳定的平台。

表1.1　基本动作技能的组成部分

技能类别	定义	具体技能的举例
稳定性	失去平衡时，能够感知身体各部分之间关系的改变，并能通过适当的动作调整，迅速而准确地恢复平衡。在特别需要获得或维持平衡的静止（静态）或运动（动态）的情景中可能会体现出这种技能	身体姿态、静态平衡、动态平衡、下落与着地（向前、向后、侧向、双脚着地）、旋转（向前、向后、侧向）
移动（多平面）	身体从一种姿态转变到另一姿态时产生的全身动作，此时身体往往处于直立姿势，移动方向包括垂直移动、水平移动及旋转等	走、双足垂直与水平跳跃、单足跳、快跑、蹦跳
目标控制（双侧）	通过身体的大幅度动作完成的操控技能，施力于外部对象，或从外部对象上吸收（获得）力量。这些技能不可小觑，它们不仅是成功参与许多运动的基础，还能让儿童在受控状态下，与所处环境中的各类对象进行有意识的互动	低手或肩上投、接、踢、击打静态或动态物体、扑（拦）

图1.3　基本动作技能是运用专项体育技能的基础

- 移动。网球运动员双脚移动到能够接到球的位置上，以便当球以切线的角度快速飞来时，可以拦截到球。网球运动员旋转躯干以产生旋转力量，上肢自动调整，好让球拍对准来球。
- 目标控制。调动肌肉控制各处关节，通过身体发力完成用球拍击球（例如接发球）这一特定的动作任务，从而向对手施加压力。要完成此技术动作，应调动足够的力量控制球拍将球击打过网，从而控制球的方向，例如根据需要给球施加一个旋转力（上旋、下旋等）。

一切运动训练计划，无论针对哪个年龄阶段、发展阶段或运动表现水平，都需要正确地平衡各种动作技能要素，从而帮助运动员提升运动表现。经验告诉我们，运动员年纪越大，要想教会他们这些基本技能就越难。因而，这些基本技能必须成为培养与训练计划的基础，而不是沦为一个人运动生涯后期不得已而为之的补救措施。

很多运动员在体育运动中很难达到巅峰状态。一旦到了顶尖高手阶段，要想达到巅峰状态就意味着要比对手更投入、更专注，身体和思想方面的准备也要做得更好。的确，对于各个年龄段的训练和体育课程而言，把训练朝着有利于提升运动表现的方向转变是核心挑战任务之一。整合各个训练要素，让它们能在需要的时候合力帮助运动员实现最佳的运动表现，这需要教练进行大量的规划和训练指导，同时也需要运动员付出艰苦的努力。

在训练过程中，训练计划的具体要素需适用于所有运动员，无论其年龄、经历或运动水平如何。训练计划中，在技术、战术、心理、体能、动作技能与生活方式等方面需要对运动员有一个均衡的规划，不可厚此薄彼。一旦其中一个要素与其他要素脱节，教练就无法最大化地提升运动员的运动表现，如图1.4所示。

教练应该注意到，运动训练内容之间的差别并不单单与运动员的训练水平和能力水平相关。同一运动队里的两个运动员的确可能能力水平相仿，但他们可能需要完全不同的训练方法才能达到这一水平。例如，奥运会三级跳远运动员中，有的运动员可能拥有良好的弹性跳跃技术，而有的运动员可能会采取以强大冲击力为主的技术。类似情况下，贾斯汀・海宁和塞雷娜・威廉姆斯这样的世界级网球选手具有完全不同的身体条件，因而需要不同的训练刺激方式。这一概念叫作差异性原则，会在第7章进行详尽的叙述。

本书旨在重新定义一些科学与医学的术语，从而在训练、教学、运动学、运动医学等各行业、各学科之间架起桥梁，帮助教练解决他们遇到的一些问题，赋予他们一些可以提高运动员运动能力的实用工具。

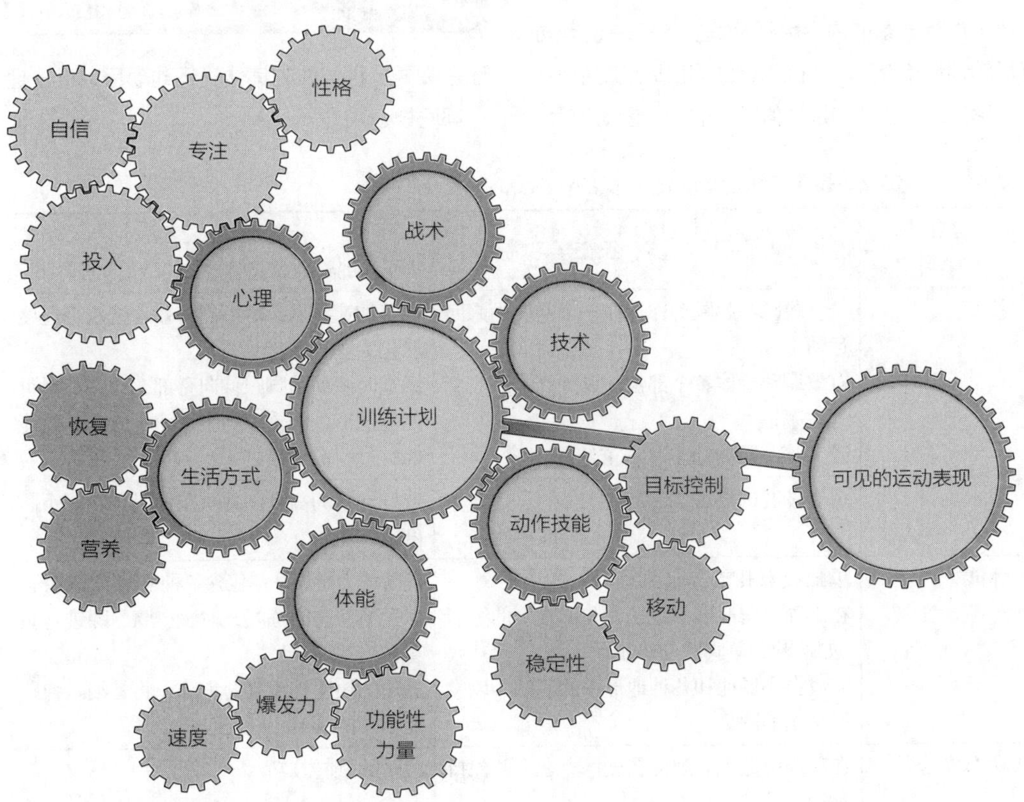

图1.4 理解训练计划中促进运动表现提升的各项要素

案例研究

跳　高

跳高的目的是产生足够的力量，把人体的重心提升到一定的高度，从而让躯干和四肢越过横杆。跳高是一种封闭式技能（这一概念将会在第7章详细探讨），其运动的结果由运动员直接控制。这种技能的目标不会因运动员的职业生涯长短而有所不同，无论是初出茅庐的运动员（如表1.2中的运动员甲），还是具备一定水准的运动员（如表1.2中的运动员乙），其目标都是一样的。同理，为运动员设计的训练计划中，需要纳入执教计划中的所有要素，而不用考虑其竞技水平。

然而，正如表1.2所展示的那样，计划中每个训练要素的内容大相径庭，这取决于运动员的训练年限，以及试图达到的目标运动水平。无论运动员参加的是类似跳高的个人运动项目，还是需要多种技能的集体类运动项目，这一理念都同样适用。

表1.2　两名有不同训练背景的跳高运动员的训练计划

训练计划项目	运动员甲：12岁，正在学习跳高	运动员乙：22岁，跳高个人最好成绩为1.80米
技术	结合跳跃与起跳动作，在一个空间内来回运动； 有效调动身体各个部位，以提高起跳高度与效率； 髋、膝、踝的基本"三重伸展"	训练加速技术，尽可能有效地把水平速度转化为垂直速度； 腾空时主动用脚跟伸向臀部，让背部尽可能呈拱形，将重心移至身体下方，从而能够跳过更高的横杆
战术	选好参赛的高度	选好参赛的高度，并决定何时（在哪个高度上）免跳
体能	单腿或双腿支撑自重练习（如单腿蹲）； 在不同方向开展多级速度与爆发力的练习（如跳跃、单脚跳与垫步跳）； 完成在小场地和各种地形中的活动，以发展基本的耐力	进阶的力量训练，包含各种复杂的多肌群、多关节参与的练习，对髋、膝、踝进行负重伸展练习； 进阶的快速伸缩复合训练，将其纳入弹跳能力总的训练中
动作技能	在动态中把重心维持在支撑点之上并保持不动； 脚与身体保持位置正确，从而实现从水平动作到垂直动作的转变	进阶的旋转技巧

续表

训练计划项目	运动员甲：12岁，正在学习跳高	运动员乙：22岁，跳高个人最好成绩为1.80米
心理	用明确、清晰的过程与结果性目标来指导实践与比赛	坚持在起跳前把起跳方法与过程在大脑里非常清楚地演示一遍； 在比赛过程中保持高度的专注力，集中注意力（排除干扰）
生活方式	采用科学的营养膳食； 明白健康的食物会让人感到愉悦； 维持一种兼顾训练、学习和社交的生活	全权负责个人营养、饮水、恢复与再生等方面，并努力做到最好；严格服从反兴奋剂规定

身体素养

成功执教的关键在于制订合理的执教计划。长期运动水平提升计划，包括一系列条理清晰且系统的训练要素，预设这些要素有助于优化特定的训练效果[2]。为此，运动员需要具备基础的、可监控和调整的动作（身体）能力。

简而言之，开展体育教育的过程，与儿童在学校里学习写作的过程相似。首先，学会写单词（单一技能，如跑、跳、投、接）；其次，学着把这些单词连成句子（关联技能，如先跑后投、助跑起跳、先接后跑）；再次，通过连句来构造简单的段落（在特定情景中使用技能，如接球、传球、跑到指定位置）。一段时间后，儿童就能写出越来越复杂、越来越有想象力的故事，并且还能对学校和日常生活中发生的各种事情有感而发，写成文章。

运动表现也会经历类似的发展过程。随着儿童体能的不断提高，展现其所具备技能的能力也日益增长，儿童身体素养也变得越来越好了！同理，如果不能展示出一些简单的技能，他们参加体育活动的信心就会明显受到打击。教练可以从一些细节中发现这些问题，这意义重大，因为如果儿童丧失信心的话，他就不会去完成交给他的运动任务。运动对健康和幸福有着重大意义，这将会在十分长远的时间里显现出来。事实上，研究表明，仅仅是一个不能完成的简单接球动作，就足以打击一个儿童的自信心，从而使他因胆怯而逃避参加40多种体育运动[5]！

高水平的运动表现看上去总是既经济有效又不费劲的。人们往往误以为高水平运动员和其他运动参与者能明白并正确展示运动中的动作，但证据表明事实恰恰相反。例如，经过研究，人们发现了这样一种比较突出的现象：能够弄懂比赛，并能判断对手走向的年轻篮球运动员，会因为他们不能将相应的对策转化成行动而感到挫败，这往往是他们的动作技能不足造成的[6]。高水平体操运动员的教练们，常常因为不能让技艺娴熟的运动员通过跳上踏板获得更大的力量而备受挫败，这是由于运动员们没有学会经济高效的助跑（或者说他们缺乏成熟的助跑技术）和踏板起跳的技能。

一套发展均衡、合理的动作技能，必定能够适应各种新情况和变化的环境。例如，一个高尔夫球手需要适应不同类型的高尔夫球场（例如，从英国公开赛林克斯球场，到美国锦标赛球场）。同理，那些在红土场地上成长起来的网球选手，可能会在红土场地（或者类似的硬质场地）上举行的比赛中非常轻松地胜出；但如果把比赛安排在草坪上进行，他们则往往处理不好又快又低的地面反弹球。

那些动作发展不均衡的人，往往会出现动作受限或动作代偿等不足，这些不足将会在本书中详细探讨。但在概念层面，教练应该明白，这些不足不能被忽视，更不该通过训练强化这些不足。动作受限会导致肌肉发展的不均衡，而这也会引起动作代偿。这会进一步对动作学习、身体意识与动作力学技能产生负面影响。除了使动作效率下降外，动作代偿也容易增大受伤的概率。

运动中的许多损伤都是由于运动员出现了错误的力线、关节位置和动作模式。例如，全速奔跑时脚反复以不正确的位置接触地面（脚趾朝下，如图1.5所示），这可能会增加腘绳肌或内收肌受伤的风险。因为此时这些肌肉正代替其他未被激活的肌肉来发力（在运动中的不当时机发力），而这些动作本不该由这些肌肉来执行。

要形成正确的动作模式，需要开发渐进式的训练课程，训练课程要具有合理的难度等级和多样的激励，这样才能促进动作学习（此概念将在第7章里详述）。这些过程往往要耗时数周、几个月甚至几年，人们不应该为了在短期内见效而随意缩短或规避这些过程。要想获得卓越的运动表现，关键是在爆发力和精准性方面有较高要求的同时，能以最理想的速度施展出基本的、有技巧的动作技能。

正如后面几章将提到的，这些技能是在自然情况下逐渐取得的，并建立在已有的生理–力学机制的基础之上。有效的动作能确保运动员的姿态总是处在一个有利的位置上。在这个位置上，运动员既能合理地受

踝背屈（勾起脚尖）：随着勾起脚尖的那只脚的脚掌触地，来自地面的反作用力以及臀部肌肉发出的力量，让人体重心前移。

踝跖屈（绷直脚尖）：随着绷直脚尖的那只脚的脚趾首先触地，运动员的体重落在前脚掌上。力量被吸收（损失）了，运动员的触地时间更长。当髋屈肌向前推动重心时，运动员的髋部先下降然后再次上升。

图1.5 不合理的动作技能可能会引起动作代偿，而这会增大受伤的概率

力也能最有效地发力，不仅能应对身体内部（肌肉）的挑战，更重要的是还能对抗外部力量（如重力或与对手的潜在接触）。

当动作要求超出了运动员的运动能力时，往往不容易达到要求，而且还容易受伤。这时运动员需要进行一些纠正训练，这些训练既可以帮助运动员纠正动作，同时还能清除会导致受伤的隐患。一旦理解了这一点，就明白了为何大部分纠正训练主要以动作模式为基础，注重在一系列动作中如何保持正确的关节位置。

体能训练，或者更确切地说，应该是竞技能力发展训练，应该对运动员的身体发展产生积极影响。要想理解这一点，运动发育是个关键词。它让教练的角色发生了转变，教练不再仅仅是让运动员变得更强壮（如耐力更强），而是强调提升运动员运动系统的功能。“功能”这个词很多时候都被滥用了，不该望文生义，认为功能性动作之外的其他动作就是非功能性的。提升运动系统的功能的意思应该是，使用渐进式方法（如图1.6所示，以及第10章所述）来发展运动员的下列能力。

- 动态姿态控制，通过动力链创建高效的动作模式。
- 通过控制身体姿态来发力和受力。
- 增加这些力量的大小。
- 减少产生高力量的时间。
- 通过高效的、符合力学的专项运动技术，产生所需的力量。

以上能力的培养都需要发展运动员的运动系统：大脑，运动员执行运动程序的“主管”；脊髓与运动神经，把大脑发出的化学信号传递给肌肉；肌肉，收缩产生力量；心肺系统源源不断地产生机体所需的三磷酸腺苷（ATP）。

目前有很多运动的原则可供人们参考。然而，从概念上来讲，运动是一项需要去“做”的事，其重点在于结果（你举起更重的杠铃了吗？跑得更快了吗？）。

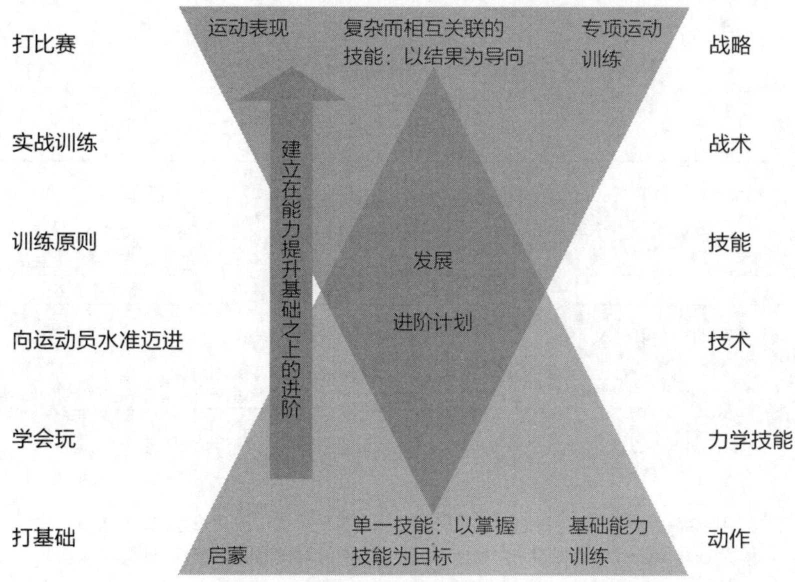

图1.6　提升专项运动表现的一种渐进式方法

相反，运动发展则应该关注对动作的训练，而动作是要去“感知”的（当你举起杠铃时，横杠在你身体的什么位置？当你的脚离开地面时，你该怎么做才能跑得更快？）。如果离开了对运动系统各个方面的关注，运动发展就无从谈起。

因而，对想提升运动员运动表现的教练而言，一定要重视运动员的运动系统。任何身体发展训练都旨在提升运动员的运动（动作）系统的做功能力，如图1.7所示。这意味着运动系统能做更多的功（更快、更强、更远），或能够更有效地做功，例如用更少的能量完成同样多的工作。一名运动员如果能够有效地完成运动，就说明他具备了（自如）发力与控制力量的能力。要想实现这个目标，需要在运动员运动之前、期间和之后的整个过程中，都注重发展动作技能。

为了提升动作技能，教练们需要明白如何开发运动员的神经肌肉系统，将其作为运动能力提升的来源。运动员将能更加有效地激活肌肉，以及肌肉之间的运动单位（具体内容见第2章），从而以一种协调的方式来做功。神经肌肉系统的功能一旦提高，就会激活更多数量的运动单位，神经刺激激活运动单位的次序会得到优化，以及在做动作过程中，不同肌肉的阶段性募集和协作能力会得到提升。

同理，力量之所以能够通过姿势传导，是因为肌肉是通过结缔组织与骨骼连接在一起的，这些结缔组织包裹着肌肉和位于肌肉内部。被激活的肌肉能够通过无弹性的肌腱带动其所附着的骨骼并产生力，力通过姿势链进行传导，并产生动作。另外，人体的其他结缔组织，例如筋膜（举例：腰背部的胸腰筋膜，还有大腿的髂胫束），这些筋膜能让结构上也许无关的肌肉在功能上相互关联，

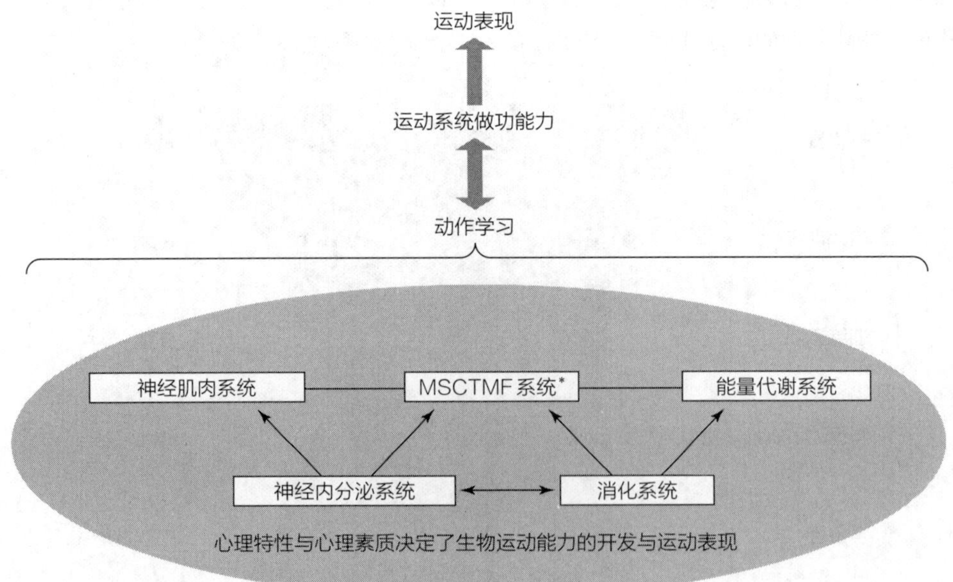

*用结缔组织将肌肉与骨骼连接在一起的综合系统，通过肌筋膜组织，以及环绕在骨骼肌系统周围的动力牵拉系统，在能量传导过程中起支撑作用。

图1.7 运动系统包括一系列可被操控的用来提高运动表现水平的系统分支

产生一种相对连续的组织联系。凭借组织联系，这些肌肉构成一个关联系统，能有效地传导能量与力量。

其余各章讨论的内容是如何对专项运动能力进行评估与指导，并提出了一个发展这些能力的渐进式课程计划。在这之前，有必要先了解一下运动能力是如何相互联系并产生运动表现的。因为当我们掌握了这些知识后，就能评价动作质量的好坏和改进方法的优劣。在这里，我们有必要先了解解剖学、生理学，以及生物力学方面的基本知识。

掌握解剖学和生理学领域的知识能帮助我们理解与运动表现有关的各项身体素质。解剖学解决的是人体的结构与组织构造问题，而生理学关心的则是面对环境、训练和比赛的需求时人体如何运转并做出反应。生物力学则探究适用于生物体系的力学原理，具体而言，在本书中其作用就是帮助我们更好地理解运动表现。

不少运动科学研究都试图谨慎地探索这些主题。然而，只有能发现问题，而非发现规则的研究人员，才能做出好的研究。因为他们意识到，让动作更高效最终会带来能量的节省，从而可以用同样多的能量来做更多的功，或者说，完成同一动作做功更少。

实质上，了解运动反应背后的解剖学、生理学和生物力学知识，能让与运动员打交道的人（教练、训练主管、团队支持人员等）更好地评估运动员的身体机能、运动能力与潜在的反应能力。掌握这些方面的知识将有助于运动训练计划的规划及实施，有助于提升年轻运动员的身体素质，使其做好更充分的准备去展示卓越的运动表现，并实现终身运动的目标。

正如本书将会阐述的，人体是个高度进化且复杂的有机体，其能适应环境需求，同时也会利用环境。为了应对各种任务要求，人体的各个系统都会产生动态变化。面对环境的挑战，人体能够做出适应性动作。这些发挥作用的动作由一个连接系统（肌肉、骨骼和关节）产生，我们称其为动力链。和其他链条一样，一系列组织的连接形成了相互关联的结构；与任何依附体系相同，这条链上的薄弱环节将限制整个结构体系的功能。

人体内的关节会随着相对朝向的变化而不断变化，关节间的角度也会随之变化，这使人体能够把关节的旋转动作转化成线性的或成角度的动作。教练要积极帮助运动员完成发生在动力链内部的这种适应过程，也就是说，要发展运动员的能力，让他们高效地应对运动环境中的各种挑战。从运动员所训练的运动发展的各个方面（体能与动作技能）来看，训练变量必须基于身体运动系统对做功产生积极适应而变化。

人体对环境的适应

训练计划就是一种手段，教练采用这种手段使运动员完成不同的训练负荷。在这个过程中，可以人为控制运动的模式、运动量和运动刺激的强度[2]。

在基本动作技能的培养过程中，人们需要认识到一个基本原则——人体这个有机体具备识别并适应日益增长的需求所带来的环境挑战的能力（图1.8）。运动员能够积极主动地适应合理计划的训练负荷；同理，倘若训练负荷或刺激强度设计不当，人体就不能适应。例如在图1.5中，不合理的动作模式如果没有得到纠正，就会形成一种习得性不良适应，从而引发动作代偿，导致运动员在之后的运动生涯中容易产生运动损伤。

同理，没有任何变化的、过度的刺激，也可能会导致运动员体内出现适应性失衡。如果不经过一段时间的巩固性学习，过度变化则意味着运动员可能将无法学会适应。这两种潜在的不良适应都会导致运动水平的显著下降，以及习得效果和提升速度的下降。短期或长期承受过量的、强度过大的刺激（量 × 强度=负荷），身体可能不能承受或适应这种刺激，这会导致损伤。

训练适应是指反复刺激造成的各种转变之和[2]。进行非正式比赛、有目的的练习，或反复接受专项训练都会产生适应。在试图寻求相应的方法让运动员的水平（无论何种水平）达到新高度（任何执教或训练计划起到的作用）的过程中，教练必须认识到需要去提升运动员的哪些运动能力，在这个基础上安排相关的训练去刺激运动员，让他们产生积极主动的适应。

运动系统的发展

不管做什么事，运动员要想达到世界级别的水准，都要经过长年累月的训练。一种长期提升运动员水平的系统训练方法，应该能够让运动员以及那些参与规划与执行训练计划的人员具备相应的知识和技能。参与规划与执行训练计划的人员需要运用这些知识和技能，在运动员对应的运动水平，通过对训练计划进行合理的结构设计与调控，使运动员发挥出最大潜力。如第3章详细叙述的那样，这些计划应与青少年的各个发育阶段相匹配，并采用可最大限度地发挥训练效果的训练方法[7]。

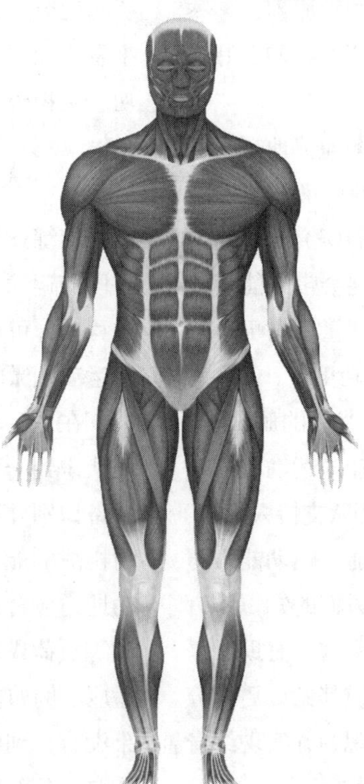

图1.8　人体动力链进化形成的运动特质

如果把提升运动员运动能力的长期适应性定为更加长远的目标，那么应当把如何发展构成运动能力基础的各个系统（神经肌肉系统、骨骼肌系统、能量代谢系统、神经内分泌系统等）作为重点加以考量。那些具备所需的知识与技能，能够根据运动员不同生长发育阶段的解剖学和生理学特点进行合理设计与调控训练计划的人，能让运动员发挥出自身的最大潜能。

相反，儿童对运动所做出的反应与成年人相比有显著的不同，教练们应该意识到这种不同，从而避免对小运动员们施加不当的身体压力。以这种最简单的方式实施运动员培养计划，需要将训练的结构、特性与运动员的发展过程相结合，从长远（并非一定是当下的发展阶段）来看，这样运动员就能够在正确的时机做正确的事。这一理念几乎是所有运动员发展的生理与社会心理学模式的出发点，也恰恰是近年来运动训练计划的基础[8]。

虽说并非所有的运动训练都针对儿童，但的确针对的都是曾经是儿童的人，目的是发展这些人的运动能力。本书后面的章节会谈到怎样根据运动员的身体能力来评估运动员。如果教练能够更好地了解儿童（或运动员）的发展过程，那么他们就能更好地理解应当如何（或能够怎样）评价最终的成果。

运动员运动能力的发展，应当是一种包容性过程，即鼓励人们终身参与体育运动。这个过程应该把基础性的运动（身体上的）教育计划与专项运动训练计划（图1.6）连接并整合起来。这种活动的目标应该以运动员为中心，通过实施个性化的教育方法，并基于让参与者产生长期转变的愿景，这一目标将会在所实施的运动计划中有所体现。这一理念不仅适用于训练计划中的身体方面，而且也适用于其他方面。例如，在一项体育运动中执行许多核心技能，运动员需要具备相应的体格、力量和决策能力。

对教练实践和相关资源的粗略观察分析表明，许多运动计划的关注点是如何通过运动员的全程参与（从操场到赛场的领奖台），传递和发展同样的运动专项技能。第7章到第11章的内容考察了运动员在许多动作技能中取得进展的方式。但是，从发育角度来看，采用同一种方式让不同年龄的人学习同样的技能是不当的。当你能明白这一点，就说明你已经取得了较大的进步。

一切人体的发展，都会随着年龄的增长，生物学、心理学和社会学因素的相互动态作用而得到促进或受到约束。例如，参与（活动等）动机就容易随着时间的变迁而变化。年龄较小的儿童会寻求刺激与快乐，而稍大的儿童则可能会为取得成绩及获得成就感而努力。第2章和第3章会讲到，在整个童年时期，儿童的骨骼、肌肉与神经系统的发育速度是不一样的。这种发育速度的差异对每个儿童的身体发育有着举足轻重的意义，对其运动表现与能力提升有着深远的影响。

因此，在运动中，每个儿童对进步的意识与心理暗示有关，人们应该对其进行监控并积极地引导。另外，生物学发育对儿童运动心理的发展有着明显的意义。换言之，每个儿童展示体育运动的基础运动技能时，运动表现会因其生理成熟度的变化而变化。因而，既然运动心理的发育对所有儿童而言都颇为重要，那么不管他们是想要达到一流的运动水平，还是要实现终身参加体育运动的目标，我们都应该注意关注儿童的个体需求。这些需求会指导教练如何实施动作和技能训练。

因而，提升运动表现的训练过程需体现出运动员的个性化需求。在运动员的运动生涯中，应采用一种有条理的、循序渐进的方法来实现最佳的训练、比赛和恢复目标。近年来，许多运动发展模式具备一个核心特征，即认识到这一发展过程需要经历数年，以及这一过程的根本在于一系列因素之间的相互作用[8]。许多体育界人士曾指出，许多理论中的说法都由来已久，大部分理论背后的研究被人们广泛接受，并且许多年来一直应用于高质量体育教育活动和执教实践活动中。

这看起来似乎是常识，可正如很多真相一样，它在被揭示之前并非那么显而易见。此外，我们还需反思常识是否就是惯例。这种情况下很明显的一点是，任何一个刚开始运动训练或进行体力活动的人，无论其水平怎么样，都和那些一直从事这项运动或活动、练习时间更长的人有着不同的训练需求与能力。不管开始运动时年龄多大，这个观点总是成立的。

所有成功的运动员的发展体系都有一个共同点，那就是他们都承认，在现实中，运动员的发展过程不是一个简单的线性或阶段性的过程。这是由于每个人不同的生活际遇会影响其发展速度。基于这个理由，发展之路上会出现许多的高峰与低谷，长期发展过程看上去很混乱，毫无章法可循。一名经验丰富的教练的作用就是在这个混乱的转变过程中管理好运动员，让其可以尽可能地发挥出自身的潜能。

从运动发展的角度来说，教练必须认识到，运动发展历程中那些标志性的转变是发生在不同环境中的，在为运动员打造训练计划时要考虑到影响计划进展的各种因素。对运动员而言，这些转变标志着身体、社会、情感、经验等方面的重要机会。教练还必须认识到，运动员会通过这些转变或发展阶段（从社会或执行计划的角度来说，其中有些转变可以被定义为阶段）取得进展。

例如，从儿童到青少年的成长过程，是一个循序渐进的过程，就好比一个人不再依赖父母，也是一个慢慢转变的过程。相比之下，学校体制对这一过程的划分是泾渭分明的，也就是说，处在这一阶段的儿童不是在上小学就是在上中学。早期阶段的学习往往会把结果与刺激或奖励联系起来。这种方式的学习会逐渐向行为选择转变，这是在对具体环境中的特定行为进行排序的逻辑过程变得明显之前做出的有意识决策决定的。

制订训练计划时，教练们也应该考虑不同年龄运动员的实际情况。运动员的年龄需要从这几个方面加以考量：日历年龄、生理年龄（儿童发育速度有快有慢），以及训练年限（无论是运动员还是其他参与运动的人员）。

说到儿童的体能，生理年龄是重要的考虑因素。但在谈及动作技能的发展应用时，首先要考虑的则是运动员的训练年限。生理年龄决定了训练计划的解剖学和生理学限制，而训练年限则可能成为儿童运动经历（如他的潜在身体能力）的一个参照物。无论儿童的生理发展情况如何，也不管其应对某种训练刺激的潜在准备程度如何，在完成运动任务时，如果其不具备所需的动作技能，其就无法提高运动表现水平和预防损伤。随着本书内容的不断展开，这些方面会变得越来越清晰。

例如，与一名生理发育稍晚，但在一系

列运动项目中都有比较丰富经验的儿童相比，早发育的儿童可能在解剖学和生理学上能承受更高的训练强度，如表1.3所示。但与前者相比，可能他的动作技能掌握不足（取决于他经历过什么样的运动训练）。

表1.3　儿童的发育进程：两个儿童间的对比

年龄因素	儿童甲（岁）	儿童乙（岁）
日历年龄	13	13
生理年龄	11	16
发育年龄	13	12
训练年限	5	3

当与不同年龄的运动员，而不单单是与儿童打交道时，这一概念尤为重要。

例如，一名33岁的职业足球运动员退役了，他想从事休闲性的马拉松运动，因为在他看来，这项运动既有益健康也具备一定的竞争性和挑战性。他可能接受过25年的足球训练，却从未接受过长跑训练。但对于准备训练他的教练来说，可能会认为他的训练年限（表明他能承受的合理的训练负荷量指标）已超过10年。我们把这名33岁的退役足球运动员，与一个想参加休闲性长跑的20岁小伙子（他俩可能在同一个跑步俱乐部里）做比较，这个小伙子在学校时至少还上体育课，但自从4年前离开中学后就再没有认真进行过体育锻炼。这名20岁小伙子的生理年龄更小，而其训练年限可能非常接近于4年（我们可以把在学校体育课上已经获得的运动经验计算在内，但这部分经验将随着不参加身体活动时间的增长而流失）。

同理，一名教练可能会收下一名身体素质很好的14岁的三级跳远运动员。经过3年的专项训练后，这名运动员能够跳到13米。虽说这名运动员的运动潜能与那些已经跳了10年的老运动员处在同一个级别，但教练不应该用与老运动员相同的计划来训练他，因为他的训练年限和自身条件都决定了他的身体没有足够的准备来应对计划中的训练负荷。简言之，他极有可能很快陷入过度训练的境地，非常容易受伤。这种情况下，教练要认识到并充分发挥好这名运动员的运动潜能（在技术及战术进展的层面上有所认识，而非以高强度的训练负荷来体现）。体能训练的重点应是建立起一个坚实的基础，以应对后续阶段中更大的训练量。

理解生理年龄

有效训练体系的一个中心是，儿童的发展进程并不是匀速的。其中有些发展变化是明显且易于衡量的，而其他一些变化则不那么明显。如果你打算让儿童的潜能发挥出来，而不是用不当的训练量或训练强度来削弱这些潜能的话，那么你应该多留意那些不那么明显的发展变化，并三思而后行。

如果你想要让运动训练计划与受训儿童的发育进程相匹配，并在执教的各阶段最大限度地展现这些计划与实践的话，那么就必须理解运动系统的发展进程。具备了这方面的知识，再结合儿童生理学、社会学与行为发育学，你就能选择合适的计划目标，从而科学有效地发展运动能力，无论运动员的年龄多大或经验水平如何。

当需要调整训练量以适应受训儿童的实际情况，以免阻碍其生理发育时，把这些知识融入发展计划中，能帮助我们认识到在儿童的生长过程中需要有目的地开发何种练习活动，以及练习的范围与次数。如何将这些一般性指导原则与个性化训练相匹配，是运动训练计划的关键。

正如很多研究指出的那样，从儿童阶段一直到青少年时期，人体都遵循着相同的基本发育轨迹，但结构变化的时机和变化程度存在明显的个体差异。青春期到来后，这些差异就变得尤其显著：青春期就是由儿童转变为成年人的生理过程，以个体达到性成熟为标志。教练们掌握了这方面的知识后，便能揭露许多充斥在体育运动中没有事实根据的所谓“科学”的真相。后面的章节里会谈到这部分内容。

另外，我们需将其他方面的许多重要因素，例如儿童的社会与心理发展情况，也在制订具体训练计划时加以考虑。如果篇幅允许，应详述这些因素，但在本书中暂不讨论这些。

在接下来的各章里，我们将会探讨运动能力，以及运动系统所遵循的发展进程，其中会谈到人们的发展速度快慢不一这个规律。在执教过程中，特别是在运动发展领域，将揭示发展的隐含意义。我们还会讨论如何监测生长与发育，以及相关的各种理念，从而指导教练根据运动员的身体及动作技能发展进行训练。

本章小结

本章介绍了两条基本原则，并强调了其重要性。无论运动员水平如何，这两条基本原则都应当成为教练在实施运动训练计划时奉行的准则。在本书后面的部分，这两条基本原则仍然是核心内容。

首先，要想在一项运动任务中进步，应掌握必备的技能。这个观点建立在技能这一概念的基础之上，运动员应能正确完成运动任务。

其次，为提高运动员的技能水平，对运动员施加训练刺激时，教练们要明白：一方面，如何推进这项任务（从技术的角度上讲）；另一方面，在特定的生理发育阶段和一定的训练水平上，运动员的运动系统如何才能最有效地回应这一刺激。

第2章到第7章所讲解的知识将涉及身体如何适应生长发育与特定的训练刺激，另外还将阐述运动员能够在运动环境中高效运动的重要性，以及教练怎样监控其效率，从而指导训练。第8章到第10章主要讨论运动技能的渐进式发展，集中陈述一些基础运动技能，包括：跑、跳（与一种专项的弹跳训练相关，这种训练叫作快速伸缩复合训练）和功能性力量。这些运动技能正是竞技动作的基础。本书结尾将汇总上述内容，并以一系列案例研究的形式呈现出来。读者能够看到在真实场景中运动员训练计划的实施情况，以及本书中提到的各种知识。

第2章

理解运动能力

骨骼系统包括骨与关节，发挥人体支撑作用和杠杆作用。但关节自身并不能运动，所有涉及运动的身体功能（或任何无动作的姿势，如站立）都需要肌肉的参与。肌肉的活动，基于肌肉把化学能转化为了机械能，从而产生力，做出动作，引起运动。

肌肉、骨骼、关节之间的相互作用使人体产生运动，而骨骼肌的收缩（在身体各部分的内部或之间）则使人体能在各种静态的和动态的环境中保持稳定，这种相互作用错综复杂。人体是一个由多个部分组成的整体，这意味着其中一个部分的运动（例如躯干）能够影响到其他部分。运动要求整条动力链上的相互作用要协调，体内的各种筋膜组织和神经系统能完成这个协调任务。

顾名思义，骨骼肌之所以叫骨骼肌，就是因为它附着在骨骼上，并能带动部分骨骼运动。骨骼肌属于横纹肌，因为其上面有深浅交错的横纹（这是其发挥收缩功能的结构）。骨骼肌被看作主动肌，这在运动发展领域意义重大，因为这说明其具备调控机制，能够在意识的控制下进行收缩。

每组肌群都具有其独特的生物力学特征（力量、速度、运动范围），因此一项常见的运动功能需要协调多个关节、多组肌群来完成。从第5章开始，我们将针对这些特征展开更详细的探讨。控制运动过程的执行结构在大脑内部。运动是一种感知活动，是骨骼肌肉系统对感觉和运动神经系统作用的协调反应（图2.1）。

为了掌握人体运动的规律，教练需对中枢神经系统和充当人体执行结构的运动单位有准确的理解，本章将展开这一话题。教练需要认识到，如果中枢神经系统在肌肉活动产生动作的过程中起到了调节作用，就应该通过训练运动员的中枢神经系统来产生更高效的动作。

如此说来，运动员训练的基本内容，就是对动作进行训练，而非肌肉。这种方法与其他领域中以追求肌肉的体积和质量为目标的训练完全不同。发展中枢神经系统是发展体育运动素质的基础。同样，这一理念也构成了康复（运动功能的再学习）计划的基础。

正如任何一个计划都要设定目标一样，在训练中枢神经系统时，教练也在寻求如何让它告别过去（就能力方面而言），走向未来。高效的训练会通过机体的变化来改善体能、技能动作和运动能力。这种改变不是在一开始触发动作时发生的，而是在第一时间觉察到需要启动动作时发生的。研究这一动态系统需要经历一个复杂的过程[1]，本章将介绍其中几个主要的因素，及其在运动训练方面的应用。

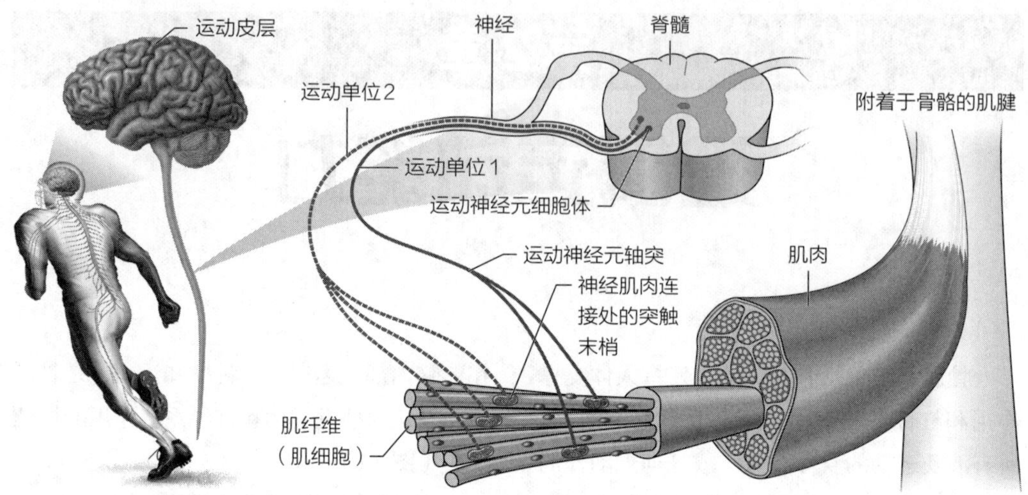

图2.1　运动需要动脑，中枢神经系统会在任何一个时刻操控肌肉对环境做出反应

骨骼肌肉系统

运动是肌肉系统与骨骼系统共同工作的结果，这两个系统并称为骨骼肌肉系统。若想要大致了解这两个系统，请参见肯尼等人的著作[2]。

顾名思义，骨骼肌附着在骨骼上，用于控制骨的运动。在力学机制上，形态决定了功能。因而，研究肌肉的形态（结构与形状）能让我们更好地了解肌肉的功能，以及训练会对肌肉造成什么影响。

骨骼肌的形态与功能

骨骼肌的两头附着在骨骼上。结缔组织遍布在由一条条肌束组成的聚集体中，这些肌束聚在一起形成肌肉。这种结缔组织构成了肌腱，连接肌肉与骨骼。肌腱让骨骼之间能够产生一股拉力（例如，如果一块肌肉的两端连着两块不同的骨骼，那么这块肌肉就能在骨骼之间产生拉力，从而使一块骨骼相对另一块骨骼产生运动）。

单独来看这一概念很简单。为了说明这一点，让我们以肱二头肌为例，这块肌肉的一头连着肩胛骨与肱骨（上肢骨），另一头连着前臂的桡骨（图2.2a）。在肩部固定不动的情况（图2.2b）下，收缩肱二头肌会把手带向肩部，此时肘部会弯曲，尺骨和桡骨相对于肱骨产生位移。假如双手不动（例如在单杠上做引体向上时），收缩肱二头肌，那么肱骨就会向尺骨和桡骨靠拢，这同样也是通过弯曲肘部来实现的（图2.2c）。

虽然上面的说明是为了阐释骨骼之间是如何相对运动的，但这个例子被过度简化了。实际上，运动并非以一个孤立动作来完成的。例如，引体向上运动就需要调动很多块肌肉。要想弄明白运动，需认识到肌肉很少孤立地完成动作这一点。肌肉间复杂的相互作用对骨骼产生了不同的力，这才引发了视觉上的运动现象。

例如，通过肘部运动，将手臂从正常的持物位置（假设手上正拎着重物）移动至手掌正对着肩关节的位置，引起这个动作的主要力量来自收缩肱二头肌和肱肌。在动作过程中，随着阻力的增加，肱桡肌也会提供一

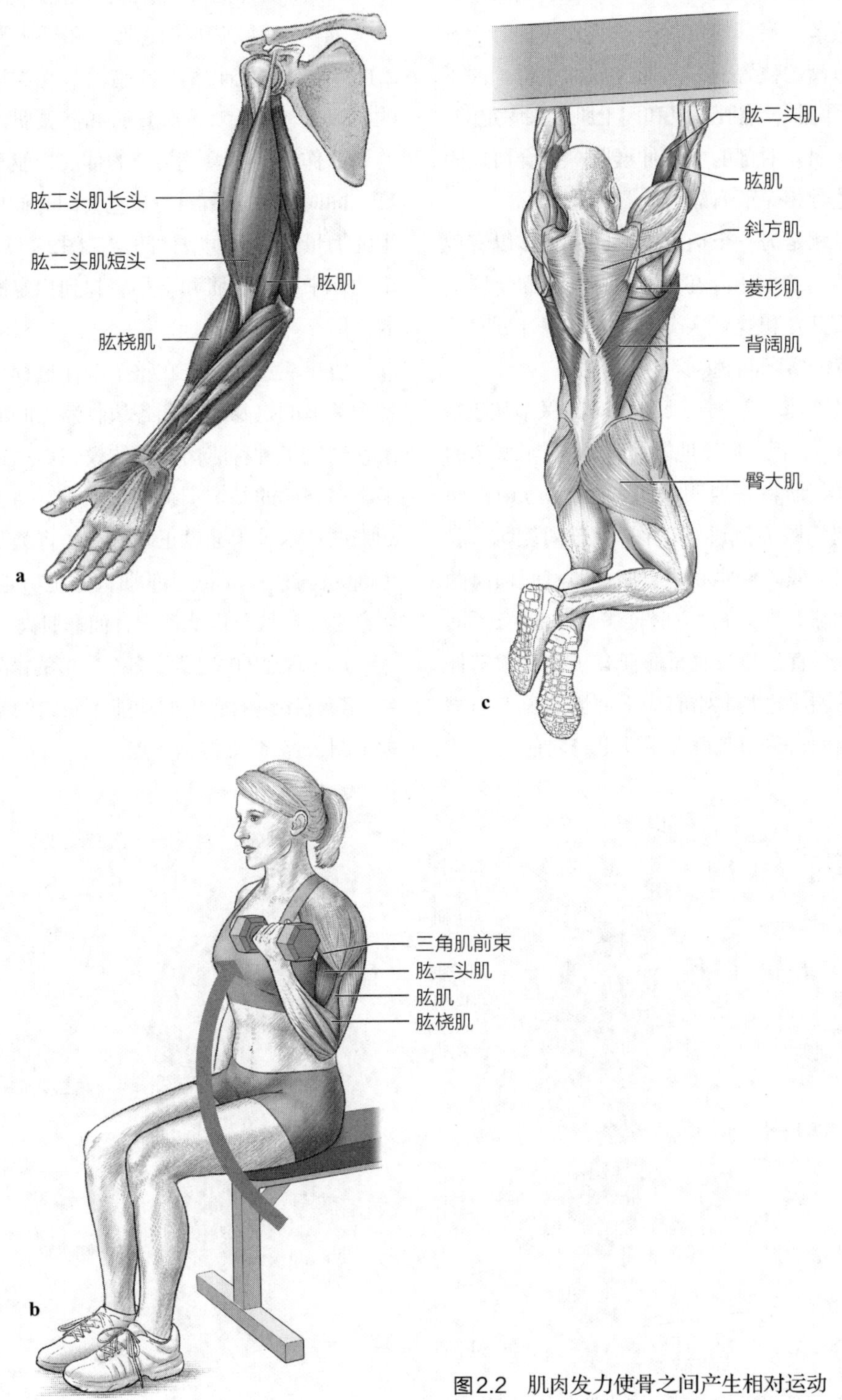

图2.2　肌肉发力使骨之间产生相对运动

些辅助力量。做这个动作时，肘肌被用来稳定肘关节。肩部的位置——肱骨头相对于锁骨关节窝的位置——是通过肩袖肌群（冈下肌、小圆肌、肩胛下肌和冈上肌）来固定的。肱三头肌（肘部的主要伸展肌）也会协助固定好肱骨相对于肩部的位置（图2.3）[3]。

纵跳是另一个拮抗肌群同步工作以实现协调运动的例子。在第9章中，我们会详细探讨在开发和规划这类运动的训练计划时需要注意的实际问题。

纵跳时，髋关节、膝关节和踝关节从起始的屈曲位，近乎同步地做伸展动作。膝关节的主要伸展肌群是股四头肌（图2.4a）（图2.4以反向纵跳为例讲解动作）：股内侧肌、股中间肌、股外侧肌和股直肌。股直肌横跨髋关节和膝关节，在站立时使髋部屈曲（比如，抬起股骨直至其与地面垂直），并使膝关节伸展。髂腰肌也是非常有力的屈髋肌群，当脚在地面时，这个肌群会带动上身向前。

因而，如果想要让髋部伸展，腘绳肌（股二头肌、半膜肌和半腱肌）和臀大肌（图2.4b）需要向心收缩，使髋关节在靠近大腿的位置处伸展，对抗股直肌和髂腰肌对髋部的屈曲作用。随着髋关节的伸展，躯干会挺直，同时膝关节和踝关节也会同时伸展，产生的力量最终会让身体腾空（图2.4c）。在这个动作中，臀中肌和臀小肌起到稳定髋关节的作用。

值得注意的是，在整个动作过程中，是各个关节的自身运动和各块骨骼之间的相对位移产生了种种肌肉激活的模式。这正强化了本书强调的基本训练理念：当运动训练计划强调技术基于通过正确的动作将关节放到正确的位置时，训练出的肌肉才是功能性的。换言之，我们要训练动作，而非肌肉。

这一理念的核心是，各个关节的排列（位置）会直接影响肌肉的功能，肌肉的基本结构（图2.5）会支持这一点。

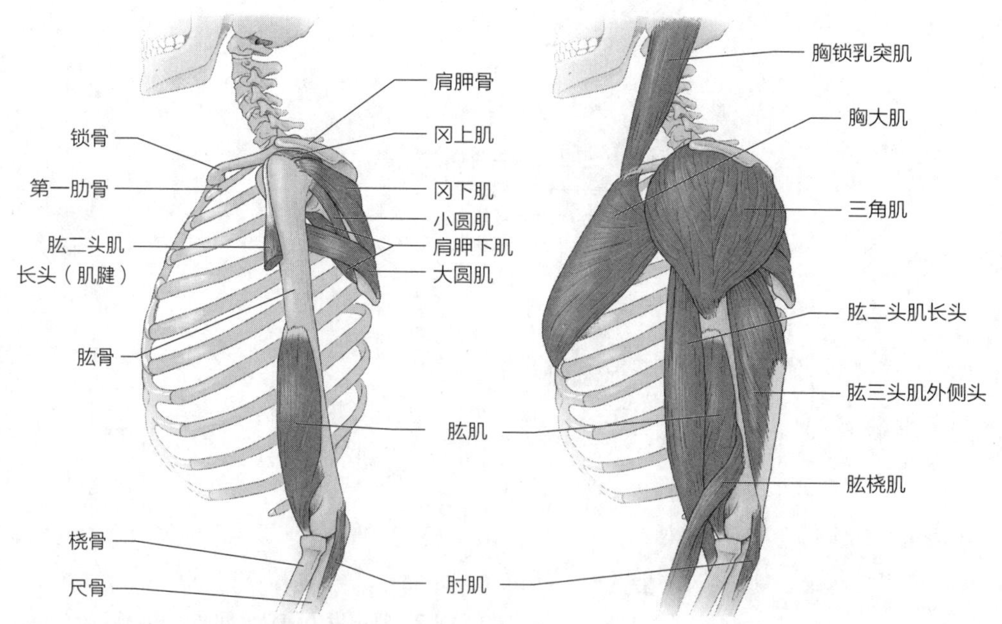

图2.3　盂肱（肩）关节周围的肌肉、骨骼分布情况

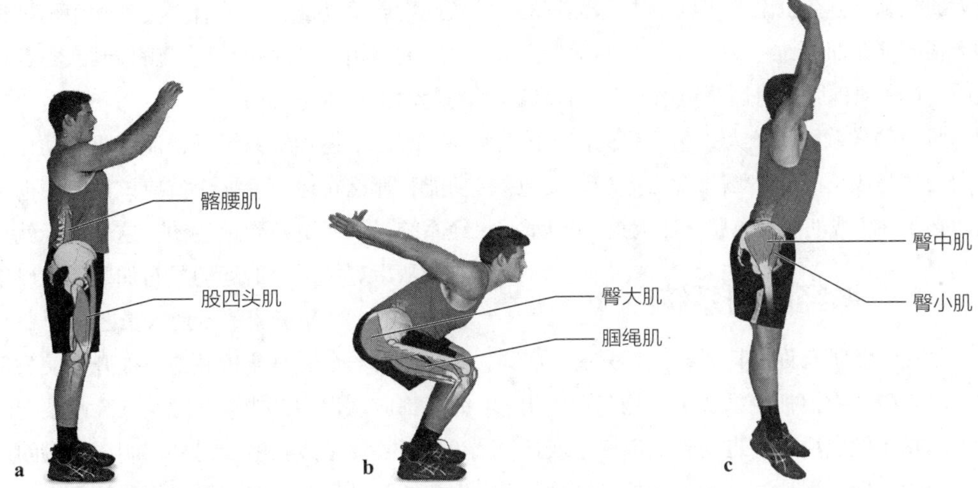

图2.4　反向纵跳中的肌肉协同动作：a. 起始姿势；b. 伸展髋、膝、踝；c. 跳跃

骨骼肌肉系统对训练的反应

虽说训练无法影响骨骼肌肉系统中许多结构方面的特征（如四肢的长度），但训练还是能从两个方面改变骨骼肌肉系统的具体适应能力。其中，第一个方面主要与神经肌肉系统有关，涉及正确技术的学习。正确的技术是将关节置于正确的位置，并按正确的顺序移动它们以优化肌肉的解剖结构。

正确的技术意味着募集了正确的肌肉（如最适合完成这项技术的肌肉），并在动作的需要下在正确的位置做功（如引起或协助关节运动）。正如本书始终强调的，关节位置决定肌肉功能，因而运动发展计划应当强调正确的动作技术（动态关节位置），以发展肌肉。

第二个方面特定于阻力负荷的应用。应用阻力负荷的训练的反馈表现为肌肉横截面积的增大，或者叫肌肉肥大。尽管关于肌肉

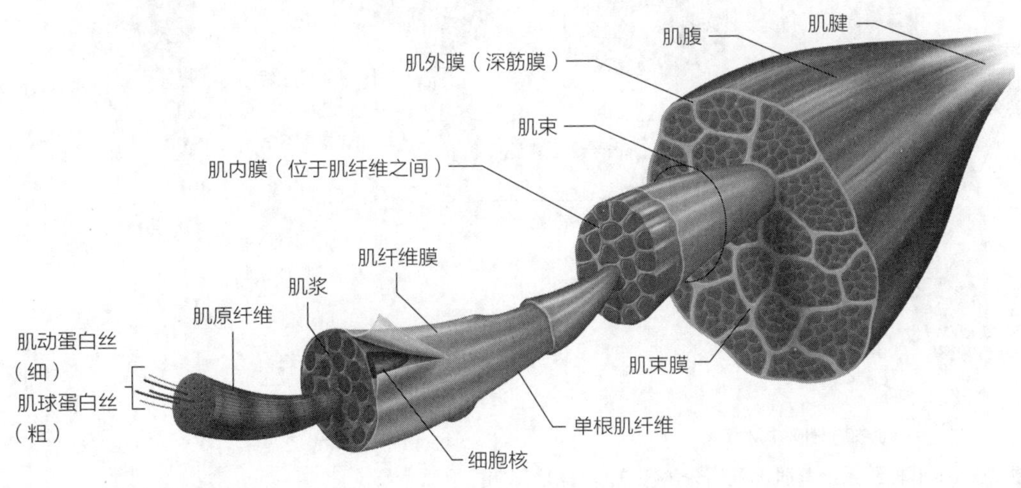

图2.5　肌肉的基本结构

肥大的机制仍存在争论[3]，但肌肉横截面积的增大很明显是肌纤维中的肌原纤维的增加造成的。这种肌肉肥大对运动员来说十分有利，因为肌肉的横截面积（大小）与肌肉产生的最大力量是成正比的[4]。第3章将更加详细地阐述必要性（或功能性）肌肉肥大这一概念。

神经肌肉系统

尽管骨骼肌有许多特质，但其只有一种动作。它能对中枢神经系统（由脑和脊髓组成）的指示做出反应，进而收缩以产生或抵抗一定的力量。运动过程的执行控制结构位于大脑内部。

运动是一种感知活动，这一点是公认的。运动就是骨骼肌肉系统对感觉神经系统和运动神经系统作用的协调反应。因而，为了有效地发展运动能力，就有必要理解中枢神经系统的作用，同时也需要了解控制人类运动的运动单位（图2.6）。

既然中枢神经系统具备调节肌肉动作的功能，那么在运动发展中就应该训练中枢神经系统，从而更有效地运动。这一目标就把专业从事竞技运动的运动员与那些仅仅以审美为目的，从事健身的专业人员区分开来。

任何一个参与分析并希望提升运动表现的人都应认识到，能够表现出最高超技能的竞技者往往是成功者。另外，明白力量的产生和增强是神经肌肉系统运作的结果也很重要。1687年，艾萨克·牛顿写道，大脑掌管运动。由此看来，力量训练的基本原理诞生至今已逾300年。一切肌肉活动都是通过神经刺激所引发的，因而训练神经肌肉系统是

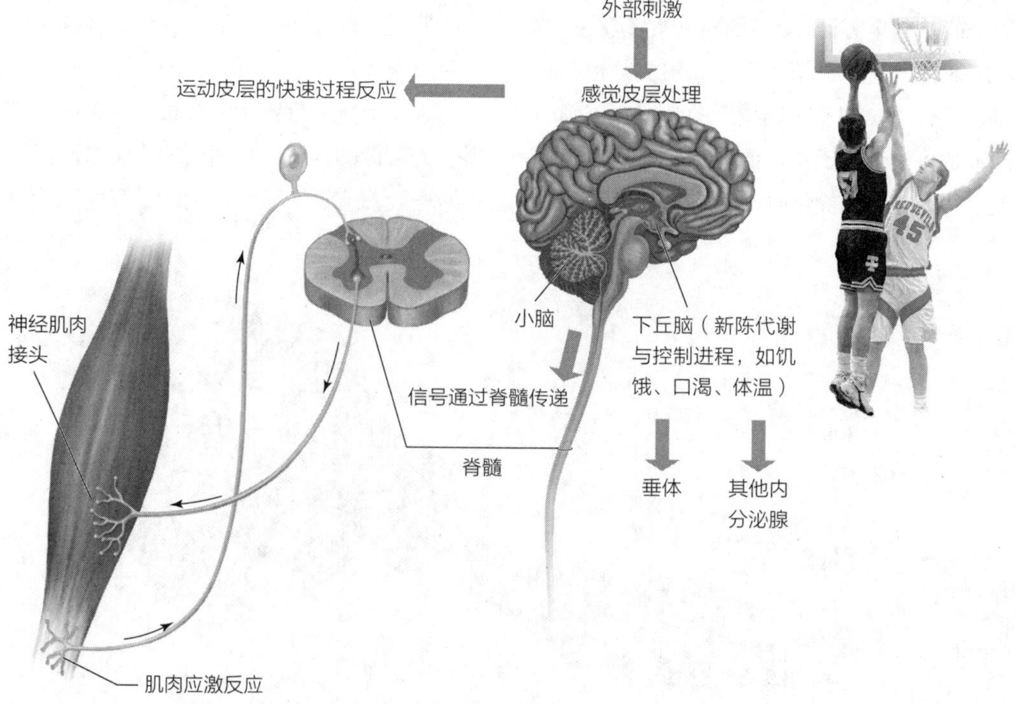

图2.6　中枢神经系统与肌肉及内分泌控制间的相互作用

运动发展训练的第一要务。

动作学习是训练中枢神经系统在各种复杂条件下，根据环境需要，执行特定运动任务的过程。以足球运动中的射门为例，一名球员可以在无人防守（不会造成疲劳）的情况下练习射门，从而提高这项技术的水平。假如球员在有人防守的压力环境下练习射门，可能练习这项技术的效果会更好（可以理解为在压力下有效施展技术的能力更强）。如果在一场非常重要的比赛中，在已经非常疲劳的最后关头，球员需要在有人防守的情况下射门，必定可以充分地检验这项练习的效果。

对于制订任何计划或课程内容而言，有关动作学习及提高的功能性应用都是中心环节。这一话题将在第7章中详细展开。

中枢神经系统通过感觉皮层处理来自环境中的各种信息，并指挥身体的其他部分做出反应。本书所关注的运动应激反应只涉及大脑运动皮层发出的信号，但这种应激反应也可能来自代谢系统（如呼吸频率的增加、心率的增加或体温的调节）。这些信号经由下丘脑处理，下丘脑主要控制激素分泌和自主神经系统（ANS）。自主神经系统主要负责管理那些控制身体正常功能的非自主系统，例如心跳。还好心跳不被自主思考过程所支配！

和所有的人体器官一样，大脑也是逐渐发育成熟并对环境做出反应的。在发育高峰期或环境转变时，大脑会经历一个重组的过程。在这个过程中，常用的和发育良好的那些神经通路会被保留并加以完善，而那些当前用途不多的神经通路则会被去除或关闭，以便释放大脑的信息储存空间。

对任何一个与儿童打交道的人而言，理解这一机制颇为重要。这是因为，在一个运动员的发展道路上，过早地把精力放在高度专业化的、不适合的动作上，可能会关闭那些在运动后期需要的、较为重要的神经通路。对足球与篮球这类复杂而开放的运动项目而言，更是如此。

运动单位与动作

一个运动神经元及受其支配的肌纤维合称为一个运动单位（图2.7）。一个运动神经元平均可连接150根肌纤维。一旦受到刺激，运动神经元会令它连接着的所有肌纤维收缩。骨骼肌只有两种状态，要么被激活（收缩），要么不被激活。

对于那些控制精细动作的肌肉而言，一个运动神经元所支配的肌纤维数量很少，可能只有两三根。而对于那些负责产生力量性、幅度大的动作的肌肉（如股四头肌），一个运动神经元则可能支配约2000根肌纤维。

一个运动神经元（神经）将来自中枢神经系统的电刺激传递给肌纤维，也就是肌肉中的一个细胞，从而引发肌纤维收缩。注意，神经刺激是施加给肌纤维而非整块肌肉的，因而可以激活肌肉中的一部分肌纤维，而不是必须激活整块肌肉。肌束（图2.5）中的运动单位，可视任务需要而有区别地加以募集，需求的力量越大，需要募集的运动单位数量就越多。

信号沿着神经通路通过动作电位进行传输，而动作电位则从中枢神经系统沿轴突传导。

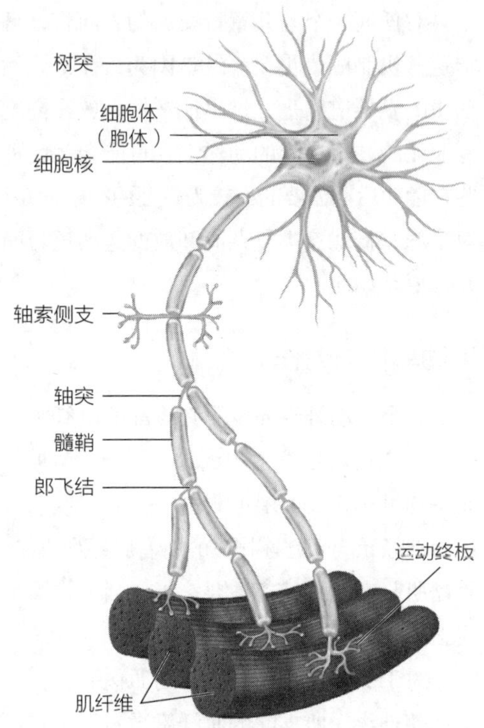

图2.7 运动单位的结构

动作电位的频率(MAPs)对激活运动单位的影响非常大。动作电位抵达运动终板的频率越高，运动神经元及其支配的肌纤维作为一个整体，在刺激下收缩的力度就越大。因而，一定时间内沿着轴突，经由中枢神经系统传导的动作电位越多，肌肉内部的收缩反应就越强烈。这种反应是能够加以训练的，而为了达到这种效果，所要施加的刺激也应该被纳入训练计划中，以便更加有效地加强运动单位的募集能力。

在运动神经的轴突周围包裹着一层叫髓鞘的结构。髓鞘对人类的运动控制能力而言非常关键。它是一种能发挥调控作用的结构，能决定中枢神经系统向肌纤维传导动作电位的速度。髓鞘给轴突上的动作电位加速，进而调控动作。和人体产生的大多数适应性结构一样，髓鞘也是为了应对反复刺激而进化出来的。一旦接收到某个强度足够大、频率足够高的信号，大脑就会识别出需要加强的动作模式，髓鞘会根据需求的增加而增加。这一结果与神经的可塑性(神经系统随实际而发展的动态过程)这一概念有关。换言之，人体内的神经机制就是用进废退。

为什么说掌握这一概念非常重要呢？我们经常听人说熟能生巧，这句格言已经被人们重新定义为“正确的练习造就永恒的记忆”(学习等同于行为的永久变化)。然而，这一推断中有部分内容是非常值得推敲的，因为学习理论中的一个关键特征是“习得”，即一个人必定会犯错，并从错误中获取反馈，这成为适应的基础。在涉及战术学习或发展比赛感知能力时，这种理念显得特别有意义。也就是说，在设定的运动环境中，学习能够让人明确怎样及何时使用特定的动作技能。

但如果想让运动员学习动作模式和发展神经通路，教练们就应当稍微转换思路：正确的练习促进髓鞘生成，髓鞘让人产生永久的记忆[5]。对运动员运动的监控是十分关键的，因为髓鞘应以一种正确的方式生成，让运动单位以协调的同步启动方式来发展有用而协调的运动能力；而不是以不正确的方式来生成，即强化不当的动作模式或导致动作代偿。换句话说，重复错误或不合理的动作模式会让它们变得根深蒂固，成为习惯，从而变得难以改正，特别是当不得不在压力或疲劳状态下施展动作技能时。

位于轴突和肌纤维之间的是运动终板，它有一个叫作突触的连接端，突触在动作控制方面的作用非常关键。随着动作电位到达神经末梢，信号将穿过突触从而触发肌纤维收缩。神经与肌纤维间的交流媒介叫神经递质(主要为乙酰胆碱)。神经递质的释放量与神经信号的强度成正比。动作电位的强度越大，释放出来的神经递质就越多。神经递质穿过突触直奔终点，直到动作电位不再沿轴突传导，这一过程才会停止。

这一过程是连续不断的。只要人活着，神经递质就会一刻不停地被释放出来。但为了防止运动单位永远处于激活状态，人体进化出了一种阈值效应。当附着在肌纤维膜上的神经递质足够多时，纤维膜的电位就会改变。如果当下积累的神经递质不足，电信号就不会被传导给连接运动神经的肌纤维，于是肌纤维就不会收缩。这一现象被称为运动单位收缩的全或无的原则，也就是说，运动单位要么被激活要么不被激活。

运动单位的分类

运动单位的分类依据是肌纤维的化学特性，这些特性会影响到肌纤维收缩的速度，从而影响它们在人类运动中所起的作用。运动单位分类的决定因素是肌丝的酶谱。肌质网的数量与密度会影响钙的释放，以及肌肉收缩机制的其他动态成分[2]。

一个运动单位只能包含一种纤维，即Ⅰ型、Ⅱa型、Ⅱx型中的任意一种。除了反映收缩速度外，肌纤维类型还可以表明肌纤维的主要代谢途径（有氧或无氧），从而可以看出运动单位抗疲劳能力的高低。这些运动单位间的同步性，对完成技巧性运动而言至关重要。

Ⅰ型肌纤维主要是慢肌纤维或耐力性肌纤维。那些要求用耐力对抗疲劳的肌肉主要就是由慢肌纤维组成的。例如腓肠肌和比目鱼肌从成分上来讲就是慢肌纤维型肌肉，因为它们可以保证人在较长的一段时间内持续站立或行走，而不感觉肌肉疲劳。由于这些肌肉具备一定的耐力，它们主要依赖的就是有氧条件下产生的能量，这个过程叫慢速糖氧化，本章后文将对其进行讲解。

如此一来，这些肌纤维的收缩速度就相对较慢。Ⅰ型肌纤维需要大量的氧气供应，从而进一步需要大量的血液供应。这些肌纤维也拥有更多的线粒体（慢速糖酵解中产生ATP的结构），同时线粒体的个头也比其他肌纤维中的要大。

Ⅱa型肌纤维是中间型肌纤维，它们也叫作快缩氧化–糖酵解肌纤维（FOG）。由于这些肌纤维富含线粒体，它们似乎能够耐受更长时间的疲劳，也更能从一定强度的间歇性运动中迅速恢复。因而Ⅱa型肌纤维特别适合各种高强度运动（多次冲刺和冲撞）的运动员，如障碍滑雪、800米和1500米跑运动员等。在这些运动中，运动员要在较长的一段时间里维持爆发性动作。

Ⅱx型肌纤维*的收缩速度较快（换言之，它们是快肌纤维），其反应速度是慢肌纤维的10倍。这些肌纤维是用来应对爆发性、高强度运动的。它们有一个酶谱，旨在通过无氧糖酵解产生能量。这样一来，它们就不能耐受疲劳，只能在短时间内全力运作。

由于Ⅱx型运动单位无须氧气来产生ATP，它们的供血显得相对不足。这些肌纤维与慢肌纤维相比，线粒体更少、更小。相对而言，那些从事爆发力运动的运动员（如短跑、投掷和举重运动员）会有大比重的Ⅱx型肌纤

* 在某些资料中，Ⅱx型肌纤维被称为Ⅱb型肌纤维。从技术层面上来讲，Ⅱb型肌纤维只能在啮齿类动物的身体组织中见到。但这个小问题不应该改变这个词的引申含义。

维。支配快肌纤维的运动单位有个特性，即它们的每个运动神经元上都连接着大量肌纤维，因而可以通过募集相对较少的运动单位，快速产生较大的力量。

肌肉所能达到的收缩力量可以通过两种机制来增大。首先，通过募集更多的运动单位去执行任务。力量的产生与募集肌纤维的顺序有关，这取决于运动强度。这一概念被称为肌纤维募集的大小原则，如图2.8所示。

身体首先募集的是Ⅰ型肌纤维，其次是Ⅱa型肌纤维，这是由于需要更大的力量，或者是由于Ⅰ型肌纤维已经疲劳。在对力量的要求接近峰值时，就会募集最大的运动单位，即Ⅱx型肌纤维。但这部分肌纤维不能耐受疲劳，因而不能长时间工作，即便是训练有素的运动员也是如此。理解肌纤维募集的大小原则非常重要。只有在运动负荷和速度需要一定的收缩力量或强度时，身体才会募集Ⅱa或Ⅱx型肌纤维（因此需要训练）。

本体感觉与牵张反射

小脑是中枢神经系统的一个关键组成部分，因为它主要负责协调体内的本体感觉机制。本体感觉是一种决定身体相对位置的感觉（或将关节重新定位到预定位置的能力），并且能够在运动或抵抗外部负荷时决定肌肉用力的程度。

一个与此相关但区别明显的感觉是运动觉，即感受到某个身体部位发生了运动的感觉。本体感受器存在于肌肉、结缔组织、关节和皮肤中。

本体感受器将来自运动各个方面的信息（例如肌肉长度、肌肉张力、收缩速度，以及与外界物体的接触）反馈给中枢神经系统。这经常被运动者描述为触觉或感觉（如“对球的感觉”）。运动觉让神经肌肉系统得以把动作电位传递至其他肌肉，让肌肉能够做出精确（或模糊）的调整。这一机制及其他机制为中枢神经系统提供反馈，确保大脑接收到这些反馈，并做出指令，决定是否完成及怎样完成有意识的、受控的运动，为接下来可能要做的动作做好准备。

稳定性、目标控制及移动技能都要求具备非常好的本体感觉与运动觉。击打一个物体的

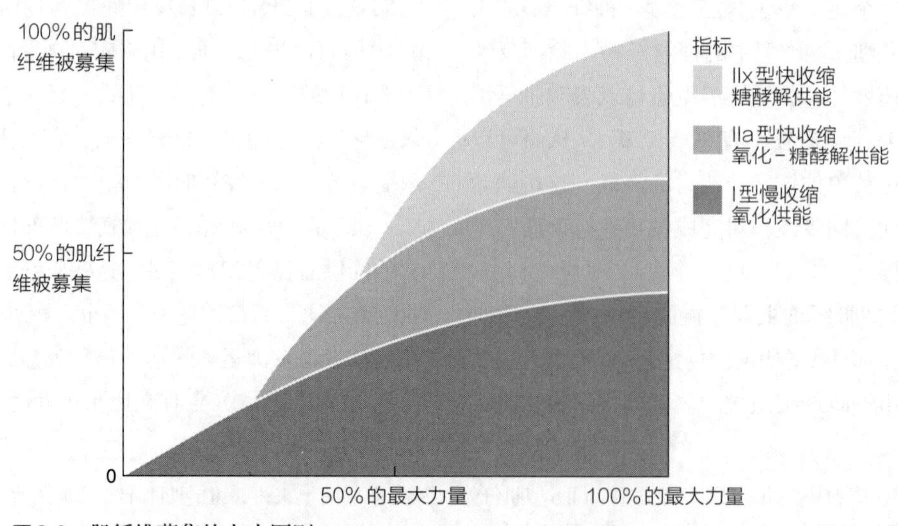

图2.8　肌纤维募集的大小原则

能力——比如踢球或挥动球棒击打棒球——要求具备非常敏锐的关节位置觉。经过适当的进阶训练，这一感觉能在变得自动化的同时得到巩固，这对提高技能和运动水平而言影响深远。肌梭和高尔基腱器都是影响肌肉功能性表现的重要的本体感受器。这是因为它们在运动中能够调控一个非常重要的、能够对神经肌肉系统做出反馈的生理-力学反应：牵张反射。

要发展运动员的身体素质，理解牵张反射颇为重要。因为它既是运动员的一个保护机制，同时也是支撑着体内大部分动作控制机制的关键生理-力学功能。它无疑是跑跳之类的大多数爆发性动作以及诸如快速伸缩复合训练等力量训练的基石，这些内容将在第8章和第9章中进行说明。

肌纤维具有弹性。这个功能与橡皮筋类似，人们可以拉伸橡皮筋储备势能，直到橡皮筋被拉伸至一个临界点。临界点可能与拉伸肌肉的程度有关，它可以通过肌梭来感觉到。

肌梭是被包裹着的梭内肌纤维，位于肌束（图2.5）内部，与肌纤维串联。一旦肌肉被拉伸得过长，那么在肌纤维组织受损前，肌梭会通过传入神经给脊髓传递信息[6]。脊髓中带有α运动神经元的神经突触，能快速（往往在1到2毫秒内）将预程序化的动作电位传回运动单位，从而引发肌纤维强烈的反射性收缩[7]。

那些产生或支持同样动作的协同肌肉，在牵张反射被激活时也会受到神经的支配，从而进一步加强保护性的（有力的）反射动作。牵张反射（也叫伸张反射）对产生爆发性的动作和维持身体姿态的完整性而言非常重要。

本体感觉通过动力（运动）链不断进行动态姿势调整与维持，其中的重要性将贯彻全书。

高尔基腱器（神经腱梭）位于肌肉-肌腱连接处的内部。这些感受器会对外部负荷下肌肉张力的增加做出反应。对高尔基腱器进行刺激会抑制针对肌肉和运动单位的神经刺激，从而使肌肉免受过度负荷带来的伤害。

牵张反射的一个实际例证

采取站立姿势，一只手放在大腿上。食指尽可能重（用劲）地拍打大腿。然后用另一只手把食指往后扳，觉察出一种拉伸感后再放手。把食指往后扳后再放开，食指拍打在大腿上的力量就会比它先前没有被拉伸时更大。扳食指的速度越快，放开后它拍打到大腿上的速度越快。即便往后扳后没有立刻松开食指，而是暂停一会儿，也会引发一个慢速的牵拉缩短周期性反应，并储备弹性势能。与自然收缩相比，这会对大腿施加较大的力量。

由于运动任务往往要求快速发展外部负荷引起的肌肉内部的高水平张力，因而运动训练计划的一个要务就是逐渐发展对高尔基腱器作用的抑制。这样肌肉就能够耐受训练和运动任务中快速发力的情况，而不会失去活力。可以通过一般性的力量训练或专项爆发力训练达到这个效果，例如快速伸缩复合训练，这是第9章中的主要内容。

神经肌肉系统对训练的反应

在神经肌肉系统内，对训练的许多可能的适应都可转化为运动行为。

首先，在教授动作技能时，教练应当强调该技术的关节位置。在学习的初级阶段，关节位置要比技术规定的速度和爆发力更为重要，因为关节位置决定了肌肉发挥什么样的作用。运动员通过强化关节的动作模式来训练所调动的肌肉。重复这些动作也能发展本体感觉与运动觉，从而让运动员在越来越多的新的、复杂的任务中确保关节对位。这种训练方式会加强肌肉间的协调性，即主动肌、拮抗肌、协同肌等各肌群完全服务于目标动作的能力。该训练方式还会尽可能减少共激活效应，同时最大限度地发挥协同效应[8]。

该训练方式还会增强某些结构（如高尔基腱器）的抑制能力，或激活其他结构（如肌梭），从而利用拉长–缩短周期来产生爆发性的动作。

这些适应将有助于加强肌肉内的协调能力，这会关系到激活与抑制主动肌的方式。

合理的训练还会促进运动神经（神经元）轴突内部的髓鞘化，从而能够让动作电位从中枢神经系统到肌肉的传输变得更加高效。中枢神经系统内部的学习模式也会提高运动单位被激活的有序性——这也就是潜在动作电位的编码方式。同理，神经信号到达肌肉的频率（编码速度）也会得到提高。这些适应意味着肌肉可以通过改善肌肉内的协调来被激活以产生更大的收缩力[8]。

类似的适应现象不仅见于单个的运动单位中，还在更宏观的角度有所体现。确实，技巧性运动表现是感觉、本体感觉，或运动感觉反馈和其他激活反应性动作的需求共同作用的结果。因而，适应能力训练的一个重要目标就是运动员要能察觉到肌纤维长度、张力和收缩速度的变化，从而激发并产生正确的或积极的信号，并传递至运动单位。组织动作电位同步而协调有序地激活运动单位，或者确切地说让大肌群协调运动，是一个关键的训练反应。

能量代谢系统

人体进行的一切工作（思考、运动、控制）都需要能量。为了提高运动员运动系统的机能，提升机械运动的能量供应能力也不可忽视，它与发展动作技能以高效地完成运动任务具有同样重要的作用。著名短跑教练罗兰·西格雷夫就曾经说过：“任何傻瓜式的重复都会使人疲劳。诀窍是让他们以正确的方式感到疲劳，从而不会影响技术的完成质量。”

能量是通过分解能量储存分子而产生的。在运动中，肌肉中用来储存葡萄糖的肌糖原往往会被分解，但有时被分解的可能是脂肪。分解这些分子需要一些生理系统的配合。例如，呼吸系统将氧气带入体内；血液系统则通过血液运输氧气；为这个过程提供动力的是心肌（所以才有了心血管这个说法）；氧气被供应给处于一连串代谢反应中最后一个阶段的细胞，而这些代谢反应是用来产生能量的。

相比于关注这些系统，我们更应该关注这些系统是共同作用以产生能量的。因而，我们将其统称为能量代谢系统。

能量代谢系统负责产生能量，让体内的各个器官与系统能够正常运行。影响生理活动速率的主要因素是体内能量流通的有效性，这种流通的能量源于三磷酸腺苷（ATP），这是一种化学结构上连着三分子磷酸的腺苷。这些化学结构中储存着能量，当它们分解时就会释放出能量，从而让生理活动得以顺利完成。

由于体内几乎没有储存ATP的细胞（通常情况下，数量极少的ATP会在运动开始后的1秒到3秒耗尽），运动员需要通过训练，才能以合适的速度产生ATP，从而产生足够的能量去满足体育活动的需求。获取ATP的能力制约着运动员的运动能力，因而教练需要了解这方面的知识，即在不同的运动强度下，这些能量传输机制是如何工作的。

负责生产ATP的能量代谢系统主要有以下3种。

一是磷酸原系统。这个系统有时也被称为磷酸肌酸或肌酸磷酸系统。通常情况下，它能通过分解体内储备的磷酸肌酸来产生ATP，从而产生能够供应身体剧烈运动长达10秒的能量。当这部分储备被耗光后，身体就会利用糖酵解作为产生ATP的主要手段。

二是快速糖酵解系统。这个系统有时被称为无氧（没有氧气参与）糖酵解系统（糖原分解）。

三是有氧代谢系统。该系统也称慢速糖氧化，是在有氧气参与的情况下，产生ATP的一连串代谢反应。

这3个系统并非相互独立。事实上，它们其实是合为一体的，在任何活动中，都是由三者一起工作来提供能量的。它们是如何组合的，以及在某个特定的活动中哪个能量代谢系统占据主导地位，取决于运动强度。运动强度越大，快速糖酵解所起的作用也就越大。以此为依据，橄榄球运动（图2.9）就得以和足球运动区分开来。足球比赛中会出现很多持续时间较短的高强度冲刺运动，中间夹杂着长时间的、强度相对较低的跑步或走动。这两种运动之间不同的运动特征，会体现在运动员的相关训练中。当ATP的需求超过供应时，人体很快就会出现疲劳感，这是为了保护身体系统免于受伤害。

所谓糖酵解，就是把肌肉和肝脏中储存着的糖原分解为一种叫作丙酮酸的物质。这个转化过程共计需要12次酶促反应，反应后净得3个ATP分子和氢离子。在有氧气的情况下，氢离子在后面的运动阶段中可以用于产生更多的ATP。当有氧条件下产生能量的速度跟不上能量消耗的速度时，磷酸原系统就会与糖酵解系统并肩作战，从而让肌肉能够产生力量。通过这种方式，这两种能量代谢系统就成为高强度运动中最初几分钟的主要能量来源。

丙酮酸分子用于何处，取决于运动强度。限速因子是心脏呼吸系统为正在工作中的肌肉供应氧气的能力。在低强度运动中，氧气的需求能够得到满足，依赖氧气的慢速糖氧化允许丙酮酸转运到被称为线粒体的肌细胞内的细胞器中。

线粒体中会发生一系列化学反应，最终会产生36分子ATP（一个糖原分子的潜在产能为39分子ATP）。在产生ATP的反应过程中，会产生水和二氧化碳这些副产物，它们被血液从肌细胞中运出，通过肺部排出体外。只要运动员能把糖原和氧气输送给工作中的肌

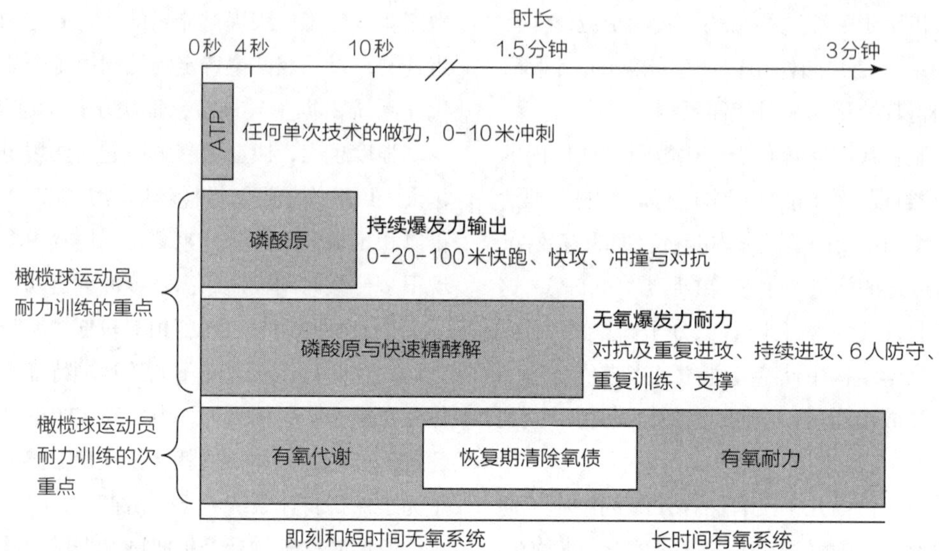

图2.9 橄榄球运动的能量代谢需求

肉，氧化磷酸化就会发生。

当氧气供应满足不了运动中对氧气的需求时，不依赖氧气的快速糖酵解就会成为ATP的主要来源。ATP的净产量基本不变（两三分子），但丙酮酸的去向有所改变。丙酮酸不再被送进线粒体，而是被降解成细胞内的乳酸。

在中等强度的运动过程中会形成乳酸，它有两种用途。当氧气供应充足时（比如，在高强度运动后，运动员通过大口呼吸来缓解缺氧状态），乳酸就会变回丙酮酸，并被运到线粒体中转化为36分子ATP。否则，乳酸就会被移出肌细胞，被血液带到肝脏，在那里被还原为葡萄糖，从而为下一阶段的运动做好能量储备。我们从中可以看到，乳酸其实不是什么毒素（许多教练是这样认为的），它其实是对身体有用的能量来源，对慢肌纤维而言它的作用更大，因为这类纤维富含线粒体。

在大部分基于集体对抗的运动项目以及所有运动持续时间少于3分钟的体育项目中，高强度的无氧供能都是重要的供能形式，这种无氧供能维持的时间很短。高强度的无氧供能能够立刻为运动员产生最多可维持2分钟运动的能量，但明显的疲劳效应会限制运动员保持无氧运动的能力。这种现象的产生是由于肌细胞内乳酸的产生过程中伴随着氢离子（H^+）浓度的提高。这些带正电荷的粒子的浓度提高会使肌细胞变得更偏酸性。酸性的提高会干扰肌肉的收缩机制和影响ATP产生过程中酶的活性，从而引发疲劳。人体进化出这种保护机制，是为了在体力耗竭前限制一个人的运动量。如果想了解针对能量代谢系统进行适应性训练方面的内容，请参见肯尼、威尔莫和科斯迪尔合写的著作[2]。

图2.10对能量代谢系统内部可能会出现的各种训练适应情况做了概括。在本章，我们讨论了神经肌肉系统和骨骼肌系统对于技能性运动的重要性。通过理解发展运动系统各组成部分的基本原则，教练可以调整训练

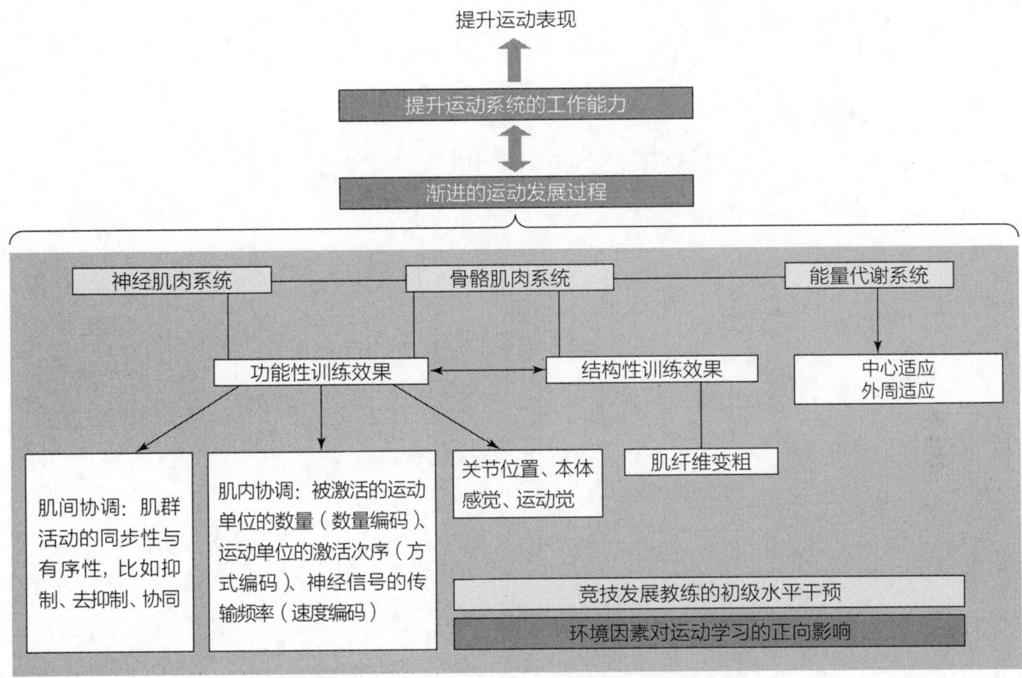

图2.10　竞技发展教练可以通过训练运动员的能量代谢系统来提升运动表现

方式和训练负荷量，从而达到所期望的训练结果。这些知识为后续章节中概述的专项技能开发过程奠定了基础，提供了一套系统化的功能准则，以指导我们决策，使针对这些运动素质的训练达到最佳效果。

本章小结

本章基于这样的理解：体能是体育成就的先决条件，同时专项动作技能是以基础（或基本）动作技能为基础的。事实上，对于负责训练运动员身体素质的任何人来说，他的第一要务是使运动员养成正确的动作姿势。在这个基础上，进一步以功能性和渐进的方式去训练肌肉动作。理解能量代谢系统的各种供能方式，将有助于把关注运动系统全面适应的训练计划以某种方式积极地转化成运动员良好的运动表现。

第3章

运动系统的发展模式

任何运动员发展计划的目标都是在相应的时间内优化运动员的潜在运动表现。这种运动表现可能针对一个目标赛事（奥运会、全国锦标赛、个人挑战），或者是在团队运动项目中，它可能涉及整个赛季中保持特定的运动表现水平。因为在赛季期间，团队数月内每周都要参加比赛，甚至更加频繁。体育运动比赛的这一现实，就要求在该计划中使用精确的训练干预措施，帮助运动员在特定的时间发展特定的运动系统素质，以在目标赛事上表现出最佳的体能状态。

伯姆帕与哈弗[1]认为，这一计划的关键在于要明白一个理念，即不是所有的运动素质都可以同时优先发展。例如，力量训练是爆发力发展的前提，爆发力是速度发展的必要基础素质。因此，要想获得更快的速度，运动员首先要以适宜的运动方式让自己变得更加强壮[2]。同样，为了发展有氧能力，运动员必须先进行一些有氧能力训练，让心脏获得适应能力，增加心脏的血液输出量。在运动恢复的间歇期，随着运动员从高强度的运动中得到缓解和恢复，尽管大量的无氧运动可以为某些有氧能力的改善提供基础，然而，有氧训练并不能为无氧能力的改善提供基础。

决定力量、爆发力及耐力的生理学特质各有不同。事实上，每种训练的适应性可能是相互矛盾的。因而，有效制订计划的关键在于决定在计划的某个阶段重点强调发展哪些生物运动特质，这被称为重点负荷；另外，要确保用正确的顺序培养基本的身体素质。这种方法不局限于应用于精英运动员或儿童的发展，所有不同年龄段、不同运动水平的人群都应该了解这一点。

为那些成长中的运动员制订计划时，合理规划非常重要，目的是让运动员以正确的顺序训练以获得应有的生物运动能力，从而促进自身的长期发展。这种计划会帮助运动员在生理上打好基础，帮助运动员在整个渐进式体育生涯（例如，从幼儿园到一年级，从高中到大学，或从不运动到休闲运动）中良好过渡。要想成功，就需要了解从儿童到成人的发育过程中生理学和解剖学发展的可塑性，当所有生理系统完全可训练并适应特定的训练刺激时，只要进行了必要的体能训练，就可以使运动员为这种训练做好准备。

培养青少年运动员

青少年运动员是个独特的群体，他们接触的实践和竞赛计划应该反映和支持青少年时期发生的广泛的生理和社会心理变化。需要注意的是，青少年身体素质的各个方面——力量、速度、耐力、灵敏性与协调性都应该在青少年的每个阶段得到发展。运动系统的各个组成部分的发展速度其实是不相同的，如图3.1所示。对于运动员发展计划而言，了解运动系统的发展模式，可以让我们把重点放在具有决定性意义的两个方面上。

首先，掌握运动系统的发展模式能让我们明白执行运动计划时方法、训练量和训练强度会受到哪些生理条件的制约。其次，它为我们提供了一个准则，我们根据这个准则去制订运动计划，使计划能够支持和强化运动系统的最优化发展。发展敏感期的概念可用于指导训练实践[3]。由于动作技能的许多组成部分都取决于运动员向多方向快速发力的能力（这是一种控制力量、速度与姿势的能力），所以神经肌肉系统与骨骼肌肉系统的发展在运动员发展模式中居于中心地位。因此，对青少年运动员而言，功能性力量、爆发力和动作技能需要优先发展[4]。

就动作技能而言，这一概念显得尤为重要。我们承认，大部分要求具备高水平耐力（这是从事一些运动的前提）的运动项目，比如赛艇、长距离自行车、长跑（这类运动通常被称为周期性耐力运动），对技能的要求相对较低。正如下面会讲到的，耐力可以在成年后得到相应的提升。许多精英运动员在其他运动项目中获胜之后，都会转向周期性耐力运动项目。他们之所以这样做，是因为他们能够在关键时期发挥出较高水平的能力，从而提高运动效率（详细内容见第8章与第10

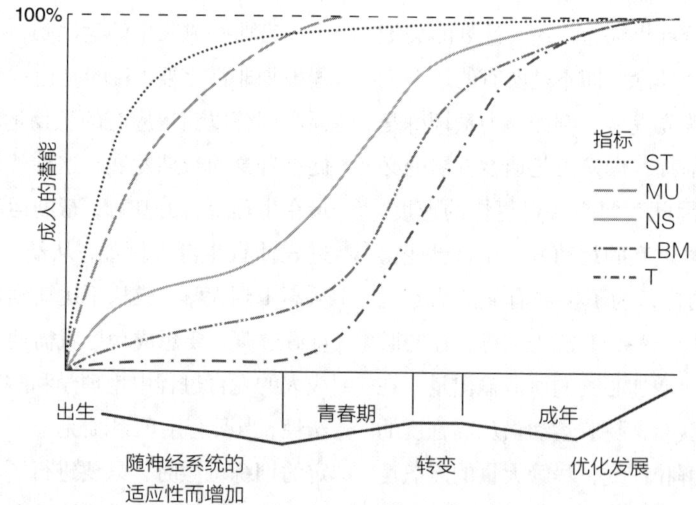

图3.1　男性力量输出的理论发展过程（作为男性运动系统生理机能发展的一个结果）

ST——最大力量水平；MU——运动单位的发育程度；NS——神经系统的发育程度；LBM——发育过程中瘦体重的变化；T——发育过程中睾酮水平的变化

源自：K. Pierce、C. Brewer、M. Ramsey、W. A. Sands、M. E. Stone、and M. H. Stone, 2008, “Opinion paper and literature review: Youth resistance training. ” *UKSCA's Professional Strength and Conditioning Journal July*: 9-22.

章)。因而，通常情况下耐力并不被视为运动员发展计划的一个优先目标。也就是说，为了身体健康和防止损伤，同时也考虑到如果想要让运动员对运动项目的选择不过早地被局限在一个很小的范围内，就不应该过早地对他们进行专项训练，也不应该忽视耐力训练。耐力训练对青少年运动员来说即便不是计划的一个重点环节，但也必不可少。因而，本章提出了教练们在关注耐力训练时应注意的事项。

适用于不同时期运动员的运动系统发展模式

对于那些不执教儿童或青少年的教练来说，也应该明白运动员发展原则的重要性。简而言之，运动员发展就是把训练的结构和性质与运动员的长期发展过程建立起联系，让他们能够在长期（无须是当下的）发展过程中在正确的时刻做正确的事。最终，大多数教练的计划是根据运动员的情况制订的，其基础是采用因人而异的培养方式，使他们训练的运动员在一段较长的时间内发生改变。另外，当培养对象是成年人时，教练需要了解他们之前的运动经历，尽量让基础训练与其个人经历相匹配。同样，教练也应该了解受训者没有经历过什么项目，并据此制订纠正性计划或渐进式训练计划。

教练要想达到这个目的，就需要了解运动系统的发展原则和模式，以及训练内容、方法和实践经验，以此促进运动员运动系统的发展。具备了这方面的知识后，教练就能够根据运动员的训练年限来制订具体的训练计划，合理指导任何年龄段的运动员。

理解了以上概念后，我们就可以把神经肌肉系统、骨骼肌肉系统、能量代谢系统的发展类型和未成年人的各个阶段联系起来加以讨论。未成年人的各个阶段包括：儿童期（0~6岁）、儿童晚期（6~9岁）、青春期早期（9~12岁）、青春期（12~16岁）和青春期后期（16~18岁）。这些阶段纯粹是针对生物学（生理）发展特征而言的，可能未必完全与社会发展相适应。在此，我们回想一下第1章里列出的观点，尽管一些活动适合儿童的生理发展阶段，但是运动员的训练年限才能决定他是否具有完成某种运动的能力，对于大运动量的训练项目而言更是如此。

儿 童

尽管儿童期不适合接受大量的正规训练，但还是需要接受像跑和跳这样的基本动作技能方面的指导培养（图3.2）。在这个时期，家庭与学校所提供的非正式训练机会弥足珍贵，儿童进行身体活动的目的应该是培养基础运动与早期基本的动作技能，以及对体育活动的兴趣[5]。

在这一时期，儿童的心理活动与生理发育各方面之间的关系是非常复杂的。儿童时期最重要的是发展其自信和敢于尝试的态度，鼓励儿童去探索各类新环境，同时尝试完成各种新任务。这些活动应包含许多相互联系的基本技能（跑、跳、攀爬等），以及能够开发身体对称技能的动作（双手一起操作和单手操作）。

让儿童充分参与活动，合理利用时间！这有助于促进磷酸原系统和有氧生物能量途径的发展。在这一成长时期，应当以发展移动能力、稳定性和动手能力为重点。到五六岁时，儿童应该把所有独立的技能整合为一个总体的动作模式，如果能成功并一贯执行（一种功能发挥和实践的机会），就会为发展

图3.2　体育游戏能让一个5岁的儿童展示跑步及变向技能

稳定表现的过渡技能以连接个人技能打下一个很好的基础。这一时期的培养重点应该是让儿童发展技能，强调距离而非准确性。儿童能把球踢远或扔远，要比瞄准并击中某个目标重要得多。这种培养方式将有助于运动系统的发展，并为儿童晚期运动单位的可训练性及力量的大幅提升打下基础。

儿童晚期

这一时期的重点在于提供一个积极的学习环境，儿童可以在一个游戏氛围浓厚的环境中发展很多基本技能。这些关键的基本技能可帮助儿童建立起码的能力与自信，对其之后致力于参加体育运动和培养更高水平的技能而言有着重要作用。的确，在许多运动项目技能发展模式中，这个基础的阶段被归类为发展基本技能时期[6]。

在6到9岁这个阶段，儿童应该在开始专项动作技能训练前发展移动能力、稳定性与动手（掌控物体）能力。使用一种循序渐进而且有趣的、以游戏为基调的方法来发展这些技能，为未来在体育运动方面取得成绩打下坚实的基础。因此，应该鼓励儿童广泛参与各类体育运动。强调运动发展的模式，将为长期专项运动的发展培养出更多具有可训练性的运动员。事实上，有数据表明，与那些只从事一项运动的运动员相比，美国大学更倾向于招收从事过多项运动的运动员。在很多国家，这种多项目运动教育的重要性未曾得到应有的重视。

大多数运动都是后期专业化的运动。高水平的运动表现都是许多非专项运动技能（如跑、跳、投掷、接、踢等）与专项运动技能（如踢足球与踢橄榄球，击打棒球与挥击壁球）相结合的结果。为什么从事一项运动的许多优秀运动员在从事另一项运动时也能成为优秀运动员？例如：许多优秀的运动员也能做出高水平的高尔夫球动作。这是因为高水平的运动经验教会了他们协调动作、把握时机和控制身体。

相反，让我们来了解一下早期进行专项化训练的运动员的情况。这些运动员一直被重点培养高度重复性的动作技能，这往往会导致肌肉发展不均衡，进而容易受伤。他们几乎没有能力把自己的技能迁移到其他体育项目中，因为他们在运动学习方面几乎没有经验可以用于实现这种转移。另外，一个长年累月被迫接受高度重复性训练的运动员可能会丧失动力，再也不想参与该项运动。事实上，要想发展高度可迁移的动作技能，应随着儿童时期的发育进程而逐渐缩小运动范围，培养儿童喜欢且擅长的运动项目。

在儿童晚期的最初几年时间里，内耳的平衡系统会逐渐发育成熟。随着运动感觉意识的不断增强，儿童便有机会去改善和提升与速度、灵敏性、平衡性及协调性有关的基本动作技能。可以通过制订强调运动协调性和运动感觉的特定活动与游戏的计划，达到这一时期的发展要求。体操动作和其他基于身体控制能力的运动，有助于达到这个目的（图3.3）。

同样，大肌群（如股四头肌、腘绳肌和臀大肌），以及未涉及相应精细动作的较大的运动单位，比那些较小的肌群（如固定肩部的冈上肌、冈下肌、小圆肌与大圆肌）更为发达。负责精细控制的肌肉不发达也表明了视觉控制能力没有得到充分发展。通常情况下，激活控制眼球定位的肌肉中的运动单位的能力在10岁时才得到发展。因此，儿童在涉及大肌群系统的运动中，会显得更有技巧。

那些涉及精细性和协调性的动作会促进小肌群与运动单元间的相互联系，但与对技

图3.3　涉及灵敏性、平衡性与协调性的形式化练习以及有目的的游戏活动会促进基础运动模式的强化

巧性要求不高的运动相比，这些动作的效果会差很多。最大限度地激活运动单位的能力，是之后运动阶段中获得高水平运动表现的一个关键性决定因素，而这种能力是可持续发展的。因此，我们强调以爆发力、速度为基础的活动，以便最大限度地激活运动单位。在时间意识（通常指的是眼–手或眼–脚的协调性）发展得更加稳定之前，训练计划都应该以基于协调性的速度与灵敏性训练为主。我们可以通过物体处理活动以及设置障碍物等各项活动（如击打、接球、攀爬和跨栏等运动）来达到这一要求。

与跑、跳及投掷相关的体育活动，对发展动作技能及神经肌肉系统而言都是比较重要的。持续1~5秒的爆发式快速动作对这个年龄段的儿童而言是比较合理的。研究表明，反应性快速伸缩复合训练与高速动作（图3.4）对儿童运动系统的发展比较有益，而这些活动都依赖于神经肌肉系统中的神经基础[7]。

同样地，一系列多平面运动能通过调动运动单位的募集来增强力量。例如，抛实心球、自重练习、推拉练习、挥摆、攀爬、格斗，以及抗阻运动都为骨骼和结缔组织的发育提供了积极的压力源。全身运动也有助于发展身体控制能力、灵活性和稳定性。同样，教练应该注意尽可能少地让儿童做重复性动作，以免运动过量而反复刺激骨骼，使骨骺持续钙化。

这些活动与这个年龄段儿童的心理发展特点相适应。他们不喜欢长时间坐在教室听讲，他们好动，想参与活动。他们集中注意力的时间较短，因而在教授他们时需要不断地变换花样。事实上，先前很多体育老师将年龄加上3分钟的原则作为他们判断儿童集中注意力时长的标准。因此，让儿童参与活动的时间应该较短且活动内容应该丰富多彩，

图3.4 灵敏性训练课程与接力活动不仅为儿童带来了快乐和基本动作技能的发展，还促进了他们神经系统的发展

并使用简短、容易理解的语言来指导儿童，让儿童有效地参与到这些活动中。

在此期间，儿童也在发展他们的程序和情感知识库。大脑运动皮层正在发展形成技能学习与技能执行基础的程序。因而，在重复练习一个动作（为了让运动程序固化）和动作变换（使儿童适应新任务的基本技能模型）之间取得平衡，便显得尤为重要。这些概念都将在第7章中深入探讨，本章将关注学习课程的规划。

从儿童期到青春期，身体各部分之间的比例会发生相对的变化。头部会生长到其出生时大小的两倍，躯干会长到三倍，手臂会长到四倍，腿则是五倍[8]。这种转变对儿童的协调能力会产生影响。随着手臂不断变长，脚不断变大，它们相对于头部的位置也发生了变化。在儿童晚期的几年中，男孩与女孩在生理结构方面的差异很小，所以应该鼓励他们一起参加体育活动。骨骼的发育主要是四肢的生长，一直到青春期。因而，随着四肢变长，可以通过三个维度（运动平面）的多种运动行为来发展空间意识和运动感觉。

这一时期，儿童的骨骼还在持续钙化，但骨骼两端的大部分还是由软骨构成的。因而，在大负荷和大运动量下，儿童的骨骼极易受伤。这一时期，支撑关节的韧带也变得更加坚韧、强劲有力。这一时期发展运动神经系统较为重要，例如让儿童花时间去适应这几种运动：单脚跳、双脚跳（包括跳高和跳远）、涉及儿童自重运动的力量练习，以及爆发性实心球运动，但要遵循循序渐进的原则。需要注意的一点是：这个阶段的动作重复次数不宜过多。

儿童的关节相对易于活动，所以这一时期无须重点培养他们的灵活性，除非有些运动（如体操运动）要求具有较高的灵活性。需要意识到的是，在关节没有特定肌肉力量支撑的情况下，围绕关节的大幅度动作，可能会造成关节的损伤。教练应通过在肌肉控制下的全范围运动，同步增强儿童的柔韧性、灵活性和力量。事实上，灵活性的增强离不开神经肌肉的激活作用，而仅仅通过被动拉伸是无法增强灵活性的。随着儿童的成长及骨骼肌肉系统的发育，如何保留住儿童时期所具备的灵活性成了教练需要面临的挑战。在青春期，应继续进行全幅度的力量运动，并且应该鼓励青少年在主动控制肌肉的情况下，练习一些能促进伸展的特定活动（比如普拉提与瑜伽），以最大限度地增大关节的运动幅度。

本书后文将会介绍动作练习的技术要求，包括一些建议以及如何调整动作练习，以使其适用于不同年龄段的运动员。但跑、跳力学原理中的关键因素，比如脚趾主动背屈触地与腾空时背屈脚趾（第8章），以及跳高和跳远中大腿的离心运动（第9章），都能在教练的指导下，通过有趣的游戏活动得到提升。我们可以通过涉及矢状面和水平面上的动作的灵敏性游戏来发展运动力学技能。

儿童在供能效率上不及成人[9]。而儿童肢体长度与肌肉力量的失衡造成的相对生物力学效率低下，则加重了这一缺陷。有研究表明，儿童身体的肌肉量仅占体重的28%左右，而青少年和青壮年的肌肉量则占体重的35%到40%或更多[10]。儿童的身材矮小（肢体长度与通过骨骼肌肉系统展现力量的能力弱），具有一定的生物力学缺陷，在运动效能方面存在劣势，而年龄大些的未成年人或成年人在完成同样的运动时则不会那么费力。儿童在这方面的不足导致他们在完成既定的运动量时需要消耗更多的氧气。

儿童在经历5到7秒的高速、高强度的游戏及基于游戏的练习后，需要进行主动的休息与恢复。这些活动能够在儿童的耐受能力范围内开发其能量代谢系统。让儿童快乐地活动起来对其健康至关重要，但高速、高强度的练习以及各种变向练习，对提升这个时期儿童的运动能力而言，是最理想的。对于从事游泳和赛艇等活动的儿童，其技能依赖于耐力，可以通过多次重复较短时间的技术练习来达到更大的运动量，而不是通过大量专项的耐力训练来达到同样的目的。

表3.1所示为一名8岁儿童的一周运动安排。这名儿童尚未明确要从事某个专项运动，但其父母正在促进该儿童基本运动与体育技能的发展。

表3.1　一名8岁儿童一周中参加的各种运动

时间	运动
周一	体育活动（60分钟），游泳（45分钟）
周二	体操（60分钟）
周三	无
周四	体育活动（60分钟），篮球（60分钟）
周五	足球（60分钟）
周六	田径（60分钟）
周日	橄榄球（60分钟）

如果针对某一种运动项目已经精心制订了培养计划，那么接下来在每段专项训练期间，应该注重发展基本动作技能，这些技能往往会在所针对的运动中得到展现。表3.2提供了一个示例，这一理论也同样适用于表3.1中展现的任何一种运动。

全年进行这种性质的活动，能让儿童熟练掌握一套基本动作技能，随着儿童继续自己的运动生涯，这将会成为构建专项动作技能的基础。

青春期早期

有些运动是适宜较早期专项化的运动，为了在这些运动项目中获得成功，运动员通常都需要在青春期早期就专门从事这些运动。这些运动要求具备一些高度专业化的技能，比如网球与游泳；或者需要依赖特别的肌肉力量或较大活动度的能力，比如体操。这一阶段的专项化并不一定具有排他性，应该鼓励青少年在重点练习项目之外，多参加一些非专项的体育运动。

除了逐渐把主要精力放在较早进行专项化运动上面的青少年外，9到12岁的青少年都应当重点体验各种运动项目，发展基础运动技能，进一步增强能力与自信心。具体而言，不同运动项目的刺激（运动技能的连接）与不同运动环境的刺激（在专项运动的情景下参与不同运动项目的体验）是制订运动计划的关键参照因素。这些运动应当包含对刺激的检测和识别，以便青少年能够形成基础的运动素质，并能够决定应该在何时何处施展动作技能。

表3.2 一名8岁儿童进行多种练习的样本

时间（分钟）	练习
0到10	模仿示范者：儿童与一名同伴搭档，示范者以各种方式运动，另一名儿童模仿这些运动
10到20	翻转标志盘：将儿童分成两组，在地面上放16到30个标志盘，其中一半尖头朝下放置；随着“开始”口令的发出，3分钟内，第一组把尽可能多的尖头朝上的标志盘翻过去，第二组把尖头朝下的标志盘翻过来，翻标志盘最多的那一组获胜。这种游戏可升级为接力比赛
20到30	灵敏性训练：设计出一种鼓励儿童在一分钟内完成跑、跳、攀爬、跨越等，以及涉及很多小器械的活动。这种活动可以开发成游戏
30到40	技能与动作练习 快速弹跳：双脚跳过一块10到20厘米高的海绵障碍（高度取决于弹跳能力），看看20秒内能完成多少次这样的弹跳 多动作投掷挑战赛：儿童在起点处采取站立姿势，要完成4次基本的实心球投掷动作（从胸前推出去、从头顶抛出去、左转抛出去、右转抛出去）；球扔出去落地后，测量投掷距离；然后儿童冲过去，拿起实心球回到起点；在儿童开始奔跑时按下秒表，当回到起点时按停秒表；每两次投掷动作之间休息一段时间。每次投掷的距离（以米计算）累加，再根据整个游戏过程中所用的奔跑时间，综合得出儿童在这个项目中的分数
40到50	规定时间内的接力活动：3队儿童以接力（或轮换）的形式进行游戏；定好一段距离，3队儿童比赛，看哪一队通过这段距离的用时最短。通过的方式包括单脚跳、快跑、传接力棒、跳过一根绳子等。可以根据要求改变活动方式

注：时间包含左端点不包含右端点。

这一阶段，训练计划应该更多地体现出生理年龄而非日历年龄，因为个体差异开始变得明显了。事实上，性别的差异也会越来越明显。在生理年龄上，就身体发育而言，女孩一般比男孩早发育一年。在这一阶段，骨骼的生长速度（主要就肢体而言）通常缓慢而稳定，身高一般每年增长3到5厘米。

在这一阶段，大肌群仍然比小肌群发育得更好。教练必须注意动作代偿，负责爆发性运动的大肌群开始发挥那些较小的、控制身体姿态的肌肉在关节稳定控制中所起的作用。在所有跑、跳、投掷、击打活动，以及任何由此衍生出的运动中，合理的关节位置将纠正或有助于防止出现动作代偿。事实上，基于游戏的热身活动，应为通过纠正关节位置来促进动态平衡及保证肌肉正确发力顺序的练习。教练必须把热身活动视为积极的教练体验，而并非仅仅是为了接下来的训练所做的准备。第11章会介绍几个专业热身活动的实例。

到这一阶段末期，运动神经元轴突发生的髓鞘化过程也将结束，这可以被称为一种神经增殖现象。正如第1章中所指出的，髓鞘形成是一个发展过程。在这个过程中，个人激活运动单位的能力会自发表现出潜在的适应性，并与一系列力量、速度及爆发力刺激相呼应。因而，在各种情景下都应该不断地强化爆发性速度，从而构成运动员身体控制能力的基础。

4到5秒的高强度跑、跳、蹦等活动较为理想，这些活动都是以初级阶段所习得的技能为基础的。随着动作转化能力的提升，反应时间也会随适当的反应行为（简单的应激行为）缩短，从而实现较好的兼顾加速与灵敏性的运动表现。这种神经信号转换能力的改善，也意味着在生理年龄达到12岁时，眼–手及眼–脚的协调性已经很好地建立起来了。

这一时期，合理的练习能明显增强力量。事实上，青春期早期的力量的相对增加可能会比青春期更多[11]。这种力量增加是因为改善了运动单位的神经刺激，而不是因为肌纤维层面的任何形态变化。任何为骨骼肌肉系统提供正面压力的活动都会改善肌力和结缔组织结构，同时也有助于形成良好的身体姿态。

这一阶段建议参加下列运动：体操项目或力量平衡练习（如俯卧撑和倒立）、攀爬（爬绳索、墙或引体向上）及渐进式快速伸缩复合训练（第9章）。跳跃（单脚或双脚起跳，用另一只脚或双脚落地）、基本的跨步跳（在夸张的跑步动作中，重量从一只脚向另一只脚转移），以及三级跳远技术（第8章）全部适用于这一阶段。本书后文中将详细地探讨从事这些活动时的指导建议。

实心球既可用于抛掷（爆发力）练习，比如头顶抛球和胸前推球练习，也可用作抗阻训练的器械，为深蹲和多方向弓步这类练习提供外部负荷。使用较少的重复训练次数以免伤害骺板（仍在钙化中）。

需要注意的是，骨骼的潜在伤害未必是运动强度过大造成的，大运动量对骨头造成的压力，同样也会导致骨骼损伤。事实上，一定的运动强度能促进骨骼生长。身体组织对负荷压力有相应的反应，因此，抗阻训练应该成为骨骼及神经肌肉发展计划的重要部分。格斗、摔跤、推拉这些运动涉及的运动器械较少，并且可以让多组青少年参与其中以互动的方式进行。这类运动往往强度大、持续时间短，非常适合青少年参与。

教练应该在所有运动中不断强调正确的动作原理。除了发展姿势控制能力和力量的运动外，体操及涉及动态平衡的运动，也能教会他们运动生物力学方面的一些基本原则（有关体操及涉及动态平衡的运动的实例，比如模仿动物走路与力量平衡练习，均可在第10章中找到）。这些原则背后的具体细节将会在第4章和第5章中进一步讨论。总结起来，以下几条关键原则构成了运动力学的基础。

1. 在对抗或传递力量时，直线方式的强度最大。

2. 发力能力的发展是从大肌群开始逐步到小肌群的。

3. 当惯性被克服时，慢速运动就会转变为快速运动。

4. 偏心力会导致旋转。

5. 运动员需要控制围绕次级轴的旋转以产生线性运动。

6. 短臂运动比长臂运动更快。

7. 每个动作都有大小相等且方向相反的作用力。

随着本书内容的展开，在接下来各章节依次介绍的各个运动中，都能见到这些原则。运动员无须知道这些原则，但教练必须教会他们在运动中利用这些原则，尤其是在新的动作技能学习中。

例如，如果被要求做一个快速重复的旋转动作，青少年就会弯曲手臂以加快旋转速度。青少年之所以会这样做，并非因为他知道缩短转动半径能够运动得更快（第6章），而仅仅是由于外部经验告诉他，这一动作有助于加快转动速度。

因为在神经肌肉系统发育的这个阶段，运动系统非常开放且善于学习，这一阶段往往被称为“技能饥渴期”。这一阶段无疑是把技术复杂的举重练习加入训练计划中的最好时期，举重练习可以作为速度、灵敏性和快速伸缩复合训练的补充，并与其一并构成这一时期训练计划的中心内容。全幅度的深蹲动作（包括弓步模式和单腿蹲起等变体），以及把重物从地面举过头顶的提拉运动，以及它们的各种派生动作模式，成为所有运动表现训练计划中重要的力量训练形式（第10章）。因而，在这一阶段学习举重技术，并以此作为日后力量发展计划的基础，是运动员发展过程中的重要一步。

运动员应该始终把重点放在发展技术与技能上，并学习协调的动作发力顺序，随着这些技术与技能的成熟，就可以逐渐加大训练强度。事实上，这类运动会要求运动员通过全幅度的动作进行爆发力练习，从而促进其力量与灵活性的增强。

青少年需要知道，通过全幅度的动作变得强壮，他们可以完成更大幅度的技术动作并能够保持结缔组织的长度，从而防止受伤。这些运动还能通过整条动力链而非身体的某个孤立部位或孤立的关节动作来控制身体姿势。这条原则是贯穿本书动作技能发展实践的基石。

抗阻训练的普及，使其常常被用于体育训练中，这种现象似乎在儿童和青少年当中越来越常见。尽管有报道说，抗阻训练可能会对骨骼的骺板（生长板）造成潜在的损伤，但这种发展趋势是积极有利的。事实上，科学数据表明，青少年在适当的监护下进行抗阻训练可以提升运动表现，减少运动损伤，改善健康状况[12]。

进入小学后，青少年表现出精力充沛和低耐力的特点。青少年此时心血管系统还在发育之中，他们在生物力学性能方面还存在劣势，导致身体在完成运动时需要更多的氧气。而外周循环系统不成熟又进一步加剧了这一状况，这一时期，肌肉在运动过程中难以从血液中获得氧气。

人体热调节的主要手段之一是血液把热量传输到皮肤上，通过皮肤把人体内部的热量散发出去。但由于青少年皮肤的总面积较小，血量也较少（与成人相比），其热挥发机制的作用就比较有限。在青春期早期，由于缺少关键酶（本章后面将讨论青春期后期的无氧适应），青少年不能在无氧条件下产生ATP。无氧能量的产生会在肌细胞内形成一种酸性环境，这是一种疲劳机制，会减缓引起肌肉收缩的化学反应并让肌肉产生烧灼感。疲劳的一个重要生理学功能，是防止过度用力，以免造成肌肉损伤。

没有这种疲劳机制，在集体类或个人项目训练的情况中，青少年就容易出现体温过高、脱水和虚脱等状况。由于不易散发热量，因此在进行高强度、耐力性的活动时，尤其是在炎热环境中进行活动时，应该极其当心，要避免过度运动。

青春期

青春期可以说是运动员培养过程中最为重要的一个阶段。在青春期，运动计划的确能够让某个青少年充分发挥身体素质潜能，从而造就一个专业运动员。那些在这一时期没有接受适宜训练的运动员，可能很难完全发挥出潜力，因为个性化发展的时机可能会受到影响（至少不能最优化）。许多运动员之所以会在运动生涯的后期遇到停滞期，主要是因为在运动发展的这个重要时期，以牺牲训练或练习为代价，过分强调了比赛[13]。

这一时期跨越了发育期的开端，所以这一时期同时涉及发育期前和发育期后都必须要加以考虑的各种因素。发育期指的是随着身体器官从幼儿状态变为成人状态，身体和生理发生变化的时期。发育期经常与青春期相混淆，青春期在很大程度上被认为是儿童期和成年期之间的心理和社会过渡时期，它基本上涵盖了发育期，但是其界限不像发育期那么分明。

发育是激素信号引发的，激素信号由下丘脑发出直达生殖腺（女性的卵巢、男性的睾丸）。激素信号会刺激生殖腺不断释放出各类激素（男性的睾酮、女性的雌二醇），这些激素数量巨大，它们会进一步刺激骨骼肌肉系统、神经肌肉系统和能量代谢系统的生长、功能完善和转变，而这又会显著影响青少年的各项身体素质。随着与男性和女性进化的功能（生育）相呼应的身体形态及比例方面的变化，男性和女性之间在人体测量学方面的差异也变得更加明显。

发育期的到来伴随着身高增长高峰的开始，后者通常被人们称为青少年的身高突增期。这为教练提供了一个参考标准，教练可根据青少年正在参加的活动特性，制订一些具有理论依据的决策。这一时期，青少年可能在两年内就长高15厘米（图3.5）。一般而言，女孩在10到12岁、男孩在12到14岁可能会迎来身高突增期。无论男女，身高突增期都可能出现得早或晚。事实上，在12到15岁这一年龄段，生理年龄可能会在11到18岁。同一个年龄组内部通常会有3岁上下的差异，因而，一支14岁以下的足球队，小队员们的生理年龄可能为11到17岁（图3.6），尽管其训练年限都差不多。

在发育期，个体之间骨骼大小的生物力学差异，会造成身体运动时消耗能量的不同，同时造成训练的效率不同，导致运动表现出现差异。这种情况导致两个相关问题的出现：如何执教青少年运动员，以及如何去发现青少年运动员身上的运动天赋。

较早进入身高突增期的青少年，在同（年龄）组中会有较好的运动表现，而且会在未经刻苦训练或者未在训练过程中专注于掌握动作技能的情况下在比赛中胜出。但是当他

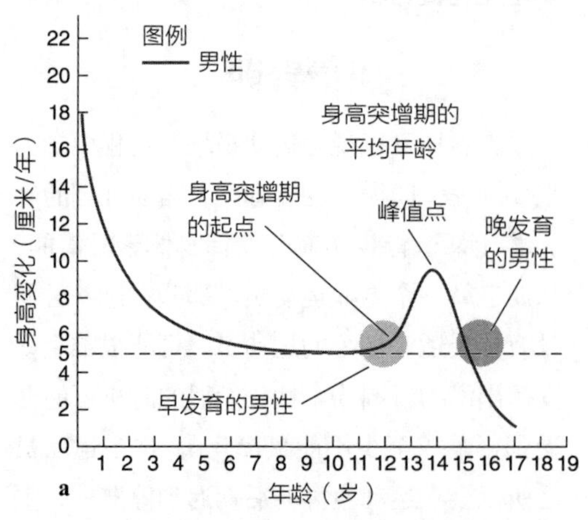

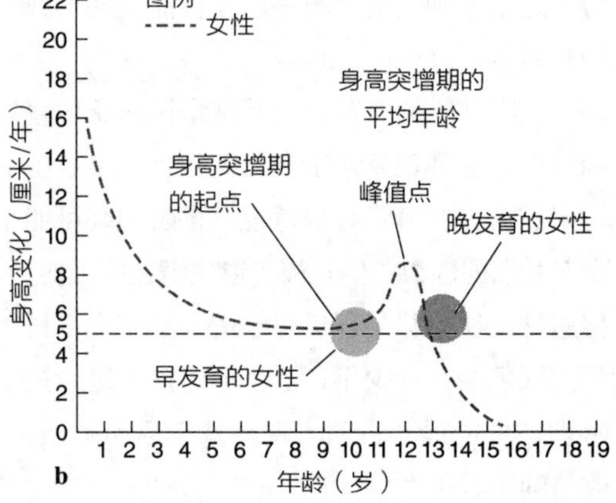

图3.5　典型的生长速度：a. 男性；b. 女性

源自：P. Rieser and L. E. Underwood, 2002, Growing Children: *A parent's guide*. 5th ed. (SanFrancisco: Genentech).

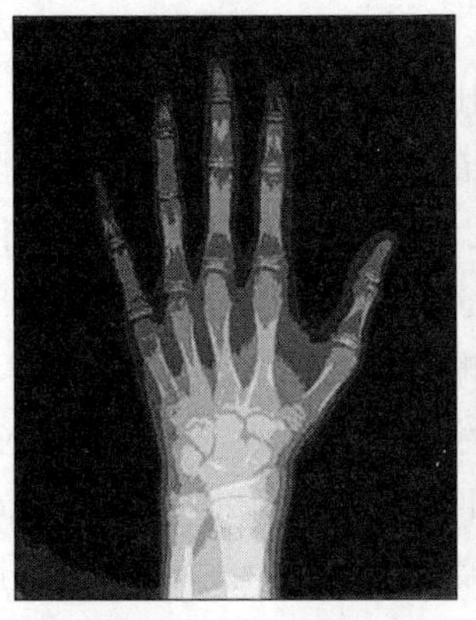
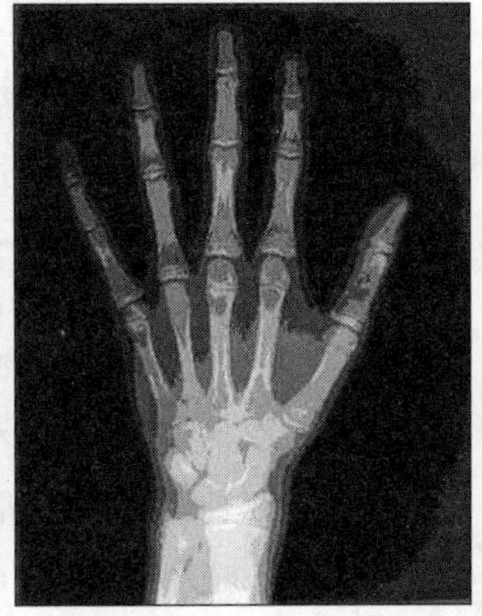
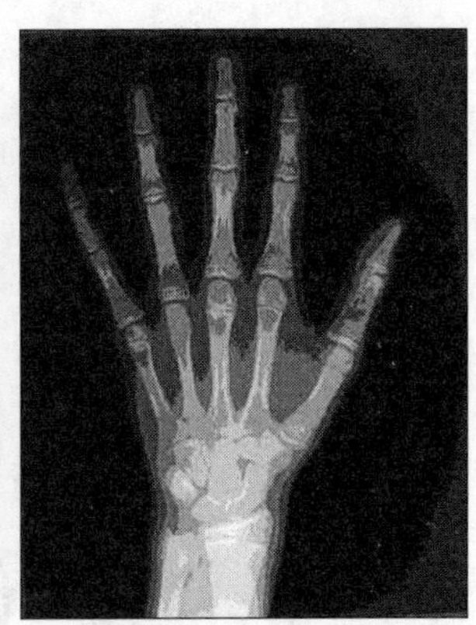

图3.6　上面3幅X光图片来自日历年龄相同的青少年，他们的骨密度和骨骺表明，其生理年龄有着明显的不同

源自：Courtesy of Viswanath B.Unnithan and John Iga.

们20岁左右时，其他生长稍慢的同龄人会赶上他们。当动作技能发展和对该项运动的理解变得更为重要时，这些早熟的运动员接受不了被击败的滋味，往往会退出这项运动。

同样的道理，许多比同龄人较晚迎来身高突增期的青少年（但最终可能具有同样的动作技能），可能会在最初感受到挫败感，会以为自己根本就不擅长运动。

因此，对于这种处在正态分布两端的群体教练需要通过更加个性化的计划和区别对待来关注其技能的掌握，对体育运动中相对年龄影响的相关研究就发现了这一点。在集体类项目的同年龄组运动员中，出生在上半年的运动员，往往比那些同年较晚出生的运动员更容易成长为高水平运动员。这种情况被认为是人为地缩小体育运动的人才库，因为晚熟的青少年往往会感觉受挫，从而对进一步参与这项运动感到灰心。最终，即使经历了生理发展的全过程，晚熟的青少年仍然可能永远不能发挥他们的潜能。

能够与青少年的父母密切配合的教练，可能会判断出自己的队员接近、进入和错过身高突增期的时间。为了判断这个生长阶段何时到来，可以让父母每隔一段时间就准确记录下自己孩子的身高，比如每个月一次（在身高突增期到来之前），以及每周或每两周（在身高突增期到来之后）一次。随着发育期的来临，骨骼的生长方式开始改变——这一时期生长的主要部位是躯干而非四肢——出于这个原因，对于教练和父母而言，坐姿身高而非站姿身高往往更适合作为监测身高突增期的一个参照指标。

在身高突增期，青少年的身体发育要消耗大量能量。因而，对这一时期的青少年，教练应该考虑减少他们的训练量，并转而以促进神经肌肉系统发展和进行动作技能训练为主。这样做是为了适应因发育期青少年身体各部分比例变化而引起的空间模式的改变。

对指导女运动员的教练而言，身体形态的这种变化可能影响更大。髋部变宽导致股四头肌角（Q角）变大，从而会导致跑步或落地技术的改变（比如跑步时脚跟外踢，落地时膝部内旋）。正如我们在第5章将会看到的，这些变化有可能会引发一些损伤问题。膝关节内扣的姿势会产生一个矢量合力，会引发内旋，如图3.7所示。

图3.7　Q角的增大意味着教练需要帮助发育后的女性运动员改进落地技术

髋部姿势的改变也容易引起股四头肌与腘绳肌启动模式的不同步，其结果就是肌肉的发力角度往往是向外的。这种不同步的启动模式不仅会让膝部在受压时不稳定，而且会使髌骨侧移，导致内侧副韧带、前交叉韧带和髌骨本身出现问题。

例如髌骨软化症，是指髌骨下软骨出现异常软化，这可以通过拉伸和强化股四头肌与腘绳肌［尤其是中间（内部）部分］来加以缓解。在运动员身体发育期间，教练需要投入时间来研究如何改善和巩固跑、跨、跳等动作中的正确落地技能，并在发育期前后设法提高运动员的运动效率，同时减少损伤。本书后面的章节将着重解释这一概念。

髋部变宽和躯干变长导致青少年的重心发生变化。对女性而言，重心会随着髋部的变宽而降低，这意味着女性的平衡性和稳定性得到增强。重心的降低对参与某些活动是有好处的，比如要求平衡性和稳定性的运动。然而，为了在多方向上加速，运动员需要把重心移到支撑面以外。在青少年身材比例变化时，教练需要与青少年一起努力，找出有效加速的策略。

在快速生长期，不建议仅仅为了节省能量而降低训练负荷。肌肉及外部环境（拉力）施加给骨骼的负荷，会刺激骨骼生长并提高骨矿物质密度。然而，这一阶段重复性的力量负荷，会损伤肌肉–肌腱结构，肌肉通过这一结构与骨骼相连。在12到20岁，身体各个部分的肌腱会融合到各自的骨突位置（骨头外部的一处凸起），这可能会造成一些牵拉损伤。

这些损伤包括：青少年（12到16岁）足球运动员、跑步运动员与跳远（高）运动员可能会患有的胫骨结节骨软骨炎；青少年（10到13岁）游泳运动员、跑步运动员与跳远（高）运动员可能会患有的跟骨骨骺炎；14到17岁的青少年，髂嵴特别容易患上骨炎（骨头表面骨突出的炎症），且这种损伤尤其常见于需要拧转躯体的运动（如投掷、投球、格斗与跨栏）。青少年（棒球）投手、游泳运动员、投掷项目运动员的肩部和手臂也可能会患有类似的炎症。与渐强痛（高于某个活动阈值的疼痛）有关的牵拉应力，尤其常见于高重复性的训练中[13]。

在身高突增期过后，肌腱结构会变得更加发达且不易受伤。这一阶段，雄性激素（特别是睾酮）的分泌也达到最高水平。这一阶段能够为获得最大力量（产生最大力的能力）和速度–力量提供一个理想的机会，并且最大力量与爆发力之间的相关性是有据可查的。

随着发育期的到来，青少年体内的激素分泌情况会发生明显的改变，青少年的力量、速度与耐力也都会发生变化。运动员能否激发爆发力的潜能，主要取决于是否长期进行力量训练，因而这一时期运动员应当通过进行高负荷抗阻训练来激发其爆发力的潜能。

考虑到青少年运动员体内高浓度的合成代谢激素，这种方法就显得尤其重要。这一特性意味着通过力量训练、快速伸缩复合训练，以及基于速度的训练产生的神经系统和形态的适应可以得到优化。

这种训练方法会促进骨骼发育与蛋白质合成，会造成肌肉肥大（肌纤维体积的增大），以及在身高突增期的前几年，会出现轻度增生现象（细胞或肌纤维数量的增加）。这些变化会增大肌肉的横截面积，这与肌肉力量的大小密切相关。无论一个人参加的是何种运动项目的训练，肌肉横截面积的增大都是一种积极的训练适应现象。发育期后，通常情况下，青少年便开始专注于一种专项运动了。并非所有的运动项目都要求具备大块的肌肉，但一切运动都要求身体能够正确发力并承受一定的负荷。这种能力是中枢神经系统募集运动单位的主要表现方式，当运动单位得到激活后，更多的肌纤维可以被募集来强化收缩，从而增强了肌肉产生力量的能力。因而，肌肉横截面积增加对所有运动员都有好处，尽管并非所有的运动员都需要成为健美运动员。

教练了解不同运动项目对肌肉横截面积的大小要求不同是至关重要的，因为它直接关系到运动员的训练方案。大运动量、次最大阻力的力量训练（典型的健美训练或10RM重复训练），容易导致肌肉中非收缩性蛋白与肌质中液体成分的增加，该物质是包裹肌纤维可收缩部分的原生质。因为这对收缩性蛋白没有直接影响，并且对肌肉产生力量能力的影响很小，所以对运动员而言几乎没有直接的益处。

相反，接近最大阻力的力量训练（奥林匹克举重、低重复次数高负荷的抗阻训练、快速伸缩复合训练）则会导致肌节的增大。肌节是肌肉中的功能性收缩单位（第4章将对此展开深入探讨），通过适当的训练刺激，肌节的大小、数量及排列均能得到改善。通过快速训练，肌节可以实现连续（从端点到端点）增加，从而提高肌肉的收缩速度。有研究表明，高强度抗阻训练可以通过平行增加肌节的方式来提高肌原纤维的密度。肌肉收缩单位的密度增加，收缩性蛋白之间的连接位点数量也会增加，从而肌肉输出最大力量的能力就会得到增强。三级跳远世界纪录（18.29米）保持者乔纳森·爱德华兹是一个特例，他身上几乎没有大块肌肉，但是腿部肌肉的横截面积很大且肌肉密度很大。他的体重为68千克，但是他抓举的重量为自身体重的2.23倍（抓举技术将在第10章讲述）。

将这些训练渐进而均衡地纳入运动计划之中，在发展肌肉的同时，结缔组织也能得到增强。如果教练只强调肌肉力量的增加，运动员可能会在训练或比赛时出现结缔组织损伤的现象，由于训练是用来提升运动表现的，因而这一方式将不利于（而非有利于）训练效果的转化。

任何年龄段人群的肌肉力量都可以得到增强，因为肌肉收缩机制中的运动神经元会对力量刺激做出积极回应。然而，生长发育引起的激素变化，可以让运动员通过改变肌肉的结构来最大限度地增强力量。运动训练计划中应当包括一定量的大负荷和快速训练动作模式，从而最大限度地强化生长发育带来的身体形态优势。

力量增强意味着使用力量的能力也增强。为了确保力量训练效果成功转化为在体育项目中运动自如的能力，必须注重其与两个关键因素的结合。首先，发展最大力量的训练应该适当地与快速发力的训练相结合，这样运动员才能够从事专项的运动项目（第4章和第10章）。其次，必须时刻鼓励运动员去思考、探索如何使用力学上最科学有效的姿势，减少运动损伤的可能性。

由于运动员能够对地面施加更大的力量，同时他们的腿也在变长，因而他们跑步时的步幅通常也会增加。因此，即使没有关于速度和灵敏性的技术训练，运动员的跑速也会得到相应的提高。但专业体育运动员希望最大限度地提高产生爆发力的能力，因此，教练应将多平面移动技术练习与身体发展训练原则适当地结合起来，确保运动员能够根据运动计划来优化运动速度和灵敏性，而非只是接受计划执行过程中可能出现的速度提升，却不考虑计划本身。

这一时期速度训练的侧重点应与线性跑步时的触地技术和力量相关联。加速能力与最大跑速取决于运动员在触地的一瞬间突然有效发力的能力。运动员必须具备优良的技术，以便有效利用跟腱的弹性和神经肌肉系统的牵张反射机制。运动员可通过复杂程度不断增加的高强度爆发力训练来发展这一技术。这类训练应当成为爆发力训练计划的重点，以及为增强触地力学而采取的技术实践。触地力学可以将生理–力学性能有效地转化到技能执行中。

多方向运动也要依赖牵张反射机制的生理–力学特性。对一个高水平运动员而言，在运动过程中能够运用高强度反作用力有效地改变方向是一种必备的能力。变向技术很重要，但正如前文所言，这些技术最为理想的训练阶段是青春期早期的“技能饥渴期”。青春期内的训练重点应该是涉及灵敏性技术的运动，以加强身体的反应灵敏性以及爆发力（第8章）。

在发育期，能量代谢系统也有一个重要的生理改变。睾酮刺激无氧系统的发展，也提高了有氧系统的能力。较高水平的血清睾酮促使身体中携氧红细胞增加。因此，随着身高突增期的来临，应该主要进行有氧训练，与这一时期睾酮的增加相适应。然而，不应该优先发展有氧训练或以牺牲力量、技能与速度的发展为代价进行有氧训练，特别是不打算专门从事要求较高有氧能力的运动项目（长跑、赛艇、骑长距离自行车运动、中长距离游泳）的运动员。尽管很多人认为，从事集体项目以及拳击和网球这种高强度间歇性运动的运动员需要具备较强的有氧能力，但这些运动往往会持续90分钟甚至更久，所以事实并非如此。各种项目中不同供能系统的供能比例见图3.8。

想要在格斗项目中获胜，就要能够以最高强度发挥出动作技能，并且能够长时间地维持运动。从事这类项目的运动员的训练，必须增强Ⅱa型与Ⅱx型肌纤维的募集能力，这样才能强化这些肌纤维的无氧爆发力，同时还要强化心血管系统的功能。这一时期发展性训练的重点是最大限度地发展神经肌肉系统与骨骼肌肉系统，使运动员尽可能变得更强更快。这种训练将为运动员在运动职业生涯后期具备更高运动水平打下基础。

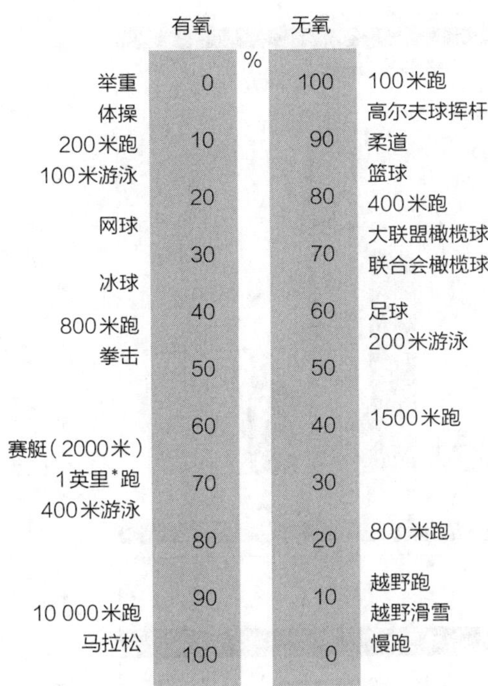

*1英里约为1.61千米，此后不再标注。

图3.8 各种项目中不同供能系统的供能比例

源自：*Strength and Conditioning for Sport: A Practical Guide for Coaches*, by Clive Brewer (2013), with kind permission of The National Coaching Foundation (brand name sports coach UK).

训练的重点应该是为支撑神经肌肉系统发展的运动做好体能准备。从健康的角度来说，不应该忽视能量代谢系统，通常情况下，高强度、低训练量的专项练习能促进运动系统的发展，提高必要的耐力水平，从而确保运动员能够满足运动在耐力方面的需求。

在许多运动项目中，人们高估了高水平有氧能力的重要性。大部分集体项目或格斗运动，要求运动员能够进行高强度运动，并能快速恢复体力。一个能够进行长时间运动，但运动强度不足（不够快、不够灵敏或不够有爆发力）的运动员将不能展现出更高水平的竞技表现。

高水平的间歇性比赛，如橄榄球联赛，要求运动员能够在80分钟内跑完7公里。运动员还必须达到每秒超过8米的跑速，能承受60多次身体撞击（拦截别人或被别人拦截），体力恢复得要够快，才能完成下一次高强度的运动。图3.9a表明，这种高强度的比赛中，61.5%的时间（通常超过无氧阈）里心率超过了160次/分；图3.9b显示的是心率与速度变化关系。图3.9表明，该项目的运动员必须具备在高强度运动后快速恢复的能力，并在恢复后能够按照战术要求再次参与到比赛中去。

在青春期早期，运动员通常不应被认定适合专门从事什么运动项目或比赛，因为运动偏好会缩小选择的范围。对于运动员而言，所有的能量代谢系统都应当得到充分发展。无论从事什么样的运动，运动员都需要具备速度、灵敏性和爆发力。在身高突增期到来前，高强度间歇训练（例如，用100%或120%的最大摄氧量强度的速度完成10秒高强度的间歇性跑步）能在最大摄氧能力和最大有氧速度两个方面发展无氧乳酸系统和有氧系统[14]。

青春期过后，机体耐受性与动用无氧系统和乳酸系统的能力变得更强。这是因为体内磷酸果糖激酶（PFK）的含量增加了，PFK是一种可调节葡萄糖转化为ATP的酶，它能让无氧代谢过程得以顺利进行。无氧系统能量的产生会导致血液中乳酸堆积，造成肌肉细胞形成酸性环境。这种酸性环境会引发疲劳，我们应该培养青少年的耐受能力，这样他们才能够在许多运动中展现出高强度活动的能力。

下面让我们来了解一下为从事不同项目的16岁运动员制订的3种训练计划。

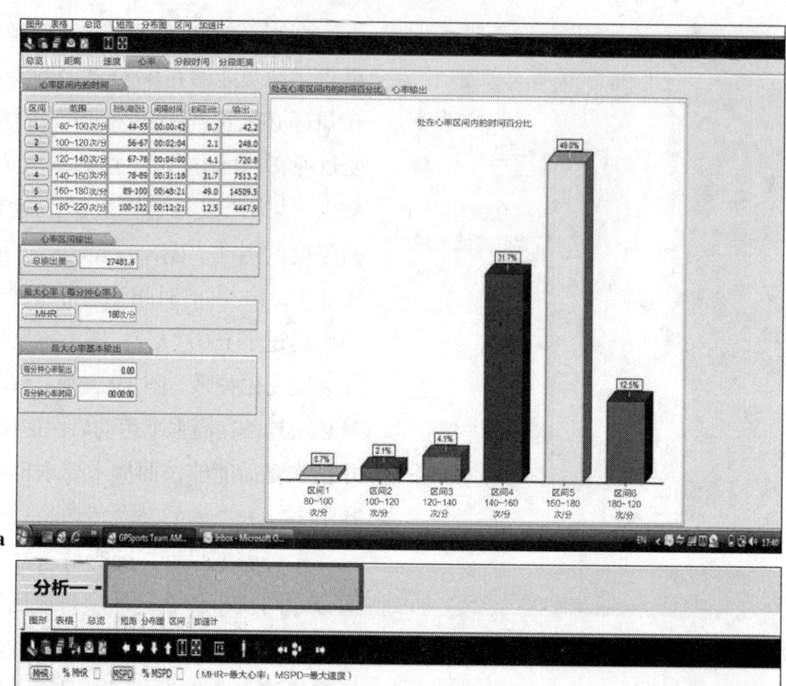

a

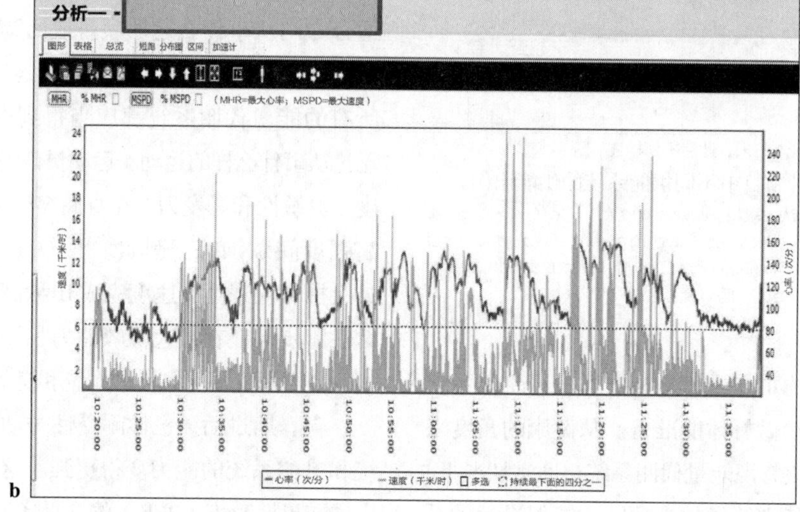

b

图3.9　在橄榄球联赛中使用全球定位系统做出的运动分析证明了反复的高强度运动后快速恢复能力的重要性

向短跑专项发展的田径运动员的速度–耐力训练计划

首先进行动态热身与灵活性练习，逐渐过渡到技术练习。

不同技术练习组成一个简单的低强度训练单元，然后再执行速度–耐力训练。

- 用最高速度90%或者以上的跑速完成2次150米，两次之间走回起点。
- 用5分钟时间恢复。
- 用最高速度90%或者以上的跑速完成3次120米，两次之间走回起点。
- 用5分钟时间恢复。
- 用最高速度90%或者以上的跑速完成4次90米，两次之间走回起点。
- 整理放松。

向耐力专项发展的田径运动员的无氧乳酸能力训练计划

首先进行动态热身与灵活性练习，逐渐过渡到技术练习。

不同技术练习组成一个简单的低强度训练单元，然后再执行无氧乳酸能力训练。

- 用300米计时赛85%的跑速完成3次300米，如此重复3组。
- 两次之间休息3分钟，两组之间休息8分钟。
- 整理放松。

足球运动员的无氧乳酸能力训练计划

在动态热身中融入灵活性练习和动作技能练习。

逐渐过渡到用最高速度85%（或更快）的跑速完成3次100米，如此重复4组；两次之间休息30秒（慢跑休息），两组之间休息4分钟。之后完成5次200米（每次完成时间控制在30秒内），两次之间应放松，走回起点。

- 整理放松。

请注意，使用小场地比赛来提升耐力，适用于这个年龄组的运动员，尤其适用于同一个训练周期内同时强调耐力与技术的足球运动员。此类具体事例可以参考第11章中的个案研究。教练在实际运用这些训练方式时，需要平衡使用这种方法的好处和认识到技能水平和运动员的选择限制了此类训练的强度。训练达不到一定的强度，无氧耐力将难以发展。跑步或其他同样有效的耐力训练，如格斗、赛艇或骑自行车等，可以使运动员在训练周期内达到所需的训练强度和能量代谢水平。

由于青少年运动员的个体差异较大，教练需要通过个性化发展计划来培养运动员的能力与技能（动作技能或专项技能）。训练应该以运动员的生长发育情况和训练年限为基础。就训练侧重点而言，早熟、晚熟和发育正常的运动员，每个人需要把握的训练时机都不同。

个性化发展计划概念的提出，要求教练从许多现有的执教实践中彻底改变思维方式。目前大部分决策还是基于日历年龄（年龄组），而非训练年限或个体的生长发育程度做出的。没有任何一种个性技能适用于每个人。差异性长期以来一直是各种体育训练计划的主题。差异性学习理论为运动员（学生）提供了获取训练周期内实质内容的不同途径，无论他们是想获得信息，还是想构建解决方案或理解观念。在实际训练方面，差异性意味着设计不同的训练活动，提供不同的指导或装备，以便参加同一项运动练习的所有学生都能有效地学习，无论其能力或身体状况如何。在第7章，这一概念会被进一步探讨，而且还会提出几个实例以供参考。

重要的是，教练需要确定运动员的技能特点，以及可能进一步提升这些技能的方法。具备技能天赋的未成年球员可以比普通球员更快地学会动作技能。运动发展专家必须确保在一个训练周期内能同时兼顾运动员所具备的相互影响的动作技能，比如速度与力量，或速度与灵敏性。训练产生的各种生理学效果应该能相互促进，而不能以任何方式相互干扰。另外，个人技能的获得还取决于感知能力，也许还取决于智力。而个人技能训练的动机，则取决于训练的复杂性和现实性。

在比赛中，运动员为了获胜而运动，因此他们会全力以赴。但运动训练的主要目的是让运动员学会如何在竞技场上实施运动行为、专项技能和战术，而并非只关注比赛结果（输赢）。训练次数与比赛次数之间的比例需要加以平衡，参加过多的比赛会浪费宝贵的训练时间，而比赛次数不足又难以激发运动员的激情。

技能与身体发展比比赛结果更重要。无论是从短期还是长期来看，遵循这一理念并采取系统训练的运动员，会为比赛做好比那些只关注胜负的运动员更充足的准备。

青春期后期

发育期之后不久，运动员就会达到生理成熟。女性的骨骼基本发育成熟，而男性的骨骼直到21或22岁才可能发育成熟。这一阶段，训练的重点应转向个性化的技能与素质的发展，以提高专项运动的竞技水平，而不再是满足长期发展的需求。在这个阶段，运动员应该学习如何最大化生理运动能力，以在专项运动中具备高水平的竞技表现。

身体训练的重点取决于两个截然不同但又相互关联的因素。首先是确定影响某项运动成功的体能参数。

- 需要哪些力量产生能力，最大力量、高力量-速度，还是高速度-力量？
- 需要哪些移动能力，线性最大速度、多方向速度，还是变向能力和灵敏性？
- 需要哪些耐力能力，无氧非乳酸爆发力、无氧乳酸爆发力、耐乳酸能力，还是有氧爆发力和有氧耐力？
- 需要哪些灵活能力，姿势活动度、关节活动度，还是全幅度运动能力？

对这些问题的回答将有助于教练为训练计划确定训练指标或目标，尤其是运动员在其运动生涯中的这一阶段的专项训练计划。根据训练生理学效果，有些训练目标是互补的，有些训练目标是不同的[15]（图3.10）。

其次，接着上述问题的思路，下面这个问题更为重要：怎样训练不同的运动员，让他们能够获得理想的运动技能表现？要想回答这个问题，必须了解运动员的训练年限、经历以及与运动竞技表现有关的解剖学上的优势和劣势。比如，运动员的身高和肢体长度基本上不受外力影响。在解剖学上，教练需要怎么做才能使运动员发挥出力量、爆发力、速度、灵敏性，以及诸如此类的素质的最大潜能呢？有些解剖学上的局限性是暂时的，但有些则是姿态控制和动作技能较差导致的。第5章和第6章将确定这些局限性产生的原因，并探讨如何突破这些局限性。

训练年限是最为重要的考虑因素。许多专项教练能快速辨别出一项运动项目中运动表现的决定因素，并以此制订训练计划。但倘若运动员本身不具备足够的广泛动作技能渐进式发展的条件，朝着专项或更复杂的运动发展反而会降低其运动表现水平，并增大受伤的风险。无论运动员的日历年龄是多少，教练在执行一项训练计划时应以运动员的实际能力和身体条件为准，而不是以专项要求为准。第7章会重点讨论基于实际运动能力的训练方法，这也是第8到10章中所讨论的运动专项技能的基础。根据运动员实际训练年限和动作技能制订不同的训练计划是运动训练发展的基础。

需要注意的是，这些原则适用于所有阶段的运动员。为了能在运动中表现出色，运动员应当完成一定的训练量，同时还要具备一定的运动比赛经验与能力。不具备这些前提条件就匆匆实行训练计划，最终会限制运动员能力的发挥，并极大地增加受伤的风险。

因此，成年运动员的教练也需要了解并参与运动员身体运动发展的这一进程。运动发展专家需要掌握运动员的训练情况和已经具备的身体发展条件，并且能够识别运动员要在其选择的项目中获得成功需要具备哪些

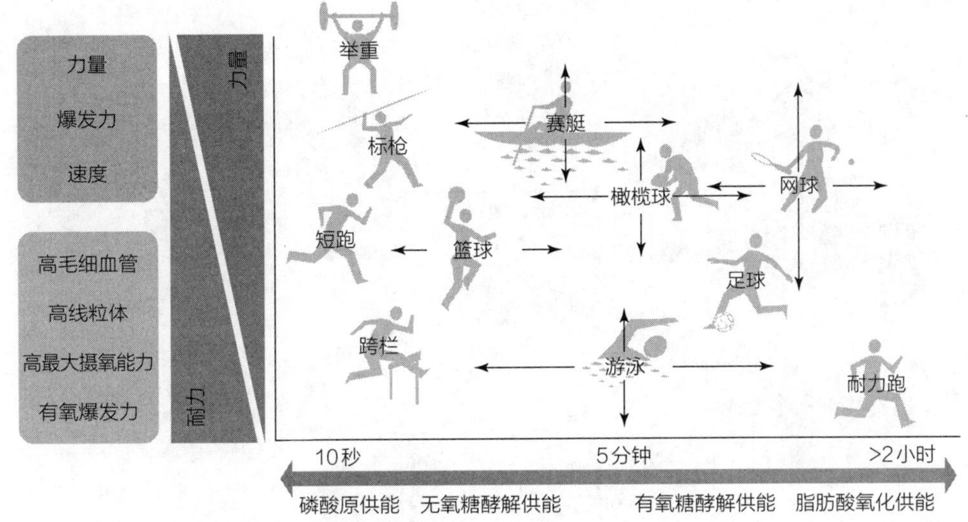

图3.10　确定训练的优先顺序：力量–耐力的优先级差异

源自：D. French, 2014. "Programming and adaptation implications for concurrent training: Optimising divergent physiology in strenth/power sports."

经验。利用需求分析能够确定运动员存在的优势与劣势，后续的计划目标都会以这个分析结果为基础。可根据各个运动员的训练年限、经验与损伤史来判断运动员本身的需求与运动时所面临的挑战是什么。

教练只有了解身体如何发展及哪些活动能更好地促进运动发展，才会懂得如何合理地为运动员制订训练干预计划，以满足不同运动员的需要。

无论何种专项运动，所要求具备的动作技能以及让这些技能得以有效发挥的生物力学机制，都应当成为专业运动训练计划的一部分。图3.11中归纳了常规动作技能训练计划的内容。规划和执行每个具体要素所有方面的准则和技术细节构成了第8章到第11章的基础。

运动发展专家能够在了解青少年运动员生理发展情况的基础之上，构建训练方案与训练进阶，同时他们还明白，某些生理特征是其他生理特征的前提。实际应用案例见表3.3，在这个实例中，与成长和发展相关的种种因素被归纳整合为一个足球运动员的渐进式训练课程。该表中呈现出了动作技能与身体素质的特定训练因素，这些因素在图1.4中有所呈现。

本章小结

无论运动员的年龄如何，运动项目的发展计划需要适应发展的规律。运动员的水平主要取决于自身所处的生理发展阶段。对专业体育运动而言，运动员的身体训练情况又是由其训练年限所决定的。

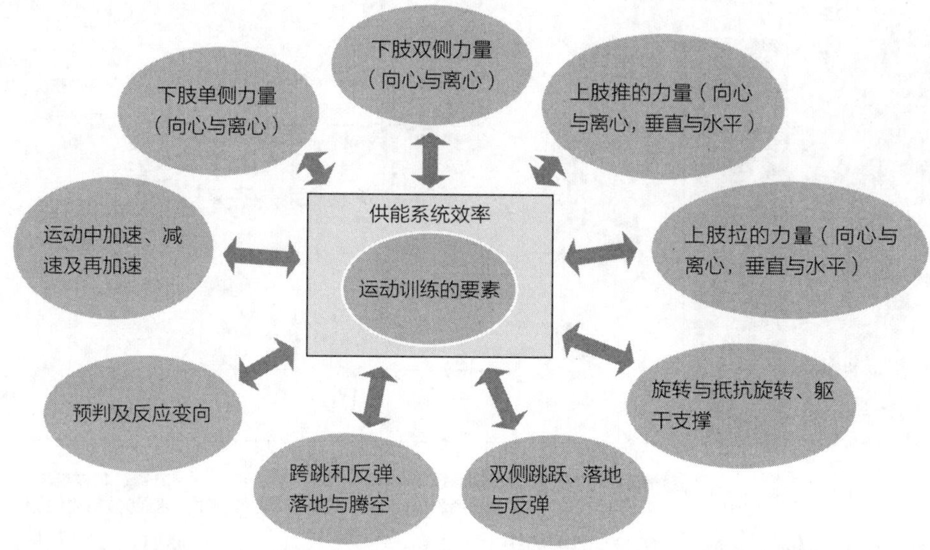

图3.11　常规动作技能训练计划的内容

具备必要的知识与技能，从而按照符合解剖学与生理学发育进程的方式去制订及调整训练计划的教练，能够让运动员发挥出最大潜能。本章深入探讨了运动系统发展的一些关键因素及其对教练指导实践的影响。青少年运动员训练的主要目标是神经肌肉系统的发展，训练的核心应该是如何通过有效的力学姿势来发展力量、爆发力和速度。在职业生涯的任何阶段，有效的力学姿势都能促进运动员在动作技能表现上的能力提升。

表3.3 将运动员成长和发展的相关因素与动作技能和身体素质结合起来的足球运动员训练课程

动作学习阶段	技能学习阶段	比赛学习阶段	参赛、提升竞技表现阶段
儿童晚期	儿童晚期到青春期早期	青春期早期到后期	青春期后期到成年早期
成长和发展的相关因素			
强调发展基本动作技能与整体身体素质（多方向运动与身体控制能力，如接、抛、躲闪、维持姿势、支撑等技能） 稳定性、目标控制与移动技能 促进中枢神经系统与初级速度发展（反应与灵敏性）	技能饥渴期：强调整体动作技能和足球专项技能的发展［多方向运动与抛、接、踢（直传与长距离传球）、躲闪及支撑等技能］ 与男孩相比，女孩发育较早 主要训练力量与速度：技术及动作技能的发展	在这个阶段的早期，大脑和神经控制机制忽略了未被使用的神经连接。因此，在发育早期应该重视利用各种各样富有挑战性的运动、力量与速度训练机会。“用进废退” 通过快速伸缩复合训练、速度训练与灵敏性训练来优先发展神经系统 尽可能地充分利用发育期促进激素大量分泌的机会，发展与形态学和神经系统相关的力量。对于女性，一次机会是在身高突增期的后期，另一次机会是在月经初潮时 对于男性，机会则是在身高突增期后的12到18个月内 生长高峰（身高突增期）：通常女孩为11到13岁，男孩为13到16岁。这个阶段的训练计划要适当调整，防止相对年龄效应导致晚熟者错失发展机会 身高突增期后开始发展无氧系统，这是一个发展无氧能力（短时间、短距离运动，较长时间恢复）的机会 身高突增期到来后，通过高强度间歇性及以游戏为主的活动，加强有氧系统的训练	基于团队计划的个性化训练，涉及生理状态的优化和爆发力（力量–速度与速度–力量）的充分利用，以及加速、变向及多方向速度、最大速度（不同位置）、灵活性等 在增强力量与增肌的同时，确保姿势的正确性 女性已经发育成熟 男性的骨骼通常要到21岁或22岁时才能发育成熟
运动技能的发展			
强调稳定性、目标控制与移动技能 基于游戏的灵敏性与身体自重练习 一般动作、控制与稳定性技能，由静态到动态	在游戏中学习动作（理解动作） 参加体操和身体控制（协调动态平衡）活动，从而刺激神经肌肉募集模式	通过改变下列因素来增加身体姿势控制的难度：支撑面、动作速度、运动平面、杠杆长度、重心位置等 关注女性运动员的骨盆、肩带及膝关节	每次训练前都有热身活动（速度、灵敏性、平衡性、协调性），激活神经肌肉系统，为训练和比赛做好准备 功能性姿势训练与肌肉募集训练被纳入运动员的个人训练中

续表

动作学习阶段	技能学习阶段	比赛学习阶段	参赛、提升竞技表现阶段
儿童晚期	儿童晚期到青春期早期	青春期早期到后期	青春期后期到成年早期
运动技能的发展			
通过参加涉及多种技能的活动，发展协调性、身体控制能力和意识（动作感知） 以足球为主要练习内容开展体育活动	通过跑、跳、投掷及其他技能强调动作、姿势与身体意识，并把这些联系起来，加入游戏中 适当地向有资格，有经验的人请教，学习格斗、旋转等运动能力激发活动 通过跳跃及其他快速伸缩复合训练促进神经系统的发育 灵敏性训练应基于封闭式运动方式，逐渐增加决策参与，向开放式灵敏过渡	随着身体各部分比例的变化，应该采用动作与技术练习来发展协调性 引入并推进功能性（跑、跳、推、举、旋转、抵抗性动作）姿势完整性训练，使其最终能够完全融入运动员的训练中 以全身性动作来改善足球运动员的姿势、功能性力量与爆发力。这个计划的重点是与最大力量和速度相关的运动 生理获益方面主要在神经肌肉系统上（通过高强度、低运动量及低疲劳度的训练计划来快速发展良好的技术） 小肌群逐渐变得强壮。训练计划要强化这类肌群的控制能力（保证关节在正确的位置） 随着神经肌肉系统的发展，反应性变向与变向力学的有效应用越来越重要	力量技术向技术训练固定（力量训练、热身、体操、格斗）。姿势总是处于发力和抵抗力的合理状态 通过运动员、生理学家、体能教练之间的交流（每次训练和比赛后进行回顾），对运动表现进行分析和动态筛查，确保所有肌群都以适当的顺序被募集 使用个性化运动方案来确保本体感觉、平衡性与协调性都能得到最大限度的利用 使用基于战术的，刺激-识别的反应性练习 使用基于开放性和反应性的灵敏性训练 步伐与技能的细化与决策、位置和基于比赛的活动相关联
身体素质的发展			
“要想孩子跟着跑，乐趣不能少”，这种运动发展方式意味着练习应采用距离为0到10米或时间为0到5秒的多项活动，并在每项活动后进行恢复 发展跑动技能：运用线性、侧向或多向跑的游戏	重点在于力量与速度：技术与动作技能发展 这种发展方式意味着应该采用距离为0到20米（持续0到5秒）的各种活动 加强跑、跳、投掷等基本运动能力 跑动与跳跃力学技能（单脚或双脚的） 加速：直线、侧向或多向 在热身活动和游戏中添加多种运动方式	在所有的身体功能表现方面，使用测试来分析利弊。测试的核心准则是在运动员训练逐渐系统化时，实施更完善的个性化监测手段 根据不同的训练目标，在运动的质和量之间取得平衡 充分利用多种运动方式，强调反应与运动强度：反应与决策、加速、减速、变向、再加速、特定位置上最大速度的发展	训练过程基于最大爆发力（力量-速度与速度-力量）、加速能力，变向和多方向的速度能力；充分强化无氧能力与爆发力，并使之有益于有氧系统发展；提升灵活性 随着力量与肌肉组织的增强，强调姿势的整体性

续表

动作学习阶段	技能学习阶段	比赛学习阶段	参赛、提升 竞技表现阶段
儿童晚期	儿童晚期到青春期早期	青春期早期到后期	青春期后期到成年早期
身体素质的发展			
以有趣的游戏为基础，用富有个体挑战性的活动来提升力量与爆发力，例如更快、更高、更强的各种游戏活动（包括跳、投掷、踢、格斗、攀爬、拉） 尽量少用重复动作，以免对儿童的身体造成过量或重复性压力 引入耐力并通过小型游戏和一般游戏来发展它 在技能发展中培养对动作幅度的理解 监控儿童的运动情况，确保他们练习动作技能并能有所进步	利用实心球、跳跃与自重练习，推、拉、扭转、攀爬、摔跤、拔河等活动来提升力量，发展身体机能 使用以游戏为基础、富有个体挑战性的方法来提升耐力 训练不应形式化，应坚持开展以游戏为基础的各类活动，以及在小场地上进行比赛与游戏 在早熟和更大年龄组中加入各种经过设计的、持续时间较短（最长可达10秒）的高强度间歇性重复活动。这些可以是基于游戏的、基于摔跤的或基于技能的活动以及跑步和其他活动 在有趣或有活力的活动中加入运动前的热身和运动后的放松活动，并形成习惯 认识到运动技能发展和预防受伤的重要性 使用能力评定方法来监测个体运动训练的结果：为何没有达到目标，有多高、多远、多快	随着基础力量的提升加大增强式跳跃技能的训练强度。强调高强度和快速的足部触地练习 在严格的监督下执行个性化的举重训练计划。重点采用能调动全身与完整动力链，从而涉及多个关节、肌群的训练方式。这种训练强调在发育期神经和身体结构的发展和协调 在监控训练的基础上，根据个人水平实施循序渐进的超负荷训练 耐力训练的基础是较短的间歇期（运动1到3分钟后，主动休息5到15秒）。可以采用游戏或接力赛作为基础形式 从本阶段开始加入耐力训练 在身高突增期过后，加入持续时间更长、强度更大、基于游戏的间歇性活动。那些发育正常的青少年运动员可以通过在小场地上开展能量代谢游戏来进行训练 通过动态及静态拉伸练习来改善灵活性（由于骨骼正在迅速生长，这对个人的生长发育而言非常重要） 动态热身与综合性的全身放松练习都是运动发展计划必要的组成部分 在训练之外制订好个性化的拉伸训练计划	将个人和具体位置计划纳入年度和周训练计划 运用高级训练方法来训练力量、爆发力与耐力 使用肌肉骨骼筛查、运动能力监测技术和诊断工具来分析训练与比赛中的优、劣势，以及各种生理表现因素 相比速度、耐力训练，增强间歇性训练的强度非常重要 运动与休息的比例也很重要 强调灵活性 在兼顾个人需求与团队训练及比赛要求的情况下，充分优化个人训练程序

第4章

对力的有效控制：动作的力学功能

有效执行动作模式能够解决任何体育情景中出现的问题。本书的一个核心要旨是，运动（动作）控制与肌肉激活方式（也就是肌肉何时能被激活，何时不被激活）有关。有效动作要求协调肌肉收缩，从而能够确保稳定性（第5章），实现有效地受力、发力或传导力量。本章解释了为何体育运动中娴熟的动作模式要求运动员做出一个他能持续不断地发力或受力的姿势（位置）。在读过第4章和第5章后，你就会了解力量控制这一实践技术背后的科学，并懂得如何运用这些科学原理去提升运动员的运动控制能力（如第11章中的实例所示）。

运动员体内产生的力的性质取决于关节与环境之间相互作用的协调性。第5章将重点关注神经肌肉系统如何正确地控制身体姿势。之后各章将介绍运用这些原理去建立各种技术动作中的动作模式，并在运动中以最有效、最经济的方式使用动力链的方法。本章的重点还包括力量在决定一种体育运动可见结果方面的重要性。

运动的三条定律

生物力学是以作用在身体内外部的各种力，以及施加这些力时的可见结果为研究对象的科学。运动方式同样遵循牛顿在其《自然哲学的数学原理》（*Philosophiae Naturalis Principia Mathematica*）（1687年出版）中所确认的三条运动基本定律。了解生物力学原理及其应用的教练，会为所培养的运动员发挥潜能提供良好的机会。同理，也可以从生物力学方面去发现运动损伤的根源[1]。因而，了解身体在运动中的工作方式，会降低运动员在运动中受伤的可能性。

惯性定律

第一条定律是惯性定律：除非受到外力作用，否则一个物体将一直保持静止状态或匀速（直线）运动状态（速度与方向均不变）。例如，一个在真空中抛出的球会一直以同样的速度朝同一个方向运动，永不停止。而在地球上，抛出的球会逐渐变慢并停下来。这是由于这个球在运动的过程中受到了重力和来自空气的阻力（摩擦力）的作用。

这条定律解释了被踢往空中的足球、被击打到空中的高尔夫球，以及被扔出去的标枪为何会以抛物线的形式下落到地面上。它还解释了一个跳入水池中的游泳者为何会在入水后减速——他身体的动量会因水的摩擦阻力而变小。

运动定律

第二条定律是运动定律：从物体外部施加的力会改变其匀速运动或静止状态。这一定律还可以表述为：运动的改变（动量）与施加于物体的合力成正比，与物体的质量成反比，物体的运动方向与合力的方向相同。这条定律导出了一个经典的方程式，即力等于质量乘以加速度（$F=ma$）。简单的解释就是，一个物体的质量越大，使它动起来所需施加的力就越大，使它加速所需施加的力也越大（即使它改变速度）；而一旦它处在运动状态（它具备一定的动量），使它减速或停止所需施加的力也就越大。

换个角度来看，一个物体的质量基本上不会因为运动而产生变化，如果必须使物体更快地加速或减速（改变运动速度）的话，运动员就需要具备更强大的产生力的能力。这方面的一个典型实例就是网球的发球，对于比赛双方来说，网球的质量都是恒定不变的，但是针对世界级别的个人比赛所进行的分析能够表明，有些网球选手在发球时能够用更大的力挥击球拍，让球的加速度更大，也就是说他们的发球速度更快。

在运动中，力不是单一的，因为可能有不止一种力会施加到物体上。物体（无论是运动员的身体还是像球这样的物体）时时刻刻都会受到这些力的作用：重力（一个恒定的力，它等于重力加速度乘以运动员或物体的质量）、来自地面或空气的各种摩擦力、外部物体的动量所施加的各种力（如一次撞击或被撞），以及物体内部的各种力（如肌肉拉动骨骼时的力）。最后的合力是同时作用在物体上的所有力的矢量之和。矢量是可以被数量化的，如图4.1所示，因为它既有方向又有量级（大小），这决定了最终合力的方向与（作用）距离。

在图4.1a中，通过伸直腿所产生的力主要是水平方向的（为了使重心加速前移），同时也有相当一部分垂直方向上的力，这是由于在跳远时为了起跳后达到最远的空中飞行距离，重心前移的同时还要达到20到22度的起跳角度。图4.1b描绘的是一个正在试图完成单手上篮动作的篮球运动员。随着球员离篮板越来越近，他需要有足够的速度以获得动量。在最后一步中所施加的力，把通过跑动产生的动量转变为向上的一跃（身体的运动方向必须转变为向上而非向前）。借助起跳脚的支撑，身体会竖直，起跳脚充分蹬伸，同时另一条腿快速上抬，这会让身体与篮球之间形成一个恰当的角度。起跳时施加给地面的力决定了能跳多高。在跳到最高点处施加给篮球的力，决定了球碰到篮板时的高度。

类似的因素也可用于解释高尔夫球运动中选择球杆与挥杆击球的方式背后的原理。作用于球的力的方向取决于球杆头部击球时的角度，这个角度是由所选择的球杆决定的。平头球杆适用于产生水平方向的力；小号铁杆和楔形铁头球杆（挖起杆）具有更大的倾斜角度，适用于产生垂直方向的力。杆身更长、杠杆力臂更长的球杆可以充当加速利器（杆头才能以更大的动量去击球，从而把更大的冲量传递给球）；而更小号的铁杆则具有更短的杠杆力臂，从而可以实现更有效的控制，在击球时减小球杆的挥动幅度，减缓杆头速度，传递给球的冲量也更小。这些都会影响施加于球的力，挥杆角度也影响最终的力。球杆挥动的距离更长、角度更平，就会在水平方向上对球施加更大的力；球杆挥

图4.1　两种运动场景中所产生的力：a. 跳远；b. 单手上篮

动的距离更短、角度更斜，则会在垂直方向上对球施加更大的力。

在运动时，运动员一般都在试图改变动量（等于质量乘以速度）。这一观点适用于橄榄球中的擒抱（球员试图遏制对手向前的动作），也适用于挥杆击打高尔夫球，以及完成单手上篮动作。将冲量施加于物体（运动员身体、球、地面等），冲量被定义为作用在物体上的力相对于它们作用的时间的积分。许多物理教科书上说，长时间施加较小的力和短时间施加较大的力所产生的动量相同，这是因为力的效果和施加力的时长都很重要。冲量等于动量的变化，这就是冲量-动量关系。

然而，通常情况下运动员在运动中没有大量的时间可以用来施加力，他们需要在很短的时间内施加力。例如，在短跑过程中，脚和地面接触的时长只有0.08到0.12秒，具体时长取决于运动员的能力。一个训练有素的运动员可能仅耗时0.6到0.8秒，就能产生最大的力。但当运动员不再与地面或某个物体（如球拍上的网球）接触时，那么就没有力施加于对象来引起动量的变化。即便在相对而言不那么激烈的运动（如自行车或赛艇）中，运动表现的好坏也取决于运动员是否能快速产生力，从而产生关键的冲量。因此，运动发展专家首先要关注的就是教会运动员如何产生强大的冲量——在最短的时间内发出最大的力——以在短期内引起动量较大的改变。

通过改变动量，运动员就实现了加速或减速，具体效果如何则视情况而定。是否具备加速能力被公认为决定一个人在大多数体育运动中是否会成功的关键因素[2]。简而言之，运动员在一些关键时刻（例如，跑步过程中的蹬地时刻、跳跃运动中的起跳时刻，以及棒球中的触球时刻）发出的力越大，运动员获得的加速度也就越大，从而运动也会更快、更高、更远。在运动情景中，当方向发生改变而速度没有增加时，运动员也可被视为在加速。这是因为加速度是一个矢量，它有大小和方向。在理解高速奔跑和变向力学方法（第8章）时，这一概念至关重要。

在运动中，爆发力强的运动员被视为成功者，但要怎样做才称得上爆发力强呢？爆发力是用来衡量运动效率（即功率）的指标，用完成一项任务所做的功除以完成这项任务所耗费的时间，就可以得到爆发力：

爆发力 = 功/时间

完成这项工作所做的功则取决于所需力的大小，以及物体在力的方向上移动的距离：

爆发力 =（力 × 距离）/时间

速度则等于用物体的位移（起点到终点间的距离）除以完成这一位移所耗费的时间：

速度 = 位移（距离）/时间

按照这个思路，通过逐步替代等式中的各项，可以得到下面这个符合逻辑的等式：

爆发力 = 力 × 速度

对长期训练计划而言，需要仔细考虑力与速度之间的关系。一般情况下，这一关系可以用力–速度曲线来加以解释。尽管力–速度曲线反映的是单根肌纤维被激活时的情形[3]，同样的曲线关系也适用于全身运动。在某个特定的时刻，爆发力可以被表达为力乘以速度的产物，如图4.2所示，改变这两个变量中的任何一个都能改变所产生的爆发力的性质。但力–速度曲线的倾斜度是恒定的，为了将这条曲线往右移（让运动员的爆发力更强），教练必须既提高运动员发力的能力，又提高他们提升速度的能力。

有些运动项目要求具备更高的力量输出能力，比如雪橇运动员需要克服强大的外部阻力，而美式橄榄球中的一名进攻锋线球员

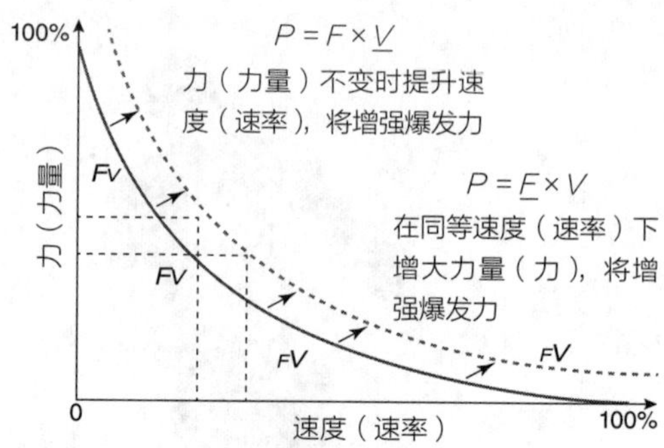

图4.2　训练的目的是增强运动员的爆发力

则需要封锁住冲过来的对方球员；有些运动则要求具备更高的速度爆发力，比如在网球中，爆发力就是球拍击球速度的结果。无论何种运动，在进行提升速度训练之前都必须进行提升最大力量的训练。这一建议并不是说，每位运动员在实现每项目标时都需要耗费同样多的时间。有的运动员可能需要更大的力量，而有的运动员可能需要更快的速度，但如果想要让力–速度曲线右移，就需要花费时间来发展曲线的每一个部分，这样才能提升运动员产生爆发力的能力。

运动员训练计划中任何一个特定阶段的目标，决定了教练可能要采取什么样的训练方法。为了提高该曲线中产生力的成分，训练中可能会采用锻炼多肌群、大负荷的练习，比如深蹲、硬拉，以及推拉动作（第10章）。而为了提升该曲线中产生速度的部分，教练应该采用速度更快、力量更小的训练，比如快速伸缩复合训练，这会在第9章中加以详述。

运动员训练的基本目标是增强一种运动的爆发力，或提升运动过程中控制各种力的能力（图4.3）。这一观点适用于所有具备生物运动特质的项目，而且与能量代谢有关的各种能力会因运动效率更高而得到加强（耗费更少的能量去完成同样多的运动量，或者耗

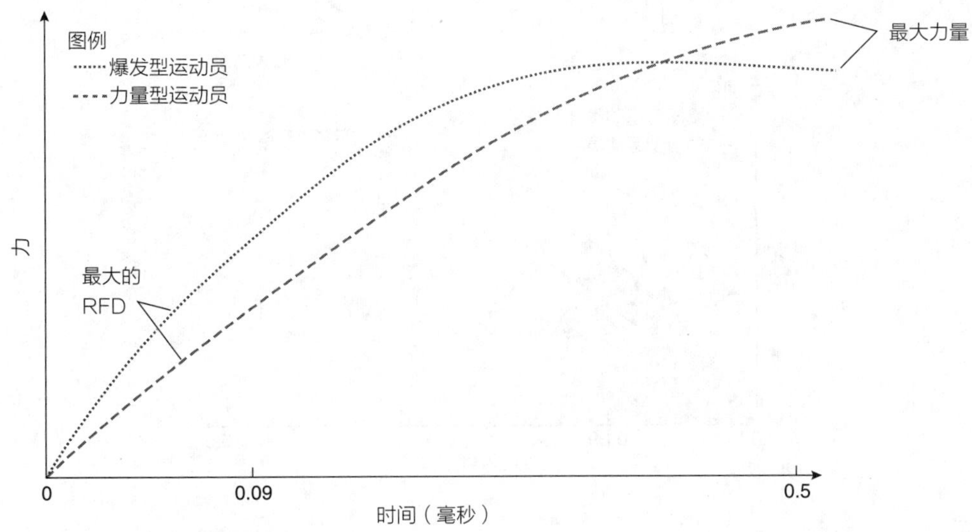

图4.3　训练历史导致的发力特征

费同样多的能量去完成更多的运动量）。这一观点与力学效率这个概念有关，会在第8章讨论高速奔跑时加以探讨。

在运动中产生更大的爆发力，意味着需要提高发力率（RFD），即短期内产生更大冲量的能力，以及在短距离的技术动作中运用力的能力。因此，爆发性力量的运用能力是体育运动中力量训练的基础。一名运动员的功能性力量只能用两种方法来表现：在能够施加力的时期内有力地执行一项技能，或者是一个物体（或身体）的加速或速度能力。这一理念表现在图4.4中，图中每条力–速度曲线下着重强调的区域代表冲量（力与接触时间相互作用的结果），可以通过提高RFD来提升冲量。

运动员所能发挥出来的最大力量与有效力量（在一个动作所需的接触时间内能够发挥出来的力量）之间的差距即爆发力赤字（图4.5）。如果可用于发力的时间（如跳远时的触地时间）有限，那么运动员甲就能产生更大（更强）的力量。但倘若没有时间限制（如最大力量举），运动员乙则更强（能产生更多的力量）。

产生强大的加速能力（快速发力，从而获得更大的冲量）是任何一个功能性运动发展计划的目标。无视这一基本物理学常识的训练计划从根本上来说都是不合格的[4]。简单来说，运动发展计划旨在培养运动员能够从产生大力量发展到快速产生大力量，再发展到在正确的时间内朝正确的方向产生大力量的能力。在与动作技能有关的运动控制中，冲量与时间之间的关系是一个无法忽视的主题。对于教练根据运动员力量与速度的发展特性而组合起来的训练模式和方法而言，这一关系更具意义。

作用力与反作用力定律

牛顿第三定律通常称为作用力与反作用力定律，可表述为“对运动中的每一个作用力而言，都有一个与之相等且方向相反的反作用力”。换言之，对施加在物体上的每个力而言，都有一个与之相等、方向相反并同

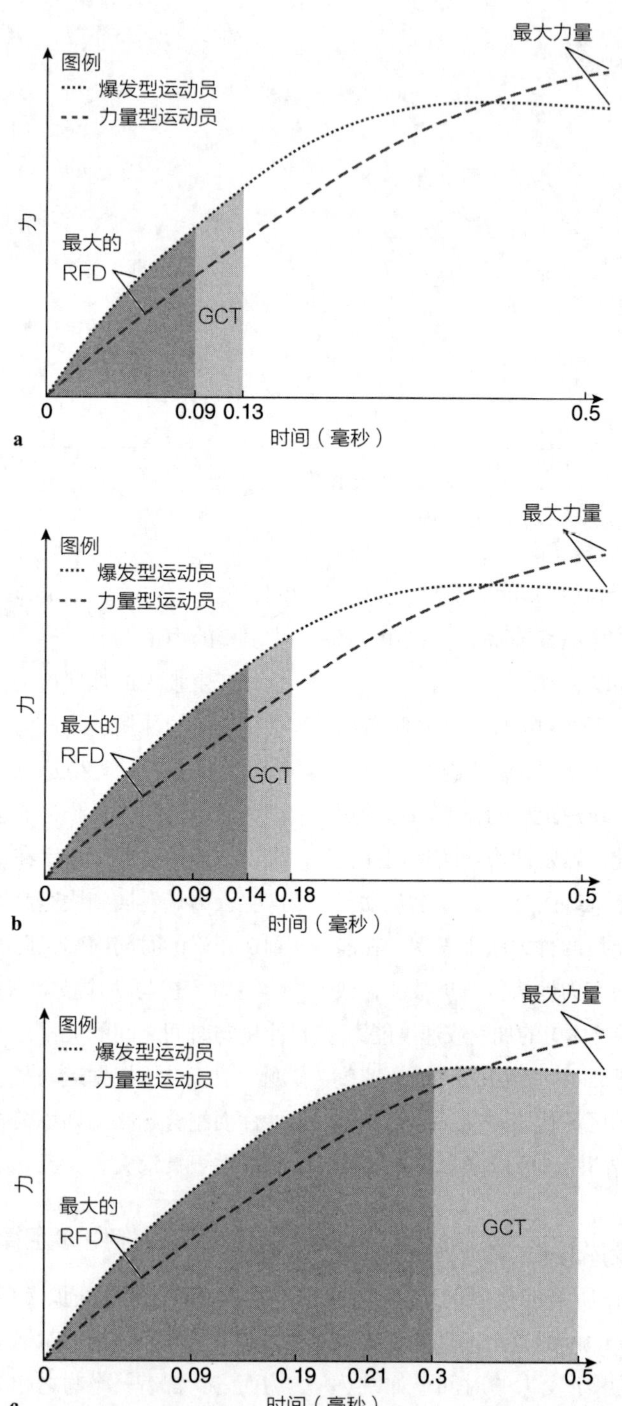

图4.4　爆发型运动情景中所需要的冲量：a. 短跑；b. 跳高；c. 橄榄球争球

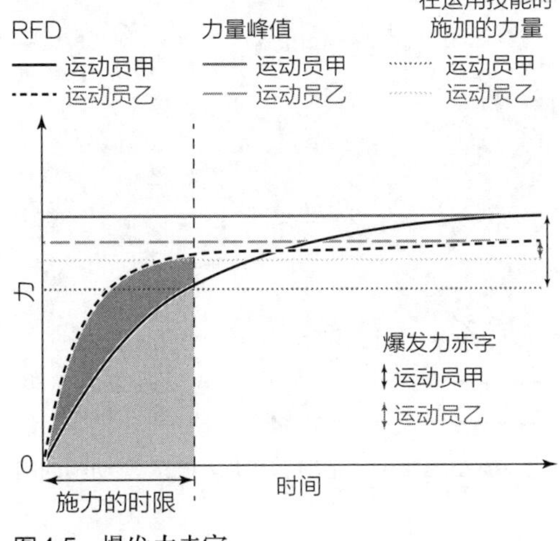

图4.5 爆发力赤字

时产生的力。当你对一个物体施加力时，你无须等待就会感受到反作用力，它在你施力的同时就已经产生了。

例如，为了在跑动过程中加速，运动员用脚蹬地，与此同时，地面就会产生相等的反作用力。牛顿第一和第二定律解释了为了实现加速，在最短的时间内用最大的力的必要性。在必要的触地时间内施加的力量越大，加速度也就越大。牛顿第三定律则表明了运动中技术的重要性，因为技术决定了最终合力的方向，从而决定了技术尝试是否能够成功。

我们可以通过分析直线跑动过程中所需的力量产生模式，即从加速阶段经过一个过渡时期达到高速（最大速度）跑动这一期间内的力学机制，了解这一定律的重要性。在此期间，产生的冲量（垂直）的大小需要能够让运动员达到腾空状态（对抗重力作用，在跑步的循环动作中，双脚蹬离地面，身体失去支撑的阶段），这样一来，运动员就有足够的时间用来重新进行四肢的定位（这方面的内容在第8章的技术模式中有所涉及），同时克服水平方向的各种力（如来自风的阻力和来自地面的摩擦力）。

在跑动过程中的加速阶段，运动员试图对地面发力而将重心维持在支撑面的前方，来自地面的反作用力将身体向前推。后链的肌群（臀肌与腘绳肌）收缩以伸髋，股四头肌收缩以伸膝，腓肠肌收缩以伸踝以充分蹬地。来自地面的反作用力使重心沿着直线方向加速前移。

这个动作令运动员形成如图4.6所示的全身（躯干、髋部、膝部、踝部）充分伸展状态。一条腿的三个关节（髋、膝、踝）保持屈曲姿态，准备好让小腿以同样的角度再次触地，保持推力的方向不变。这种运动方式的效果，以及手臂的动作会在本章后文中展开探讨，届时将考虑到各种旋转力的作用。

与全速奔跑（以最大速度奔跑）时相比，运动员在加速时的触地时间更长，因而有更多的时间用来达到力量峰值。这个力量的大部分可以被分配以产生显著的水平方向的力（图4.6中的反作用力）。运动员每向前一步，身体重心都会前移，身体因此获得动量，这对径赛项目中的加速和其他运动而言都颇为重要。

在加速时，由于重心下落轨迹的减少，以及腾空时间较短，垂直方向的各种力会远小于全速奔跑的时候。想象一名短跑运动员对着墙跑时的情景，第8章将会介绍一种相关的加速技术练习。这项练习旨在让运动员实现完成腿部的蹬伸动作时，一条腿充分屈曲，另一条腿充分伸直，这时两条小腿与地面的夹角相同。当两条小腿的角度不同时，地面反作用合力中的垂直分力就大于水平分力。这种非理想状态的姿态，会使运动员在对着墙跑这个练习中越来越靠近墙（随着每个连续的动作，双脚向不断增加的垂直力量

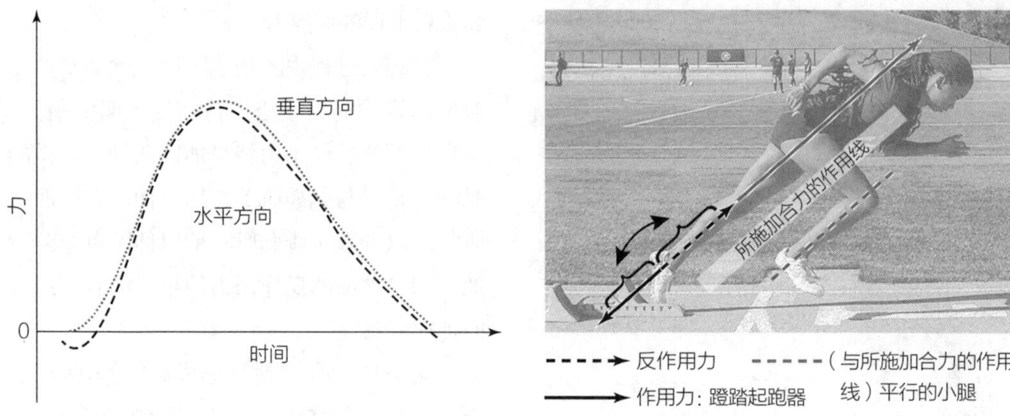

图4.6　短跑加速时的小腿角度决定了反作用力的作用线。当小腿角度合适时，离地小腿与驱动腿的蹬地角度相同（平行）

靠近）。在一个跑步动作中，运动员如果过早在动作中采用过于直立的姿态，会减小水平动量，从而偏离最佳的技术状态。

随着运动员速度的增加，他会达到最大速度。在这个阶段，运动员的重心积聚了大量水平方向的动量，从而推动身体前行。在达到最大速度时，运动员的身体姿态要更为直立，地面反作用力主要也是垂直方向（图4.7）的。运动员的触地时间非常短（顶级短跑运动员少于0.08秒），产生的大部分力量都被用来克服朝下的重力，运动员因此得以将重心维持在一定高度上，从而尽可能地扩大步幅。步幅就是一只脚触地时的重心位置，与另一只脚触地时的重心位置之间的距离。

速度更快的短跑运动员能够在更短的触地时间内，达到更大的力量峰值（在更短的时间内施加同样大的总冲量）来实现这个目的。在这个阶段，前脚不要往前伸，踝关节不用蹬地，因为需要在脚触地时使重心位于一定的高度。如果脚往前伸，踝关节蹬地，就会导致步幅过大，会让脚触地时伸得过远，反而会降低重心移动的水平速度。因此，运动员产生垂直冲量的能力（牛顿第二定律和第三定律的实际应用）和运动员的下肢长度决定了步幅大小。

比如，当尤塞恩·博尔特（以9.58秒的

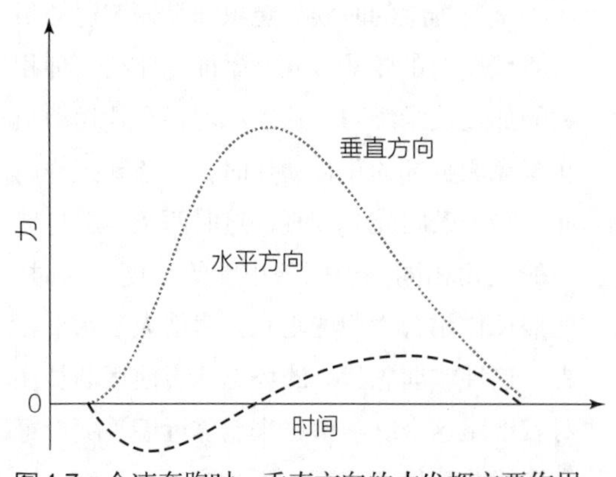

图4.7　全速奔跑时，垂直方向的力发挥主要作用

成绩）打破100米世界纪录时，他能够最大限度而又不过分地延长触地时间，从而获得足够的来自地面的垂直反作用力，以2.44米的平均步幅来推动他的重心前移（作为一名短跑运动员，体重93千克、身高1.96米的博尔特既超重又过高）。这一平均步幅掩盖了其有效的最大步幅，他在决赛中跑出的41步中，加速阶段达到的步幅（0到10米区间内为1.43米，10到20米区间内为2.38米）要小于比赛后期的步幅（80到90米区间内为2.94米）。在整个比赛过程中，博尔特的平均步频（节奏）达到了每秒4.28步[5]。他所达到的2.94米的最大步幅，是他的长腿与他在触地时产生很大垂直冲量的能力相结合的产物。

多方向运动训练

牛顿第三定律对于理解多方向运动的训练方法而言也至关重要。身体的运动方向是由作用于地面的力的角度所决定的。在双脚着地时，为了快速地朝一侧加速，运动员就需要用一只脚的内侧和另一脚的外侧蹬地发力。这一能力是运动员必须学习的重要技能之一。

例如，在图4.8a中，足球守门员需要用左脚内侧和右脚外侧蹬地，从而能够朝右边加速做出扑救动作。当运动员以一定的速度移动时，单脚蹬地的状态下有效而快速地改变方向，这项技能将变得更加复杂。的确，最难掌握的动作技能之一就是内侧脚切步变向，或脚外侧蹬地（图4.8b）。

重心与稳定性及移动性之间的关系

我们已经多次提到过重心。在体育运动中，人们经常交替使用重心和重力中心这两个说法来指代一个物体或系统（在这里指的是人体）中某个独特的点。人们可以用这个点来描述身体对外部的力量和力矩的反应。一般来说，每个固态的物体都有一个固定不变的重心，但是人体的外形复杂，而且形态还会随着姿态的改变而不断变化。

图4.8 通过脚的不同部位对地面施力：a. 双脚蹬地；b. 单脚蹬地

随着四肢相对于躯体位置的改变（同时考虑到人体所携带的任何附加物或所负荷的质量），重心的位置也会改变。通常情况下，一个站立的人的重心位于骶骨的上三分之一处，略微偏向身体的前部，如图4.9a所示。但随着躯干位置相对于四肢位置的改变，重心也改变了。教练和运动员可以利用这一事实来选择及施展运动技术，从而成功应对某个既定的技能挑战。

例如，一个股骨或脊柱较长的高个子运动员可能要花费更大的力气才能做出一个力学上有效的深蹲动作（第6章与第10章），将杠铃举过头顶而非扛在后颈上，相对于臀部位置而言，则会提高重心的位置（图4.9b）。这种技术能够使运动员保持躯干挺直的姿态。

为了获得技术优势，重心还可以移到体外。关于这点，最典型的实例就是背越式跳高技术（图4.9c）。重力对身体的每个部分都有影响，但在全身运动中，重力是通过重心起作用的。因此，垂直起跳后运动员能够跳多高，取决于他能将重心位置提到多高。起跳后，运动员发出再多的力，也无法提高他能跳过的高度。

在背越式跳高中，运动员的身体呈仰卧姿态，身体与横杆成90度，头部和肩部先越过横杆，躯干和腿部紧接着越过去，这种姿态给人以“背对横杆跳过去”为特征的主观印象。而在腾空过程中，运动员能够在过杆前的转体动作中逐渐弓起肩部、背部和腿部，从而尽可能地将身体的大部分置于横杆下方。这种技术将重心移出体外，实际上是移到了横杆下方的一个点上，从而让身体越过横杆。能够娴熟使用这一技术的运动员只需将身体重心维持在横杆下方20厘米处，就完全可以

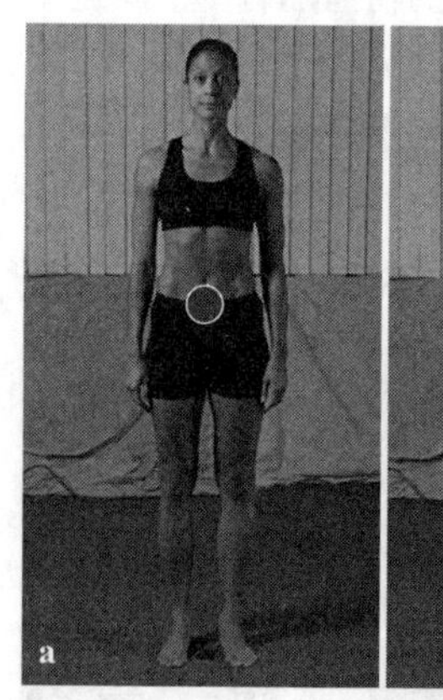
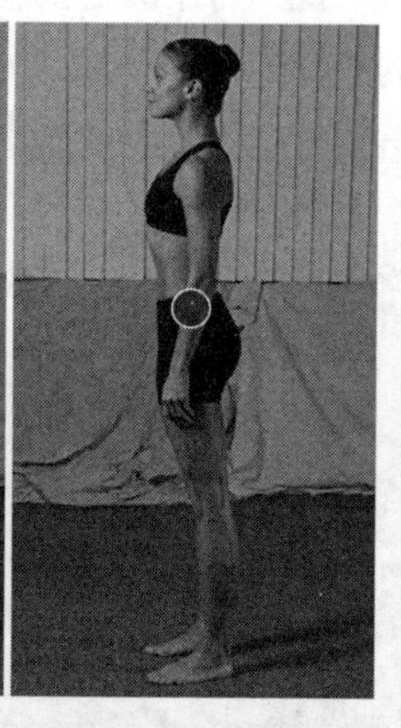

图4.9　重心位置随身体位置的改变而改变：a. 自然站立；b. 深蹲练习中不同的杠铃位置；c. 背越式跳高技术

轻松过杆。

一个物体一旦脱离身体或腾空后，该物体（无论这个物体是人体、铁饼，还是一个被踢出的球）的重心都会遵循抛物线式的飞行轨迹。重力作用于物体，迫使它朝地面运动，空气造成的阻力降低了物体的运动速度。物体越大，空气对它造成的影响也会越大。而物体能飞多远则主要取决于传导给物体的力有多大，以及物体腾空或出手释放时的角度，后者决定了力的方向。

在投掷这类运动项目中，物体脱离身体（出手）时重心的高度也是一个重要的考量因素。出于这个原因，高水平的投掷运动员通常都是高个子。物体出手时的位置高，意味着落地前会飞得远，从而延长了其抛物线的飞行轨迹。

当运动员触地时，他的重心位置决定了身体在任意时刻的稳定程度。的确，只要重心落在支撑面上，一个物体就会维持平衡状态。因此，身体（或任何物体）越是稳定，想使它加速就越是困难。在运动中，运动员需要根据情况来调整其支撑面（相对于重心的位置），如图4.10所示。

尽管支撑面的大小（图4.11）是影响身体稳定性的主要因素，但也有一些生物力学原理（表4.1）在发挥作用。需要注意的是，这些原理可以用来让运动员变得更加稳定，也可以用来让运动员变得更加不稳定。稳定性能让运动变得更易于完成，将身体作为一个整体谈论其运动时，稳定性与移动性之间存在着一种相对立的关系。

外部力量

附加的力会影响运动员或被运动员所控制的器械的运动。教练必须对这些力有所计划，或至少应该意识到它们对运动员运动所造成的影响。无论何时，总有一些力同时作用于运动员的身体。为了更加经济而有效地运动，必须对这些力加以控制和管理。

如第5章所述，有效运动的一个关键考量因素在于，要在动态过程中摆好（身体）姿势，使其总是处于最佳状态以抵抗重力。如果不能稳定地控制姿势，就会对骨骼肌肉系统产生额外的压力，增大作用于身体的力学负担，从而增加身体运动量。教练可以利用所掌握的有关重力效应及影响方面的专业知识：如果重心落在支撑面以外，那么由于重力作用，重心就会朝着地面加速。

诸如前倒启动（第8章）这样的练习将运动员置于这样的处境：当支撑位置发生移动时，运动员必须控制身体并向加速方向运动（教练在利用重力来训练运动员的身体）。在这种情况下，一旦用于支撑的力量被移除，运动员控制不住身体姿态时，教练和运动员都会立刻得到反馈。如果不能维持准确的身体线性对位，运动员就会向前摔倒。如果第一步迈得过大，重心就会被移回支撑面，这时身体就会停止运动而非加速。保持最为合理的身体姿态，同时步子迈小一点，能够让重力引导身体向前加速。运动员可使用这种运动方式来提高步频，同时加大重心的水平位移。

摩擦力会阻碍物体在固体或液体表面上的相对运动，或阻碍不同物体之间的滑动趋势。在人类活动中，摩擦力通常与触地时脚的前后运动和左右运动以及身体动作有关，或与在空气或水中投掷器械有关。

图4.10　改变支撑面会影响动作的稳定性：a和b是兼具稳定性与移动性的防守姿势；c和d是垂直方向的静力平衡姿势

图4.11　在弓步动作中，与前后脚成一条线的弓步（b）相比，支撑面更宽的弓步（a）在水平面和冠状面上所需要的神经肌肉控制更少

表4.1　稳定性生物力学原理

原理	例证
重心越低，稳定性越高	跳远（高）落地时，运动员会弯曲膝关节以吸收冲击力，同时降低重心以增强稳定性与平衡性 运动员冲撞前（如英式橄榄球或美式橄榄球当中的阻截），会屈曲髋关节以下部位来增强撞击时的稳定性
如果沿着力的作用线方向扩大支撑面，就会获得更稳定的支撑	拳手们采取间距更宽的双腿分立站姿，这样当他们出拳时就能够沿着从后脚到前脚的力的作用线来转移体重 双脚成一条线的弓步动作，是在矢状面上采用了一个比较狭窄的支撑面，因此，和双脚分开与肩同宽的普通弓步相比，前者更加不稳定 为了阻止在被推向前时加速跌倒的趋势，运动员会不假思索地往前跨出一大步，这样就能沿着前行方向把重心移回支撑面的中心区域，从而防止跌倒
为了达到最大的稳定性，重力线会在某个点上与支撑面相交，允许在支撑面内，沿引起运动方向上的力最大限度地运动	在准备姿势中（第8章），网球运动员会以重力线为基准，这样在对手回球时，其就可以在不失去平衡的情况下朝任意方向移动重心 随着一声令下“用力拉”，拔河运动员会往后倒，目的是把对手往前拉 为了在短跑中获得最理想的加速状态，运动员必须将重心移到支撑面的前方，让自己处于不稳定状态
一个物体的质量越大就越稳定	这一原理与牛顿第二定律有关。一个物体的质量越大，重力对它的影响就越大，要想移动它就需要施加更大的力量 在把制造有效冲撞和经受冲击视为必备能力的运动中，更重的运动员比更轻的运动员更有可能保持平衡。出于这一原因，美式橄榄球中防守线上的球员，体重通常都会超过280磅（1磅约为0.45千克，此后不再标注）
身体部位与其接触面之间的摩擦力越大，身体就越稳定	用三点接触地面实现的一种力量平衡（第10章），要比只用两点接触地面实现的力量平衡更加稳定 平底橡胶鞋底运动鞋增大了摩擦力，在篮球和羽毛球运动场地中，这种鞋可以增加在更快、更具爆发性的动作之间转换时的稳定性

续表

原理	例证
人体垂直站立时最稳定的状态是：重心位于支撑面的中心，或是能够平衡导致旋转的偏心力的姿势	在把一定重量的杠铃举过头顶的深蹲动作中，应该挺直躯干，重量应该在脚中央的正上方位置。如果重量落在这个位置之前或之后，那么杠铃的质量就会导致身体向前倾或向后倒
	只有当躯干完全直立时，才能维持倒立姿势

在设计与选择运动装备（例如运动场地的地面既定时穿什么样的鞋子）时摩擦力是主要考虑因素。通常情况下，当教练试图把全速奔跑中的运动员的制动力或摩擦阻力降到最小时，摩擦力才会被认为是对动作技能的发展而言较为重要的一个因素。流体阻力可能在某些专项运动中产生影响，比如游泳和骑自行车，而对这些专项运动而言，不能脱离技术去考量动作。

在冲击型运动中，不能忽视来自外部（通常为对手）的冲撞。一些新技术，包括在运动服内安装带有加速计的全球定位系统模块，使测量撞击强度和撞击累积负荷应力变得越来越容易。事实上，根据国际橄榄球联赛中记录的冲击力强度，阻截时球员受到的冲击力会超过自身体重的16倍。针对这种强度的冲击力，要考虑的重点是，运动员应保持足够稳定的姿势（这一点会在第5章中探讨），才能够抵挡住对手通过撞击动量所产生的巨大力量。从安全的角度来看，年轻教练应该意识到，橄榄球中球员遭遇阻截后被撞倒在地所产生的冲击力，可能要超过撞击本身造成的冲击力。这是由于重力对跌落地面的球员会产生加速效应，而且对手往往会压在被阻截的球员身上。

内部力量

在正确的时刻有力地施展出正确的技术可以产生高质量的动作。除了控制外部力量以外，运动员还需要能够通过肌肉动作与肌腱结构来产生和控制内部力量。肌肉收缩时的肌丝滑动理论（图4.12）解释了这方面的内容[6]。为了对肌肉如何收缩发力形成概念化的认知，教练需要了解肌肉收缩机制。正如第2章中所说明的，肌肉中的运动单位会收缩以应对来自运动神经的刺激，这些运动单位要么全收缩，要么全不收缩（全或无原则）。

被激活的运动单位越多，沿着肌肉走向产生的力量也就越大，这股力量会对肌肉所附着的骨骼产生拉力。一旦这股拉力大于骨骼的质量（图4.13中以手持一定重量的哑铃为例），骨骼就会移动。运动发展专家的作用在于，帮助运动员获得在所需运动单位数量内对运动动作电位的时序进行排序的技能，以确保肌肉被成功激活并由此实现期望的动作。在应用场景中，分析一个动作的有效性时，与时效性和协调性有关的身体素质不能脱离决策方面。

并非所有的肌肉力量都来自肌肉缩短（收缩）。事实上，体育运动中许多重要的肌肉动作是通过拉长肌肉做到的。在控制性动作和一切减速动作中，以及在第2章中阐述过的通过拉伸–缩短或快速伸缩产生力度大、速度快的动作的过程中，这些肌肉的离心收缩（不是缩短动作，因为肌肉长度在这个动作过程中并不缩短）才是必需的基础。

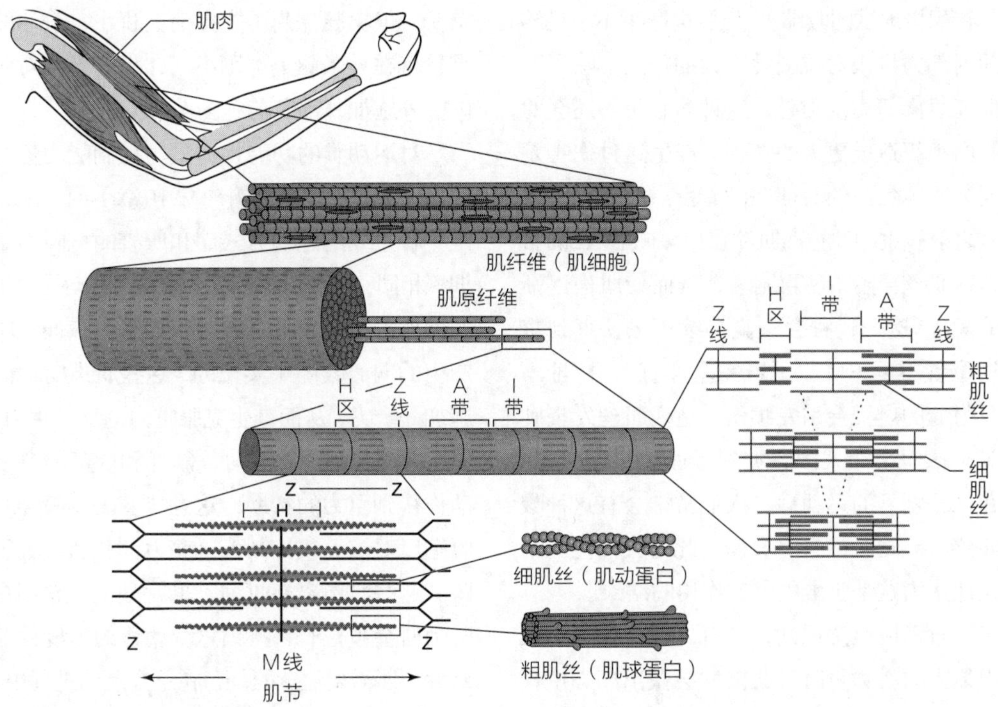

图4.12　骨骼肌中的肌丝

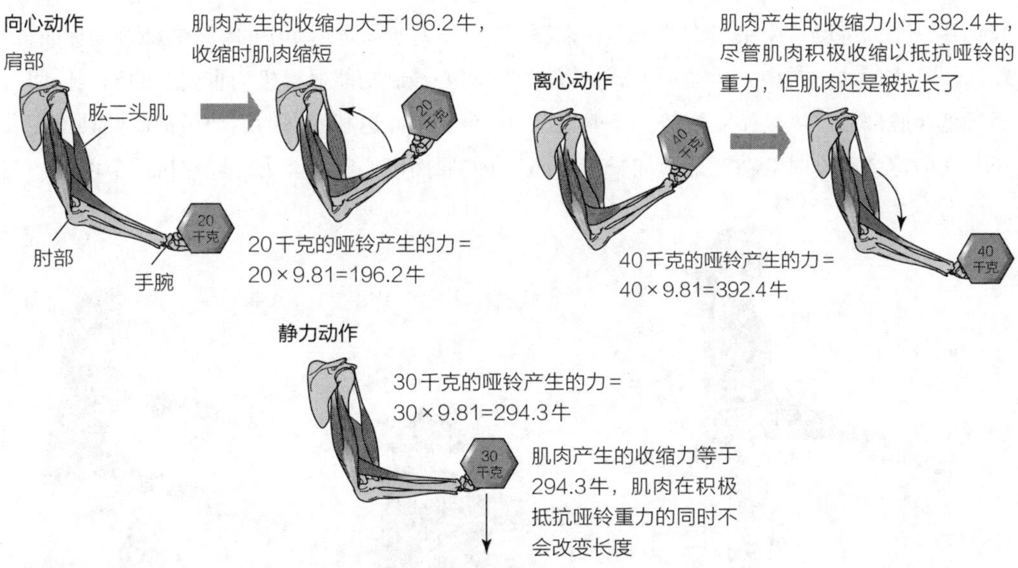

图4.13　肌肉的几种动作：向心、离心与静力动作

只有对抗阻力才会引发肌肉的离心动作，这是因为肌肉不能通过有意控制而主动拉长。图4.13中，哑铃的重力成为阻力，且这一阻力大于肱二头肌及控制肘关节屈曲的其他肌肉所能抵抗的力量。肌肉的结构特性使其仍然在肌原纤维层面上抵抗外部负荷（肌肉仍

然在积极地试图收缩），但肌肉产生不了足够的内部力量来对抗哑铃重力的作用。除了要保证肌肉努力发力外，这种离心负荷还会对肌肉组织造成更大的伤害。产生这种伤害是因为肌球蛋白的头部在沿着蛋白质链重新附着之前被主动地拉离肌动蛋白（向心收缩时，这些肌丝会附着和再附着，从而使肌肉逐渐缩短）。这一过程会一直持续下去，直到重物位置不再下降（手臂完全伸直）。拉扯与再附着的过程会引发损伤，造成肌丝发炎肿胀，从而会让人体感觉到延迟性肌肉酸痛。在过分剧烈的运动后，人们常常会有这种酸痛感，感觉肌肉又疼又僵。此时人们往往错误地认为这是肌肉中乳酸作用的结果。

教练应该意识到，只有外部力量大于肌肉最大向心力量时，肌肉才会做出离心拉长动作。的确，完成有力的离心动作的能力，与控制运动中所需力量的能力一样关键。让我们在一个训练场景中来考虑这一点。在深蹲这一基本运动方式中，运动员下蹲，直至臀部低于膝部后才恢复站立姿势。一般情况下，在做这个动作时会在背部施加一个外部负荷，但单腿深蹲（支撑面面积小，身体的重量落在一条腿上）则不同，后者无须对肌肉额外施加外部负荷（图4.14）。

对运动员的功能性力量与控制能力进行评估（第6章）和提升（第10章）时，深蹲是一种重要的运动方式。和所有的抗阻力量训练相同，这种运动涉及下蹲与抬升动作。抬升动作（站起来）是通过髋伸肌与膝伸肌所产生的向心收缩来实现的，这些肌肉向地面施加一个力，从而产生克服重力的反作用力。在下蹲（身体下降）时，髋部和膝部的弯曲动作得到重力的帮助，这意味着需要髋伸肌收缩以对抗（或控制）这些力，从而实现下蹲。这些肌肉离心收缩，也就是说，它们在受力时会被拉长，哪怕这个动作的力度并非最大。还需要注意的是，在这个运动过程中，臀中肌会产生等长收缩，以保持骨盆的水平姿势。

对于体育运动中的动态控制性动作而言，离心控制功能显得极为重要。的确，任何一个必须减速和变向的运动员都需要具备强大的肌肉离心收缩能力，以对抗关节动作。在

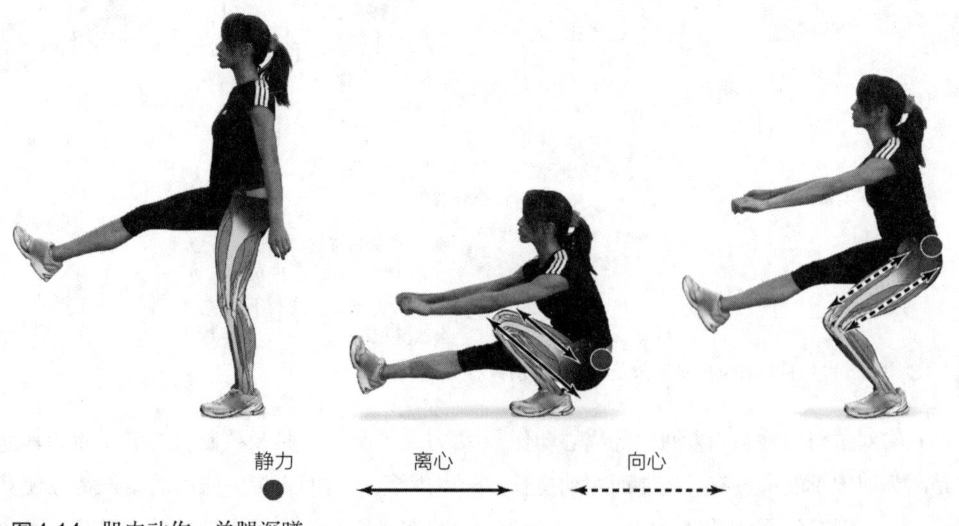

图4.14　肌肉动作：单腿深蹲

图4.15中，这位网球运动员的右腿正在刹住朝前的动量（减速）。这个动作需要股四头肌、腘绳肌、臀大肌和腓肠肌来完成离心收缩，从而让臀部和膝部放低且膝部呈弯曲姿态，这样做会阻止动量把运动员的躯干推向前方并超过支撑腿。

图4.15　减速

任何一种减速动作都要求肌肉发挥类似的作用。如果运动员当前处于加速状态，他被要求停下或减速时，这些肌肉就需要实施离心收缩，以按照要求完成所需的动作。减速要求具备较大的力量，这样可以防止肌肉在对抗阻力时遭受过大的损伤。

人们可以以不同的方式利用离心动作，达到不同的训练目标，比如可以慢慢举起或放低次最大负荷。从康复训练的角度来看，这一理论也许是极为有用的，尤其是在受伤后休养而造成肌肉萎缩时，或当训练目标是要加强结缔组织的力量（比如治疗跟腱炎）时。慢慢放低负荷的离心训练增加了结缔组织处于张力状态的时间，这就刺激了结缔组织的纤维再生。

然而，慢速训练对运动员的神经肌肉系统是有负面影响的，这是因为用慢动作进行训练会放慢运动速度。从功能性角度（第10章）来看，人们可以使用对抗超过最大负荷的训练或采取快速伸缩复合训练（第9章）来更有效地增强离心力量，具体采取哪种方法取决于运动员训练计划各方面的平衡性。

有效利用牵张反射也要求具备较强的离心力量，旨在储备弹性势能并将其转化为有力的反射性收缩。各项运动中的大多数有效动作模式都要求运动员能够产生并利用牵张反射机制及其储备的弹性势能，进而实现有效运动。这一概念可在反弹跳跃动作中得到诠释。在准备做这个动作时，踝关节背屈（脚趾勾向小腿），以预先拉伸腓肠肌，使其拉紧。这个动作也会引起跟腱内部张力，由于踝关节保持背屈状态，这种张力会得到保持。这种张力及伴随的潜在能量储存增加了踝关节的刚性，如第9章所详述的内容，踝关节的刚性是反弹跳跃动作的一个特征。

随着运动员主动地用脚掌触地，重力会通过踝关节、膝关节和髋关节产生较大的垂直力量。与此同时，髋部（臀大肌、腘绳肌）、膝部（股四头肌）以及踝部（腓肠肌）的伸展肌群会迅速地做出离心动作来对抗这股垂直力量，从而维持这三处关节的刚性状态。重力产生的力量相当于体重的数倍（具体力度大小取决于跳起的高度和距离）。

重力产生的垂直力量拉长了对抗它的那些肌肉，进一步激活了肌梭，使其朝相反方向做出有力的反射性收缩。运动员的离心力量越大，这种反应就来得越迅速。同时，甚至比神经肌肉反应更快的是，跟腱会反弹。由于踝部背屈，跟腱已经被拉伸至处于紧绷状态，是不具备弹性的。在离心能力并不突出的运动员身上，高尔基腱器也会被激活。这可以视为一种保护机制，有效阻止肌肉做出离心动作，这便意味着不会发生强有力的反射性动作。

在第9章里，我们会详细探讨快速伸缩复合训练这种专业的力量训练法。快速伸缩复合训练能增强神经肌肉系统的反应力量，增强和最大化肌腱的非弹性反冲潜能，最大化肌梭的放射性收缩作用，有助于抑制高尔基腱器最大化肌肉组织弹性的特性。

神经肌肉系统中的最后一种肌肉动作是等长收缩，即肌肉发力时不会引起肌肉长度的变化（肌肉产生的力量与阻力相等），发生了等长收缩。因而，在这种情况下，肌肉所附着的关节的角度不会发生变化。相对而言，体育运动中很少要求运动者保持静止姿态。这方面的典型例子可参见体操中的一些技能，比如吊环中的十字动作和平衡木中的倒立动作。

虽说保持静态姿势在体育运动中比较少见，但教练不应该低估肌肉等长收缩的重要性，因为这些动作对姿势维持而言至关重要。运动员保持姿势的重要性将会在第5章加以详述。我们可以通过分析跑步过程中的骨盆状态（图4.16）来诠释体育运动中肌肉等长收缩的重要性。如第8章所述，在跑动中，骨盆必须既不前倾也不后仰，也不要有任何形式的侧倾（从一边到另一边的摆动）。如果髋关节的灵活性受限，当一条腿向前驱动，另一侧大腿向水平位置摆动，或者当摆臂引起躯干旋转时，来自地面的反作用力会让骨盆产生上述不当位移。应该用手臂的反向动作去平衡地面反作用力所导致的旋转，同时也应该充分增加髋关节的灵活性，以保证双腿能够充分抬高。但是，假如骨盆要充当一个能够传导力的稳定平台，那么躯干就必须保持稳定的挺直姿态。必须通过躯干（腹内斜肌、腹直肌）和骨盆肌群（腹横肌、多裂肌），以及髋部（主要是臀中肌）的等长收缩来维持肋骨、脊柱和骨盆的相对位置。

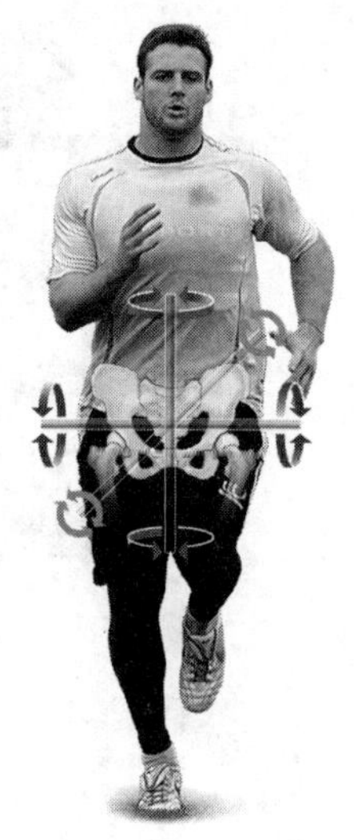

图4.16 在跑动过程中，当骨盆承受地面反作用力和旋转力时，躯干则发挥稳定作用，躯干稳定肌群的等长收缩会使脊柱和骨盆维持在一条线上

体能教练可能还听说过其他形式的肌肉动作，比如等张收缩（整个运动过程中张力保持不变）或等动收缩（肌肉缩短的速度恒定不变）。这些术语经常用来描述各种以器械为基础的锻炼方案。如果人们只能在器械的帮助下完成这些动作，并且运动中不会自然地发生这些类型的肌肉收缩，那么为何教练要将它们纳入日常训练计划之中呢？

肌肉结构与力的产生

肌肉的形状与大小各异，如图4.17所示。大体来说，横截面积更大、更厚实的肌肉（如胸大肌）产生的力量也更大。而更长的肌肉

图4.17　不同的肌肉形状有不同的发力能力

（例如股直肌）则能产生更快的收缩速度。这些肌肉中肌纤维的排布方向会随着训练的不同而有所改变。

和外部力量一样，肌肉产生的内部力量也是矢量，它们也有大小与方向。肌肉力量的作用线取决于肌纤维的方向[6]和肌腱连接的位置。如第5章中所要讲述的，运动中的一个重要的目标是在整个动力链中平衡前后肌肉之间的力，以保持关节的稳定性和整个姿势的平衡性。

我们可以在肩袖肌群（图4.18与表4.2）中看到一个极好的相关例证，肩袖肌群是一组肌肉，它通过将肱骨头包在肩胛骨处浅浅的关节窝中来稳定肩关节。肌肉在收缩时的作用线表明了它将产生的力的方向，由此决定肌肉的功能。

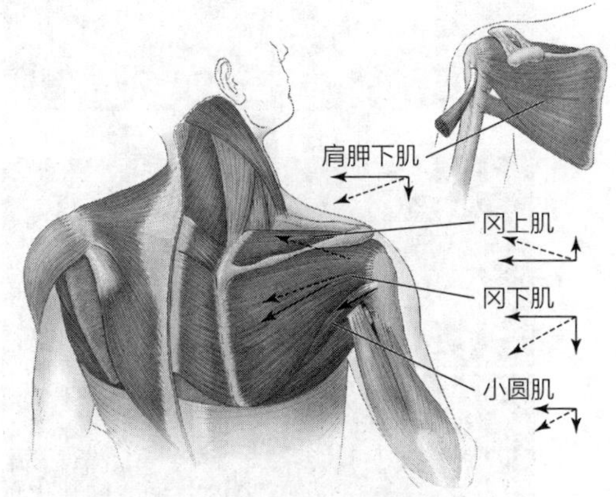

图4.18　肩袖肌群中力的作用线

让我们来考虑一下冈上肌与肩袖肌群中的其他肌肉在肌肉力线及功能上的区别。肩袖肌群的组合动作能够让肩关节保持一个稳定的姿势，从而让其他肌肉能够带动手臂进行有力的动作（如网球中的发球和棒球中的投球）。这几块肌肉中只要有一块过度紧张，都会限制与肌肉力线方向相反的运动范围；

有一块肌肉的力量不足，就意味着肌肉在其作用方向上所能产生的力量是有限的。肩袖肌群的力量不足可能意味着，当运动员的手臂被横向带过身体时，比如在举臂过肩的投掷动作中，或是在诸如网球发球这种举臂过顶的动作中，不能稳住肩关节。

力引起运动。总体上，任意一个时刻影响运动员运动的合力都是身体外部（反作用力、冲击力、空气阻力等）和内部产生的各种力的总和。在理解人类的运动行为时，对角度运动有一个基本的了解至关重要。这是因为，几乎所有的人类运动都涉及人体各部位以一个关节为轴的旋转运动。例如，在屈曲–伸展运动中，前臂就绕着肘部旋转。图4.19描绘了在短跑时，大腿、小腿和脚的旋转运动如何导致身体的水平位移（线性运动）。

表4.2　肩袖肌群及其功能

肌肉	功能
冈上肌	侧向旋转肩部使肩关节外展，同时将肱骨头卡在肩胛骨处的关节窝中
肩胛下肌	侧向旋转肩部使肩关节内旋、内收，同时将肱骨头卡在肩胛骨处的关节窝中
冈下肌	侧向旋转肩部使肩关节外旋、内收，同时将肱骨头卡在肩胛骨处的关节窝中
小圆肌	侧向旋转肩部使肩关节外旋、内收，在盂肱关节运动时将肱骨头卡在肩胛骨处的关节窝中

图4.19　短跑时，旋转运动导致身体水平位移

旋转力

旋转动作或称扭矩，是由偏心力引发的，偏心力不通过旋转轴。同样不通过旋转轴，但两边都平衡的力不会引发旋转，因为它们是均衡的。儿童容易理解这个道理。他们明白，一个更重的人会让跷跷板的一头下落。扭矩和身体运动的关系，将会在第5章对姿

势系统和杠杆系统的讨论中加以详述。的确，力、杠杆和运动这几个概念是不应该被割裂开来的。但是在一个介绍力的章节中，不能不对适用于角运动或旋转运动的力学定律做出解释就草草收尾。

乍一看，角运动和线性运动的原理是相似的，其中一个几乎可以直接代替另一个。例如，我们了解惯性定律：除非受到外部扭矩的作用，否则旋转的物体将继续处于均匀的角运动状态。惯性是身体对改变速度的行为做出的一种抵抗，在线性运动中，这与物体的质量有关。在角运动中，等同于质量的是转动惯量，这代表着物体（或身体）对改变角运动的行为所做出的抵抗。转动惯量不仅取决于身体的质量，还取决于质量相对于旋转轴的分布情况。由于处于移动中的身体可能存在着好几个旋转轴，因而其质量的分布情况比较复杂，可以通过改变身体姿态来改变惯性运动。例如，一个正在空翻的跳台跳水运动员就是围绕着一根横轴在旋转。他可以通过把身体收得更拢及把头部置于两膝之间的方法转得更快。身体收得越拢，身体质量的分布位置就越靠近旋转轴，这样就会减小转动惯量，从而能够转得更快。

让我们也来考虑一下短跑中的摆动期，运动员在此期间尽可能地把脚跟踢向臀部。这个动作减小了腿部相对于旋转轴（髋关节）的转动惯量，意味着腿的回位速度更快。一个短跑运动员若在这方面具备较强的能力，他将跑得更快。运动员必须有足够的髋关节灵活性以完成所需的动作。

一个外部扭矩会让身体产生角加速或减速运动，其大小与扭矩大小成正比，与转动惯量成反比，方向与扭矩相同（牛顿第二定律）。与直线运动中的动量概念类似，这个原则也催生出角动量这一概念，后者表明一个物体中角运动的量。除非有外力作用，否则一个体系内的角动量是恒定不变的。当重力是施加于物体的唯一外力时，例如在起跳后的抛物线运动中，在落地前的整个腾空过程中，角动量保持不变。直到落地，来自地面的反作用力才会迅速减小这一动量。由于角动量保持不变，起跳后能够通过改变一个物体的转动惯量来增加角速度，这是由角动量的守恒定律决定的。

体操运动提供了一个实例，可以用于解释这个概念。体操运动员在跳马时，起跳后的角动量是恒定不变的。但随着运动员团起身体做空翻动作，角速度随着转动惯量的减小而增大，质量在转动轴上的分布也发生了变化。随着运动员结束团身姿态展开身体，转动惯量增加而角速度减小，因为这时运动员已经准备落地了。在田径项目中，高水平的链球投掷技术也要运用到这一原理。链球的质量是恒定的，在通过一开始的转体动作获得动量后，链球运动员会直臂进行旋转以保持角动量。由于链球的质量不变，所以运动员要尽力发挥手臂的杠杆作用，从而最大化转动惯量。

对于正探求在任何运动情景中都能控制全身运动的运动员而言，作用力与反作用力定律（牛顿第三定律）也极为重要。牛顿第三定律表明，对于每一个由外部对象施加于身体的扭矩（力），都存在一股由身体施加于后者（外部对象）的相等且方向相反的扭矩（力）。这一定律不仅适用于两个身体之间碰撞的情况，也适用于身体的一个部位相对于另一个部位发生运动时的情况。例如，一个将腿向前伸，准备落在沙坑中的跳远运动员就建立了一个下身的扭矩。此时，我们可以从前倾的身体和前摆的手臂中看到相等且方向相反的反作用效应。

这个例子仅仅是关于某个专项运动的动作技能，但运动发展教练应该思考一个适用范围更广的例子，即跑步动作技能。随着运动员从脚尖处发力，地面的反作用力驱使大腿向前、向上运动，并以髋关节为旋转轴。这种强大的运动在下身中产生角动量，而这个角动量需要被抵消，以防止产生的扭矩影响重心的平移（向前移动）。手臂的向后摆动作（旋转轴为肩关节）产生的力使上身产生反向旋转运动，与下身的旋转力相等且方向相反。因而，通常情况下跑步时正确摆臂，能够比不摆臂产生更快的腿部运动。

本章小结

本章介绍了一些复杂但基础的物理知识。对体能教练而言，对力影响运动的方式，以及有力施展技术的方法有个基本了解是至关重要的。的确，有高质量的动作是运动员通过协调有序的神经肌肉动作和有效的肌肉骨骼姿态，掌控内、外部力量的结果。

总体上，教练无须具备详尽的解剖学知识，但有必要了解肌肉结构和肌肉产生力量的方式。教练具备了这方面的知识后，就可以把运动员训练得足够强壮有力，以再现奔跑、跳跃和躲避对手所必需的具有挑战性和快速的力量。教练掌握这方面的知识还有助于恰当地运用并评价第8章到第10章中将会介绍的实践技术，了解这些技术将会对总体的运动发展计划起到很大的作用。类似地，教练应该明白，骨骼肌肉有力线，这条线是由肌肉附着在骨骼上的位置方向决定的。如此一来，教练就可以在运动员施展技能时关注关节的定位，从而能够让运动员在功能上正确地运用肌肉动作来夯实运动方式的基础。在运动员施展动作技能时，这些知识对于帮助他们维持动态姿势的控制能力而言，也颇为重要。这个话题是下一章将要关注的内容。

第5章

竞技运动中姿势的重要性

训练计划的目标是要提高运动效率与改善对称性，使运动员的专项动作（技术）能够更好地发挥，从而提升运动表现。正如前面几章所述，运动效率这一概念与身体产生力和控制力的能力有关。一个运动员必须能够控制身体各部位相对于其他部位的位置，并能有意而习惯性地采用最佳姿态（或姿势），让神经肌肉系统与骨骼肌肉系统发挥作用，达到所要求的运动表现水平。

本章将详细阐述这一概念，向教练介绍在界定身体有效姿势和能够优化不同肌群功能的身体姿态时，应该加以考虑的几个因素。这理应成为运动发展计划中功能训练进程的首个目标。

运动平面

第4章里提到过，无论人体采用何种姿态，它都会受到来自多个平面的力的作用。教练必须明白，运动发生（并需要被加以控制）在三个维度中。虽然这个观点可能显而易见，并且确实是常识，但根据这个观点来进行训练并不常见。例如，练习直线短跑可能会有助于足球运动员跑得更快，但如果其没有掌握侧向运动，或者肌肉没能在水平面或者冠状面（图5.1）产生和控制力量，那么运动便没有效果，甚至有可能会导致运动损伤。

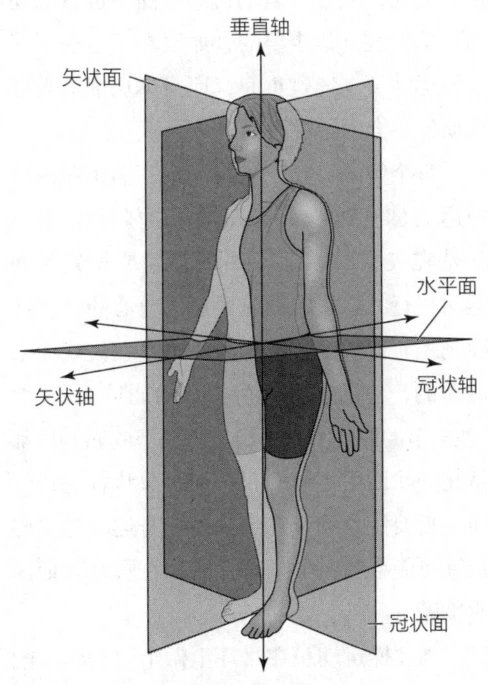

图5.1　运动的三个平面及基本轴

还有一个更加简单明了的例子。让我们来了解一下利用抗阻训练器械，在单个平面中控制负荷（或运动员）的动作。这种训练既不符合日常运动的要求，也不能教会运动员通过运动模式在三个维度控制自己的身体姿态。这一训练原则是利用功能训练的思路去发展动作技能的关键之一，这一概念将会在第10章加以详述。

为了更好地理解动作，人们设计出了一套通用的描述动作的理论体系，这一理论体系的基础是3个相互垂直、并在重心相交的运动平面（图5.1）。在这个理论体系中，身体某一部分或全身的动作被描述为在某个特定的平面，或在与之平行的平面中进行的动作。这种区分是重要的，原因在于运动平面中的运动要求通过重心，而身体局部的大部分动作不会通过重心。

图5.2　短跑运动员在矢状面围绕着冠状轴进行运动

举个例子，让我们来观察一名正在短跑的运动员（图5.2）。在运动员冲刺时，上下肢是在矢状面中运动的，而且是与矢状面运动平行的，矢状面是要通过重心的。直线冲刺跑时，单个关节和身体都是在矢状面中运动的，包括手臂（肩关节的屈伸）、大腿（髋关节的屈伸）和小腿（膝关节的屈伸）都是在矢状面中运动的，并通过冠状轴进行转动。需要注意的是，当描述全身运动时，旋转轴可能会在身体外部，比如在脚趾和地面的接触点。

当体操运动员在吊环上做十字动作（图5.3）时，肩部会围绕着矢状轴（前后方向的）在冠状面进行外展。同时，在矢状面上屈髋和伸膝，这增加了动作的难度。

图5.3　体操运动员在冠状面围绕着矢状轴进行运动

图5.4中，网球运动员在挥拍击球时，在矢状面中全身的运动是向前的，而躯干则在水平面中运动。肩部绕着垂直轴在水平面中水平内收。在同样的运动中，躯干则围绕着矢状轴（前后方向的）在水平面中进行内旋运动。

图5.4　网球运动员在水平面中围绕着垂直轴进行运动

在某个特定平面中的运动也可能是围绕着特定轴进行的，这些特定轴垂直于运动平面。这些特定轴可以是内部的（通过关节中心），也可以是通过重心或者在身体外部的。教练必须能够理解并描述不同的运动方式以及在体育运动过程中身体各个部位的运动。在执教或分析任何形式的动作时（比如通过观看视频来进行评估），观察任何一个运动平面的正确角度是视线与运动平面垂直，比如，从侧面观察矢状面中的运动。

在体育活动中，运动往往同时发生在三个平面上（图5.5）。在棒球中投球时，投掷臂在矢状面上伸展和屈曲时，还要在冠状面进行外展和内收。随着投手投球出手，他的躯干在冠状面进行侧屈（侧向一旁）。随着球离手，躯干在水平面上从外旋到内旋。髋关节和膝关节在矢状面上进行屈曲和伸展。

教练需要让运动员同时在三个平面上进行运动。事实上，提高练习难度的其中一个方法就是增加运动平面的数量（图5.6）。

图5.5　大多数运动同时发生在3个平面中，以棒球投手为例

图5.6　增加运动平面的数量可以提高侧平板支撑训练的难度

在足球或篮球这样的多方向的体育项目中，这一方法尤为关键。为了完成过人动作，运动员髋关节周围的肌肉需要足够强壮而且稳定。在侧向（冠状面）运动中，与髋关节内收运动相关的肌肉包括臀中肌、缝匠肌、耻骨肌、大收肌、股薄肌、短收肌，以及长收肌等。为了控制躯干在水平面中的旋转，运动员需要收缩臀中肌、腹内斜肌、腹外斜肌，以及腹横肌。为了在矢状面中有力伸髋，运动员需要收缩臀大肌、股二头肌、半膜肌和半腱肌以产生迅速而有力的动作，这些动作都是在多变的进攻比赛中非常常见的。

教练不需要明白在每个动作中有哪些肌肉参与，但需要明白在高强度、高速的体育运动中，运动员必须能够在多个运动平面中让肌肉协同发力，从而产生有效动作。运动员调动肌肉的能力，以及他们通过一个关节（请记住，在做动作时还会牵扯到其他多个关节）周围的多个肌肉产生多个平面上的力的能力，将在第8章到第10章介绍的技能动作发展中提到。有效的动作训练方法要求在练习进阶方面区别于教练常常提到的更快、更重的传统方法。

现代技术让人们可以实时计算出每个平面上的各种力对整体运动的作用。测量时，在运动场地的地面安装好力量测试平台，然后让运动员在上面进行跑、跳或举重等运动。在集体类项目中，由于不存在类似的动作控制，可以让运动员在训练或比赛（如果比赛规则允许的话）时穿戴内置加速计的全球定位跟踪器，以此来测量其多个平面上的各种力。当人们试图分析运动表现需求和运动损伤，以及不同的比赛场地地面（比如天然草地与人工草地）对运动表现和运动员赛前准备造成什么影响时，这类信息就显得尤为重要。

我们在图5.7中可以看到控制三个维度上的各种力对优化运动表现的重要性。当一名橄榄球运动员在做双边切入动作过人时，不得不动用动力链上的所有肌肉来对抗重力（垂直阻力的主要来源），同时还要完成侧向和前后方向上的加速与减速技术。运动员的控制能力越强，做出的动作就越有效。

的确，运动专家能够在体育运动情景中针对运动员的运动效率需求（就提高运动质

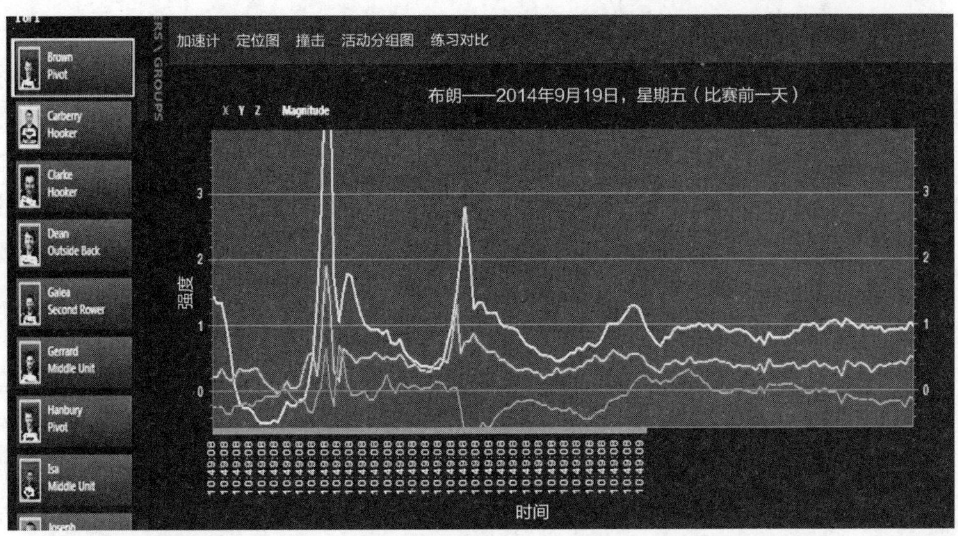

图5.7　一名橄榄球运动员在做出一系列切换动作时，全球定位跟踪器测量到的垂直（重力与地面反作用力）、侧向（从边到边）、前后（从前到后）方向上的力

量与持续性而言）进行分析，观察运动员在运动时受到了哪些来自侧面和正反面力的作用。运动员的动作越是具备力学效应，就能越有效地对抗外力，并且在产生内力时消耗越少的能量。此外，由于不会承受长期持续（反复）的高强度力量或突发的超负荷力量，运动员的受伤概率也会很低。

有效的姿势

本书第1章就阐明了这样一个道理：骨骼肌肉系统能够在任何情况下应对挑战。训练计划的目标在于，让一系列教育措施（训练等同于学习）发挥作用，影响身体运动系统的各个组成部分，从而积极应对环境对身体施加的压力。人们要想达到这个目标，需要具备全面的姿势力学知识，对关节姿势、肌肉排列、肌肉调动与力量产生这几个因素进行协调整合。传统上，教练关注的是运动员在运动训练中正在做什么；而全面的姿势力学则要求关注运动员在进行运动和施展技术时所采取的方式。

1947年，美国矫形外科医师学会的姿势委员会给出了有效姿势的定义。许多年来，这一定义一直是教练和物理治疗师操作时参考的标准。

> 姿势通常被定义为身体各部位之间的相对位置关系。有效姿势是指无论身体处于何种姿势（直立、躺下、蹲坐或弯腰），肌肉无论处于收缩还是放松状态，肌肉和骨骼都能达到使身体支撑结构免受伤害和不会畸变的一种平衡状态。在这种情形下，肌肉将最有效地发挥作用，胸腔和腹腔内的器官将位于最佳位置。不良姿势是指身体各部位之间的关系不合理，这会加大支撑结构承受的压力，使身体处在不太稳定的平衡状态中[1]。

这个定义反映了强调姿势整体性（动态情况下关节相对于彼此的正确位置）的重要

性。首先，姿势整体性是有效动作的基础，因为关节可以在最佳位置充分发挥骨骼肌肉系统的力学特性。人体基本上就是一个设计精巧的结构组合体，它能经受得住各种挤压（骨、软骨）与牵拉（肌腱、肌肉、韧带）。第2章说明了关节位置是如何决定肌肉的功能的。本章重点解释这个概念的细节，强调肌肉动作中肌肉长度、张力与速度之间关系的重要性，同时向教练强调在运动训练中正确关节位置（技术）的重要性。

正确的关节排列能尽可能地减小压力，充分利用支撑面，同时还能发挥神经肌肉系统的有效性，增强身体稳定性和平衡能力。正确的关节位置可维持关节周围肌肉之间的平衡，增强肌肉之间和肌肉内部的协调性，增加运动系统的本体感觉成分。

运动员的不良姿势容易使骨骼肌肉系统受到损伤。从功能上讲，这与姿势优化运动表现有关。不良姿势增加了对韧带的压力，而韧带是用来稳定关节的；不良姿势还增加了肌肉与骨骼之间肌腱连接的张力，增加了关节内部剪切力，加大了关节受伤的风险。这些损伤可能是慢性（长期）或急性的（一次事故造成的）。强调正确的关节位置和动作力学的教练会得到回报，他们执教的运动员会具备更高的生物力学效能，并且不容易受伤，可以参加更多的训练和比赛。的确，从损伤中康复是一个循序渐进的过程。在这个过程中，要对本体感受的控制以及某一关节的正确姿势与位置进行力量的强化，这也应该被运用到日常训练中来降低受伤风险。

运动员的一般运动能力与其在运动时采用最有效、最经济的姿势以及快速而合理地做出动作有关。在此，姿势和移动这一概念没有太大的区别。专项的动作模式——体育中的技术和与运动要求有关的特殊姿态——是建立在一般运动能力的基础之上的，能够促使运动员将力量最大限度地转化到专项运动中去。虽然许多常规动作（比如跑、跳与转向）是大多数体育项目所要求的，但在第11章中会列出一些各个项目的专项动作要求的例子。

姿势控制——在某个既定的活动范围内，功能性地稳定姿势的能力——在运动场上非常重要。因此，正如第6章中将要阐述的，通过静态姿势评估无法得到一个全面的评估结果。但为了阐释姿势控制这一概念，站姿仍然是一个有效的入门姿势。此外，从站姿开始评估一个运动员的姿势，也相对容易些。站姿评估所需的唯一工具是一根拴着重物的线——铅垂线，在站立的运动员身旁垂下这根线。合理的站姿如图5.8所示。

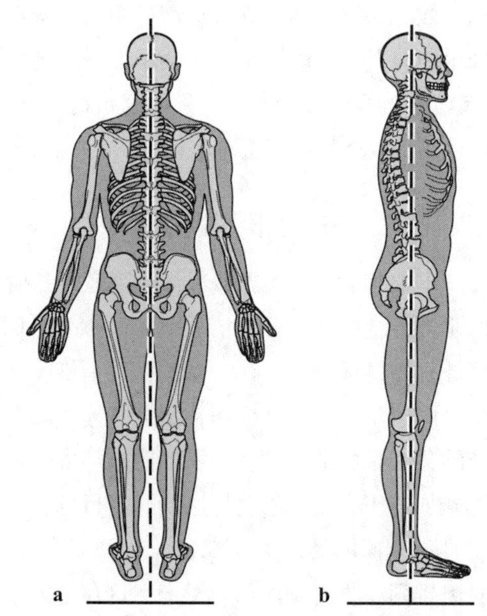

图5.8　合理的站姿：a. 后视图；b. 侧视图

从后面看，运动员身体的左右两边应该是对称的，左右肩关节与髋关节分别在一条水平线上。运动员的体重应该均匀分布在双脚上，这种身体的均衡姿势是自然的，不应该也无须再让肌肉发力来维持这种均衡姿势。运动员站立时脚尖可以微微呈外八字（图5.8a），但双脚转动角度应相同。

从侧面看，运动员的耳垂（面对前方）、脊柱、髋、膝和踝应该在一条直线上（图5.8b）。这条想象中的直线被用来区分位于动力链前后方的肌肉（图5.9）。在运动中，身体前面的肌肉往往也被称为镜面肌肉，这些肌肉通常是运动员每天都能自己看到，而且最易意识到的。这些肌肉往往会成为力量训练的重点对象，但也会导致姿势问题。一个很好的激励技巧就是要时常提醒运动员，使他们意识到背后有哪些肌肉能够发力并推动他们向前。

图5.9　位于动力链前后方的肌肉

把姿势想象成一根链条比较实用。我们很容易理解，如果把一根链条从天花板悬垂下来，那么改变这根链条中的一段的位置，也将改变上下各段链条的方向。脊柱就是这一观念的完美诠释。为了对抗重力，进化过程决定了人类脊柱必须有几处弯曲：颈部、胸部（上背部）和腰部（下背部）。一个需要认识到的基本事实是，当胸椎的弯曲度适中时，铅垂线会通过肩关节的正中间，此时肩胛骨正好贴在上背部。但肩胛骨、头部、颈部或胸椎位置任意一个变化，都会在其他脊柱弯曲处引起动作代偿，从而会导致一些错误姿势。

在运动人群中，这些错误姿势可能是站、坐或走时的坏习惯造成的，它们大体上都源于对骨骼肌肉系统的错误使用，而非来自骨骼结构上的功能性缺陷。不良姿势会影响躯干及髋关节周围肌肉功能的发挥，还会通过动力链影响到其他肌肉，如图5.10及表5.1所示。不良姿势不仅会影响运动员有效运动的能力（在恰当的时刻让肌肉尽可能有效地发力），还会使得关节结构由于受到剪切力和挤压力而产生损伤。

事关姿势，而非核心（稳定性）

神经肌肉系统与骨骼肌肉系统非常复杂。与运动员打交道的人即便不能完全理解这种复杂性，也需要做到心中有数。对一个教练而言，不能只研究并关注孤立的肌肉，有效的策略是，要确保运动员在整个运动过程中，保证肩胛带、腰椎、骨盆、髋部、膝部和踝部的正确到位。正确到位可以让运动员更加有力和有效地调动合适的肌肉，以产生或吸收力量。

简单来说，本书的理念之一就是，教练应该训练的是运动员的动作而非特定的肌肉。这个理念的前提是，人们通过在运动中正确定位关节，就能让肌肉做出正确的动作。在现实中，当练习能够反映竞技动作时，它们

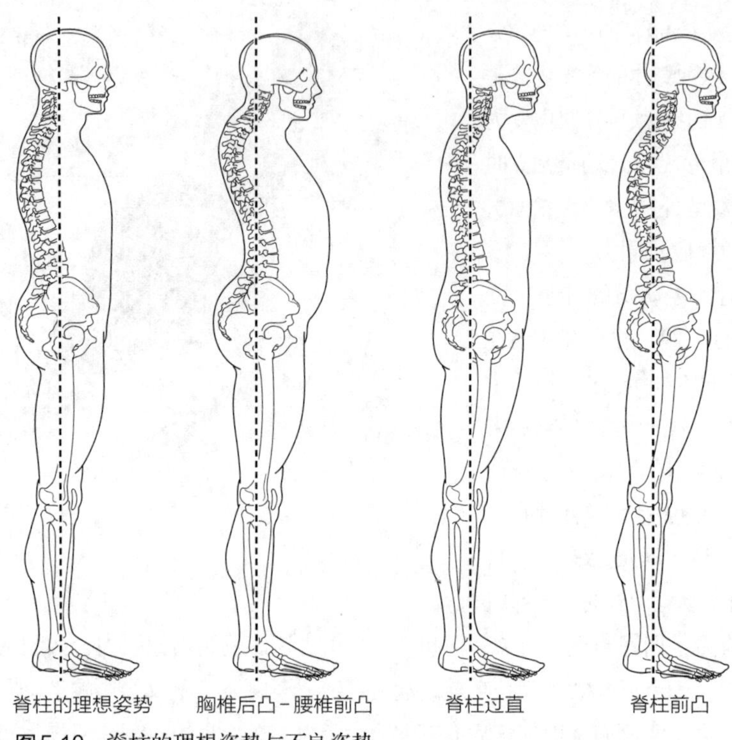

图5.10　脊柱的理想姿势与不良姿势

会更有效果。这是计划发展模式中动作技能成分的一个基本原则。所需的功能性神经肌肉激活方式，可以根据任务和关节定位有所调整。

表5.1　几种不良姿势

	脊柱前凸	脊柱过直	胸椎后凸－腰椎前凸
姿势描述	骨盆后倾，拉伸髋部，使正常弯曲的腰椎变直。整个胸椎的曲度增加（驼背）了，颈椎往往被拉长。这种姿势会让上身看上去朝后弯曲，同时头会稍往前倾	骨盆后倾，拉伸髋部，减小了腰椎的正常曲度。胸椎的下半段也有类似的拉直现象，但胸椎上半段的曲度增加了（内部夹角变小）。这种姿势会拉长颈椎，使头前倾	骨盆前倾。弯曲发生在髋关节内部，从而增大了腰椎的曲度（腰椎前凸），同时也增大了胸椎的曲度（胸椎后凸）。颈椎被过度拉长
竖脊肌	腰椎部分的肌肉变得非常有力，但脊柱上半段的伸肌会变长而且非常无力	竖脊肌往往会变长，但是它并不一定会在增加腰部曲度的运动中变弱	颈部伸肌变得短而有力，颈部屈肌则会变弱。下背部的肌肉可能会变短或变紧，但并不总是这样
腹肌	腹部肌肉变长、变弱，尤其是腹外斜肌	腹部肌肉往往会变得过度强壮，增加了腰椎的曲度	腹部肌肉可能会被拉长并变弱，这要看胸部弯曲的程度
髋伸肌	腘绳肌变得紧张并过度强壮	腘绳肌变得紧张并过度强壮	腘绳肌变长

续表

	脊柱前凸	脊柱过直	胸椎后凸-腰椎前凸
髋屈肌	相对于髋伸肌，髂肌与腰大肌会被拉长并变弱	相对于髋伸肌，髂肌与腰大肌会被拉长并变弱	相对于髋伸肌，髋屈肌紧张，并变得过度强壮

稳定性练习是指以任何重复动作模式来维持重心位置动态平衡的练习。在这些练习中，维持重心位置所用的方法不会对脊柱或其他关节造成过量的（不正常的）负担[2]。稳定性不可小觑，因失去平衡而不得不努力保持姿势的运动员，是无法充分发力或快速发力的。例如，在适当的位置上，骨盆姿势及其与腰椎之间的关系，对于保持有效姿势而言特别重要。我们难以从解剖学的角度来定义骨盆的适当位置，但我们知道，骨盆位置适当时，腰椎的弯曲是自然的。骨盆前倾（骨盆顶部旋前）时，腰椎前凸（腰椎过度弯曲）就很明显（图5.10）。腰椎前凸一般会把骨盆后部的肌肉（髋伸肌）拉长，而使骨盆前部的肌肉（髋屈肌，如髂腰肌）变短变紧。有必要理解这当中的因果关系：骨盆位置不当会使肌肉变短。但训练刺激强度不均衡（过分强调动用髋屈肌）会导致肌肉过度拉长，这时肌肉会把骨盆拉成前倾姿势。骨盆后倾（骨盆顶部后旋）时，随着脊柱被拉直，腰椎处的弯曲消失（图5.10）。

保持骨盆的适当位置，不仅在站立时很重要，而且在大部分体育运动中都很重要。骨盆的适当位置是一个最为有利的位置，在这个位置上，肌肉的伸缩关系能充分发挥作用，使力量从髋部、躯干及腹股沟周围的肌肉中产生。想要确认运动员在移动时是否正在努力维持所需的适当位置非常不易。但知道骨盆位置会影响躯干姿势（前者也会受到后者的影响）后，人们就能利用人体的一些基本解剖学标志来判断运动员在施展动作技能时，成功维持骨盆适当位置的能力如何。

当运动员呈标准站姿时，教练能辨别出肚脐与胸骨底部剑突之间的距离（图5.11）。无论在什么运动中，都可以以标准站姿时肚脐与剑突之间的距离为参照，能成功保持这一距离的运动员，才有资格说自己具备了维持骨盆适当位置的能力。骨盆后倾时，这两处身体标志之间的距离会缩小；骨盆前倾时，这一距离则会增大。

图5.11　标准站姿时，确认肚脐与胸骨底部剑突之间的距离

除了影响肌肉功能外，在运动过程中维持骨盆位置也有利于保持腰椎间盘健康，在图5.12所示的负重深蹲运动中尤其如此。在深蹲（或做任何类似运动）时，如果骨盆定位不当，腰椎位置将随着骨盆的位置而调整。这种调整经常以骨盆后倾的形式出现，这会

图5.12　在进行诸如深蹲这样的动态运动及轴向负重运动时，椎间盘的压缩及骨盆位置：a.正确的深蹲；b.不正确的深蹲

使腰椎变平。骨盆后倾会对肌肉的募集有影响，并且也会影响椎间盘，当重量通过脊柱轴向下作用于脊柱时尤其如此。

在做普通的深蹲动作时，椎骨会在整个运动过程中保持平稳，运动负荷所产生的压力会通过构成椎间关节的软骨盘均匀分配到脊柱上。然而，在骨盆后倾时，软骨盘的前面会受到相邻椎骨的挤压，而后面则会被拉伸。随着运动员起身，这一动作过程会逆转。脊柱反复承受这种性质的负荷，会严重威胁到椎间盘盘壁的完整性，从而增加椎间盘突出或滑脱的风险，使身体虚弱无力。

过去10年里，身体控制训练的主要焦点是基于核心稳定性来发展姿势控制能力。运动员被要求孤立地调动位于腹部深处的肌肉（图5.13与表5.2）来提高控制骨盆位置的能力。人们往往很少去思考运动员的姿势整体性，也很少留意这样一个事实，即诸如多裂肌或腹横肌这样的肌肉（腹部深处的肌肉是典型核心稳定性练习的侧重点）不是单独起作用的。事实上，这些肌肉的募集具有阶段性和顺序性。它们只有在某些肌肉之后、在另一些肌肉之前收缩时，才能有效地发挥作用。要想在动作的功能连贯性方面取得进展，这种激活肌肉的方式很重要。

事实上，我们不能仅仅因为健康人在进行某些运动时腹横肌的收缩优先于身体其他前部肌肉，就认为腹横肌更加重要。这仅仅意味着腹横肌是调动一系列肌肉做动作时首先被募集的肌肉。教练把康复训练中的练习（训练神经肌肉系统募集肌群的能力）运用到体能训练中，往往会产生争议。

在所有体育运动中，人们都需要动作控制来维持稳定。但单独的肌肉力量在运动中不太重要，并且在很多情况下，训练肌肉单独发挥作用的确会牺牲稳定性与损害功能[3]。肌肉一般都需要共同发挥作用，而非单独发挥作用。康复师关心单独的肌肉发挥作用是为了教会它募集运动单位；教练则需要在这个基础上更进一步，关心多肌群协调和技术性地发力，从而实现稳定性和灵活性。因而，教练需要思考的是在动态中的姿势控制。

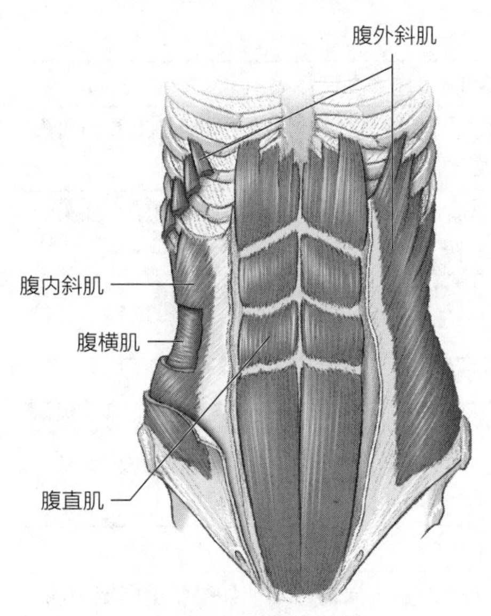

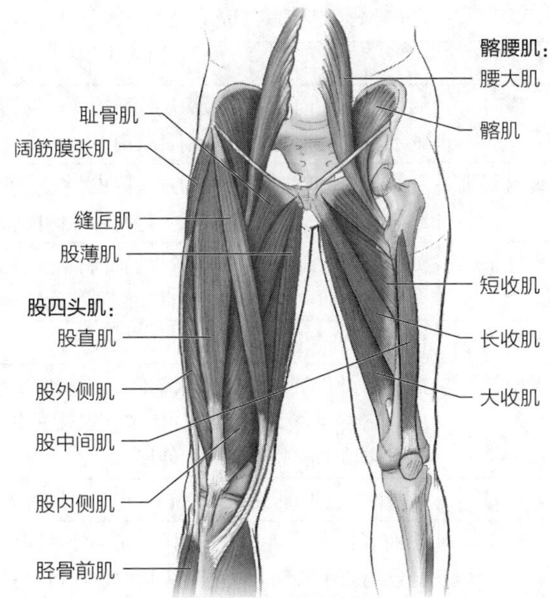

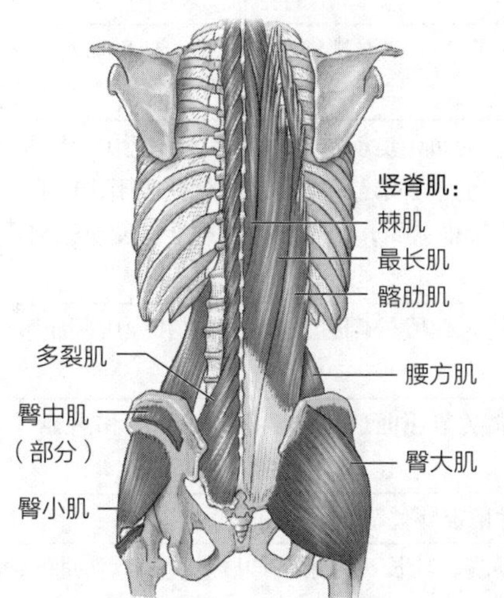

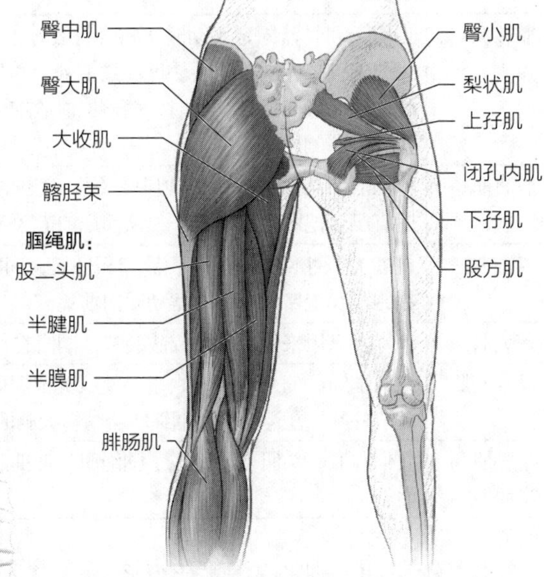

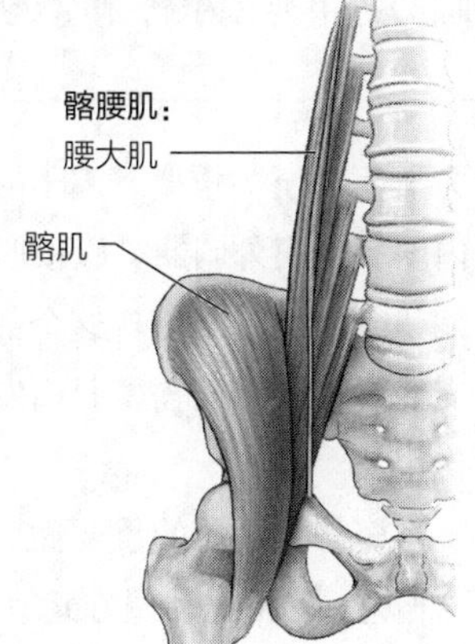

图5.13　人体躯干部分和腿部的姿势控制肌与运动肌

表5.2　人体躯干部分和腿部的姿势控制肌与运动肌

肌肉	主要功能
腹横肌	腹部三块横向肌肉中最深层的肌肉。压缩腹壁，帮助稳定腹腔组织，同时协助其他肌肉的动作。在用力吸气（绷紧肌肉）时尤其重要
腹内斜肌	如果同时收缩躯干两侧的这块肌肉，它会使脊柱屈曲，使骨盆前倾并靠近躯干。如果收缩一侧，它会与腹外斜肌一起使脊柱侧曲和旋转
腹外斜肌	如果同时收缩躯干两侧的这块肌肉，它会屈曲腰椎，使骨盆后倾。如果收缩一侧，它会与腹内斜肌共同作用，使脊柱侧屈和旋转
多裂肌	使脊柱伸展并使其向相反方向旋转
臀中肌	髋关节处外展股骨，使大腿内旋，在伸展髋关节时协助稳定膝关节。在人体运动过程中，它会与臀小肌协同作用，维持骨盆的位置，使腿向前摆动但不向内侧越过身体中线。也可以协助髋关节屈曲和伸展
臀小肌	外展髋关节同时使大腿内旋，也会协助髋关节屈曲
腹直肌	屈曲脊柱（即使脊柱前屈）。如果骨盆固定不动，躯干向前移动；如果躯干固定不动，骨盆向躯干移动。同时对维持腹内压也很重要
竖脊肌	包括三块肌肉：髂肋肌、最长肌和棘肌。它们主要用于伸展腰椎和下胸椎，协助脊柱侧屈和旋转
髂腰肌	当躯干和骨盆固定不动时，它会将股骨带向躯干（如在走动过程中使腿向前迈），从而屈曲髋关节，同时还会协助髋关节外旋和外展。当大腿固定不动时，它会把躯干带向股骨，从而弯曲躯干。此时，两侧同时收缩会加剧腰椎前屈，而单侧收缩则会促使躯干向相同方向侧屈
股直肌	作为股四头肌的一部分伸展膝关节。股四头肌还包括股外侧肌、股内侧肌和股中间肌。股直肌会把股骨拉向躯干，从而屈曲髋关节
缝匠肌	在髋关节处使大腿屈曲、侧旋和外展，同时在髋关节屈曲后协助膝部完成屈曲和内旋。在跑步和走路过程中使摆动腿向前迈
臀大肌	基本上只用来伸展和外旋髋关节，同时在伸髋时稳定膝关节
股二头肌	组成腘绳肌的三块肌肉之一，使膝关节屈曲并外旋。其长头可用来伸展髋关节，协助髋关节外旋。在运动中，腘绳肌会缩短大腿的前摆期，从而防止躯干在髋关节处屈曲
半腱肌与半膜肌	它们与股二头肌一起组成了腘绳肌。屈曲膝关节并使之内旋，伸展髋关节并协助髋关节内旋

上一章关注的是肌肉怎样产生力量。这个主题对于通过观察去理解肌肉在运动过程中支撑和调动脊柱、骨盆和髋关节的作用非常重要。理解这些肌肉在稳定或调动躯干时所起的作用，教练才能将一些有针对性的训练动作纳入训练计划，从而帮助运动员发展合适的肌肉力量。毕竟这些动作对于发展肌肉力量而言至关重要。躯干的姿势控制肌（腹内斜肌、腹外斜肌、腹横肌）进行的等长收缩，会增加腹内压。这个部位没有骨骼结构支撑脊柱，因而需要肌肉发力来起到支撑的作用。

姿势控制肌的重要性引出了支撑姿势这一概念[4]。当运动员在运动前吸气并收紧腹部肌肉（绷紧躯干肌肉组织）时，变紧的肌肉组织与被拉平的膈肌一起发挥作用，从而大大增加了腹内压。腹内压力会为运动中的脊柱提供必要的支撑。呼气和放松这种收紧的状态能释放腹内压，如果在脊柱承载负荷时这样做，背部就容易受伤。

既然骨盆和腰椎已经稳定下来了，那么就可以让运动肌来提供有力的动力，无论是主动力还是协同（辅助）力。既可以通过屈伸躯干（腹直肌或竖脊肌）来发力，也可以通过屈伸髋关节（股直肌与髂腰肌或臀大肌与腘绳肌）来发力。在体育运动中，这些运动往往伴随着旋转动作或侧向动作，因而相关的肌肉的参与方式变得更加复杂。但基本前提还是需要保持不变——姿势控制肌需要能够发挥协同作用，从而打造出一个稳定的平台，让运动肌以此为跳板运动关节，进而产生和发挥较大的力量。

最佳的运动表现依赖稳定性和灵活性。如果任一肌肉正在产生代偿，运动员将受到影响，腰椎–骨盆周围的肌肉将不得不在某些方面进行代偿。

我们可以在一个正进行高强度间歇跑的青少年运动员身上看到这样的例子。随着疲劳的产生，运动员可能会抱怨背部酸痛。这往往是运动员动用腹直肌去维持骨盆位置，从而产生代偿现象导致的。当运动员需要用腹直肌参与其他动作（如在高强度运动时协助呼吸）以及不再维持骨盆位置时，骨盆就会开始做前后倾的动作。骨盆的这种运动会降低运动效率并引发腰椎酸痛。

在髋关节周围还可以见到其他常见的动作代偿现象。运动员过多使用髋关节屈肌和股四头肌，减少臀肌的使用，往往会造成髋关节周围肌肉的不均衡发展以及灵活性的降低。这种运动方式一旦形成，那么随着时间的推移，就会逐渐形成一种不良姿势。如果这种不良姿势得不到纠正，将加剧肌肉的不均衡发展和导致灵活性的丢失。尽管经验表明，运动员的运动水平越高，他就越容易产生代偿，但这种情况终归是不理想的，迟早会导致情况进一步复杂化。

以一个稳定的平台为基础，能够在全关节活动范围内产生力量，才是正确的运动力学机制。不正确的运动力学机制会导致较差的灵活性、稳定性与较低的动作效率（完成同样工作量耗费更多的能量），所有这些都会对运动表现能力产生负面影响。

谈到运动员运动时的关节排列位置，损伤也是一个需要加以考虑的重要因素。通常情况下，站立时左右髋关节在一条水平线上，膝关节与踝关节成一条线，如图5.8所示，这种姿态在运动中也同样重要。膝关节是一种铰链型关节，其作用是屈曲和伸展，而非旋转至某一明显的角度，如表5.3所示。事实上，膝关节周围的韧带结构是专门用来把运动限制在矢状面中的。膝关节冠状面的运动有可能会伤害到外侧和内侧副韧带，而水平面运动会导致前后交叉韧带的损伤。

由于膝关节处在股骨与胫骨的结合部且构造复杂，因而发生在此处的任何旋转或侧向运动（不考虑外部直接撞击等情况），基本上都是髋关节（股骨位置不正确）或踝关节运动（胫骨位置不正确）所产生的结果。这种旋转或侧向运动可能会对运动员造成灾难性的损伤，在不正确的平面中产生巨大的力量，从而导致剪切力的发生，这会损害膝关节的部分或全部结构。

表5.3　主要关节的运动

关节	关节所连接的骨头	关节类型	运动等级	运动能力
盂肱关节	肱骨头与肩胛骨的关节窝	滑膜球窝型关节	3	矢状面上的屈曲和伸展，水平面与冠状面上的外展与内收
胸锁关节	锁骨、胸骨与第一肋骨	软骨型关节	3	不会直接受到肌肉活动的影响，但肩胛骨的所有运动都会引起这个关节的运动
肩锁关节	肩胛骨喙突与锁骨	滑动型关节	3	外展（拉长）、内收（回缩）、上回旋和下回旋
脊柱	椎骨	微动–软骨型关节	3	矢状面与冠状面上的屈曲和伸展、左右旋转，一些颈椎可做环转运动
肘关节	上臂肱骨以及前臂尺桡联合	滑膜铰链型关节	1	矢状面上的屈曲和伸展
腕关节	前臂桡骨与腕骨（手部八块腕骨的复合体）	滑膜椭圆型关节	5	屈曲、伸展、环转、外展、内收
髋关节	股骨头与骨盆髋臼	滑膜球窝型关节	3	矢状面上的屈曲和伸展、水平面和冠状面上的外展和内收、外旋与内旋
膝关节	大腿股骨与小腿胫骨	滑膜铰链型关节	1（2）	屈曲和伸展；当膝关节弯曲成直角姿势时，可以小腿为轴，做轻微的外旋或内旋
踝关节	小腿的胫骨、腓骨与足部的距骨	滑膜铰链型关节	1	矢状面上的跖屈与背屈

认识臀肌的力量

在谈及需要把观察重点放在与髋关节、膝关节和踝关节的对位和对线的动作时，教练要意识到在运动中肌肉的协同作用对于维持关节位置和稳定特别重要。在思考这个问题时，教练应该明白处在运动中的身体内部非常重要的肌群之一——臀肌的活动方式。教练往往会忽视这个肌群，而有证据表明，运动员并未充分利用臀肌。

比如，在单腿落地时，臀肌对于正确维持膝关节的对位、对线非常重要，使屈曲动作沿着脚尖的方向进行。股四头肌与腘绳肌的协同发力可稳定和绷紧膝关节，膝关节就可以很有力地屈曲和伸展，还能抵抗侧向或旋转运动。这些肌肉不同步收缩容易导致膝关节受伤。下面将会提到这种肌肉启动次序紊乱的原因，可能是一个无效的运动程序（协调方面的原因），也可能是髋关节与膝关节的姿势或者位置不正确，这意味着关节相互的位置关系不对而导致肌肉不能够顺序启动。

关节位置与肌肉功能

关节是用来连接骨骼的，在运动中，以及在对运动员的运动进行分析时，关节的位置与动作是关键。关节大体上是按照结构和功能来分类的，结构方面的分类依据是骨骼相互之间的连接方式，而功能方面的分类依据则是关节所连接骨的自由度[6]。

姿势调整过程中的关节位置非常重要，因

为这不仅决定了如何通过身体传导力量，还决定了肌肉如何发挥作用。关节位置的动态关系，决定了肌肉系统的运动顺序。为了向运动员证明这个观念，可以使用下面这个实例（图5.14）。

- 把你的左手放在右臂的肱二头肌上，使手掌和手指置于肌肉的肌腹处。
- 右臂尽量用力地做5次肱二头肌的收缩动作，做动作时右手腕部旋后。这时左手会感觉到肱二头肌正在工作。
- 翻转右手腕部使右手腕部旋前。左手位置保持不动。
- 右臂做5次反向的肱二头肌收缩动作。肘部屈曲时，左手会感觉到肱二头肌的动作。
- 然后回答这个问题：在这两个动作中，肌肉的动作是一样的吗？

答案应该是不一样的。当腕部旋后且肩部保持在一个固定位置时，肱二头肌的短头与长头都会充当屈曲肘部的主要力量源，把前臂拉向肱骨。在这个动作中，肱肌也是一个主要的协同肌。但当腕部旋前、桡骨在桡尺关节处与尺骨交叉时，肱二头肌（特别是短头）就不那么活跃了，这主要是它附着于桡骨造成的。肱肌的作用不会因其附着于前臂的尺骨而有所改变，但随着腕部的旋前，肱桡肌在屈曲肘部的动作中会起到更加显著的作用，在这个运动的中期阶段更是如此。

本书之前已经讨论过关节位置对肌肉功能的影响。从第8章到第10章，本书将以实用技术的形式再次强调这一概念，这3章将强调“结构（姿势或技术）决定功能（竞技表现）”这一观念。同样，图5.10及表5.1说明了各种姿势对慢性肌肉功能所产生的长期影响。这其中突出了运动技能和技术教学的一个关键特征：让关节处在正确的位置（采用最合理的姿势），肌肉募集就会顺畅自如。

教练应该努力观察运动员在任何好的运动表现中关节的动作，并给予反馈，从而最大限度地提高运动员的运动效率。在许多情况下，运动员的运动方式要比其运动表现（运动的时间、距离等）更加重要。

图5.14　理解关节位置的重要性：a.肱二头肌收缩（腕部旋后）；b.肱二头肌反向收缩（腕部旋前）

肌肉募集与长度-张力关系

在描述动作时，体能教练往往将姿势称为动力链（神经肌肉系统和结缔组织系统的相互连接，从头部连到脚趾）。和所有的链条一样，一连串的连接构成了链条结构，也和所有一连串的相互依附关系一样，链条中的薄弱环节制约了整个结构的功能。给链条施加什么样的负荷，以及在某个时刻链条的形状如何，将决定链条的表现能力。在运动过程中，身体的关节连接情况会不断变化，与此同时，关节之间的角度也会一起变化。

第2章介绍过肌肉如何绕过关节附着在骨头上。如果随着关节的移动，一根骨头相对于另一根骨头的位置发生了改变，就会增加肌肉起点（有时称之为原点）到止点（插入点）间的距离，肌肉便因此变长。这种肌肉长度方面的变化会影响肌肉发力和快速收缩的性能。

这种改变的原因似乎和肌肉中可调动的连接肌动蛋白与肌球蛋白的横桥的数量有关。当肌肉被收缩到最短时，随着肌节中的肌动蛋白被拉扯超过肌球蛋白，许多横桥都在找寻同样的位点。这时横桥之间会相互干扰，从而降低肌肉的紧绷程度，并因此产生力量。相反，当肌肉被拉长时，肌球蛋白接头的附着位点之间的距离就会达到最大，这便意味着由于位点之间彼此距离过远，肌肉（肌节）中的横桥连接数量就会很少。这也意味着，肌节几乎无法通过较大的肌肉张力产生力量[3]。

如果肌节的长度合理，可以为横桥连接的建立提供机会，同时也能促进肌肉张力和力量的产生。这适用于整体的肌肉与肌肉系统，也适用于单独的肌纤维[5]。

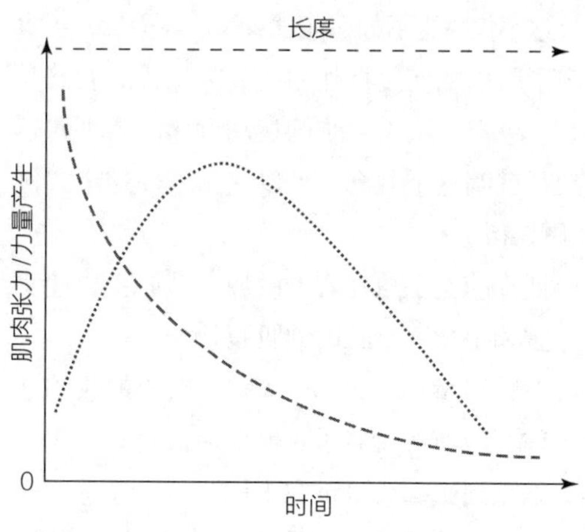

图5.15　肌纤维收缩过程中长度-张力与力量-速度之间的关系

在前述肱二头肌收缩的实例中，手腕外旋改变了肱二头肌及肱桡肌的相对长度，从而也改变了神经肌肉系统在肱二头肌收缩过程中的运作模式。由此可见，关节的位置会影响肌肉的募集模式。

肌肉的募集模式也会受到肌肉力量克服阻力的影响。最好把单根肌纤维收缩的力量-速度曲线描绘成一条双曲线（图5.15），其弯曲程度取决于肌肉张力和所施加的阻力大小。在全身运动中，单根肌纤维的收缩速度与产生外力的能力之间的关系，即便不是完全相同，至少也可以说是相似的。虽然不是所有的肌肉都有相同的肌纤维类型（Ⅱx型肌纤维比Ⅰ型肌纤维的收缩速度更快，产生的力量也更大），而且肌肉也长短各异，但仍然可以用同样形状的曲线来描绘这种关系。

这一点比较重要，有两个原因可以解释。首先，人不可能在非常快的运动中施展出很大的力量。因而，如果一连串动作的起始阶段速度过快，并由此发力不足，这种力量方面的不足无法在运动后期加以弥补。对投掷或举重项目而言，这一点更为重要。在这类运动中，初始阶段就要尽量发力，力量会在后期转化为更快的速度。比如，在挺举中，刚开始把杠铃拉离地面（第一阶段），运动员会用比较慢的速度来获得较大的力量，这是因为运动员需要克服惯性，才能把杠铃提升到一定的高度。运动员在过渡期会做出一个快速伸缩的动作，从而在挺举的第二阶段获得很大的力量和很快的速度。第10章将详细阐述这种练习，以及举重中各个阶段相应的杠铃提升速度。

其次，决定图5.15中双曲线斜度大小的方程式其实隐含在人类运动中。因而，为了提升运动员在曲线中间范围的给定阻力条件下产生速度的能力，首先需要提升自己产生最大力量的能力。这样会使整个力量–速度曲线上移，意味着运动员的力量产生能力得到提升，但曲线的整体倾斜度不会改变。第10章在可见的力量进展过程中将诠释这一观点。

这里所举的肌肉长度–张力与速度之间关系的例子，完全来自对单根肌纤维的研究。运动时，人体是一个关系紧密的多关节–多肌肉系统。即便如此，相同的原理也还是适用的。我们仍然可以说，高质量的动作模式是将关节放在最为有利的位置，从而让肌肉张力达到最大（或达到所需的力度）的结果。因而，相应肌肉输出的力量（表现出来的力量）及肌肉收缩速度，就是肌节的不同长度与骨骼杠杆系统的力学机制之间相互作用的体现[5]。

人体杠杆系统

一般来说，杠杆指的是按照力矩原理操作的机械。在日常生活中人们经常会用到杠杆以使有些工作变得轻松。利用杠杆可以帮助人们克服比直接用力时能够克服的更大的阻力（如用撬棍撬起一个物体），也可以增加运动速度以及运动幅度（例如用球拍打网球或用球棒击棒球，如图5.16所示）。

图5.16　击打棒球时的速度杠杆

人体中包含着一些构造复杂的杠杆，在高质量的运动中，这些杠杆可以相互配合，从而充分利用身体的力学优势。我们可以把力学优势理解为利用杠杆系统（或机械）来产生力量或速度的增量，其实就是消耗同样多的能量（或者说是系统能力），完成更多的工作[7]。

肌肉会对骨骼系统中的固定杠杆产生拉力。当物体绕着一根轴或一个支点旋转时，所产生的力矩是旋转或扭转的。力矩（或动量）等于力臂乘以杠杆一头所施加的力量（动量等于力量乘以距离）。在人体中，骨骼可以被想象成杠杆系统中长度固定的杠杆臂。不同的骨头有着不同的长度和各种潜在的杠杆功能，尽管在运动过程中，由于骨头之间的相互位置关系会变化，骨头的相对长度和力臂的长度也会改变。关节是人体内杠杆的支点，肌肉产生力量带动力臂，而阻力负荷则取决于将要完成的运动。阻力可能是地面反作用力、外部压力、重力或是与对手的撞击力，并且还必须要包括身体系统的质量（如正在移动的身体质量或身体一部分的质量），以及任何外部负荷或阻力。

力臂的变化会改变用于克服阻力的力量。尽管在讨论撬棍（打个比方）时，这个想法似乎是说得通的，但它是否适用于人类运动，还有待商榷。既然骨骼的长度不会改变，那么为何整个运动过程中的动量不总是一样的呢？要想回答这个问题，我们可以回顾一下先前肱二头肌收缩的例子（请注意，在功能性体育训练中往往不会出现这个动作，但这个动作对阐述生理-力学概念而言极为有用）。和大多数肢体的运动一样，这个动作也是第三类杠杆（表5.4）的一个例证。

表5.4　人体杠杆系统

分类	定义	好处	例子
第一类杠杆	支点位于肌肉力量和阻力负荷之间（类似跷跷板）	兼备力量和速度上的优势，具体情况要看支点的位置	腕关节旋前时肘关节伸展
第二类杠杆	肌肉力量与阻力负荷位于支点的同侧，阻力负荷位于肌肉力量和支点之间（类似独轮手推车）	能提供力量上的优势。能用较小的力量，达到四两拨千斤的作用	踝关节的跖屈
第三类杠杆	肌肉力量与阻力负荷位于支点的同侧，肌肉力量位于阻力负荷和支点之间（类似镊子）	力量方面处于劣势，但具备速度优势。以耗费更大的力量为代价，换取更快的运动速度和更大的运动幅度	肘关节的屈曲

在收缩肱二头肌时，随着哑铃的上举，力臂（支点和肱二头肌肌腱与尺骨连接点之间的距离）会改变。在举哑铃的过程中，提举重物所要求的肌肉力量（力矩）会改变，（肌肉所执行的）外部动作也在变化。由此得出的结论就是，在关节角度和肌肉产生的力矩之间存在着一种关系（图5.17）。在指导运动员时，教练应强调关节位置不仅能优化肌纤维的力量-速度潜能，同时还能提升杠杆系统产生肌肉力矩的能力。

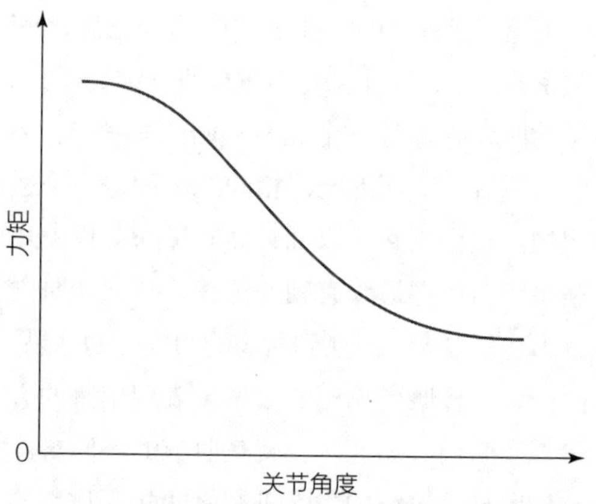

图5.17　关节角度和肌肉产生的力矩之间的关系

为了获得杠杆所提供的速度优势，肌肉需要产生相对较大的力量，因而这些杠杆系统所涉及的动作，往往被证明更容易使运动员受伤。了解杠杆系统还能为选择训练项目和加强运动表现提供建议。为了阐明这一概念，让我们来对比一下早安式硬拉与直腿（罗马尼亚）硬拉，如图5.18所示。这两种常见的练习动作都是用来加强腘绳肌力量的，尤其能有针对性地增强离心力量。

这两个练习中的躯干动作是类似的，在不存在负荷的情况下，对腘绳肌抵抗躯干屈曲和引起躯干伸展的要求是相似的。事实上，如果不考虑外部负荷的话，两种动作中的肌肉力量力臂都会涉及第三类杠杆。而阻力力臂不同会使训练产生明显的差别。

在早安式硬拉中，肩部负重明显延长了阻力臂，这对运动员而言有两个潜在的负面影响。首先，在一个力量上处于劣势的杠杆系统中，随着负荷的增加，腘绳肌必须更加努力地工作才能伸展躯干。在这种情况下，由于阻力臂长而肌肉力量力臂短，身体在力学上就处于极端不利的境地。尽管从训练的角度看，这可能会被认为是个优点，但教练必须明白，这种练习方式可能很快会让腘绳肌不堪重负，从而迫使运动员动用腰椎部位的其他肌肉（比如协助躯干伸展的竖脊肌）作为主动肌，从而很容易造成伤害。

然而，更大的潜在问题是腰椎在这样一个具有这么大（长）阻力运动区域的运动中所受到的剪切应力。由此看来，对于腘绳肌产生力量的潜能而言，阻力臂更短的直腿式硬拉练习要安全得多，而且更加有效。可操作性也是需要考虑的因素。如果运动员在进行直腿式硬拉的过程中，没有能够把杠铃拉起至站立位置，那么他可以把杠铃丢下来。相反，在早安式硬拉中，除非杠铃杆从脖子上越过，否则杠铃很难掉下来。

姿势与压力中心

让我们探讨一下各种力量，尤其是冲击力或地面反作用力，是如何分布的。这与压强有关，可以用力量的大小除以力量所分布区域的面积来得到压强[8]。然而，在指导动作时，教练对压力的兴趣往往不如对压力集中面积的兴趣，这块区域就叫作压力中心。这一观念颇为重要，因为运动员在哪里发出或承受压力，会决定最终的动作模式。在指导过程中，压力中心往往是一个重要的提示，教练可以用它来断定运动员是否正确地运动。

在变向动作中能够见到力量分布的应用实例。不要忘记，力量是一种矢量。图5.19中的运动员正在进行不同角度的倒走。如第8章指导过程中将介绍的，对于往后方或侧

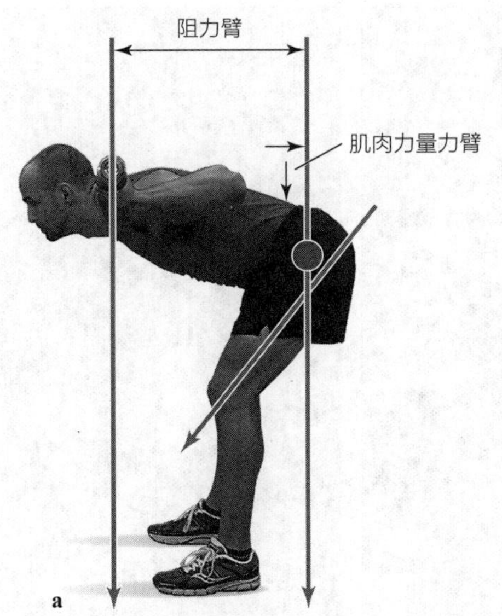

图5.18　硬拉运动：a. 早安式硬拉；b. 直腿（罗马尼亚）硬拉

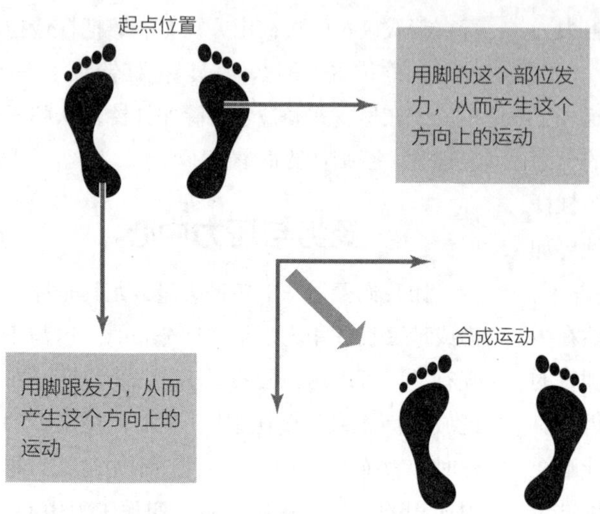

图5.19　用脚的不同部位蹬地，进行不同角度的倒走

方移动时需要向前看的运动员而言，这种技能非常有用。要想掌握这一技能，就要学会用脚的不同部位蹬地，从而产生不同方向的力。当运动员以45度角后退时，他的脚、髋关节和上肢都应该始终保持正对前方（开放）的姿势。这种模式能够让运动员对任何可能需要应对的刺激做出反应，并能用脚的合适部位蹬地来实现变向。如果髋关节没有朝向前方而是朝向其他方向，那么运动员就无法根据需要迅速转向。如此一来，就给了对手可乘之机，使对手能够从内侧（身体转向的对侧）过人。

如果要掌握一系列如跑、跳这样的动作技能，以及许多像过人动作这样的变向技能，了解压力中心及姿势控制与调整（或适应）这些概念颇为重要。这一点能够通过下列实践任务简单说明。

让运动员的脚尖与起跳线对齐。先让运动员起跳，告诉他“用脚用力蹬地，脚尖最后离地”（图5.20）。最终通过脚（与地面）的压力中心产生一个力，这个力会将运动员推离地面并微微向前（他落地时会落在起跳线的前面）。在运动员再次回到起跳线上后，让他再跳，这回要“用力伸展髋关节，脚尖最后离地”（图5.21）。由此产生的力是向上

图5.20　垂直起跳：用脚用力蹬地，脚尖最后离地

图5.21　垂直起跳：用力伸展髋关节，脚尖最后离地

并微微朝后的，运动员最后落地时会位于起跳线的后面。

垂直起跳后落地，是另一个能够说明压力中心重要性的例子。如果执教多级跳的运动员，大多数教练需要熟练应用压力中心的原理来作为执教的基础。指导这一技能的目的在于，要让运动员的重量平均分布在脚的中间（图5.22）。这能优化负荷的分布情况，还可以调整好腿部的姿势，以使腿部能够利用牵张反射产生爆发式的反弹跳跃动作（第9章）。

对运动员跑动步伐的分析被称为步态分析。通常情况下，教练感兴趣的是运动员的

图5.22　双脚着地时的重量分布情况：a.重量分布过于靠前；b.重量平均分布于脚的中间；c.重量分布过于靠后

跑动方法（比如，是脚跟–脚趾触地跑动还是足中前部触地跑动），以及跑法是如何根据动作强度或速度调整的。理疗师也对分析人们跑步或走路时的压力中心感兴趣。无论是压力中心朝脚掌内侧偏移，还是压力中心落在脚的外侧，都会影响动力链上方的关节和肌肉动作。长期来看，这类偏移会导致运动员出现损伤，比如足底筋膜炎（沿着脚侧分布的筋膜出现疼痛的症状），以及膝关节、髋关节或下背部的慢性疾病。

本章小结

体育活动中有高质量的动作表现，是某一特定时刻各种因素共同作用的产物。高质量动作的核心特征是良好的动态姿势控制。高质量动作要求运动员能同时在几个平面中控制动作，这是由于在体育运动中，功能性动作或实际运动都不只发生在一个平面内。一个在矢状面中正往前移动的运动员，同时也在冠状面和水平面中控制着身体旋转与力量。全身运动是许多动作的结合体，而合理的姿势对运动员兼顾灵活性（所要求的运动范围）与稳定性（在既定的范围内运动）从而施展技能至关重要。

运动发展专家的目标就是要发展运动员在一系列场景中的运动能力，既包括一项运动，也包括多项运动。比如，在诸如足球这种团队项目中，大多数竞技表现下的动作和技术都是以次最大力量和速度执行的，但具有高准确性和目的性。在比赛中，当一个动作的效果无与伦比，并且准确度、速度和力量的使用都臻于完美时，那么就可以说这是一个成功的动作。

大体上，一个运动员在做动作时所承受的力是内部力量（肌肉力量）和外部力量（反作用力、冲击力、空气阻力等）共同作用的结果。这种力的产生贯穿动作开始直到结束的整个过程，是身体各部位共同作用的结果。在一种技能通过动作施展出来的过程中，随着肌肉力量从大肌群被转移到小肌群，来自各个关节的力量被加总。

铁饼运动员在开始做动作时，首先动用髋关节和下肢的大肌群。来自地面的反作用力会通过踝关节、膝关节和髋关节依次往上，传递给身体，如图5.23所示。在身体中心处，运动员通过地面反作用力获得的力量经过髋部传递到脊柱，进而沿着手臂传递给器械（铁饼）。力量由大肌群产生，然后以协调的顺序传递至较小的肌群。

图5.23　地面反作用力依次传递

为了在正确的时刻朝着所需要的方向传递力量，力量传递的次序与时机需要优化，并且需要以一个稳定的支撑面为依托，以便由此产生合力。在运动执行过程中，只有关节有技巧地适时参与，才能产生合力。比如，在节奏感非常好的推铅球动作中，下肢停止加速的同时髋关节开始加速，而在髋关节开始减速的同时肩关节动作跟上，诸如此类。

但高质量的动作不只单纯地与力量产生有关，哪怕是推铅球这种高力量需求的运动，还会涉及运动速度的问题。在人体中，身体末端部位（脚、手、头）的速度是由人体内各关节组成的杠杆系统产生的。身体末端部位的线速度是由相应杠杆（小腿、大腿等）的长度及角速度决定的。各个身体部位相对的角速度是通过相应的肌群（膝伸肌、背屈肌等）产生的，而只有关节处在正确的位置，肌肉力量力臂才会处在最佳的位置。与力量的产生一样，速度通过姿势或动力链的传递（从身体中心到末端的每一个环节）是连续的。所有参与运动的肌群都会在最长时开始收缩（不管所需动作是离心的还是向心的），从而充分利用肌肉快速伸缩的潜能[9]。

因而，在任何一个动作中，都是身体中的几个杠杆系统同时作用才产生了最后的合力，并因此影响运动速度。运动员必须发展一种一致性动作模式，从而让运动表现结果成为多肌群与多关节运动的产物。肌肉必须共同作用来产生一个稳定结构，以通过有效的动作模式产生多平面力量。然而，若强调运动结果而非巩固动作技能（图5.24）可能会让运动员获得一种动作感知能力，可在短期内提升运动表现，但这会限制进一步的水平提高。而一旦这种运动方式或姿势被固化，可能还会导致运动损伤。

下一章将进一步讨论姿势的重要性，为了方便讨论，下一章会引进姿势分析和纠正性练习的概念。在运动员施展动作技能时，这一概念有助于运动员形成正确的力学姿势。

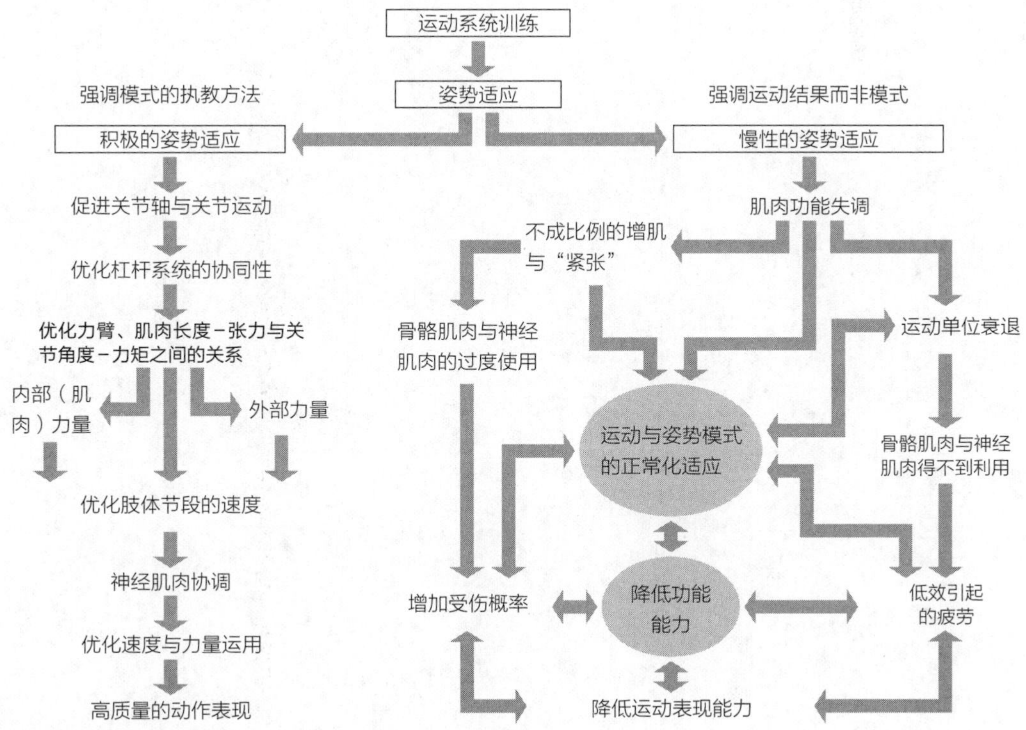

图5.24　积极的姿势适应对有效动作技能发展的重要性

第6章

姿势评估

之前的论述强调的是，提高运动员动作效率的一个主要途径是通过保持有效姿势来产生和控制力量。正如第5章所论述的内容，无论是身体前后（前后链）之间还是左右侧之间的失衡和不对称，都会导致动作效率低下，从而限制运动员可用的动作选项，让运动员无法解决其运动时出现的问题。有可靠的证据表明，在接触性运动中，不正确的动作姿势与随后的损伤有很强的相关性[1]。因此，教练需要评估运动员的姿势受限程度，以了解一名运动员潜在的受限情况，更重要的是要制订干预方案，以纠正所发现的这些缺陷。本章介绍了评估和量化运动员姿势控制能力的基本原则和方法。

在执教过程中，观察分析是识别问题的核心技能。教练需要量化问题（获取一些数据）并记录下来，或了解运动员能否完成一项任务。教练不应该仅仅量化运动员的训练状态，而是应该综合这些数据形成报告和指导方案来使运动员发挥其最大优势。教练可以在一段时间之后再来评估所制订的干预方案的有效性，同时可以重新评估运动员以确定改善的速度。干预的基础是改善人体力学，从而优化运动表现并降低损伤风险。因此，一个重要的目标是确定方案的可行性。

量化并不总是意味着测试后必须得到一个客观、具体的数字。经验表明，这一点在分析姿势方面尤其重要，在分析姿势的过程中，记录和观察与任何评分体系一样重要。当然，一些姿势筛查工具确实能够便于教练运用数据对姿势进行评估，但是这些测试的许多方面是基于主观判断的，也就是说，教练决定了运动员在一些特定的测试中能否达到1分或2分的标准。一些测试允许对动作控制方面进行客观监测（例如，用角度测量法测量关节的活动范围），但是在监测姿势控制方面，不能低估观察的重要性。有经验的教练通常不需要通过评估报告来分析运动员的姿势控制能力，他们能通过观察运动员执行日常动作任务来识别运动员的姿势受限制。

对姿势甚至是特定关节运动进行评分或检测的体系中，有效的方法应该是最适用于运动员的，而不是适用于大多数普通人的。许多研究人员发布了关节正常活动范围的标准，但获得这些数据的方式通常不适用于一些特殊人群。如果考虑一个关节或一系列关节的活动范围，例如将脊柱的正常活动范围（图6.1）与脊柱在跳高运动中的活动范围（图6.2）进行比较，那么正常范围的概念的确受到了挑战。教练的问题应该是“最适合运动员及其在运动中所需达到的活动范围是什么”以及“运动员在整个活动范围内是否有足够的运动控制能力（肌肉激活顺序，力量产生）”。在对一名运动员进行评估时，需要着重考虑这

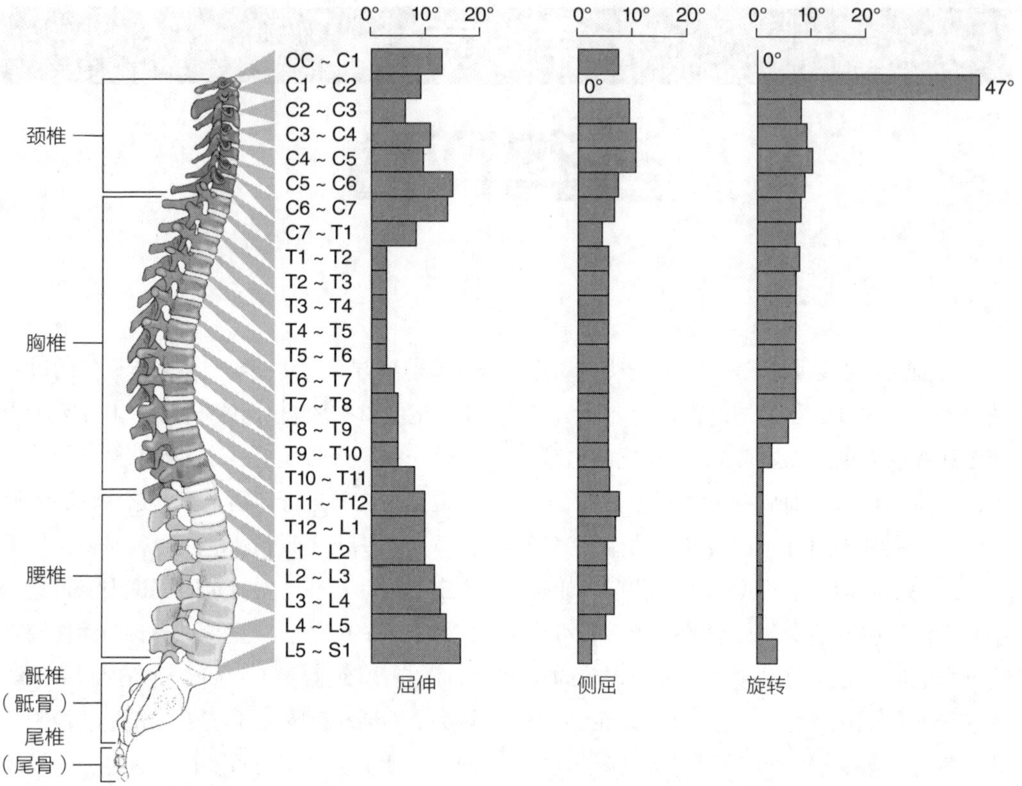

图6.1 脊柱的正常活动范围

些问题，因为在进行全范围活动时，缺乏必需的力量来协助控制，往往是受伤的前兆。

关于姿势的论述揭示了在人体运动链中，身体运动部位与协助运动的神经肌肉结构相互联系的重要性。识别出运动员运动链中低效的环节，可以对低效的环节进行纠正，从而减少运动链中其他环节的代偿。

缺乏动态姿势控制能力导致的腿部受伤可以证明这一观点。在一系列运动中，尤其是在那些基于单一或多次全速冲刺的运动中，运动员会特别关注腘绳肌的紧张和力量薄弱问题。腘绳肌紧张是由于在最后的冲刺阶段，膝伸展活动范围过大（第8章），对腘绳肌造成了大量的离心负荷[2]。如果股四头肌产生的伸膝力量超过了腘绳肌的离心力量，运动就会出现问题。

图6.2 某些运动（例如背越式跳高技巧）所需的脊柱活动范围，远远超过了脊柱的正常活动范围

姿势评估的作用

研究人员已经提出了许多方法可用于评估运动员的功能性动作，每一种方法都包括许多用来评估关节活动和姿势控制各方面能力的测试和筛查，让那些与运动员合作的人能够获得关于运动员动作能力的信息。但已发表的文章对这一系列测试和筛查是否达到了既定目标并未达成一致的结论，尤其是当这些测试和筛查没有考虑到其他因素时，例如没有考虑这项运动对身体的要求、运动员的损伤史、训练年限或背景等。在任何情况下，数据丰富但分析不合理，不是制订一个成功计划的良好基础。

希望将一系列测试纳入计划的教练必须为测试设定一个基本的目标，无论其评估的是运动员的体能、心理还是生活方式。这个目标必须确保收集到有效的、可靠的和可解释的数据，最重要的是可形成监测干预的基础。许多教练和运动学家都能收集到大量和他们合作的运动员的相关数据，但这些数据往往并不能转化成一个行动计划。

所有成功的运动员的发展计划都基于正确的决策，也就是具有良好证据基础的决策。测试与观察的数据应作为制订干预方案的基准数据，以便评测运动员发展水平。持续的监测和适时的复测决定了干预效果的好坏。有常识表明，如果要收集分析数据，那么这些数据应该在影响计划的制订方面存在有意义的作用。但是，常见的做法虽然已经融合了测试（包括动作筛查），但没有让这些数据发挥作用。这种做法浪费了运动员的时间和项目资源。只要能够提供这些测试数据的使用方式、时间及目的，大多数运动员（无论何种水平的运动员）都愿意参与这些测试。

一个有效的测试必须实现测试目的。例如，在基本运动模式中，直线弓步可以显示身体左右两侧的不对称性。该动作的前后分腿姿势（图6.3）形成了一个狭窄的支撑面，在需要灵活性的整个活动范围内（可能更为极端的）来挑战身体的平衡能力。随着两侧臀部的伸展和屈曲，运动员需要保持骨盆稳定，从而使躯干保持直立。

运动员收缩肩胛骨形成一个支架，将一个扫帚杆或木杆横过肩部的后方，置于该支架上（图6.3a）。双手向上握紧木杆，两手间距比肩宽。在运动员双腿中间的地面上贴上一条胶带。运动员双脚分开，前脚的脚跟水平接触地面，后腿膝盖与前脚脚跟尽量接触（图6.3b），后脚脚趾紧贴胶带。运动员应该能在不移动双脚的情况下伸展和屈曲膝关节，同时保持身体平衡（肩部保持水平）和躯干直立。

对于一个运动能力发展教练来说，第一个角色就是动作教练。因此，一个运动员的动作质量应该受到评估。但是，如果运动员在做直线弓步动作时将木杆放在不同的位置[3]（如图6.4所示，将木杆沿着脊柱直立放置），运动产生的结果和随后的观察与分析结果可能是不同的。因为在这种情况下，运动可能会受到肩部和胸椎活动范围的限制，而不是受臀部和下肢活动与控制能力的限制。这个例子是为了证明，如果一次测试或观察是有效的，它必须能够实现其测试目标，而不是受限于一些不对称或功能障碍因素。

同样，这种观察方法应该适用于与教练合作的人群。尽管我们可以认为，这些被设计用来评估功能性动作的测试应该是通用的（适用于所有运动），但针对某些运动人群还是无法实施一些常规测试。例如，一种常用

图6.3　木杆横放在肩后的直线弓步：a.后视图；b.侧视图

图6.4　可表明身体两侧存在潜在不对称的直线弓步：a.后视图；b.侧视图

的静态肩部灵活性测试要求运动员双手在后背上下握紧一根木杆（图6.5），双手之间的最小距离体现了灵活性：距离越小，肩部越灵活。

该测试动作评估了运动员的肩部灵活性，但是缺少对稳定性的测试与评估，从而导致测试存在一定的问题。一个灵活但不稳定的关节往往具有受伤的倾向，特别是在高负荷运动中，例如一些抓举、投掷和拉扯动作。相反，当一名运动员具有稳定性而灵活性不足时，某些平面上的动作可能会受到限制。这一点对所有的运动人群都很重要！有趣的是，在没有木杆的情况下进行这个测试，可以认为测试评估的是运动的控制能力，这种测试的结果与图6.5所示的肩部灵活性测试结果可能会略有不同。

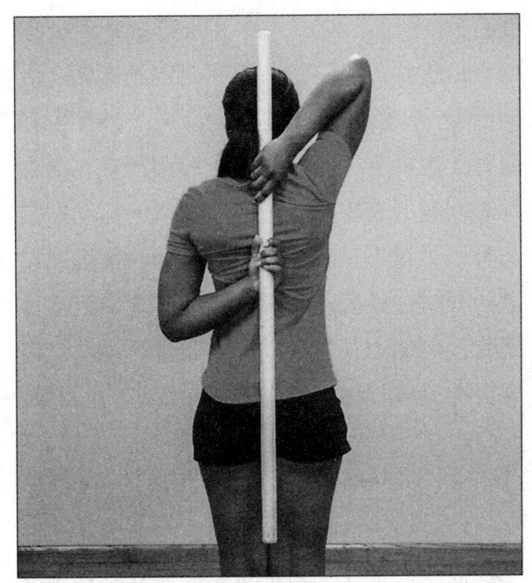

图6.5　静态肩部灵活性测试

例如，在橄榄球和足球这种接触类运动中，运动员需要具有超强的稳定性（力量和控制能力），肩关节周围的大肌群能够保护关节，帮助关节抵抗冲击力（超过15倍体重的冲击力）。对于这些运动员来说，肩关节内旋活动范围超过50度，或者说90~100度的内旋活动范围是不必要的，这些范围内的活动限制因素已经被证明会增加运动员肩部受伤的概率[3]。对于某些肩部可能有问题的运动员，教练需要特别注意这些活动范围，并通过测试运动员的稳定性与灵活性来确定这些活动范围。与之相反的观点是，任何运动员的稳定性（力量与控制能力）和灵活性（活动范围）都须达到适度的平衡，而不只是仅仅取决于专项运动。

姿势评估的主要原则

在考虑测试的有效性时，教练需要确定支撑这一系列测试的原理。了解这些测试内容和目的的教练可以综合运用这些测试，或对其进行改进以满足计划的需求。

运动理疗专家安德鲁·麦克唐纳[4]一贯坚持身体静态姿势分析的重要性，并将其作为所有决策制定过程的基础。根据第5章所述的合理的站姿，教练可以记录对运动员站姿的检查结果（图6.6）[5]。已有记录明确地说明了类似脊柱前凸和驼背等因素会对有效动作力学产生不利影响。

教练应该评估运动员身体左右两侧的对称性。教练可以在运动员站立时，观察其肩部、臀部和膝盖的解剖学主要标记点是否在同一水平线，以此来判断其对称性。而对平衡方面的观察更为复杂，例如，虽然很容易观察一个人的重心是否偏向一侧，但对其双脚之间重量分布（或者是整个脚部的重量分布）的观察可能就不那么容易了。

根据第5章所述的合理的站姿，教练可以记录对运动员站姿的观察结果。这一简单的过程基于动作过程中腰椎前凸程度增加和下肢损伤之间的已知关系[1]。

姿势

肩部： 在两侧肢体上分别标记左和右	1.较大偏差	3.中等偏差	5.正常
胸椎：	1.较大偏差	3.中等偏差	5.正常
腰椎：	1.较大偏差	3.中等偏差	5.正常
下肢： 在两侧肢体上分别标记左和右	1.较大偏差	3.中等偏差	5.正常
脚： 在两侧脚上分别标记左和右	1.较大偏差	3.中等偏差	5.正常

图6.6　站姿检查表

姿势评估照片（图6.7）是评价和记录运动员站姿的常用工具，分别从右、前、左、后四个角度进行拍摄。这些照片永久地记录了运动员的进步或退步，而且通过这些照片，可以很容易地评估运动员体型和站姿的变化。

理想情况下，运动员应该赤脚进行这项评估，这样教练就能更好地了解运动员是否处于自然平衡状态，以及运动员是否将重量均匀地分布在双脚上，或者说运动员是否需要使用（可能是下意识地）大脚趾抓地的方法来保持直立状态。这种代偿方式会挤压内侧足弓，从而导致双脚内翻，这也是本体感受或运动控制能力不足的表现。

评估站立时重量分布是否均匀的一个简单方法是观察运动员抬起大脚趾的能力。运动员在不受阻力站立时，应当可以轻松地将大脚趾抬离地面并进行活动。而僵硬的大脚趾会对跑步和走路造成影响，因此常常与跟腱炎、胫后肌腱炎和外胫夹等一系列下肢病变有关。

由于膝盖只能进行很小范围的旋转（大约15度），任何单腿膝盖的向内（外翻）和向外（内翻）运动，都是下肢两端存在潜在控制问题的表现。膝盖过度的横向运动常常与臀肌力量不足有关，特别是当髋部远离站立的腿时；或者由于运动员的脚踝缺乏本体感受控制能力，这种情况常表现为运动员需要对踝关节做许多调整动作来保持静止姿势。

动态姿势评估

尽管静态姿势评估十分有用，但动态姿势评估一般被认为更加可靠。尤其是在预测损伤方面，相较于静态姿势评估，动态姿势评估综合了大量复杂的可变因素（例如动作中的力量和本体感受等特性）。这些特性是所有动作技巧的基础，而这些特性上的缺陷与动作效率低下、功能障碍和常见的病理性损伤有关。

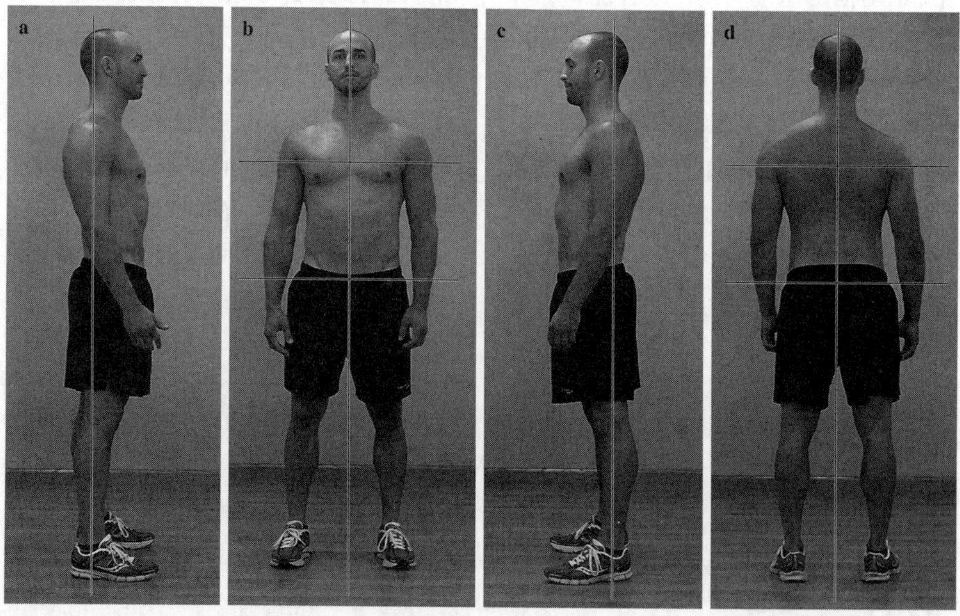

图6.7　姿势评估照片提供了记录运动员站姿的方法：a.右侧；b.前方；c.左侧；d.后方

首先要注意观察的是运动员的步态。配有专业设备的足科医生，可以通过观察走路时的步态来评估足部力学的各个方面，以此来判断运动员在正常行走时是否表现出足内翻或足外翻。

通过观察行走时的步态，不需要任何专业诊断设备就能评估髋部的姿势是否正常。行走过程中，运动员将体重由一条腿转移到另一条腿时，髋部应该保持水平。当出现特伦德伦堡步态（图6.8a）时，在直立行走阶段，一侧外展肌（臀中肌和臀小肌）无力会导致骨盆向另一侧倾斜。为了平衡这种倾斜，在这种步态周期中躯干会向无力的一侧倾斜，以此保持骨盆的水平。当出现髋关节病变步态（图6.8b）时，可以观察到另一种相似的代偿动作。在这种步态中，运动员在支撑腿对侧臀部没有下降的情况下，会将过多的躯干重量转移到支撑腿上。

一个简单的自重下蹲动作（图6.9），可以让教练了解运动员在整个活动范围内动态姿势控制能力的许多信息。第10章将讨论这一重要的力量训练的指导过程，但是对于姿势控制能力的评估，可以从分析功能性动作中获得更多信息。

在整个动作过程中，运动员应当保持自然的腰椎曲度。自然的腰椎曲度应明显表现为：胸部上挺，腰骶和腰胸的连接处不应该出现任何的铰链式连接（图6.9a）。基本上，骨盆控制着腰椎（下背部）的曲度。当骨盆过分向前倾斜时，腰椎曲度会明显增大（图6.9b）。更常见的是骨盆后倾（通常在下蹲时看到），这种状态下，腰椎曲度消失（图6.9c）。

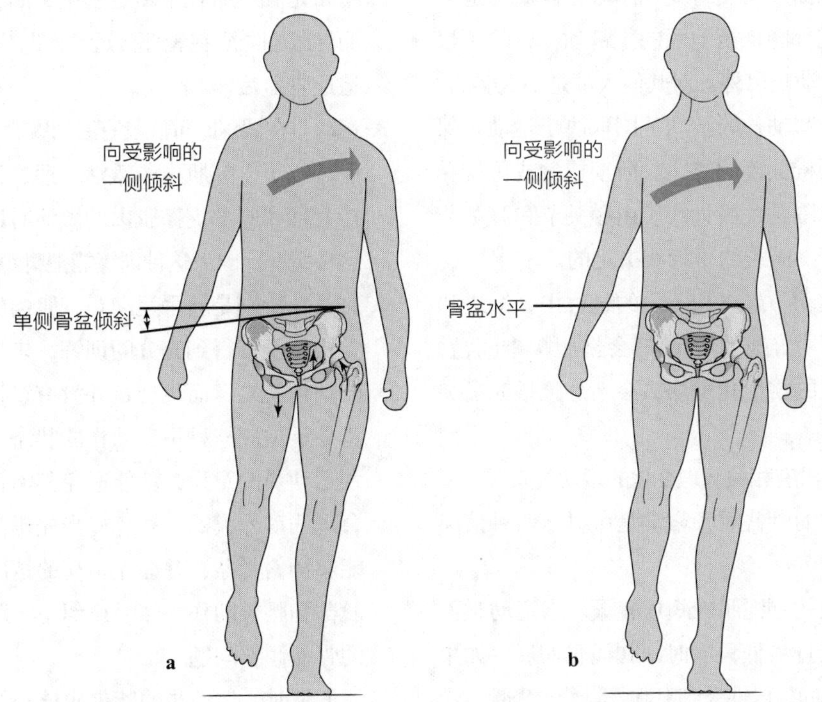

图6.8 两种步态：a. 特伦德伦堡步态；b. 髋关节病变步态。这两种步态是臀部外展肌无力的结果

图6.9　自重下蹲：a.自然的腰椎曲度；b.骨盆前倾的腰椎曲度；c.骨盆后倾的腰椎曲度

在训练中，下蹲的深度十分重要。当髋部降低到膝盖以下之后（第10章将介绍下蹲深度的基本原理），想在下蹲过程中保持理想的腰椎曲度将变得更加困难。因此，通常规定的髋部降低至地面的下蹲动作，除了最灵活的运动员以外，对其他人都是不现实的。因此，下蹲动作的活动范围取决于运动员保持正常腰椎曲度的能力。所期望的或可接受的最小范围是由股骨线（由髋关节和膝关节中心分开）断裂的平行线决定的。

在运动员起立和下蹲的过程中，渐进和重复的骨盆前倾和后倾都会挤压腰椎间盘，由此产生的挤压和剪切力会增加腰椎间盘突出的风险。

对于没有相关病理变化的运动员来说，下蹲过程中的骨盆后倾常常是由以下四种情况造成的。

1. 运动员的腘绳肌较短或较紧。当运动员下蹲到接近最低程度时，腘绳肌伸展，如果腘绳肌的延展性受到限制，附着于坐骨（骨盆）结节的腘绳肌肌腱将会导致骨盆后倾。
2. 如果运动员在开始下蹲时不能保持髋部和膝部协调且同步弯曲，骨盆常常会向前旋转，从而在下蹲的起始阶段就拉长腘绳肌。这常常被错误地认为是一种合理的动作，结果是腘绳肌在下蹲过程中不断伸展，从而导致腘绳肌在髋部接近地面时失去弹性，造成骨盆后倾。
3. 运动员在锻炼时可能没有激活臀肌，或无法保持躯干支撑肌肉的激活。通过训练来保持背部和腹部支撑肌肉的激活有助于避免这种情况，因为这种训练能把脚跟向外推。
4. 有时，特别是新手运动员，肌肉的运动感觉机制没有得到充分的训练，未形成正确的动作模式，而运动员并没有意识到自己正处于适应一种不良动作的状态。只要增强运动员的意识，就能避免其习得一种不合理的动作模式。教练应当先确保运动员能够倾斜骨盆，并在无负荷的情况下区分髋部和腰椎动作，然后再纠正下蹲时出现的骨盆倾斜问题。

下蹲时，运动员的膝盖应该与第二趾对齐。下蹲过程中常见的错误是：运动员双膝向内，形成外翻姿态。这种错误会增大膝盖向内挤压和韧带损伤的风险。膝盖向内运动可能是髋部外展肌无力的表现。同时，运动员可能让压力分布在脚（脚背）的内侧，而不是用整只脚来分担压力。如果这是运动控制方面的问题，那么解决问题的方案包括积极主动地鼓励运动员在下蹲时向外打开膝盖，以及加强向外拉扯脚跟的动作练习（增强臀肌功能会促使髋部外旋）。本章后面的内容中会介绍具体的增强臀肌力量的训练方法。

运动员下蹲至底部时，重量应朝向脚跟分布，以使脚保持平放在地面上。随着运动员下蹲，重量由脚部中段移向脚跟。双脚的位置与重量分布之间的关系十分重要。如果运动员的重心保持在足部的中点上方（躯干直立的状态下），那么在脚上的重量分布是正确的。但如果在下蹲过程中或在底部，躯干由于过度屈髋而向前倾斜，重量将会被分配到脚尖。这种前倾常常会导致运动员在下蹲时脚跟离开地面（躯干前倾导致脚跟抬起）。

了解运动员的骨骼结构是分析下蹲动作的前提。请记住，了解运动员在关键动作中的表现，以及制订并实施纠正和强化训练计划，才是动作分析和评估的真正目的。

虽然重点分析的是髋关节、膝关节和脚踝在矢状面上的动作，但在下蹲动作中，水平面上髋关节的运动也很重要。利用髋关节的外侧旋转肌（梨状肌、上孖肌、闭孔内肌、下孖肌、股方肌、闭孔外肌和臀大肌），运动员可以旋转股骨，使髋部向前微微移动，让重心移回支撑面，从而可以保持稳定平衡的姿势。这个动作也可以使运动员在下蹲时将脚跟向外侧推，有益于纠正运动员在下蹲过程中表现出的膝外翻现象。

利用评分系统（如下蹲动作的评分系统）来实现两个目的。首先，检查表（图6.10）为教练提供了一系列的技术要点，以指导观察该动作的过程。教练在观察动作过程中，评分系统显得尤为重要。滑动检查表能让教练记录动作中出现的错误，为有效的纠正性干预提供了基础，长期的记录还可以显示技术的进步。使用这种方法也可以确定已知动作中可能存在的问题的严重程度。例如，如果运动员在下蹲时表现出轻微的骨盆前倾，那么滑动检查表上的标记会更接近中线；而如果运动员有明显的骨盆前倾，滑动检查表上的标记将更接近左端。

观察技术变量和各个标记之间的相互关系是很重要的。例如，如果运动员是通过骨盆前倾或者躯干前倾来使髋部向下移动的，那么这个问题应该与滑动检查表上记录的信息进行相互参考才能加以确认。教练应一直观察运动员的动作，直到运动员无法保持骨盆中立的姿势（正常的腰椎曲度），然后在这种情况下记录下蹲深度。

有人批评这样的检查表所记录的信息不够客观。实际上，即使是动态姿势评估，记录数值也常常依赖于教练对动作进行定性评估的能力。这一做法无疑也具有主观性，而且没有提供任何有关观测结果的永久记录。有些动态姿势评估使用一种滑动检查表，给出大问题或偏差大、小问题或偏差小，以及正常或无偏差3个选项。这种检查表使教练能够记录他所观察到的动作功能障碍的严重程度。例如，研究发现，网球运动员的惯用持拍手可达到平均43.8度的内旋和89.1度的外旋，而非惯用手为60.8度的内旋和81.2度的外旋[6]，这是比赛和练习的结果。在其他运动（如棒球）中也发现了类似的不对称模式[7]。优秀的橄榄球运动员的内旋活动范围受限（小于60度）与肩部损伤的风险增大

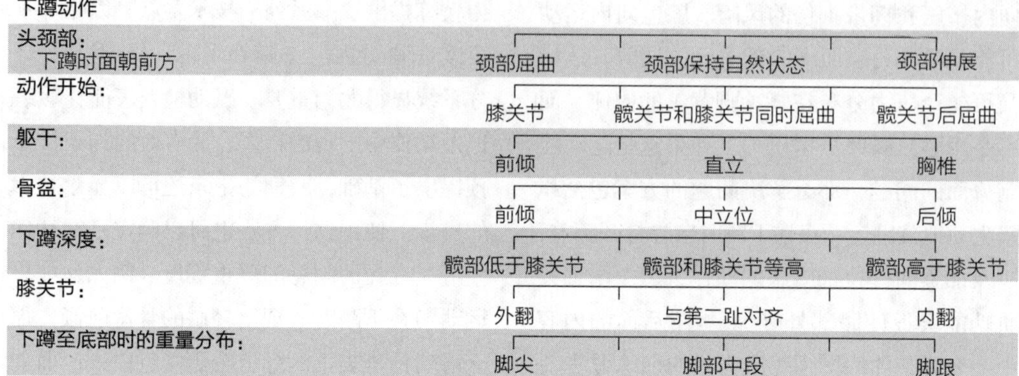

图6.10　下蹲动作检查表

有关，因为这种受限减弱了内旋活动中的离心力[4]。

对动作功能障碍的每个症状进行确定性分析的评分系统（例如对下蹲动作的评分系统）优于在一系列测试中对一项练习仅用一个数值来评价的评分系统。例如，如果直线弓步动作要得满5分，库克[3]提出了以下必须满足的5个条件。

- 脚必须始终接触贴在地面上的胶带。
- 前脚的脚跟必须和地面保持接触。
- 后膝直接接触前膝后面的地面。
- 髋部和胸椎不会向前弯曲。
- 保持平衡（木杆没有倾斜）。

任何一个条件不满足都会丢失一分。但是请注意，为了使这种评分方法有益于完善训练方案，它必须有相应的观察记录，以显示得分的依据。例如，运动员在前脚脚跟离开地面时失去平衡，脚离开胶带，并且极有可能导致木杆倾斜，所以得分为2分。如果只记录了分数，但没有记录观察过程，这种评分会促使教练对运动员实施平衡性和下肢灵活性的干预训练。如果在随后的复测中，运动员的前脚脚跟随着躯干前屈和重心前移离开地面，复测得分可能为3分。随着时间的推移，得分看起来有所提高，动作功能障碍的症状也是相似的，但是不同时期成因大有不同。得分的提高可以显示运动员各方面运动发展的进展，但这并不一定表明运动员的肌肉控制能力得到提升。

教练常常意识不到，做这个姿势时，运动员前脚脚跟离开地面的另一个原因是脚踝的灵活性不足，这可通过有针对性的后续测试来检查。这种情况也是使用通用评估工具的另一个原因。教练经常强调需要通过更具体的测试来对有姿势缺陷的部位进行深入的观察分析，这些测试可以量化、排除特定因素，或决定是否需要特定的干预措施。例如，通过一个简单的后续测试可以识别运动员直线弓步中身体失衡的原因是不是脚踝的灵活性不足。如果运动员把一只脚放在跳箱（20到40厘米高）上，膝盖可以前推至脚趾的前方，同时保持脚跟与跳箱表面接触，如图6.11所示，那么脚踝的灵活性便不是干预的重点。

但是，如果运动员在完成这个动作时不能保持脚跟接触跳箱表面，脚踝的灵活性便不能作为一个特定因素被排除，通常需要进一步的测试加以检查。检查踝关节灵活性的

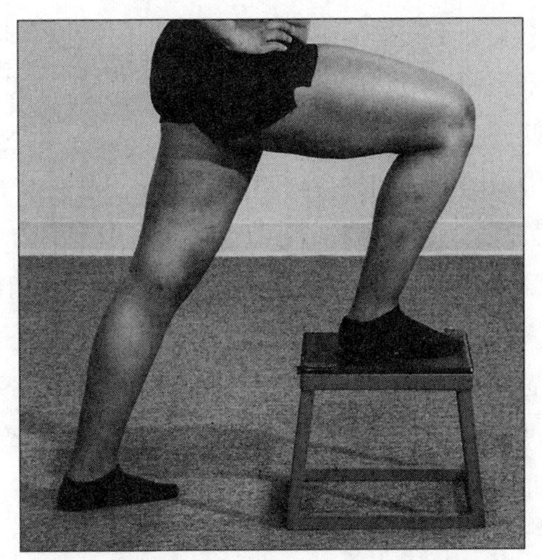

图6.11　脚踝的灵活性测试：运动员将脚放在跳箱（本书用跳凳进行动作示范，后同）上，将膝盖前推并超过脚趾。如果膝盖移动到脚趾前方的同时能保持重心在脚跟处，那么运动员的脚踝的灵活性通常不会限制下蹲动作

一个简单方法是膝盖与墙的距离测试。

作为对运动员的常规测试，膝盖与墙的距离测试（图6.12）是非常方便、快捷的。在地面上放置一把尺子或一根测量棒，0刻度紧贴墙壁，运动员站在地面上保持水平，前脚脚跟接触地面，前膝与墙壁接触，保持髋部与后膝对齐，膝盖对准第二趾。运动员逐渐向后滑动前脚，直到不能同时保持脚跟接触地面和膝盖接触墙壁。此时，记录大脚趾与墙的距离。测试结果表明，正常距离为6到10厘米，但测试结果并不支持这个距离是对运动员的基础要求。比距离更重要的可能是左脚和右脚的对称性。

单腿下蹲（图6.13）是自重下蹲后的一项有效的练习，因为它显示了自重下蹲动作中单侧下肢的力量。观察点与自重下蹲的观察点相似。支撑面较窄且偏离了运动员的重心，增大了运动员下蹲过程中保持髋部水平的难度。

在单腿下蹲期间，运动员应保持髋部、膝

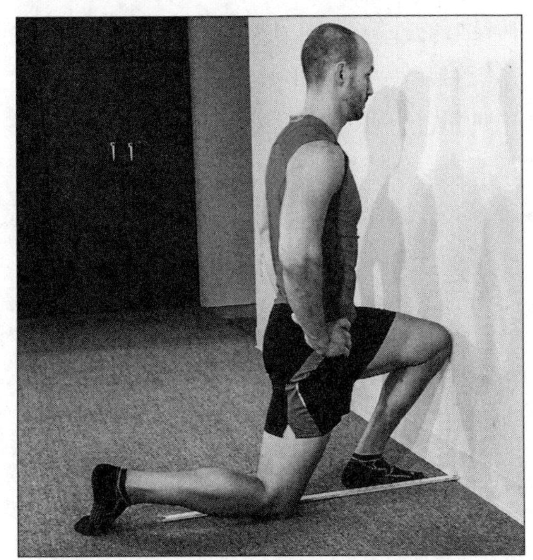

图6.12　膝盖与墙的距离测试

图6.13　单腿下蹲

盖和第二趾对齐，以及脊柱直立，并且不应该出现骨盆前倾和腰椎伸展的状况。支撑脚应该保持平衡，在运动过程中不应当过度内旋或外翻。

动作应该是流畅的，运动员必须全程保

持良好的控制能力。偏心力会引起整个重量系统的旋转。这种偏心力需要通过髋部的臀中肌和臀小肌，以及腹外斜肌的力量来加以抵消，以保持髋部和骨盆水平，膝盖与第二趾对齐。同样，肩部应该保持水平。肩部在水平面上的旋转（图6.14a）是躯干旋转的表现，运动员会利用这个动作来应对髋部或下肢旋转，同时保持身体的平衡。如果运动员试图通过下肢旋转来保持平衡，那么就可能出现膝外翻动作。

教练应该检查运动员的髋部与膝盖是否对齐；髋部和肩部应该保持水平，并且在水平面上没有旋转。当运动员不能一直保持正确的肢体位置或动作时，教练应该记录此时下蹲的深度，并注意对代偿动作的观察。股骨线可用于记录下蹲深度，如果直立时是0度，那么60度、90度、120度或更大的角度为深度评估提供了合理的标识。

同样有趣的是运动员在这个动作中采取的保持平衡的策略。由于单脚支撑，支撑面窄且偏离重心，所以运动员较难维持平衡。为了保持平衡，运动员必须移动身体来保持重心处于支撑面的上方。支撑腿的膝盖运动来完成这个动作会导致脚踝过度背屈，同时使膝盖前移到脚趾前方（图6.14b）。最终，脚踝的灵活性将会限制这个动作，不是因为脚踝的屈曲不够，而是因为运动员所采取的策略有问题。同样，运动员通过臀部的后移来完成膝盖倾斜动作，将使重心迅速后移到支撑面后。然后，躯干必须向前倾，或者通过更大幅度的髋部弯曲或肩部旋转和胸椎弯曲以保持平衡。这些代偿措施在正常的下蹲动作中都是常见的保持平衡的策略。

记录下运动员动作代偿模式的主要功能之一是为了制订指导策略。通常，动力链的生理局限性不会限制动作，而是运动员不了解如何完成动作。在我任职的上一个职业橄榄球联盟俱乐部中，我对35名一流职业选手进行了评估，结果发现，只有两名运动员的髋部的确存在生理局限性（不能弯曲），只有一名运动员的肩部存在生理局限性。优秀的教练了解这些生理局限性的表现特征，并能够采取特殊的动作发展策略来指导运动员完成更适合的动作序列。这种有依据的观察

图6.14　单腿下蹲中常见的错误：a. 肩部在水平面上旋转；b. 躯干中部控制不良以及与之相关的下肢对线不良

记录不仅可用于识别生理局限性或代偿模式，而且可以用于制订教学策略。如果一种评估工具仅能确定一个数值，例如动作深度，那么这种工具便不具有实用性。

如同第9章将强调的一点，运动员在着地动作中保持髋部、膝盖和第二趾对齐的能力是十分重要的，特别是当制动动作或变向动作是运动表现的核心成分时。因此，从简单的动作（例如从一个跳箱上跳下）来观察双脚或单脚的着地动作，教练可以得到运动员在做这些动作时与稳健性（避免损伤）相关的重要信息。

运动员从20到40厘米高的跳箱上跳下来或走下来，教练可以从中观察运动员的着地动作。运动员从一个平稳的跳箱上跳下（图6.15a），主动跳跃增加了重心的垂直位移，从而增大了着地时的地面反作用力。运动员应该试图以平足方式（信用卡原则）着地，这种着地方式最为稳定和平缓（图6.15b）。教练应要求运动员保持躯干直立，落地稳定，髋部水平（两侧都没有倾斜）。髋部、膝盖和脚踝对齐十分重要，膝盖和髋部不应该下沉或吸收外力。教练应该指导运动员以一个坚实且稳定的姿势完成着地，该姿势在运动员着地后不应发生改变。

作为一个教学要点，为了利于平足着地，应鼓励运动员将前腿的脚趾抬向膝盖，以便运动员向前迈步时脚踝处于背屈状态。

在运动员能够稳定控制双脚着地的姿势之后，可以考虑单脚着地（图6.16），缩小支撑面以使这个动作比双脚着地更加困难。应仔细考虑运动员跳落的高度，根据运动员的能力，减小50%的高度，或在第一次跳落时将高度减小10到20厘米，这种高度对于完成这个动作较为合理。窄小的支撑面也使在水平面上控制髋部保持水平变得更加困难，因此，这个动作常常能显示出臀中肌或臀小肌的薄弱，即膝关节出现内翻或外翻动作。

图6.15　双脚着地：a. 起始姿势；b. 平足着地

图6.16 单脚着地

这种评估对处于生长高峰期或刚过生长高峰期的女性运动员尤为重要，因为通常Q角增大可能会增加着地时膝盖内侧的应力。这种身体结构上的改变也会使女性运动员存在腘绳肌和股四头肌激活不同步的可能性，使膝盖在高速或高负荷活动中变得不稳定。

为了更全面地分析运动员完成动作的能力，筛查动作应包含高度动态活动，这些活动在生物力学方面的需求是地面练习（总有一只脚与地面接触的练习）不能满足的。动态筛查能测试一系列运动素质，这些素质将影响力量、技能执行和受伤倾向。高度动态活动显著增加了这种类型筛查的有效性，相较于慢速或静态的筛查方法。

作为一项强化下肢肌肉爆发力的练习，重复团身跳已经被提出作为一项定性测试，可用于评估运动员在跳跃和着地中的神经肌肉技术[8]。运动员以直立姿势开始，双脚间距与髋同宽，以产生最理想的垂直力。跳跃动作是在达到最大跳跃高度之前，以快速的反向动作（髋、膝和踝屈曲，手臂在身后伸展；图6.17a）开始的。运动员跳起时，尽可能向身体前方抬高手臂，同时将膝盖尽力带

图6.17 重复团身跳：a.反向动作；b.跳起和团身

到最高处（图6.17b）。这种跳跃旨在让大腿与地面平行，从而让重心达到所能达到的最高高度。图6.18是评估重复团身跳的检查表。

运动员以平足方式着地，膝盖与第二趾对齐。着地时重量分布在脚部中段。运动员在着地后立即开始下一次团身跳，最多跳10次。应该沿着垂直方向跳跃，水平方向移动的距离应该为零（或很小）。如果运动员在某一时刻无法控制着地姿势，教练应当要求运动员停止这项跳跃动作。

使用障碍物，例如供运动员向前或横向跳跃的栏架，这会给运动员的起跳、随后的着地控制带来额外的挑战。可以使用一个40厘米高的栏架，要求运动员在完成具有水平和垂直力量的跳跃之后控制着地姿势。运动员必须从一定的距离外双脚（图6.19）或单

重复团身跳

着地时膝盖的状态：	外翻	正常	内翻
双脚着地的顺序：	左脚先着地	同时着地	右脚先着地
双脚着地的速度：	太快	理想状态	太慢
双脚着地的状况：	脚尖着地	主动平足着地	脚跟着地
着地时双脚的间距：	狭窄	与髋同宽	宽大
着地时双脚的位置：	左脚向前	齐平	右脚向前
跃起时大腿的高度：	左腿更高	齐平	右腿更高
最高处大腿的状况：	没有达到水平	与地面平行	超越水平面
手臂动作：	左臂抬起得更高、更快	齐平	右臂抬起得更高、更快
手臂轨迹：	活动范围过小	达到最大的活动范围	活动范围过大
运动耐力： 跳跃10次	质量下降	质量稳定	质量提高

图6.18　重复团身跳的检查表

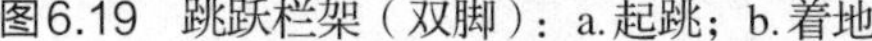

图6.19　跳跃栏架（双脚）：a.起跳；b.着地

脚（图6.20）跳过栏架，并以一种平衡和可控的方式着地。

起跳的距离需要与栏架高度和运动员的能力相匹配。观察的主要对象不是跳跃的高度和距离，而是运动员的跳跃方式，尤其是着地姿势。使用栏架有助于保持所需跳跃高度的一致性。观察者可以基于有相似跳跃、腾空和着地要求的重复动作得出结论。第9章将介绍这种跳跃运动的进阶。

相比于改变起跳时用脚的数量，从双脚着地到单脚着地产生的变化，更能有效地显示运动员存在的控制问题。

为了确保在单脚起跳期间能发挥足够的爆发力，一种方法是运动员应该用起跳脚起跳，以便产生足够的力量传递到大腿，使其在跳至最高处时与地面平行；另一种方法是调整栏架的高度，以确保运动员能够完成该动作。

在大多数需要运动员移动脚的运动中，运动员需要在矢状面和水平面上完成一系列动作。由于在着地和转向动作中发现了姿势对齐的问题，所以任何侧重于增强运动员力学控制的分析，都应该对运动员跳跃中的起跳和着地进行测试，分析的侧重点分别是控制垂直、前后和内外侧力量的能力。对栏架跳跃动作稍做修改，可以这样做：将跳跃的方向由垂直向前变为垂直跳向一侧。此时运动是横向的，而不是在矢状面上的。运动员将面临进阶挑战：运动员被要求跳过栏架并且平稳着地，而这次跳跃是横向的（图6.21和图6.22）。

教练应该在运动员起跳和着地期间观察其髋、膝和踝是否对齐。运动员应该对动作有良好的控制能力，不应该过度使用手臂和躯干来控制旋转和协助着地。建议教练采用循序渐进的方法来分析运动员控制横向着地姿势的能力。如让运动员从双脚起跳变为单脚起跳，然后双脚着地，在运动员展示单脚起跳、双脚着地（图6.22b）的能力之后，训练动作进一步变为单脚起跳、单脚着地（图6.22c）。

图6.20　跳跃栏架（单脚）：a.起跳；b.着地

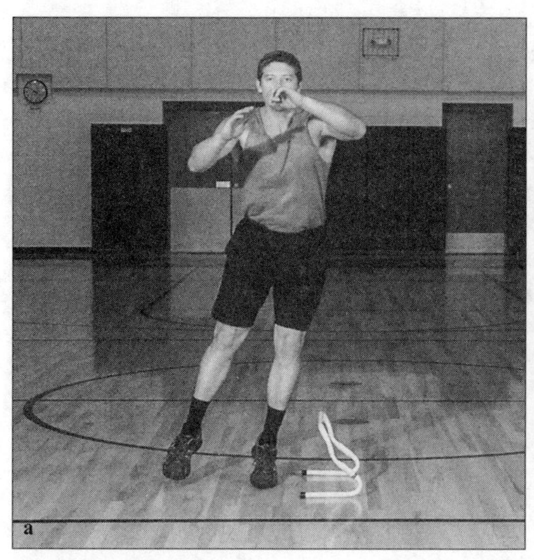

图6.21 横向跳跃栏架（双脚）：a.起跳；b.着地

图6.22 横向跳跃栏架（单脚）：a.起跳；b.双脚着地；c.单脚着地

三连跳距离（THD）测试（图6.23）作为一个先进的分析工具，它将运动员进行的三次单脚跳（尽量达到距离最远）按顺序连接起来，而不是将其拆分为单一的动作，这种测试能够可靠、有效地评估下肢肌肉的力量、爆发力和平衡能力[9]，特别是对测试方式进行修改，即要求运动员在THD测试中最后一次着地时保持平衡，并记录其达到稳定所需的时间（以秒为单位）。相对于静态测试，这种修改后的测试可以更可靠地反映平衡能力上的缺陷。因此，在检查姿势控制和平衡能力不足时，THD测试更加实用。

该测试简单易行。运动员单腿立于起始线上，完成三次单脚跳（用同一只脚起跳和着地），每次尽可能达到最远的距离。以厘米为单位记录跳跃的距离，在第三次着地之后，

图6.23 三连跳距离（THD）测试

以秒为单位记录运动员达到稳定的平衡姿势所需要的时间（1秒达到稳定的平衡姿态要好于3秒才达到稳定的平衡姿态）。教练可以使用表6.1来记录结果。

除了对距离进行定量评估外，教练还必须观察运动员在测试中的动作质量。例如，着地时膝盖弯曲程度较小、外翻程度较大的倾向，将增加前交叉韧带（ACL）上的负荷并且可能导致该结构损伤。如有可能，应该使用视频分析方法来记录和评估动作质量。着地时膝盖的弯曲和内扣（外翻）程度应该被分为正常、轻度、中度和重度4个等级。如果运动学分析法可用，可以定量测量角度、距离或偏差，以便进行更详细的分析，以及测量干预后的改善程度。

表6.1 三连跳距离测试的评估结果

测试项目	距离/厘米	达到稳定的平衡姿态所需要的时间/秒	观察到的膝盖内扣（外翻）程度（正常、轻度、中度、重度）	观察到的膝盖弯曲程度（正常、轻度、中度、重度）
左脚三连跳距离测试				
右脚三连跳距离测试				

源自：C. Brewer, 2017, *Athletic movement skills* (Champaign, IL: Human Kinetics).

本章描述的大多数动作观察分析任务都基于对整个运动链的分析，并考虑到多个关节，因为大多数动作技能是基于地面的，并且依赖于运动员控制姿势的能力。但是，肩关节是一个值得详细研究的特殊的复合关节。肩关节由胸锁关节、肩锁关节和盂肱关节。肩关节在上肢运动中十分重要。事实上，许多动作都需要使用肩关节，例如接触性运动中的碰撞，以及投掷和击打等动作，这些动作在运动中往往具有高重复、高速和大力量的特性。如果运动员从事涉及此类动作的体育运动，教练应该考虑对运动员复杂的身体结构进行功能性评估，这种评估也是运动员分析的一部分。

本章提供了一些简单、快捷并且有效的方法来筛查可能影响运动员潜能的姿势和动作方面的障碍，但这些方法不是全部。例如，有一种普遍的观点认为，筛查方案应该包括肩关节、躯干力量和躯干耐力方面的测试[10]。更重要的是，筛查结果提供了可靠的信息，可以作为对需要改善的部位进行结构性训练干预的依据。

确定运动员需要改善的部位

许多需要改善的部位，可以通过后面章节中所讨论的关于动作和力量发展进程来加以确定。提高表现水平的渐进式训练，本质上与问题纠正的训练相似，不同之处在于，从初级至高级阶段，运动员所处的位置有所不同。

本章介绍了两个领域的纠正练习，通常与运动员在各种运动中执行动作技能有关。这些领域涉及髋部（如臀肌未激活）、足部和脚踝。纠正练习可以用来解决这些部位的功能障碍，还可以被随意地添加到任何训练项目中，或在任何训练环境中施行。

在研究这些练习时，教练应学习运动处方和运动监督的概念，以加强对练习目标的理解，包括何时使用这些练习方法，以及这些练习有益的原因。进行这些练习时必须坚持一个明确的原则：由于运动员在不纠正动作模式的情况下可能会增加动作代偿，因此在监督运动员进行纠正练习时，不能容忍其出现不正确的姿势或动作顺序。

关节位置决定功能，正确的动作发展了神经肌肉系统。运动员需要体会动作过程，通过使用感觉与运动神经来建立所谓的执行动作所需的肌肉记忆。尽管感受动作过程看似和做这些练习一样简单，但二者在概念上是不同的。在任何时刻都需要高质量的动作，这是运动员和教练都应该认可的理念。在本书的许多章节中都可以找到证明这一理念的例子。

臀肌的激活

在大多数体育运动中，动力是由髋关节的强力伸展而产生的，伸展时骨盆应保持中立位，并且腰椎应保持正常的曲度。这个动作需要激活臀大肌，同时需要臀中肌和臀小肌协同发力。经常被忘记的是，许多运动及训练中动作都发生在矢状面。虽然许多全身运动中动作也发生在水平面上，但是这通常不会出现在训练情景中。这会导致训练中臀肌激活不足，也会导致运动动力不足，以及过度使用其他肌群（如股四头肌、腰方肌和阔筋膜张肌等），发生动作代偿。

蚌式开合练习

一些教练试图通过解决肌肉激活问题来纠正观察到的动作模式问题。蚌式开合练习是一种常规练习。进行蚌式开合练习时，运动员需侧卧，膝盖屈曲大约90度，髋部屈曲大约130度，脚踝、膝盖保持并拢（图6.24a）。从这个姿势开始，运动员通过直接控制臀部外旋肌（臀中肌），缓慢地抬起（图6.24b）再降低一侧膝盖。练习中应指导运动员感受肌肉的活动。

这一基本动作可以通过增加外部阻力来进阶。例如，在髋部的外展动作中使用弹力带，或通过伸直腿来加长抬高腿的阻力臂。这种改进使这项练习转变为一种侧卧髋外展练习（图6.25）。在这项练习中，运动员以侧卧位为起始位，保持膝伸展、踝背屈。运动员将一侧伸直的腿尽量抬高。

促进运动员做正确动作的方法是指导运动员用脚跟引导动作，或者告知运动员“想象你正试图通过把脚抬高来‘把水从脚尖倒出来’”。这一动作需要确保在抬高脚时没有借助股骨外旋来增加髋部的活动范围。股骨外旋这一简单的代偿动作，将整个动作由髋部外展变为髋部旋转。由于位于下侧的脚没有被固定（与地面保持接触）或受阻，所以

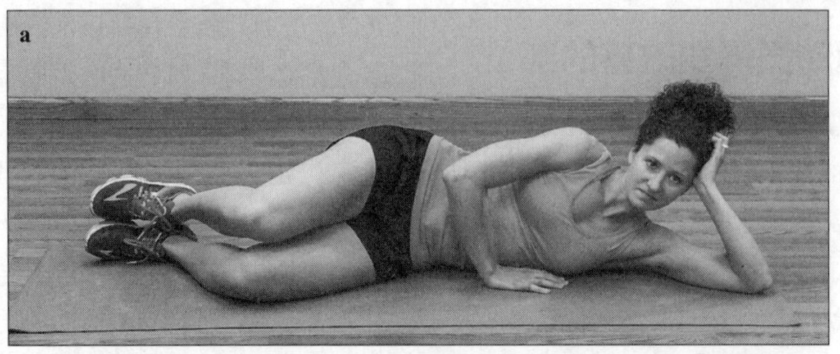

图6.24　蚌式开合练习：a.起始姿势；b.一侧膝盖抬高

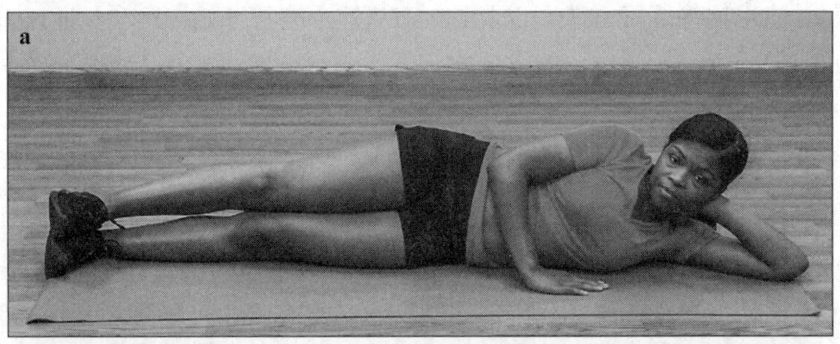

图6.25　侧卧髋外展练习：a.起始姿势；b.一侧腿抬高

肌肉募集模式从由臀中肌和臀小肌引导，变为由梨状肌、股方肌、闭孔内/外肌和上/下孖肌控制。

蟹行练习

蚌式开合练习和侧卧髋外展练习是常见的纠正练习。但是有许多教练质疑通过卧式练习来激活肌肉的方式，他们倾向于使用一种能发展出同样激活模式的动作。这个问题涉及在两种不同的练习方式下所呈现出的功能性或训练效果的转化。第10章将对此进行论述。

可以将同样的关节运动和定位的原则应用于基于地面的练习中，例如大家熟悉的蟹行练习（图6.26）。在蟹行练习中通常会使用一条弹力带，这种方法是很有效的，因为可以很容易地增加阻力（使用张力更大的弹力带），而且阻力会使运动员必须尽力完成动作。随着动作幅度的增大，运动员需要更大的力量来克服阻力。运动员的任务是体会动作和肌肉的活动。

蟹行练习通常在冠状面内进行。运动员双脚站立，膝关节微屈，并准备向一侧移动，弹力带套在运动员的脚踝处。一个常见的指导要求是"用脚踝引导动作"。膝关节和髋关节微屈（图6.26a）增加了运动员的稳定性和使臀肌激活。在此姿势下，运动员将一条腿外展，向一侧移动（图6.26b）。这一动作要求运动员的臀中肌和臀小肌发力，将一侧髋部外展。随后运动员将另一侧髋部内收，以完成这一循环动作。

虽然蟹行练习可以刺激运动员更好地募集肌肉进行运动，但关于这个练习是否代表了正确的动作模式，仍有争论。动作方向和效率受到牛顿运动定律的影响。在进行侧向运动时，向左跨步并不是由左脚的侧移引起的：如果是由左脚侧移引起的，就会发生减速。首先，没有侧向的推力将重心移动到目标位置。其次，运动员向左移动，有效扩大了支撑面，增加了稳定性，但是稳定性与运动员身体系统的动作能力成反比。

因此，为了向左侧移动，运动员的右脚

图6.26　蟹行练习：a. 起始姿势；b. 向一侧移动

向地面施加推力，则地面产生的力使重心左移。运动员右脚的内侧与地面保持接触，并向地面施加推力。当身体开始侧向移动，运动员将左腿向外推，用脚踝引导动作，使左侧股骨在髋部内收。由于右脚有力的侧向动作克服了惯性，从而使动力转移到左腿。用这种方式进行蟹行练习效果很好，而为了在臀肌激活方面获得更大的效益，则需要增大腿部的弹性阻力。对在臀肌激活方面需要纠正的运动员来说，实施这个练习的前一个版本（左脚引导身体向左侧移动），可能会是一个实用的方法。而随着神经肌肉的募集变得更加有效，运动员也能够更有效地学习如何募集肌肉，动作会变得更加有力和有效（推动右脚引导身体左移）。

蟹行练习也可以发展为包含矢状面上的动作（图6.27）。运动员身体前移时，将腿向侧前方移动。脚趾指向前方或稍向内，以保证练习的重点是髋外展。否则，这个动作将会阻碍髋部屈曲，并可能造成髋部外旋。事实上，在短跑运动中，臀中肌和臀小肌的主要功能是保持髋部的位置，因为其控制着摆动（参见第8章）中骨盆的旋转（没有支撑的）。

臀桥练习

大量的练习可用于增强臀大肌的伸髋功能，如臀桥练习。

运动员仰卧，双脚分开与髋同宽，膝屈曲至约90度（图6.28a）。这个练习最简单的方式是运动员将手臂放在地上，通过增加与地面的接触面积来提高稳定性，也可以将手臂抬离地面来增加训练难度。运动员绷紧躯干肌肉，收缩臀肌，以使髋部抬离地面，并用脚跟发力将骨盆侧推（横向）。由于脚部固定，这种侧推将激活臀中肌，使其作为维持骨盆横向稳定性的协同肌肉。当肩、髋和膝形成一条直线时，便停止抬升动作，稳定地保持姿势10到15秒（图6.28b），然后还原到起始位置，并重复该动作。

在这个动作中，若运动员感觉到腘绳肌或腰部疼痛或剧烈不适，通常是因为没有使

图6.27　蟹行练习（包含矢状面上的动作）：a.起始姿势；b.向侧前方跨一步

图6.28　臀桥练习：a. 起始状态；b. 髋部抬升至肩、髋、膝呈一条直线

用臀肌来促进髋部伸展。在动作开始时，动作和语言提示是非常重要的。如果运动员只注重结果，也就是抬高髋部，通常会导致腰椎的过度伸展，而这和训练目标完全不同。练习中教练需要指导运动员收缩臀肌来开始动作。

许多人试图通过增加外部阻力来改进这个练习，比如在髋部放置重物（杠铃片）。增加重量意味着增大该动作对髋伸肌力量的需求，但这也是唯一能提供的额外效果。一种更有效的改进方式是将该动作变为单腿臀桥练习（图6.29）。这个练习与双腿臀桥练习相似，运动员进行这项练习时，既可以将手臂放在地上，也可以抬至空中，这取决于运动员的能力。这项练习在改善运动控制能力方面的效果较为理想。首先，由于举起同样的身体重量现在必须由一条腿来完成，所以负荷实际上翻了一倍。更重要的是，由于支撑面缩小，并且重心偏离了中心，运动员需要调用臀中肌、臀小肌，以及支撑躯干的肌肉，以使骨盆两侧在伸髋时保持水平。如果不这样做，就会导致非支撑侧的髋部在伸髋时下落。

教练可以通过改变非支撑腿的髋和膝的弯曲程度来改变单腿臀桥练习的难易程度。与较长的杠杆臂（一条伸直的非支撑腿）相比，相对于支点较短的杠杆臂（一条弯曲的非支撑腿），移动时需要的力量更少。

跳箱踏上练习

遵循转化练习的原则，臀桥练习的益处可以通过单腿动作转化到直立动作中，例如单腿跳箱踏上练习（图6.30）和单腿下蹲练习。

完成跳箱踏上练习的关键是选择高度合

图6.29　单腿臀桥练习

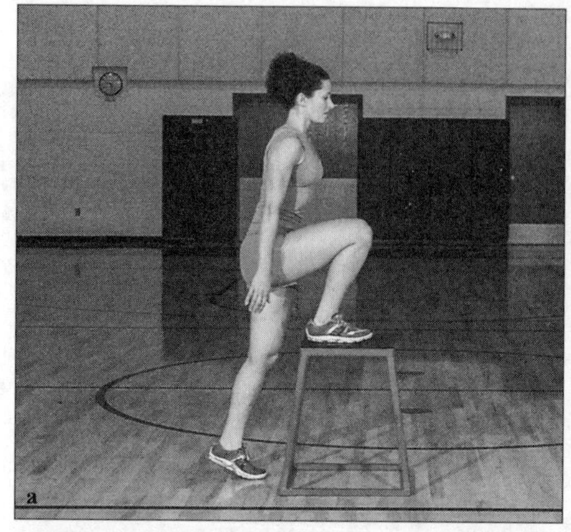

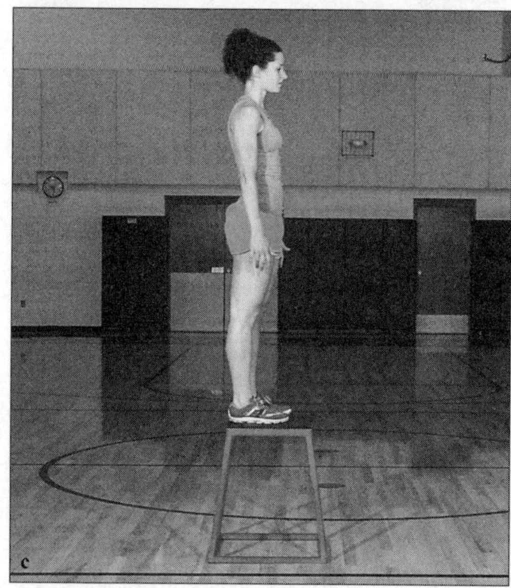
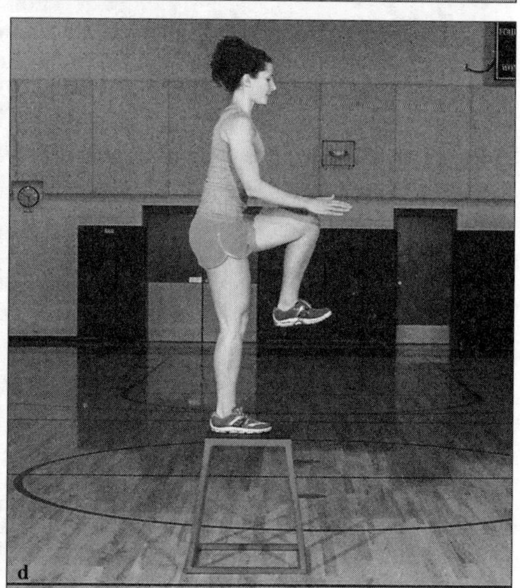

图6.30　跳箱踏上练习：a.起始姿势；b.上箱；c.双脚踏上；d.单腿站立，后腿抬至身体前方

适的跳箱。为了保证臀大肌成为主要的发力部位，在起始姿势中，髋部必须低于膝盖（图6.30a）。如果跳箱太低，运动员上箱将会由股四头肌主导，而在这种动作模式中，腘绳肌在伸髋中也会发挥很大的作用。一个过高的跳箱则会使关节的位置无法进行膝关节屈曲，从而无法进行这个动作。

运动员将支撑腿放在跳箱上，使整个脚平放在跳箱表面，脚跟与跳箱接触。运动不能由后侧腿启动。在这种力学不利的情况下，运动员后侧腿的小腿肌肉会急剧收缩促使脚踝跖屈，从而使运动员产生向上的趋势。如果在运动刚开始时运动员后侧腿的脚踝就已经跖屈（一开始就由脚趾支撑后腿），运动员便不能使用这个动作。

运动员通过将支撑腿的脚跟用力向下蹬，产生足够的力量使髋部伸展（图6.30b）。在这种力学不利的情况下，运动员必须用力收缩臀部肌群。要注意：在练习中，运动员会试图弯曲后膝并借此发力向上。更强壮的运动员在进行这个练习时，应该尝试后脚踝背屈，同时保持膝盖笔直，以此开始该动作。脚跟与地面保持接触，这会使运动员的后腿在垂直方向上的动作变得十分困难。在整个过程中，躯干应始终保持直立状态。对于运动员来说，一个常见的代偿动作是身体前倾，这会导致身体随着重心向支撑点移动而前移。教练还需要注意运动员的腰椎，特别是在身体下降阶段，确保运动员的腰椎保持正确的曲度。

这个动作将一直持续到运动员双脚站在跳箱上（图6.30c），或单腿站立的同时保持后腿屈髋置于身体前侧（图6.30d），最终达到完全直立状态。由于单腿站立时，支撑面缩小，所以姿势更不稳定，臀中肌必须被激活以保持髋部水平。后面将进一步研究增加动作难度的方法，这些方法可以很容易地应用到这个或其他任何练习中。在这个练习中，每条腿进行2到3组训练，每组重复10次，在每组练习的间歇进行休息与恢复，这种训练模式将有效确保训练效果。

单腿下蹲练习

单腿下蹲练习有许多变式，可根据训练效果和运动员的运动能力采取合适的练习。侧向单腿下蹲练习（图6.31）旨在训练臀大肌的伸髋功能，以及臀中肌和臀小肌在动作中发挥的关键作用——防止髋部在无支撑的动作（脚没有与地面接触）中下落。

运动员站在一个低跳箱上，在最初的练习中，跳箱的高度通常为10到20厘米。一只脚平踩在跳箱上，另一只脚悬在跳箱边缘（图6.31a）。运动员同时弯曲支撑腿的髋部和膝部，弯曲的程度需足以让非支撑腿（踝背屈）的脚跟下降，直至触碰到地面（图6.31b）。在整个练习过程中，髋部需始终保持水平。每条腿进行2到3组练习，每组重复10次。练习中可以使用木杆以协助保持身体平衡和躯干

图6.31 侧向单腿下蹲练习：a. 起始姿势；b. 下蹲

稳定，或使用奥林匹克杆来增加额外的负荷。在增加负荷之前，可以增加跳箱高度来增加下蹲深度，从而增大动作幅度，以使该练习的难度增加。

单腿下蹲练习是强化臀肌的一种有效方法。所有的练习都是如此，练习难度应与运动员的运动能力相匹配。如果练习难度过大，运动员无法正确完成，那么便会发生动作代偿现象。第10章将给出单腿下蹲练习合适的改进方案。

单腿深蹲练习（图6.32）达到了纠正练习的最高难度。之后的章节将展示如何通过在不同的位置增加外部负荷来提高或降低这一动作的挑战性。正如第10章所述，在这个练习中达到最大动作幅度，真正考验了运动员的臀肌，以及髋部和腹股沟周围的肌肉系统。注意，在这个动作的末期，若身体在骨盆以下没有弯曲，那么完成单腿深蹲几乎是不可能的。对运动员来说，这个问题并不太重要，因为在运动中没有轴向负荷会对腰椎间盘产生剪切力。如果将外部负荷作为一种强化因素，则建议减小运动幅度，以确保运动中整个腰椎的曲度正常。

踝关节的稳定性

脚踝是下肢的末端，它可能与动作控制能力有关。运动员首先应该练习双脚站立，然后练习单脚站立，保持内侧足弓处于中立位。这个动作需要脚趾轻微抓地，但不应强迫或过度用力。

腓骨长肌和胫骨后肌的同时收缩提高了稳定性和控制力。在运动员保持平衡稳定姿势之后，可加入干扰因素，让运动员通过移动手臂或躯干从而移动重心。可以要求运动员触碰其身体周围移动的木杆末端，或接住以不同的高度和速度投掷的不同重量的球。挡住运动员的视线也能有效增强本体感觉和神经肌肉系统保持身体平衡的能力。

另一种增加难度的方法是使用一个适度不稳定的或非水平的面，例如一个垫子或枕头。在不稳定的面上训练，尽管无法显著地提升力量（如第10章所述），但这种练习可

图6.32　单腿深蹲练习：a.起始姿势；b.深蹲

以增强脚踝的本体感觉。加入复杂的动作，例如在运动中屈曲膝关节，也可以强化练习效果。

本章小结

高质量的运动发展计划应该基于运动员的目标。这些目标中的大多数应该基于通过测试所确定的需求。本章提供了一系列实用且容易实施的测试方案，这些方案展示了运动员如何才能在静态或动态下控制姿势。这些测试的量化观察结果可以指导计划的改善。

大多数姿势控制功能障碍与动作代偿有关，动作代偿对姿势的影响不局限于一个部位。例如，腘绳肌和髋屈肌的紧张，与股四头肌引导的跑步动作有关，而这也与未充分利用臀肌有关。基本的纠正练习可以被逐步引入运动员的发展计划之中，以此来解决这些问题。下一章着眼于教练可以应用的原则，说明如何在合理的基础上有效地扩展和改进训练计划。

第7章

设计渐进式课程：动作技能学习和生理-力学训练的注意事项

一项动作技能发展计划应基于一种开放的过程，在此过程中教练应鼓励运动员，特别是儿童去掌握那些支撑运动和日常体力活动的基础技能。在这个过程中应系统地将动作学习与专项运动训练相关联和整合。这样，运动员才能在正确的时间做正确的事情，以此获得长期发展，而不是获得一时的成功或收益。计划的重点是运动员能做什么，而不是运动员不能或不应该做什么。

技能表现的精确性因运动项目而异，最终会影响运动员如何根据当时获得的信息做出最佳决策[1]。运动发展计划能促进运动员身体素质的发展，使运动员能够对在运动情景中所遇到的问题实施恰当的解决方案。

从某种意义上来说，训练常常等同于学习，因为训练会逐渐给运动员的运动模式带来永久性改变。技能习得是通过练习获得新技能的过程，技能保持是指运动员在一段时间内记住所学技能的能力。动作技能保持，要求运动员的动作系统承受渐进式超负荷（第1章和第2章）、考量自身的需求（第3章）、运用核心动作技能（第8章到第10章），以及随着运动水平的提高，掌握运动本身需求的相关专业知识（参见第11章的例子）。

教练在制订运动发展计划时，需要了解如何实施课程计划，以便帮助运动员发展核心技能、满足专项运动需求。为了给运动员提供合适的训练，教练必须了解以下3个关键点。

1. 目标：了解一项或多项运动项目的动作要求，并能将这些动作要求与适于发展的技术和战术原则关联起来。
2. 个性化：了解运动员是如何学习的，以及他们在生理、心理和社交方面是如何发展的。
3. 环境：通过训练辅导、框架设计、鼓励参与以及运动员父母的支持，营造学习氛围。

教练应通过将3个关键点与专项动作技术和姿势强化技术相结合，设计出一套提升运动员动作技能的动作进阶训练，且这套训练应适用于不同运动水平的运动员。本章将介绍技能发展的真实案例，以及一些关于如何指导训练的基本概念，其中许多内容基于体育教学中的实践成果。

一项动作技能可被视为一系列相关的动作，这些动作被整合为一组可观察到的运动表现，并且可以正确地实施。这种动作技能可能是常见的，例如跑和跳，或是高度专项化的，例如外脚背停球转身。经验丰富的教练能够辨别运动员何时可以从基础动作进阶，并且也了解如何引入专项动作技术，在运动情景中为运动员提供最佳的学习和运用这些技术的机会。这种进步解释了之前几章中引用的身体素质的概念。这种计划或课程就像拼单词，将单词连成句子、段落和一篇故事，成功地处理信息，并在任何需要的交流（或体育运动）情景中加以运用。

建立全面的课程计划

许多教练根据运动员目前所从事运动的需求，从专项运动的角度开展动作教学计划。这种方式常常会阻碍运动员的进一步发展，并导致训练中出现偏差。事实上，这种专项训练方式的一个主要局限是，教练常常低估了支撑专项动作的基础身体能力训练。教练还常常高估了运动员在其他运动或上课（例如学校的体育课）时所获得的通用性的动作经验。目前，许多国家取消了良好实施的强调基本动作技能和姿势控制能力的学校体育课程，设置了更多的专项训练。体育运动的ABCs（灵敏性、平衡性、协调性和速度）、体育运动的基石（跑、跳和投），以及运动技能的基础（身体意识、滑步、抓握、踢）等都没有以一种结构化或系统化的方式教给孩子们。通常，一项技能上的不足需通过执行学校教育环境外的运动员发展计划来弥补，特别是专项体育运动的训练倾向于专注特定运动所需的专业技能，而不是通用的身体素质和基础技能的发展。

专项动作早期过度专业化的一个问题是，重复的运动模式和肌肉运动会导致运动员的主要肌群过度发达和过度疲劳，而其他肌群则较弱（缺乏肌肉激活、力量和有氧能力）。最终，这方面的弱点可能会限制运动员的运动表现能力。发挥协同作用的肌群之间，肌肉募集不平衡会导致肌肉紧张和不良的肌肉募集模式。其后果是在某些体育运动人群（包括青少年）中，出现了与大量重复性的大重量或高速动作相关的损伤。跟骨骨骺炎正是脚跟处重复负重或跟腱被过度牵拉导致的跟骨（脚跟处的骨头）发炎。同样，在青少年中，当股四头肌反复收缩产生的重复应力由髌韧带传至未发育成熟的胫骨结节时，会引起多种亚急性撕脱性骨折和肌腱炎症，从而导致青少年胫骨结节处骨骼过度生长，形成一个痛感明显的可见肿块[2]。这种病症被称为胫骨粗隆骨软骨病。据报道，在参与体育运动的青少年中，有此症状的占到21%，不参加体育运动的青少年中，有此症状的比例为4.5%[3]。

技能的表现可视为压力下有效应用技术的能力。高水平的运动表现需要神经肌肉系统和骨骼肌肉系统全面协调发展，这样才能使运动员获得完成加速与减速跑、跳、投掷、击打和旋转等所需要的大力量。同样，只有熟练掌握这些特定动作和运动专项技巧的高效力学机制（技术），运动员才能在运动中成功运用它们。一个运动员的动作课程应提供让运动员完成专项动作技术的必需动作技能与运动员完成这些技能所需的身体素质（力量、速度、耐力等）均衡发展的方法。通常，课程的重点在于身体素质，而不是作为这些素质基石的动作能力。

将这些理念运用到实际情景中，如考虑

到一个青少年足球运动员在一场比赛中要进行大量的奔跑、跳跃、投掷和踢球动作，每一个动作都要求运动员具有完成这个动作技能的技术及生理–力学特性，且运动员能根据专业比赛情景下的需求适当调整动作。举一个具体的例子，当球员跳起完成头球时，可能需要单脚或双脚起跳，也可能需要向前或向后跳，还可能需要在来自其他球员的压力下在空中抢球。运动员在比赛中展现出的头球的射程和类型，需要不同的身体素质来支撑。例如，防守型的解围头球需要有一定的距离（从躯干到颈部产生更大的力量），定向射门的头球需要颈部产生侧向爆发力，传球型的头球（例如防守时将球传回守门员手中）需要球员通过动力链集中所有的力量来顶球。

像足球这种对抗类运动项目，大部分技能的实施往往是随机的，取决于球员对球或其他客体的运动以及对对手动作的反应。动作本身也是随机的，但动作技能之间（例如跑和跳、落地和加速、减速和加速之间）常相互关联。教练需要在设计课程时考虑到一系列的因素（图7.1），这样运动员才能学到运动技能，并能将学到的运动技能有效地应用到动态运动情景或特定的运动挑战中。

可以根据图7.1标识的每个区域实施具体的训练方法。例如，线性加速训练能改善线性加速的力学机制（第8章），功能性力量训练能够提高姿势控制力量和腿部屈伸力量（第10章），专项快速伸缩复合训练可提高髋、膝、踝三关节伸展和屈曲时的发力率（第9章）。如果单独使用其中一种训练方法，可能会在短期内改变运动员的变向速度，并使其产生特定的适应性。但是，这种训练方法的使用会导致运动员出现短期的疲劳积累，限制某一特定时间运动员的运动能力。这种疲劳会影响后续训练的效果，并有可能导致运动员受伤。

有效计划的重点不应仅仅是理解和展示

图7.1　多方向（变向）动作课程的考虑因素：期望的训练成果和所需进行的训练

训练方法。在没有特定目标的情况下进行的一系列训练，并不是有效的训练课程；同样，提出一系列的训练课程不等同于建构了一个训练计划。教练需要制订一种具有特定目标的策略，并使用适当而有效的方法来达成这个目标。更重要的是，有效的计划是基于这样一种认识，即每一种方法都有一些先决条件，需要满足这些条件，训练方法才会有效及安全。

回看图7.1，关键目标是提升变向能力。达成这一目标所需的生理素质包括姿势性力量、姿势稳定性和姿势灵活性。为了提高这些素质，需改进技术（力学）方面的加速技术、减速技术和变向技术。通过这些技术可以展现的身体素质包括整个姿势链上产生离心力和向心力的能力，特别是髋、膝、踝三关节的屈伸力量。拉长–缩短周期是一项基本素质，是展现发力率的基础，而快速伸缩复合训练则是该素质的最佳发展方式。

教练需要确定一名运动员掌握特定方法的熟练程度，然后再根据运动员的需要和能力，设计专门的课程以获得特定的成果（例如加速技术提升）。同样，教练在同一训练周期中为了满足其他方面（姿势性力量、单腿力量、力量增长速率等）的需求，有必要设计其他课程或训练单元，从而确保大多数训练方法都符合运动员自身的需求和能力。这些课程需要整合在几周的训练计划或者更长的板块周期训练计划中，这样才能最小化疲劳的积累和训练的干扰。具体例子见第11章。

同样，必备的身体和技术素质（在随后的章节中说明）需要进行适当的排序，以确保训练能够真正有效地推动运动员实现既定目标。在训练过程中，一项技术的组成动作偶尔需要退阶，以确保动作训练的正确性，表面上的退阶是为了以退为进。

在此过程中，教练必须不断回顾第1章至第3章所强调的运动能力和能力提升的原则。有效的训练计划需要对人体形态和功能有更深入的理解，不仅限于对某一训练方法的理解。教练必须了解人体运动系统，了解它发展和工作的方式，了解它怎样引起和产生适应性，了解各种生理–力学素质及在产生适应性时所遵循的适应性变化原则。

与运动员发展阶段、训练年限和训练水平相匹配的针对性训练策略是训练计划的重要组成部分。同一训练计划不能同时适用于成人和儿童。同样，对于一名年龄为25岁，正在转变运动项目的运动员来说，如果他按照35岁办公室员工的训练方式，即以每周3次、每次20分钟的悠闲方式训练，那么该运动员无法取得进步。

只有在运动情景中有效地运用身体素质，身体素质才能成为体育运动的基石。只考虑提高身体素质，而不考虑何时和怎样将其与专项技能的发展整合到一起是一种根本性的错误。发展过程需要以运动员为中心。

培养运动员的专业人士应探讨“什么样的身体素质是运动员需要去发展的，以及怎样最大限度地发展这些素质”等问题，使运动员获得更好的运动表现。

例如，一名优秀的短跑运动员由于缺乏足够的力量来克服身体重量，因此跑的每一步都不能向地面施加足够的力量来推动身体向前，这限制了该运动员跑步时加速和维持最大速度的能力。此时就需要制订一项训练计划，增强运动员的力量，然后在跑步中运用这些力量提高跑速。不能转化到线性跑的力量训练可能会导致运动员跑速下降的不良结果！表7.1展示了如何实现这一目标，在后

表7.1　短跑运动员提升力量和速度的中期计划概要

	模块一：力量的产生	模块二：应用	模块三：实现阶段
强化力量	多关节与多肌群的力量训练	强化力量和速度、高力量增长速率、乳酸供能	强化速度和力量、反应性力量、无氧爆发力
强化技术	加速和最大速度的力学机制	加速的转换，过渡到最大速度	最大速度
生理条件	恢复不完全的间歇训练以促进磷酸盐转换		

面的章节中，我们将探讨具体的动作和力量的发展方式。

一项全面的计划旨在培养随着职业生涯的发展，有能力进一步挖掘自身身体潜能的年轻运动员。良好的身体素质将使他们能在运动情景中解决更大范围的问题。简言之，运动员必须持之以恒地进行体能训练，这样才能拥有适应性强的身体。对新问题（身体无法适应）寻求相同解决方法的运动员，将无法获得更好的运动表现。这一现象常发生在运动生涯发展过程中过早进行高度专项化运动训练的运动员身上。

事实上，大量证据表明，运动员运动经历的多样性有益于提升运动员的运动表现能力及其技术、战术能力。例如，运动表现的感知能力基于运动员对运动环境信息的理解，并据此做出的相应决策。这种技能是在各种运动情景中习得的。例如，足球和篮球运动都需要运动员拥有空间意识及预判对手动作的能力。篮球运动要求运动员具有进攻与防守的快速转换能力，许多足球教练也希望他们的防守球员具有类似的快速转换能力。概念性元素是指运动员在某种背景下获得成功的战术理解，无论这种背景是竞赛规则还是比赛策略。

整体计划的发展应该遵循训练进展的基本原则。在实施进一步的发展计划之前，认识到运动员个体的需求是关键，即使在团体训练环境中也是如此。训练计划的制订应始终以运动员为中心，并以运动员长期发展为目标，实施个性化培养。训练计划的规划、实施和评价均应体现这个宗旨。

基于个人能力的技能发展方式

任何运动情景下动作技能的表现，归根结底都是以动作控制及技术为基础的。动作控制及技术需要很多年的发展，才能最终运用于多个不同的情景中。根据儿童动作能力发育的普遍性原则和顺序发展，生长和动作技能的发育过程是可以合理预测的。成功执教儿童和成年人的关键是规划合理的方案和选用与顺序发展相匹配的恰当方法，有趣且富有创造力的发展计划能使参与者感兴趣并变得更好。

长期的训练发展规划包含对训练因素进行系统和符合逻辑的排序，以在预计时间内尽可能地优化特定的训练效果[4]。确定发展要取得的成果是这一过程的关键。身体素质发展计划的基本要素或内容，从根本上来说取决于教练想要达成的目标，以及为了达成目标选用的训练方法。

发展

能力是发展计划的一个重要主题，因为在不同复杂程度的任务之间，能力构成了发展的基础。一个人只有具备完成较高强度快速伸缩复合训练所需的肌肉力量以及拥有完成各种落地训练所需的姿势控制能力，才能进行高强度的快速伸缩复合训练。动作能力随运动经验的增长而增长，因为动作发生于各种运动情景下，所以运动员需要在各种运动情景下完成动作来提升和证明其能力。运动员需要在运动情景中了解所需要的动作，并精通运动方法（技术），从而在指定的运动情景中采取最有效的行动（或运动反应）。

为了说明这一概念，可以参考举重运动中高翻动作的潜在教学进程。举重被认为是封闭式技能，这意味着动作的实施完全由运动员控制，即运动员不受外界因素（如天气、对手、运动客体或运动目标等）的影响。作为一项多关节和多肌群参与的训练，它需要以一个完全静止的起始姿势为基础产生高爆发力。高翻动作（和由其引起的动作）可被视为一项功能性力量训练计划中的基础练习。

虽然高翻动作是一项封闭式技能，但是完成整个动作所需的关节运动顺序和肌肉之间的协调运作非常复杂。上拉杠铃杆时动作姿势的协调性，以及高翻动作不同阶段杠铃杆所获得的不同速度，导致该动作通常难以掌握。虽然教授一项技能的正确方式不止一种，但将整套运动分解为易掌握的分解动作（分解动作包含关键的姿势和动作位置），然后再排序组合成一项完整的技能，这可能是

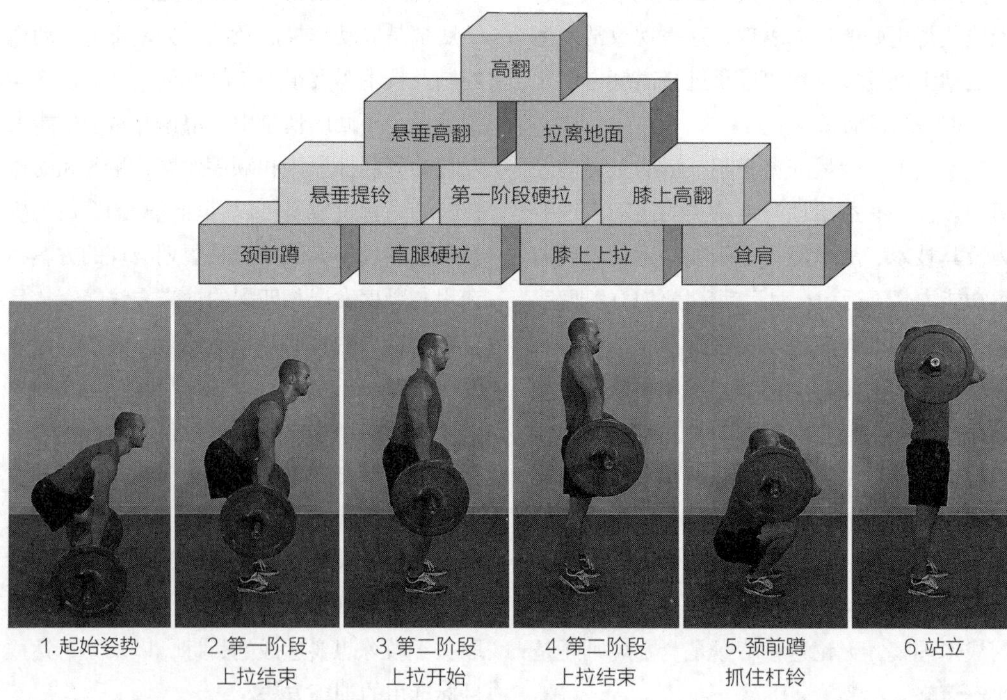

图7.2　基于优化动作能力的高翻动作学习策略：熟练掌握简单动作后可学习复杂动作

合理教授这种技能的一种策略。

图7.2对这个过程进行了说明。在高翻动作中，首先将杠铃杆由地面上拉至膝盖上方（第一阶段硬拉），由膝盖上方上拉提至大腿（直腿硬拉），膝上高翻，最后站立。从运动员抓住杠铃杆的一刹那到举起杠铃杆（颈前蹲）整个过程中，运动员都能得到训练。由于每个分解动作都是独立的训练动作，所以运动员学习分解动作的同时也是在训练。当运动员熟练掌握了每项分解动作后，这些动作就被串起来，额外的运动任务就会被添加到动作训练中。

接下来挑战的是将耸肩上拉杠铃杆与颈前蹲动作连接起来，进一步完成从大腿开始的高翻动作。需要练习的高度复杂、快速的动作是在杠铃杆迅速下落过程中以颈前蹲的姿势抓住杠铃杆。运动员还需将直腿硬拉动作和膝上高翻动作整合为一个悬垂提铃动作。运动员同样需要学习怎样从地面开始整个上拉动作，通过硬拉动作（杠铃杆停在膝盖上方）练习第一个上拉动作。

差异性

运动员的发展速度并不一致。例如，练习高翻动作时，部分运动员能很快掌握基础技术（阶段1），但会发现，由于过渡阶段动作的性质和上拉杠铃杆的伸髋过程中膝关节的快速反射，膝上高翻比悬垂提铃容易很多。而其他运动员可能会快速通过第一阶段和第二阶段，但很难整合上拉动作，以至于在将杠铃杆从地面提拉至最高位置的过程中难以加速。增大动作幅度与增强动作协调性，并不一定会减慢运动员的发展速度。

教练必须在整个训练过程中充分考虑运动员的学习速度和运动水平，即使在团体训练的背景下也是如此。这是体育教学的基本原则，即差异性原则。尽管所有运动员都在参加同样的训练，但对不同的运动员可以使用一些个体差异性训练，以使所有运动员接受相同的挑战。正如本章到第10章详细描述的那样，每一种训练都可以通过某种方式进行调整，使其难度更适合参与训练的运动员。

在不同的实践环境中可以通过多种方式来解释差异性原则。以一支精英女子足球队的力量训练计划为例，表7.2和表7.3展示了如何在一堂力量训练课中体现差异性原则。当许多团队都在进行团体训练时，由于时间的限制，不大可能为每名队员设计个性化的训练计划（例如这个团队只是这周内使用某种设备的众多团队之一，而且这一设备仅在专项训练课中使用）。但是教练仍可以设计出一套训练计划，在这个训练计划中，运动员在整个训练过程中都能获得个性化的训练。

女子足球队队员的力量训练年限和实践经验有所不同，她们的训练目标是强化动力链中臀部的功能性力量和姿势控制能力。教练和医务人员需要特别关注的是，在一系列专项动作中，运动员要长期发展稳定和保持膝关节动态控制的能力。对于队伍中的20名队员来说，所参与的计划（以长期计划的第一周为例）确定了组成训练计划核心的目标训练方法，还包含了可以增加或降低训练难度的各种训练变式。第10章将详细探讨这一概念，并阐明一个观点，即训练可以退阶到一个基础动作，也可以通过增加动作的复杂程度（改变杠铃杆相对于身体重心的位置、运动速度、运动幅度和涉及的关节等）来加大运动的难度，还可以通过增加动作的阻力负荷来进一步提升个人水平。

表7.2　阶段1：基础技术，髋伸肌和膝伸肌

团队训练计划

训练内容	组数	重复次数	注释	记录				
				1	2	3	4	5
哑铃负重前脚抬高下蹲	3	5	每条腿					
弹力带辅助屈髋位跪伸训练	3	8						
哑铃负重跳箱踏上练习	3	5	每条腿					
膝上高翻拉训练	3	5						
直腿射门	2	10						

队员1：经验丰富的队员，具有良好的技术执行能力，能够在规定的课程内完成多个扩展训练

训练内容	组数	重复次数	注释	记录				
				1	2	3	4	5
高杠位杠铃负重前脚抬高下蹲	3	5	每条腿					
屈髋位跪伸练习	3	8						
高杠位杠铃负重跳箱踏上练习	3	5	每条腿					
悬垂高翻拉训练	3	5						
腹肌训练	2	10						

队员2：经验较少、力量训练年限短的队员，正处于基础技术发展期，并在规定课程中接受简化动作的挑战

训练内容	组数	重复次数	注释	记录				
				1	2	3	4	5
哑铃负重深蹲	3	5	每条腿					
弹力带辅助屈髋位跪伸分段训练	3	8	依据动作质量规定重复次数和动作幅度					
负重跳箱踏上练习	3	5	每条腿					
膝上高翻拉训练	3	5						
反向卷腹训练	2	10						

表7.3　阶段2：基础技术，髋伸肌和膝伸肌

团队训练计划

训练内容	组数	重复次数	注释	记录 1	2	3	4	5
哑铃反向弓步训练	3	5	每条腿					
单腿跳跃和保持稳定训练	3	4	每条腿					
颈后推压训练	3	5						
跳高训练	3	8						
启动训练	2	10						

队员1：经验丰富的队员，具有良好的技术执行能力，能够在规定的课程内完成多个扩展训练

训练内容	组数	重复次数	注释	记录 1	2	3	4	5
杠铃反向弓步训练	3	5	每条腿					
单腿垂直落地和保持稳定训练	3	4	每条腿					
颈后推压训练	3	5						
双臂举起跳跃训练	3	8						
单腿启动训练	2	10						

队员2：经验较少、受训年限较短、处于基础技术能力发展期的队员，正在规定的课程中挑战简化动作

训练内容	组数	重复次数	注释	记录 1	2	3	4	5
双臂举起反向弓步训练	3	5	每条腿					
双腿跳跃和保持稳定训练	3	4	每条腿					
哑铃推举训练	3	5						
反向跳跃训练	3	8						
髋部主导启动训练	2	10						

基础动作和扩展动作的概念是基于不同能力级别而区分的。当团队训练时，队员可能不希望接受较简单的任务而想立刻去完成最难的任务。但训练计划的实施有可能要退回到某一阶段，因此这一计划通常不会以相同的方式被感知。在一个团队中，当运动员都在进行同样的训练时，教练可以轻易且迅速地注意到运动员间动作能力和力量水平的差异。随着训练计划的发展，那些快速发展的运动员可以挑战与他们能力相匹配的新的动作。这样，那些曾是扩展任务的训练内容很快就变成了基础水平的动作。

类似的差异性可能会出现在每一个动作范围和专项动作的技能设置。设想在一个团队训练情景中，孩子们（即运动员们）正在练习过顶投掷网球。投掷是一项基础的动作技能，因此，良好的投掷能力和信心是支撑其他一系列运动选择和运动能力的基础。教练安排了一项挑战性训练，即让孩子们面向墙站成一排，并让孩子们对着墙掷球，记录1分钟内球弹回高度超过孩子们头顶位置的次数。这项训练旨在鼓励孩子们思考如何调整投掷动作，使之更加有力。如第3章所述，在儿童学习技能的早期阶段，完成投掷和踢的动作时，力量发展优先于精准度发展，这是由于大肌群的发育早于负责控制精细运动的肌群的发育。

一个好的训练，应是所有的运动员排成一排，朝同一方向、同一面墙掷球。运动员与墙面的水平间距应该足够大，从而避免运动员被球击中。运动员A站在距墙6米的起始线上，训练难度与其技能水平、力量和身体协调能力相匹配。运动员B的身体发育成熟度高和动作技能熟练，因此他开始投掷时，能够快速转动髋部，并随着手臂向前摆动将重心由后方移至身体前。同时，运动员B还需要使用非投掷手臂来帮助引导和协助旋转。出于这个原因，运动员B需要站在离墙更远的地方，使挑战任务更适合他在这项训练中的能力水平。运动员C的投球结果并不受限于投掷能力（投掷能力与运动员A相似），但受限于他接球和取回球的能力。如果每个弹回高度超过头顶的球，运动员C都需要花时间去追球并捡回球，那么他将需要超过60秒的时间来完成训练任务，并且将无法达成技能学习目标。因此，相较于其他运动员，应该为运动员C提供更多的网球，让他获得与其他人相等的机会来完成训练任务的挑战。接球的技能训练也不容忽视，在训练计划中教练应提供其他机会和相关训练来让运动员完成这一技能的学习。

为了提升运动员的能力，需要向所有的运动员提供难度合理的挑战任务，使其具备在特定情况下执行特定技术或技能的能力。优秀的教练能为所有的运动员提供难度合理的挑战任务，使运动员可以成功完成任务，从中获得成功经验、强化成熟的动作模式并获取自信。目标设定需要与挑战多样化的需求相平衡，从而强化和优化学习过程。事实上，在许多运动（和非运动）情景中，失败的经历能有效刺激运动员学习和进步。

个体需求原则可被用于身体训练的各方面。身体训练效果还取决于运动员的训练状态。当设计一个学习计划时，在一个团队中区分每一名运动员的训练负荷是十分重要的。基于人类适应训练刺激的超量恢复模型[5]，图7.3模拟了两名运动员对同样的训练课程的反应。面对相同的训练负荷，运动员1的内平衡基本没有被打乱；而运动员2受的影响与运动员1大不相同。为了避免过度训练，运动员

2在训练课与训练课之间需要更长的时间来恢复。这个例子解释了为什么体能训练的负荷需要个性化。同一训练负荷（训练的复杂性、训练强度和训练量）可能对第一名运动员的体能产生了刺激，削弱了第二名运动员的体能，但对第三名运动员的体能一点刺激作用都没有。

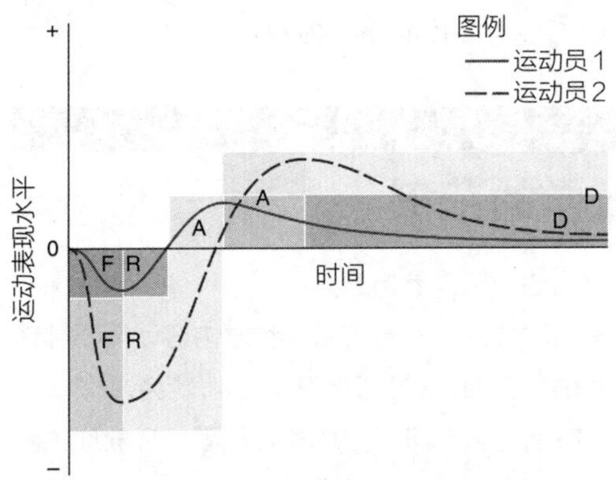

图7.3 由于训练状态的不同，两名运动员对同一训练的反应可能是不同的。F表示疲劳；R表示恢复；A表示适应；D表示训练停止

运动员的训练状态随着时间的推移而改变，也随着其对训练计划中针对性负荷的适应而改变。因此，在板块训练初期被认为有刺激作用的负荷，很可能随着训练的进展成为热身负荷。这种转变是由身体适应的生理学原理引起的，即运动员对一个恒定（或类似）环境刺激的反应会随着时间的推移而减弱。因此，需要不断地变化训练刺激以达到超量刺激，最终实现运动表现的提升。

长期的动作技能发展方法

动作技能发展的过程始于帮助儿童在灵敏性、平衡性、协调性和速度等主题）中形成基本技能的熟练动作。这些动作技能是组成特定动作的基本动作元素，但这并不意味着要将这些动作技能组合在一起，也不意味着将一项动作技能与另一项动作技能衔接在一起。通常情况下，在设计这些基础动作技能的训练发展计划时，每一项动作技能都是相对独立的。

指导儿童的教练，首要目标必须是培养全面发展的运动员，之后才是专注于发展专项动作技能，甚至在适当情况下，达到最佳运动表现水平这一目标也应放在培养全面发展的运动员之后。儿童不仅需要培养发挥这些基本动作技能的能力，而且有必要对自身能力有清楚的认识，意识到自己的能力水平。

基础运动技能

基础运动技能是连续动作的一部分，贯穿人的整个生命历程。人们从幼儿时就开始学习基础运动技能，随着时间推移，通过不断的练习和模仿，动作经验不断积累，基础运动技能逐渐被完善。在小学阶段的初期，掌握了基础运动技能的儿童有可能更加活跃和更加享受各种各样的文体活动。与此相反，长期以来形成的观点是，掌握基础运动技能不充分的儿童，常常会在组织活动和自由活动中被同龄人排斥。这种早期活动中的挫折感会导致其随后形成少动的生活方式[6]。

通常情况下，在5到7岁，儿童被认为已熟练掌握了基础运动技能，技能的实施有了明显的区分。例如，儿童能够跑，而不再是蹒跚学步。这两种动作之间的区别是显而易见和值得深思的。儿童似乎知道自己能够使用不同的动作，例如跑、跳和投掷，并能够在一系列体育活动中保持平衡，即使他们的动作还不够熟练。

有效的动作技能方案建立在基础阶段和向高水平动作技能发展时获得的能力和自信之上。不仅儿童会经历技能学习的基础阶段，任何学习新技能的人都会经历这一阶段。例如，一名想从事一项新运动的成年人，将在基础阶段学习所有与这项运动相关的技能。同样，一名经验丰富的运动员需要发展一项新技术，使自己的运动表现得以提升，即使他不是一名基础水平的运动员，但他仍处于技能学习的基础阶段。这个概念十分重要，因为运动员的技能学习水平，通常表明了其获得最佳学习效果的训练方法、训练内容或训练课的架构。

在技能学习的基础阶段，示范十分重要。在此阶段，当运动员第一次接触一项新的技能或技术时[7]，他们需要一张好的图片来说明技能熟练的表现是什么样的，这样才能开始形成对动作的初步理解。

一个高水平教学的范例

- 为所有运动员提供一个最佳的观察示范的位置。
- 进行多角度示范，使观察者能够获得完整的画面。相比于观察者，示范者应更容易移动。
- 如果可能，将运动员安排在恰当的位置，使他们背对干扰他们注意力集中的潜在因素。
- 利用口头提示，引导运动员注意技术的训练要点（每次1到2个训练要点）。
- 提供多种教学提示来适应所有运动员的学习风格。使用听觉提示，例如在一个快速伸缩复合训练动作中，口头说明“观察琳达落地时是怎样用前脚掌触地的”。紧接着可以使用运动感知提示，比如告诉运动员“想象你的脚将要落在烫脚的煤块上”，以此来帮助运动员增强参与感。
- 运动员的经验越丰富，教学内容就需要越精确。例如，对于初学者，你可能会说：“前脚掌着地且尽可能快地离开地面。想象你的脚将要落在烫脚的煤块上。”对于一个中等水平的运动员，你可能会说：“落地时使重量集中于脚部中段，但是脚跟微微离开地面。感觉你正使用紧绷的脚踝作为一个弹簧，尽可能快地弹起。”对于一个高水平运动员，你可能会说：“脚掌灵活地接触地面，并保持脚踝紧绷。在触地瞬间，你可以从脚跟下插入一张信用卡。只有在你身体完全着地之前，脚跟才能触碰地面。”

与这个阶段的运动员一起工作时，首先应指导其学习动作技术，而不是运动技能，并且尽可能使这些技术得以固化。鉴于此，技能和技术的区别也十分重要。技术是任何体育运动或运动项目的基本动作。例如，百米赛跑中的起跑和网球的网前截击是技术。技术可以被组合成具体的、可识别的动作模式，例如网球的发球和截击或构成三级跳远运动的助跑－单足跳跃－跨步－跳跃动作。而技能则是运动员在适当的时间，成功地、有条不紊地，并以适当的力量选择完成正确技术的能力。技能是后天习得的，因此必须通过学习获得。

大多数的动作技能存在于开放和封闭之间的连续统一体上。两个特征决定了技能的开放程度：实施技能的环境和实施技能的目标。完全封闭的技能发生在一个不变的环境中，而形成技能的动作是实施技能的目标。例如，体操动作是封闭式技能，因为它是在室内固定的设备上完成的，而且技能执行的时机是运动员一贯熟悉的，完全在运动员的控制范围内。每个动作的执行情况决定了运动表现。而在对抗类体育项目（如足球、美式橄榄球、网球、篮球和棒球），比赛中运动员之间（包括队友和对手）的相互影响，使运动的环境不断变化。同样，在运动过程中让动作的执行变熟练是达到目的的手段；比赛（运动表现）的结果是由环境决定的，而不是动作本身。

在学习的早期阶段，运动员应该尽可能通过封闭环境下的练习来提高技术水平。运动员建立自己的运动模式以及学习神经肌肉的运作方式，都可以发展为一项运动训练计划，并形成所习得的技术。在不合理的技术发展到根深蒂固并发展成习得行为之前，运动员必须得到适当的反馈和纠正。为了使教练和运动员更多地关注技术本身，而使技术不受到环境因素的影响，应尽可能在封闭环境下进行练习。

学习早期阶段的特征是：技能训练中的不一致性以及收益巨大。在学习的认知阶段，需要给予学习者必要的信息、纠正指导和足够的时间来建立合理的运动模式。训练重点应该放在动作质量上，而不是动作的速度或强度上。早期的学习者会出现错误，但是外界环境需要对此表示鼓励；如果没有错误和缺少建设性的指导，学习常常会受阻。

发展灵敏性的样例

通过观察灵敏性发展的某些特定方面，可以看出操纵练习环境以在学习技术和将其以技能的方式展现的想法。表7.4介绍了一个篮球控球后卫所需的灵敏性技术。每一种技术都可以通过循序渐进的训练得到发展和提高，随着运动员不断学习技术，训练逐渐变得更加开放。表7.5提供了部分训练示例以说明此过程如何随着时间的推移而实现，以及掌握技术后如何将其逐步整合到专项训练中，以开始发展灵敏性技能。

在第一阶段，练习的技术的复杂性应尽可能低。这个阶段的训练应简单易行，并且完全可以由运动员自定进度，技术之间不存在过渡。

表7.4　一个篮球控球后卫所需的灵敏性技术

开始	线性运动	变向	过渡动作
运动姿势	线性加速	足内切	后撤步
从跑开始过渡	线性减速	足外切	交叉步
从跳跃着地开始过渡		突然变向	侧滑步
		45到135度变向	
		180度变向	

表7.5 发展灵敏性技术的渐进式训练

训练项目	第一阶段	第二阶段	第三阶段	第四阶段	第五阶段
线性加速	扶墙提膝练习、上坡跑	扶墙提膝练习进阶、前倒启动训练、15米加速训练	前倒启动接15米加速训练、面对面追逐跑训练	由动作过渡到线性加速（标志桶训练）	过渡到变向运动和线性加速运动（镜像竞赛训练）
过渡动作	后撤步、侧滑步、交叉步	四边形灵敏训练	与同伴镜面训练	与同伴镜面训练	
变向	标志桶切入训练（缓慢）	站立队员变向切入训练（缓慢）	移动队员变向切入训练（以一定的节奏）	线性加速中的变向（同伴间冲刺与变向切入训练）	

第一阶段训练：线性加速

扶墙提膝练习

参考第8章。

上坡跑

在坡度为3到8度、坡长为10到20米的坡上进行5到6组加速跑训练（组间间歇至运动员完全恢复），这样的训练可以提高运动员的加速能力和线性推进力。

第一阶段训练：过渡动作

在相距6到10米的两个标志桶之间练习后撤步、侧滑步和交叉步（图7.4）等独立技术。

图7.4 过渡动作：a.后撤步；b.侧滑步；c.交叉步

第一阶段训练：变向

标志桶切入训练（缓慢）

运动员从3到5米远处向标志桶慢跑（随着技术的提高，加快速度），在标志桶处，运动员完成变向切入动作（图7.5）。运动员训练时的切入方向应交替改变（遵循第8章所述的技术规范）。

图7.5　标志桶切入训练（缓慢）

虽然增添了其他训练来增加任务的复杂性，但第二阶段的训练内容与第一阶段类似。由于技术之间是密切联系的，所以运动员需要在不同的力学模型之间进行技术转换，如增加与同伴之间的训练，或者加快运动速度。

第二阶段训练：线性加速

扶墙提膝练习进阶

第8章将介绍扶墙提膝练习及其进阶。

前倒启动训练

第8章将介绍此训练。

15米加速训练

运动员以静态或动态开始，进行最大加速度训练。

第二阶段训练：过渡动作

四边形灵敏训练

运动员围绕10米×10米的四方形，进行向前冲刺，然后过渡到侧滑步、后撤步，再侧滑步回到出发点（图7.6）。训练的重点是当运动员每次到达标志桶时，快速转换动作。

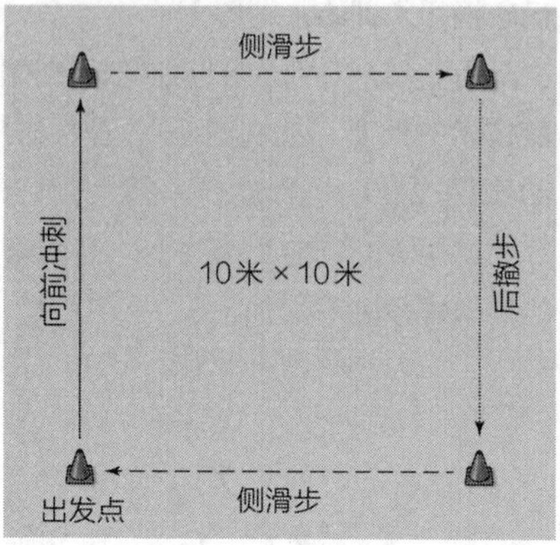

侧滑步
向前冲刺
10米×10米
后撤步
出发点
侧滑步

图7.6 四边形灵敏训练

第二阶段训练：变向

站立队员变向切入训练（缓慢）

运动员距离静止不动的同伴3到5米，开始向其慢跑（随着技术的提高，加快速度）。静止同伴的位置使运动员可以有效地判断执行变向切入动作的时机。运动员训练时的切入方向应交替变换（遵循第8章所述的技术规范）。

当运动员接近学习的发展或整合阶段时，他们需要寻找更具挑战性的方法来练习技术。第三阶段增加了运动员对其他运动员的行动做出反应和决策的训练。运动员在这个阶段的关注点经常有所改变。例如，在与同伴镜面训练中，运动员的注意力通常由执行合理的技术转移到紧紧跟随同伴。教练需要使用有效的反馈和提问技术，帮助运动员集中注意力于如何运动，而不是训练的结果。在这些训练中逐渐提高动作速度，以减少运动员的思考时间，从而发展决策和反应能力，并提高运动员的技术水平。

由于运动员能力不同，其需要不同难度水平的进阶训练。

表7.5提供了简化的进阶训练。整合训练中的各影响因素，可以为运动员在适宜的时机提供不同的训练刺激。例如，线性加速（初期可能从重心快速下降起跑姿势开始教授）可以与在标志桶间的侧滑步相结合，从而使运动员由横向动作过渡为线性动作。这种训练由加速运动、标志桶旁简单的切入动作组成，这样运动员既可以练习到更高水平的加速运动，又可以练习到较快速度情况下的切入动作。减少变化因素的数目可以有效提高训练成功的概率。类似的进阶训练方法可以用来连接加速、减速、转向和单脚支撑旋转的动作。

第三阶段训练：线性加速

前倒启动接15米加速训练

第8章将介绍前倒启动训练。

面对面追逐跑训练

第8章将介绍此项训练。

第三阶段训练：过渡动作

与同伴镜面训练

两名运动员相距约2米（比图中距离要远），运动员A是主导者，运动员B是跟随者。在训练中，跟随者需要准确地跟随主导者的动作并保持面对面的位置（图7.7）。主导者可以左右移动或前后移动。

图7.7　与同伴镜面训练

第三阶段训练：变向

移动队员变向切入训练（以一定的节奏）

练习者从3到5米远处，加速向移动的同伴跑去（随着技术的提高，速度加快）。当练习者展示其能力时，同伴的移动速度应逐渐增加，适当增加对练习者的压力。

在第四阶段，在表7.5中，由于能力要求的提高，训练会变得稍复杂一些，通常需要使用的设备更少，技能仍然相对简单。在这些训练的引入阶段，可通过在训练中使用标志桶或标记物来引导运动和限定运动员的运动空间，从而帮助运动员发展变向技术。但是，训练计划需要超越依赖标志桶的过程进行进阶。训练目标是实现运动员在学习和使用运动技能的同时，能有效解决环境变化带来的挑战。这种训练方法不同于简单地在不断缩小的圆圈里使用许多标志桶的练习。

第四阶段训练：由动作过渡到线性加速

标志桶训练

运动员从1号标志桶出发，侧滑步至2号标志桶，转身向3号标志桶冲刺，然后再侧滑步至1号标志桶（图7.8）。之后教练喊出一个标志桶号码，运动员加速跑到对应的标志桶。

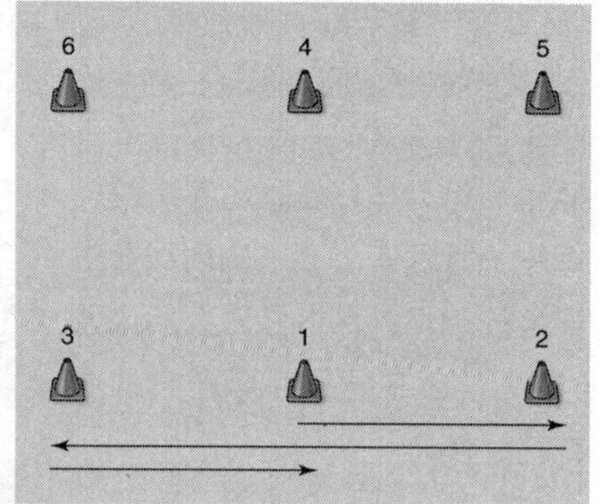

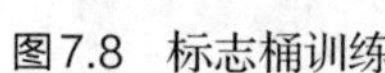
图7.8　标志桶训练

第四阶段训练：过渡动作

与同伴镜面训练

第四阶段的镜面训练需要第三个人参与，第三个人用手指向一个方向决定运动员移动的方向，当需要改变方向时则换手。1号运动员对外界刺激做出反应（而不是自我决策），2号运动员则根据1号运动员的动作做出相应的反应。

第四阶段训练：线性加速中的变向

同伴间冲刺与变向切入训练

两名运动员相距20米，面对面站立。在教练发出“开始”命令时，运动员向身前的10米线冲刺，然后转身180度并冲刺返回。当他们相遇时，相互向左或右方切入变向绕过对方（图7.9）。最初，可以预先确定切入的方向（使用他们认为最适合的技术），但随着能力的提高，运动员需要即时做出反应。在高速运动中做出决定是具有挑战性的。

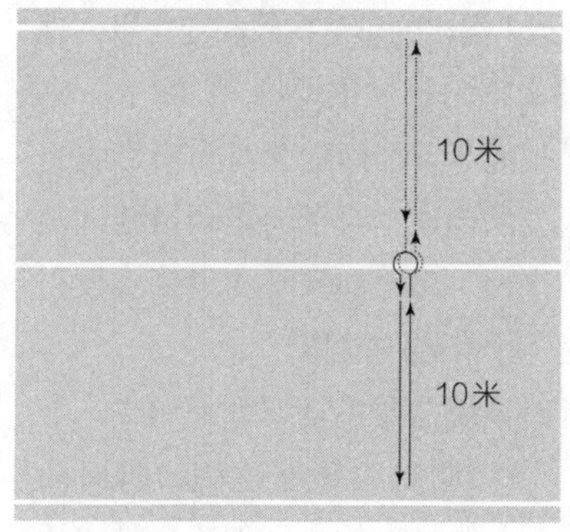

图7.9 同伴间冲刺与变向切入训练

训练计划进入第五阶段，所有的技术动作都将整合到一项开放的灵敏性训练中，动作需要达到自动的或学习应用阶段。训练过程中，执行动作应该是自动的，无须仔细思考。只要教练有想象力，且没有忽略正确力学动作和技能进阶的原则，这样的训练可以在运动情景中轻松地提升运动专项所需的灵敏性。在此请注意，尽管这一阶段着重于灵敏性来指导进阶，但为了最大限度地增强执行灵敏性技能所需的身体素质，需要针对力量和爆发力的提升同步实施类似的训练。

第五阶段训练：过渡到变向运动和线性加速运动

镜像竞赛训练

两名运动员相距2米，面对面站立。运动员A在始终面向运动员B的情况下，可以向任意方向运动。运动员B需要做出运动员A的镜像动作，保持两者间距为2米。如果运动员A向前运动，那么运动员B便后退，训练方式大致如此。任何时刻，运动员B都可以发出“跑”的口令。在发出“跑”的口令时，运动员B需迅速变向绕过运动员A并加速跑向终点。运动员A则需针对运动员B的动作，改变方向并与运动员B竞速跑向终点。

重复与变化

学习计划中提供的重复次数和变化量，对促进专项技术学习十分重要[8]。实际上，变化的分布是技能学习如何随着时间而形成的一个非常重要的因素。对于为运动员制订学习计划的人来说，思考如何平衡重复次数和变化量，是一个有趣的过程。

中枢神经系统需要重复训练来形成一个动作程序，以协调组成熟练运动的肌肉动作的顺序。但是，过度的重复训练会导致运动员的学习（或任何情景下的进步）停滞不前。同样，运动员将无法把习得的运动模式应用于新的情景或任务。变化过多将无法形成最佳的学习速度，重复次数过多将使所习得的技术无法应用于不同的运动情景中。

通常情况下，旨在发展动作技术的训练可被构建成板块，或者在整个训练周期中广泛地分布（尽管训练的模式已经确定好，不是不可预测或自发的，但人们常常称其为随机训练）。不同变化的组合方式可用于训练课内和训练课之间，从而在整个训练周期中都可以产生不同的变化[9]。

在短期行为变化中，板块训练法被证明十分有效，而随机训练法已被证明可以获得较好的长期学习成果（行为上的永久变化）。这种差异被认为是由这一事实所引起的，即在随机训练中，运动员必须从他们的长期动作记忆库中检索到动作程序，并将动作模式应用到不同时间、不同运动场景中，而不是在某一段时间内重复相似的动作模式[8]。教练可能会得出这样的结论：当向初学者介绍新的技术时，板块训练法可能更有效；除此之外，如果训练课的结构采用更随机的方法，运动员可能会发展得更好。

表7.6和表7.7说明了板块训练法和随机（变化）训练法，介绍了一名年轻网球运动员动作发展计划的一些要素以及发展这些要素的可选方法。网球运动员需要在底线完成大量的动作，运动员在连续对打回合中需要完成大量45到180度的旋转动作。运动员还需要在单脚或双脚站立情况下在底线回球时，能保持姿势的标准性和完整性。网球运动员需要对运动的球做出反应，并从各种位置开始进行快速的“三步”动作，这意味着年轻的运动员需要在训练计划中发展速度。在学习的早期阶段，这些专项竞技需求可以被分解为单独的技术或动作，以发展与这些技术或动作相关的生理－力学素质。在学习的后期阶段，这些技术或动作可以提炼为更专项化的动作模式，即球场上的专项动作。

表7.6和表7.7中展示的每个训练都可以随时间的推移增加变化。接下来的章节会展示一些具体例子，以说明如何在速度、力量与爆发力训练课中增加变化。在训练课结束前，可以随机增加躯干稳定性训练来发展腰椎－骨盆区域及腹部区域的姿势力量。一些身体素质，例如控制姿势的肌肉力量，不适合在发展单一功能的训练课中训练，因为这样会诱发疲劳，特别是对于新手运动员，这样做将会弱化技能动作模式，并强化不适合的动作模式。

向学习的实践阶段过渡

当运动员开始掌握技术基础，能为独立的技术制订有效的运动计划时，就认为他们进入了学习的关联或发展阶段[8]。当运动员将动作技能融入更多专项的动作模式中，就认为他们进入了学习的实践阶段。

值得注意的是，“阶段”只是一个有代

表7.6 网球运动员动作发展计划中动作技能的板块训练法

训练名称	训练描述
课程1：变向	
“Z”字跑	标志桶间隔2米呈“Z”字形放置。运动员绕着标志桶跑动，并依次沿标志桶内侧交换切入脚
灵敏性训练（20米）	从两个相距10米的标志桶中间开始。面向前方，转身并向一个标志桶冲刺，然后触摸地面，再转身向另一个标志桶冲刺，再次触摸地面后返回起点
滑板内变向滑动训练	从滑板的中间开始。侧向滑动至滑板一侧，保持稳定并迅速停住，然后向相反方向滑动
过顶接球训练（网球过顶抛球）	运动员站在预备位置面向发球员。发球员将网球扔向运动员头顶。当听到球在身后弹起时，进行一个转髋动作（或其他恰当的动作）以完成转身和接球
课程2：敏捷	
改进的极限飞盘训练	将运动员分为两队进行一个小游戏。一队运动员向本队运动员掷一个飞盘，目标是运动员在静止状态时扔飞盘，然后在活动范围内迅速移动接（或拦截）飞盘并向场地下方移动
21分灵敏球训练	将一个灵敏球（或其他不可预测反弹方向的相似物体）扔向空中。追随球的每次弹跳，并在球开始滚动前将其抓住，即得一分。第一个得21分的运动员获胜
触够膝盖	运动员与同伴保持一臂的距离站立预备。练习时，用手尝试触对方膝盖内侧，同时快速移动避免自己被打到
罗盘赛跑	运动员与搭档站在直径为10米的圆中央。参照指南针的8个方位用标志桶进行标记。当教练喊到向某个方向跑时，与搭档向正确的标志桶跑，进行比赛
课程3：单腿姿势	
线性跳跃与保持稳定	沿着一条直线尽可能远地跳跃。落地稳定后才能进行下一次跳跃。每条腿进行5到8次重复训练
软梯单腿滑步训练	从第一阶边上开始，跳入软梯第一阶，然后斜向跳出软梯，再侧向跳至第二阶，以此类推跳完整个软梯
单腿掷球训练	在距墙1到3米处单腿站立，膝关节微屈，全力将药球砸向墙面，接住弹回的药球并保持稳定。然后换腿进行训练
拉力器辅助单腿蹲训练	在拉力器上选择适当的阻力，单腿下蹲时对抗拉力器的阻力

表性的术语。在这个过程中还不能为标志着进展的界标进行定义，这只是一个过渡阶段。随着一名新手运动员自信心和能力的提高，他将变得更具有发展性，或者说更少地表现出与学习的认知阶段相关的特征。姿势控制可以进行评估（参见第6章的例子），动作技能也是如此，而且教练应该根据随后章节所展示的技术示例，开发相关的评估工具，对运动员在关键动作和力量训练中所取得的进展进行评估。

表7.7 网球运动员动作发展计划中动作技能的随机（变化）训练法

课程1	
训练名称	训练描述
“Z”字跑	标志桶间隔2米呈“Z”字形放置。运动员绕着标志桶跑动，并依次沿标志桶内侧交换切入脚
软梯单腿滑步训练	从第一阶边上开始，跳入软梯第一阶，然后斜向跳出软梯，再侧向跳至第二阶，以此类推跳完整个软梯
21分灵敏球训练	将一个灵敏球（或其他不可预测反弹方向的相似物体）扔向空中。追随球的每次弹跳，并在球开始滚动前将其抓住，即得一分。第一个得21分的运动员获胜
双腿臀桥	见第10章
课程2	
改进的极限飞盘训练	将运动员分为两队进行一个小游戏。一队运动员向本队运动员掷一个飞盘，目标是运动员在静止状态时扔飞盘，然后在活动范围内迅速移动接（或拦截）飞盘并向场地下方移动
灵敏性训练（20米）	从两个相距10米的标志桶中间开始。面向前方，转身并向一个标志桶冲刺，然后触摸地面，再转身向另一个标志桶冲刺，再次触摸地面后返回起点
单腿掷球训练	在距墙1到3米处单腿站立，膝关节微屈，全力将药球砸向墙面，接住弹回的药球并保持稳定。然后换腿进行训练
三点超人	见第10章
课程3	
线性跳跃与保持稳定	沿着一条直线尽可能远地跳跃。落地稳定后才能进行下一次跳跃。每条腿进行5到8次重复训练
触够膝盖	运动员与同伴保持一臂的距离站立预备。练习时，用手尝试触对方膝盖内侧，同时快速移动避免自己被打到
过顶接球训练（网球过顶抛球）	运动员站在预备位置面向发球员。发球员将网球扔向运动员头顶。当听到球在身后弹起时，进行一个转髋动作（或其他恰当的动作）以完成转身和接球
“搅拌锅”	见第10章
课程4	
滑板内变向滑动训练	从滑板的中间开始。侧向滑动至滑板一侧，保持稳定并迅速停住，然后向相反方向滑动
罗盘赛跑	运动员与搭档站在直径为10米的圆中央。参照指南针的8个方位用标志桶进行标记。当教练喊到向某个方向跑时，与搭档向正确的标志桶跑，进行比赛
拉力器辅助单腿蹲训练	在拉力器上选择适当的阻力，单腿下蹲时对抗拉力器的阻力
绳索砍劈	见第10章

在这一阶段，关注的重点仍然是关于速度、灵敏性、落地姿势、跳跃和功能性力量等方面的核心动作模式。然而，可以在适当的时机，探索和发展动作的各个方面之间的过渡和衔接方式。例如，当自身所具备的专项起跳、落地和加速模式都发展良好时，可在跳跃的起始阶段或跳跃过程中变向。

随着运动员承受的环境压力发生变化，训练将变得更加开放。这些变化可能包括增加一些在传统的封闭环境下（比如在力量房）通常不考虑的因素。例如，在运动员有能力完成弓步蹲后，可以在单侧练习中，通过增加动态动作（如弓步跳），或增加动力链长度（如双手上举弓步蹲或下蹲结合过顶推举等），增加训练复杂性。

表7.8中举例探讨了如何在动作技能训练中实现变化，使读者对随后实践章节的训练大纲有更详细的了解。

表7.8　动作技能训练中实现变化的简单方法

训练项目	训练复杂性	训练强度
力量	增加参与运动的关节数量 从静态基础动作向动态基础动作转换 增加运动平面（例如杠铃左右两侧负荷不一样）	增加负荷 在自重练习中增加阻力臂长度 加快动作速度（例如，在向上抓举杠铃时加快身体在杠铃杆下方下降的速度）
跳跃	减少触地时间 多方向跳跃 增加相应的训练器材（如栏架）	增加跳跃和下落高度 加快着地速度 双腿着地改为单腿着地
速度与灵敏性	增加动作之间的转换 增加必要的反应次数或初学动作的决策次数 增加做动作时的压力（减少时间、缩小空间） 增加动作选择性（例如在对手周围可用的变向方法）	提高动作速度（最好借助比赛实现）

在学习的实践阶段，运动员熟练掌握并能自动执行基本技能，就可以认为训练取得了成效。现在运动员会有意识地思考使用什么技能，何时实施，以及如何整合专项技能。如果有可能，训练的环境在进一步的学习中可更加开放且训练更具有竞争性。

基于实战（比赛）的训练方法

通常认为专项技术的最佳发展时机并不是在训练课上，而是在实战中。实战鼓励运动员做出决策，并提供一系列可选方案，运动员从中做出选择。自20世纪80年代初，将比赛中领悟作为一种学习方法[10]，已在训练和教学领域开展了很多工作。基于实战的训练方法源于这样一种观点：一项技术可以通过多种方式得以成功执行，而且技术模型的个体差异性有助于更好地产生熟练的运动表现。这一方法还与另一种观点有关：基于训练的技术发展方式，通常不涉及将技术当作一种技能使用时所需的决策和问题解决能力。在将动作技能应用于运动情景时，这种应用能力是运动员成功的核心支柱。

运用实战来发展运动员的动作技能和理解能力，将注意力从问“这是什么技能？它是如何执行的”之类的问题转移到更加积极提升情境上。在这一环境中，强调的是运动本身（可能富有趣味性），而不是正确的运动模式。这种训练方式并不意味着技术指导被忽略了，只是运动员需要自我辨别使用什么技能是有效的，以及有效的原因是什么，而辨别使用什么技能是无效的也同样重要。为了达到这个目标，运动员需要置身于为了获得成功需要做出决策的情境中。

对于处于灵敏性技能学习发展阶段的运动员来说，“公牛冲冲冲”（一些人称为“鲨鱼和小鱼”）是一项让运动员可以一起玩耍的游戏。“公牛冲冲冲”可作为表7.6和表7.7提供的进阶训练的补充。在该游戏中，运动员扮演“斗牛士”和“公牛”，一名斗牛士站在环形赛场中间，他从一群“公牛”中确定并引诱一头“公牛”从他身旁跑过，在此过程中“公牛”要跑进安全区而不被斗牛士抓到。斗牛士需要单手或双手触碰“公牛”，才算抓住“公牛”。通常情况下，该游戏在10到20平方米的赛场内进行，赛场大小可以根据参与者的年龄和数量进行调整。如果所有的“公牛”都穿过赛场，那么斗牛士将有机会从中抓住一头“公牛”。任何被抓住的“公牛”都会成为一名斗牛士，因此随着时间的推移，“公牛”可跑动的空间减少了。为了开拓空间，对“公牛”的空间意识、速度及灵敏性技能的要求都提高了。要注意的是，如果运动员人数众多，与进行一个大的团体游戏相比，运动员分组参与数个小游戏能更好地提高运动员的练习效率。

这个游戏的一个变化方案是通过强调变速运动的不同方面来增加附加条件，从而改变训练重点。例如，在赛场中增加一个得分区域，“公牛”跑过这个区域，就能够获得额外的分数。这个附加条件使运动员的注意力集中于识别赛场中的得分区域，并把握住每一次进攻机会。

在战术意识和决策训练中可以采用类似的方法，如斗牛士背对“公牛”，随机叫出一个号码来决定对哪一头“公牛”进攻。当斗牛士背对“公牛”时，“公牛”可以在安全区域随意排列，所以当斗牛士转身时，不得不观察“公牛”的起始位置并做出相应的反应。如果赛场上不止一名斗牛士，那么根据方位和队友沟通的战术意识是获得成功的重要因素。这种训练也可以和专项技能相联系。例如，斗牛士之间互相扔一个球。“公牛”需要追逐斗牛士手中的球，但是斗牛士在站定不动时才能传球。这一方案强调专项动作技能的加速、减速、传球、接球和再加速等方面。

另一个变化方案是缩小“公牛”跑过的中间区域。“公牛”必须面对并避开斗牛士；在更广阔的空间里，“公牛”依靠起始位置和能力水平，可以轻松地将斗牛士甩在身后。需要注意的是：方案中附加的条件应反映该方案所需产生的特定结果。每一次比赛中每隔一段时间都应暂停，而且应向运动员提问，这样才能让他们反思自己的行为，从而改善学习效果。

以训练为主的学习方式（展示了技术在学习过程中的重要性）和在实战中领悟的学习方式（展示了实际比赛是学习过程的核心要素），都能给运动员带来益处。计划发展的现实情况是，上述两种方法都各有优缺点，因此这两种方法都应被包含在学习任何技能的早期阶段的计划中。结合两种学习方法的计划确保了运动员在开始形成个体技术差异的同时，知道如何使用技术及何时是最佳时机。

引导发现法

引导发现法是倾向于将训练和实战方法相结合的一种执教方法。通过这种方法，教练建立一个训练或练习模式，然后通过提问来引导或塑造运动员的学习过程，从而影响其训练表现。有效的提问是指，能引导运动员关注技能表现的某一方面的问题。问题要么关于决策过程，要么关于某一动作或技能执行的技术方面。

在此阶段，教练向运动员提供反馈的方式也需要改变。当运动员发展能力时，通常需要较少的反馈，但需要教练提高指导和反馈的精度。提问是使运动员专注于自身表现的一种特别有效的方法。例如，当利用实战来提高跳跃高度和灵敏性时，教练需要通过有效的提问来刺激运动员对实战和展现的动作进行思考，以促使运动员学习并提升他们的技能。

提出有效的问题

教练应向运动员提出一些能够增强意识和提升责任感的问题。优先提出以下问题。

- 你这次做了什么不同的事情？
- 你做这个动作的感受如何？

接下来提出以下几方面的问题。

- 你通过关注什么地方来帮助自己决定朝哪个方向运动？
- 在你下落时，何时感觉脚跟是离开地面的？
- 当你向上跳时，认为你对地板的作用力有多大？

或要求运动员进一步做出以下解释。

- 告诉我更多关于你在高翻拉动作中，重量在脚上的分布情况。
- 详细描述当你感到重心由脚跟向前移动时，杠铃杆的具体位置。

对于经验较少的运动员，教练可以将他们的注意力导向一个特定的焦点，将具体反馈与指导运动员关注的训练要点结合起来。

对于有经验的运动员，教练可能需要关注并遵循运动员的兴趣。有时，一个有经验的运动员会使教练意识到一些教练看不到或没有关注到的事情。例如，运动员可能会说“感觉并没有那么强烈”或“与右脚落地相比，我感觉左脚落地的平衡性更差一些”。

试着根据运动员的描述来设计等级评定量表，避免运动员对自己进行评判。例如，如果1是根本没有推力，10是能给予的最大的推力，请运动员在重复练习中对给地面的推力进行等级划分。

教练应使用自己的眼睛和耳朵，感受运动员的意图和动作。

给运动员时间去回答问题，特别是当运动员渐渐习惯于回答问题时，考虑让运动员养成另一种习惯，即让运动员自己得出问题的答案，而不是由教练直接给出。

技能学习的自主阶段

学习金字塔的顶端是技能学习的自主阶段，当技能执行自动化时，运动员很少或根本不需要有意识地思考。事实上，许多人认为，如果高水平的运动员在运动中有意识地思考如何执行自动化的技能，那么对他已经掌握的流畅且有效的动作可能会产生干扰。

然而，许多运动员能够从重温练习阶段获益，并通过有意识地调整一些技术来使其得以精进。例如，当运动员进行快速伸缩复合训练时（第9章），随着训练的复杂性逐步提高，运动员可能需要重建落地技术。正如接下来所介绍的，自主学习阶段并不是只适用于经验丰富的运动员。学习一些简单的动作技能时，可以很快进入自主学习阶段。随着技术的复杂性增加，运动员将会退回上一学习阶段，直到运动员达到特定动作要求的能力。

当学习进入高级阶段，运动员通常不需要从教练那里得到关于如何执行某项技能或技术的反馈。教练若给出反馈，反馈必须是精准和有针对性的，能给运动员的运动行为带来有意义的变化。例如，在力量房里，反馈可能需要和关节运动的时机联系起来，对于已经进行了合理的渐进的力量训练的运动员来说，关节运动的时机可能会受杠铃杆上渐增负荷的影响。

事实上，在这个阶段，教练旨在帮助运动员确定改进的具体要求。教练需要利用运动员对自身的了解来推动这个进程。在学习的这个阶段，向运动员提问，和运动员探讨他们的回答是执教过程的重要组成部分。

就速度和灵敏性运动而言，如表7.9所示，一名足球运动员现阶段的训练是以实现动作为基础的，换句话说，在比赛情景下通过专项技术的应用来提高运动表现水平。运动员在开放的训练环境中接受挑战和完善技术之前，必须能先自动实施一些必备技术。这样运动员才能够专注于环境的特殊性是如何影响技术的熟练运用的，而不是关注技术本身。

特别是当运动员需要应对以下3种环境刺激时，这些环境刺激将最终影响运动员做出与熟练运用技术有关的决策。

1. 位置刺激：对手、队友与球的位置。
2. 速度刺激：球员或球的移动速度。
3. 加速数据：速度变化的速率及其对球的移动或可用运动空间变化的影响。

有证据表明，只有进行开放的和基于实战的训练，才能有效地提高能力，并最终有效地使用这些技能。

为了提高运动员在运动情景中实施娴熟动作的能力，在开放训练中需要关注运动专项的训练。技术执行者专注于眼下正在做的事情，而体育发展专家关注的是事情是如何完成的（如运动员是如何移动的）。训练可以高度整合，并形成专项运动。在实践中可以适当使用高级别的变式，但这需要广泛和随机组合的训练。

通常情况下，变式可通过移动技术练习来实现。移动技术练习之前一直是热身和准备活动中专项动作技能练习的重点。例如，在功能性力量训练课程中，过顶蹲是一项能很好地发展整个动力链功能性姿势控制能力的练习。在运动员可以熟练、轻松地完成该动作后，过顶蹲成为一项极好的强化练习。它涉及充分的动作活动范围和神经肌肉的激活，可作为一堂功能性力量训练课上其他（负重）练习的热身动作。同样，在涉及大量跑步活动的运动课程的准备阶段，可以使用全程最

表7.9　发展足球开放训练的必备技术

目标	动作模式	必备专项动作技术	训练实例	观察分析
起始	向前 向一侧 向后 变向	从以下几个动作开始加速：基本运动姿势、交叉步、髋部转动、后撤步、45度至180度的转身变向切入	在运动区域内，防守球员必须紧跟进攻球员。进攻球员对进入禁区的球做出反应	球员在开始运动时有没有选择恰当的技术，有没有实施恰当的技术
转换	争夺 向后移动 减速 斜向运动	侧滑步中伴随转髋 后退步 通过制动动作减小步长至运动位置 交叉步，斜向后退	3对1和2对1的比赛：进攻球员从中线开始运动，将球带到球门线才能得分，在得分之前必须进行一次、两次或三次传球	球员相对于对手的站位是否恰当，球员是否能对正确的提示做出什么时候、向哪个方向移动的反应，球员是否使用了恰当的技术
实现	加速 最大运动速度	从不同起始位置加速 从加速中过渡	进攻球员带球突破防守，将球回传给队友后，转身向斜传的空位冲刺20到30米。进攻球员控球，将球传给边锋，转身再加速进入禁区实现传中。防守球员必须对进攻球员的动作做出反应，但不能离开防守区	球员对球做出的反应是否正确，加速技术是否正确，最大速度技术是否正确

大速度跑的技术训练来激活和调动关节肌肉组织。

训练原则

本章重点介绍了动作技能的渐进式学习过程。为了发展技术动作的生理－力学素质，制订训练计划时需要遵循使身体能适应训练刺激这一训练原则。训练应建立在一系列系统活动或系统练习的基础上，以提高与运动表现相关的身体素质和技能。所有的训练效果都基于训练能引起机体各方面的变化，而每一种变化都取决于训练的类型、强度和持续时间。

本书始终专注于一个理念：训练与学习同等重要。这是在制订训练计划时需要谨记的一个重要概念。每一次练习对运动员来说都是一个学习的机会。运动员的生理能力需要以某种方式进行超负荷训练以刺激发展。这种超负荷训练的性质取决于训练刺激的性质，训练刺激将根据运动员训练的目标进行分级。

神经肌肉系统和相应亚细胞的组成成分以非常特定的方式进行适应，但适应只限于训练负荷（训练量和强度相互影响）对其提出的要求（适应性压力）。本书的前几章讨论了每一种特定的生理机制如何对一个积极的压力源做出具体的回应。有关这一过程的更全面和更详细的解释，请参考斯通和桑兹的著作[5]。

本章小结

前面几章关注的是人体是怎样产生运动

动作的。第6章探讨了评测姿势控制的概念，为初始方案的设计提供了一些基本分析方法；详细介绍了可以逐步采用的训练方法，这些方法可以提高运动员的动作水平。但运动员动作发展计划成功的关键，不仅在于训练计划的内容，还在于在训练计划中如何将这些训练方法结构化和系列化，最终使学习和适应过程最优化。

本章依据运动员的学习阶段和训练状态，探索了基于个性化训练需求的课程设计的几个关键点。这些关键点不只在一对一的训练中重要，在团体训练情景中同样重要。事实上，尽管运动发展方面的专家可能会与一个团队合作，但仍需注重的理念是：如果运动员想要在体能上取得进步，那么他们需要被区别对待。

如果试图将一种技术发展为运动专项技能，并在压力下有效使用，训练中的环境控制就显得很重要。这种控制可通过采用更开放的环境（受外部因素影响）或引入可强化战术意识和技术理解的比赛来实现。

能力是决定何时进一步发展技术，或何时对技术提供额外挑战的关键性决定因素。能力是运动动作控制成功教学的重要主题，教练可以依据运动员的能力，提高或降低动作的复杂性和强度。随后章节将探讨相关训练方法。

第8章

提高跑步速度和灵敏性

在赛场上，竞争日趋正规化，训练方式不断发展，因此运动员能够不断进步，运动表现水平也不断提高。事实上，大多数运动已经变得更加灵敏。现在，运动表现的好坏常常取决于运动员所能达到的运动强度。

在集体类项目和进攻性项目中，跑步速度和灵敏性已被证明与比赛紧密相关[1]。在许多体育运动中，跑步是运动的基本形式，因此被认为是一种基础的动作技能。* 跑步是一种反弹式动作模式，包括单腿支撑（脚与地面相接触）与腾空两个相互交替的动作时相，腾空这个时相包括从支撑脚脚趾离开地面到另一条腿开始支撑身体。相比之下，行走没有腾空阶段，支撑时相在单脚触地和双脚触地之间交替进行，取决于循环动作的步骤。因此，行走不是一种反弹式动作模式。

在提高跑步速度和灵敏性的过程中，技术和技能是相互关联的。事实上，一名运动员的跑步速度通常被认为是一种线性概念，取决于实现高速运动所需的技术性技能和身体能力[2]。灵敏性可以被理解为，在应对一个或多个刺激时，实现突然改变运动方向、速度所需的技能和能力[3]。

从基础角度来说，跑步速度和灵敏性是神经肌肉的技能，取决于运动员使用（或对抗）力量的能力；也就是说，它们是运动员功能性力量的运动表现标志。在运动场或球场上，这种力量在运动中得以使用，而且正确的指导可以改善每一个运动员的表现水平。了解动作及其随运动环境变化而变化的方式，以及运动员的发展水平，是跑步速度和灵敏性发展计划的关键。

本章有三个方面的内容。第一，介绍跑步速度和灵敏性的生物力学原理，使教练能够了解提高运动员跑步速度和灵敏性需要改变的因素。第二，本章介绍了一些基础的技术案例，这些案例可以被用来分析和提高运动员在动作中需要使用的技能。第三，本章提供了一些技能训练的实例，可帮助运动员达到运动项目所要求的技术水平。

*根据第3章探讨的内容，掌握基础动作技能是在特定运动环境中应用它们的前提。相反，熟练程度不足被认为是运动员不能参与所安排的运动或从中退出的主要原因。

跑步步态周期

许多资源集中于旨在发展跑步速度[4]和灵敏性[5]的训练之中。在跑步步态周期中，手臂动作会影响腿的运动速度。

周期性和有节奏的运动分为3个阶段。

1. 驱动阶段：一只脚推离地面，对侧的膝盖向前运动。
2. 腾空阶段：双脚都离开地面。
3. 触地阶段：支撑脚与地面接触。

当后侧腿在身体的后下方充分蹬伸时，前腿膝盖向前运动，在前腿脚踝向身体前方运动时，后腿向前运动带动脚踝向臀部移动。脚踝在空中摆动和与地面接触时保持背屈状态。

步幅指的是前脚脚趾到另一只脚与地面接触点之间的距离，它的大小取决于向地面施加的推力大小。在短跑运动中（图8.1），目标是保持重心位于脚与地面的接触点的前方或上方。

跑步的速度影响了跑步技术。短跑（图8.1）与慢跑（图8.2）不同。在短跑运动中，脚跟不与地面接触；脚掌的球形区域接触地面，脚尖踮起。在慢跑运动中，勾脚尖被认为是一种节省体能的跑步方式。更多的跑者使用的是全脚掌触地模式。

图8.1　短跑步态周期：a. 支撑；b. 脚趾离开地面；c. 腾空；d. 触地

图8.2　慢跑步态周期：a. 支撑；b. 脚趾离开地面；c. 腾空；d. 触地

如果不能理解原理，那么练习便仅仅只能起到训练作用，而无法将其改善、简化（按照基于能力区分的原则）或融入有效的训练计划中。坚持全面的训练方式的教练将会在运动员身体素质强化方面取得最大的成功。

跑步速度和灵敏性的生物力学原理

为了了解跑步速度和灵敏性，教练不仅要了解运动员的技术，还要了解技能执行的目标。这些技术和目标基于运动员对力量的操控能力，因此教练需要理解第4章所介绍的动量、速度、加速和减速的概念。运动员的姿势控制能力（第5章）在相对支撑点适当移动重心以及优化肌肉组织的长度、速度和张力的关系方面，也是十分重要的。

姿势控制有助于运动员保持稳定，使运动员在执行特定动作时能够更轻松地实施加速或减速。例如，在加速运动的开始阶段驱动腿完全伸展。事实上，稳定性和灵活性之间的相对关系十分重要，运动员可以通过在不同的姿势下进行加速来加深对这方面的理解。

跑步是一种周期性运动，由一系列的对侧跨步动作组成，这些跨步使运动员的身体作为一个“抛射体”向前、向上运动。跑步速度是一个相对的概念，与运动员在一定时间内运动的距离有关。因此，分析运动专项中所需要的跑步速度的需求，是一种项目相对强度的概念。如果马拉松选手能在26英里365码（1码约为0.91米，此后不再标注）

的路程中保持最快的速度，那么他将在比赛中胜出。同样，如果棒球手能把球打到一垒，那么他将有希望获得胜利，而速度较慢的选手将会出局。

运动要求的强度越高，动作所需的速度便越快，运动员运动时向地面施加的推力也需要更具爆发性。按强度分，跑步通常分为冲刺和次极限跑步。冲刺通常要求运动员在短时间和短距离内保持最大加速度和最大速度。本章重点介绍这一专项跑步技能。

除了田径，专项运动速度很大程度上取决于动作速度和方向的变化，这便产生了变速能力的概念：反复冲刺和在不减速的情况下高效改变方向的能力。在田径赛场上，变速能力是运动成绩的决定因素，体现在时间和移动，以及教练们的分析和对精英、非精英选手测试的验证上。通过对橄榄球、曲棍球、足球等运动项目的分析也可以得出同样的结果[3]。

因此，在大多数运动情景中，变速能力或灵敏性作为运动员的身体素质之一，与最大速度一样重要。事实上，在网球和排球这样的对抗性项目中，灵敏性是运动员的关键动作技能。不同运动所需要的灵敏性是不同的（图8.3）。例如，在诸如足球和美式橄榄球这样的进攻性运动项目中，对运动员的要求是有能力加速进入对手所占据的空间（在一个擒抱情景中），或创造一个空间优势（移动进入和占领可用空间）。诸如排球和网球这类体育运动，则略有不同，运动员为了拦截和击回一个球，需要移动到一个适当的位置，然后减速以保持身体稳定，最终将球击回。

许多运动员需要达到最佳速度，并在能力之内保持最大速度，且能够控制关键的竞技动作技能的执行。例如，三级跳远运动员的起跳速度并不是运动员在起跳前所能达到的最大速度，而是运动员在助跑过程的最后三步中，控制身体重心的同时，通过向地面施加推力，在有效地改变重心运动轨迹（即跳跃）情况下的速度。如果运动员的最佳起跳速度是7米/秒，那么花费大量的时间来使运动员达到10米/秒的最大速度将会是徒劳的。这并不意味着运动员不应该针对最大速度进行训练，因为通过提高运动员所能达到的最大速度，可以增大运动员所能控制的最佳速度的范围。这里的重点是要考虑在训练计划中对最大速度的强调程度及其在运动员整体发展计划中应处的位置。

短跑教练皮尔西·邓肯常常这样介绍冲刺与普通跑步之间的区别：“你在地面上跑步，而冲刺时你在空中。”当运动员通过向地面施加冲量来加速时，重心的运动速度增加，而运动员与地面接触的时间减少。一名训练有素的运动员通常需要0.6秒来产生最大力量，但是通常情况下，运动员与地面接触的时间小于0.2秒（次极限跑步），在短跑冲刺时则少于0.1秒。冲量和爆发力是运动员需要发展的重要训练因素。动量变化是爆发力及其作用时间变化所产生的结果。

普里斯克[2]说明了应该根据每一个变量影响运动表现水平的方式来分析跑步的力学原理。例如，物体（如运动员的身体）运动的速度越大，其加速和减速需要的力量也越大；在一定的时间内（例如，运动员在加速进入对手场地时可用的时间），需要产生的动力越大，所需要的冲量便越大；运动员在克服阻力（例如运动员的体重带来的阻力）时想要达到更大的最大速度，便需要更大的力量。

图8.3　专项速度是动作速度和灵敏性结合的产物

发展高速动作的能力，需要运动员通过一系列爆发力输出和肌肉动作训练，实现对力量的熟练运用。发力率的提高主要依赖于支撑爆发力发展的拉长-缩短周期来实现（第9章）。在跑步运动中，关节的刚性，特别是踝关节的刚性，对腿部肌肉（特别是臀部动力链末端的髋伸肌）产生最大的爆发式反应十分重要。这些力量可能远大于体重带来的阻力[6]，并通过单腿姿势进行传递。因此，在发展过程中，为了防止运动损伤，运动员的技术水平和功能性力量需要同时提高。

在发展加速能力阶段，力量不是需考虑的唯一因素。例如，在减速时，对于快速有效地克服惯性，减少运动员向前运动的动量，同时避免受伤，离心力量（特别是大腿膝伸肌的离心力量）的作用十分重要（牛顿第一定律）。当碰撞常见于运动中时，输出高爆发力（大力、高速）的能力十分重要，因为对手必须根据运动情景进行减速（防守或拦截）或加速（进攻碰撞）。

动作效率是身体在代谢活动中的力学作用的结果，这种代谢活动依赖于运动员的姿势控制，特别是重心与支撑面之间的关系。物体的稳定性（物体由于外力而对运动产生的阻力）与不稳定性（物体的运动能力）成反比，在涉及多个加速位置的运动中，这是一个重要的概念。

为了从静止状态开始加速，或为了在运动中改变运动方向，运动员必须能在支撑面之外移动重心（运动到一个更加不稳定的位置）。而减速则与之相反，即运动员需要将重心移回支撑面，以增加自身的稳定性。减速可以通过减小步幅、增加步频（脚与地面接触的次数）和增大脚与地面接触的面积（增大摩擦力）来实现。随着身体逐渐直立，重心降低，回到支撑面。

加速需要的是不稳定性（图8.4a），在预定的运动方向上，重心需要移动到支撑面之外。减速需要的是稳定性（图8.4b），重心需要移回支撑面，并且必须增大摩擦力以减少前进的动量。

专项跑步需求

在百米短跑比赛中要求以最大速度跑动，而在任何运动情景中，冲刺阶段的技术模式都基于这一点。然而，在田赛运动中，速度的应用通常与线性径赛中速度的应用截然不同。在为运动员制订一系列发展计划时，这一因素至关重要。

从事某一专项运动的人应该熟悉该运动或赛事的活动分析方法。在许多情况下，已发表的文章为教练提供了这方面的依据，这些文章展示了加速的次数、最快冲刺次数、过渡动作的次数，以及这些动作的顺序、距离和模式。理解这种模式很重要，因为每项活动所需要的技术是不同的。同样重要的是，运动之间的过渡应该是流畅且高效的。

表8.1展示了在百米短跑比赛中，动作模式包含的几个阶段。这里通过相对距离来说明比赛的阶段，而在现实比赛中，这些阶段应该按照时间划分（例如，一个运动员应该在两秒内达到最大加速度）。这种分析方

图8.4　不稳定性、稳定性和速度的关系：a.加速需要不稳定性；b.减速需要稳定性

表8.1　对2009年柏林世锦赛男子百米短跑决赛的分析

开始	加速阶段		过渡阶段		最大速度阶段				速度耐力阶段		
通常在20到40米					阶段1：通常在40到60米		阶段2：通常在60到80米		通常在80到100米		
	反应时间（秒）	20米（秒）	0到20米的平均速度（米/秒）	40米（秒）	20到40米的平均速度（米/秒）	60米（秒）	40到60米的平均速度（米/秒）	80米（秒）	60到80米的平均速度（米/秒）	100米（秒）	80到100米的平均速度（米/秒）
博尔特	0.146	2.88	6.94	4.64	11.36	6.31	11.98	7.92	12.42	9.58	12.05
盖伊	0.144	2.92	6.85	4.70	11.24	6.39	11.83	8.02	12.27	9.71	11.83
鲍威尔	0.134	2.91	6.87	4.71	11.11	6.42	11.70	8.10	11.90	9.84	11.49
贝利	0.129	2.92	6.85	4.73	11.05	6.48	11.43	8.18	11.76	9.93	11.43
汤普森	0.119	2.90	6.90	4.71	11.05	6.45	11.49	8.17	11.63	9.93	11.36
钱柏斯	0.123	2.93	6.83	4.75	10.99	6.50	11.43	8.22	11.63	10.00	11.24
伯恩斯	0.165	2.94	6.80	4.76	10.99	6.52	11.36	8.24	11.63	10.00	11.36
巴顿	0.149	2.93	6.76	4.85	10.58	6.65	11.11	8.42	11.30	10.34	10.42

式更加个性化。

- 反应时间（RT）。这个阶段包括刺激产生（发令枪发令）与运动员首次做出反应（由起跑器上的传感器采集的信号）之间的延迟时间。在诸如百米短跑这样的直线短跑运动中，这个阶段可能与最终用时无关。教练应该注意到，反应时间不被认为是特别可训练的[7]，但是需要将其与反应能力区分开来。反应能力是神经系统兴奋的产物，可以通过反应性和爆发性力量训练来提高（例如快速伸缩复合训练，可参考第9章）。在涉及灵敏性的运动情景中，反应时间的训练是不同的，并且是“技能灵敏”的重要组成部分。
- 加速阶段。在这个阶段，运动员必须克服从站立姿势开始启动的惯性，以达到最大加速度。这个阶段通常需要8到10步，或15到20米。注意，运动员在这之后仍然会加速，但是加速度减小，如表8.1所示。
- 过渡阶段。这个阶段通常会持续2到2.5秒，表现了纯粹加速与以最大速度奔跑之间的神经肌肉联系，也表现了每个阶段中不同技术要求之间的过渡。国际田联短跑教练罗兰·西格雷夫认为这个阶段对教练来说是最困难的阶段，因为运动员常常保持了太长的加速阶段，而在运动中过早达到最大速度也是不恰当的。
- 最大速度阶段。通常情况下，短跑教练将这个阶段分成两个部分。在阶段1，高水平的短跑运动员常常在40到60米达到最大速度，并保持最大速度奔跑20米左右。在阶段2，通常在60到80米，运动员在试图保持最大速度时，跑步速度会稍微变慢（注意，通常女性短跑运动员保持最大速度的能力弱于男性运动员[7]）。一些短跑运动员能够更早达到最大速度（专业短跑比赛中就是如此，例如超过60米的室内世锦赛），但是这些在百米短跑比赛中过早达到最大速度的运动员将难以取得非常短的总体用时，因为他们不能足够长时间地保持最大速度。表8.1展示了尤塞恩·博尔特在60到80米达到的平均速度（12.42米/秒），这是当时的世界纪录。

- **速度耐力阶段**。在百米短跑比赛中，尽管解说员会评论说运动员在最后20米拉开了与其他人的距离，但这不是因为运动员的主动加速，这种情况实际上并没有发生。在比赛的这一阶段，运动员因为不能保持最大速度而速度变慢。领先的运动员实际上相对于其他运动员只是减速较少，如表8.1所示。

对田赛运动员的活动分析展示了不同的加速、减速和最大速度的模式。这些模式取决于运动员所处的运动位置，以及运动员在田赛运动场上的任意时刻可利用的运动机会。追踪运动员运动过程的技术性进步，使每个运动员的个人活动档案得以建立起来，如图8.5所示。这些分析结果通常表明，田赛运动员的冲刺距离为10到30米，或者说时长为2到3秒，这意味着他们需要更迅速地达到最大速度（尽管最大速度最终不会使运动员运动得更快，也无法长时间保持），这样才能使运动效率更高。

因此，高速运动通常可以通过一个动作程序来表征，这个动作程序使运动员能够处理比赛中遇到的时间和空间问题。这种程序的典型特征是由加速到减速的转变，以及运动方向的相应变化，旨在利用空间、应对对手或是获得技术优势（更有效地执行预定的动作）。在这种情况下，专项运动的速度可以描述为以下几种类型。

- **加速**。最初的运动反应是加速，常常在运动中开始，例如行走、次极限跑步或跳跃中的落地动作。

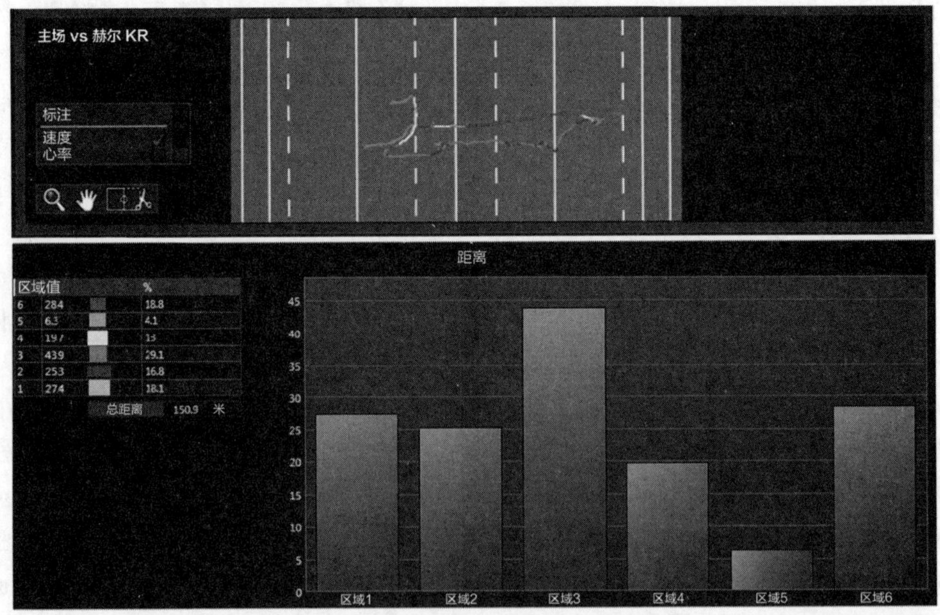

图8.5　一名优秀的橄榄球运动员在一段比赛中的移动速度简况

- 减速。在田赛运动中的许多动作程序中，空间最初是受限的，在运动几米或1秒后，快速加速之后常常是（快速）减速。减速可以使运动员获得一个更有利的位置来执行另一个动作技能（如改变方向），或让对手产生一个动作反应，以让对手迟疑，从而给自己创造相对有利的位置。
- 变向。运动员可以改变方向来利用或创建空间，以应对对手身位或运动方向的改变。
- 加速。运动员所能达到的加速度越大，就越能有效地利用空间和时间。
- 最大速度。田赛运动员通常能够在10到30米达到最大速度。运动员在创造了一个运动空间（例如突破防守线）之后，通常沿直线奔跑，因为这是他们跑到目的地（目标、得分区）的最快方式。

理解这样的动作程序是十分有必要的，因为动作的灵敏性取决于运动情景中特定时间下的特定运动环境。运动员的“工具箱”里需要有足够的“工具”（运动方法），从而使他们能够应对任何问题（本章稍后将介绍开发这个“工具箱”需要考虑的特定技术）。随着训练日益专业化，教练应该将保守的反应训练融入启动训练中。

运动的启动需要着重考虑，因为启动的有效性常常决定了运动的成功程度。因此，将决策与起始位置和力学原理联系起来是十分重要的。熟练的灵敏性动作反应的情景特性十分特殊，以至于无法忽略启动技能的感性和认知成分。基于训练内容，可以将大量可能的反应和决策情况纳入技能发展训练中[8]。

简单的训练条件（不存在空间和时间的不确定性）适用于封闭式技能，在这种情况下，技能的执行完全由运动员决定。比如在固定赛程中执行一项特定的技能，如平衡木上的运动步法。

在时间主导的运动情景中（空间是确定的，而时间是不确定的），运动员明白向哪里运动，却不知道什么时候开始运动。最简单的例子是短跑运动的开始阶段，运动员对一个外界刺激做出一系列的反应。

在空间主导的运动情景中（时间是确定的，而空间是不确定的），运动员明白什么时候开始运动，却不知道向什么方向运动。比如一个足球守门员对一个定位球（如点球）所做出的反应。守门员知道什么时候开始扑接球，但需要在点球手射门时，才能确定球的运动方向和运动高度。在网球比赛中，接球球员知道球的到达时间，但击球球员可以改变发球的速度、方向和高度。

体育运动中存在一种普遍情况——时间和空间都是不确定的，对手的位置和动作决定了运动员的运动方向和时间。进攻队员和防守队员的相对运动，取决于运动员在比赛中的决策。其他运动员的相对位置影响着可用空间和做出特定动作的相对时间。

专项跑步技能的技术模式

无论加速是从静止状态开始的或是在次极限跑步过程中的一次过渡，还是在50到60米或10到30米达到最大速度，在径赛项目和集体类项目中，专项跑动技能的技术模式都是相同的。请记住，“正确的技术”对每个运动员的作用效果不一定相同，而经验丰富的教练需要对这些技术模式进行适当的改变，以适应个人的身体素质，从而达到期望的效果。

良好的技术是运动员高效跑动和发展最佳速度的先决条件。根据物理定律和人类运动系统的力学特性，技术模式的目的是在实现最佳体位的基础上来实现目标。技能不仅仅依赖于技术，它与运动员的运动神经能力也有内在的联系，特别是与发力率相关的神经肌肉能力。运动员的发展计划应该同时提高技术水平和这些能力，以确保达到最佳发展效果。

跑步：技能的重要特征

跑步不仅仅是一项基础的动作技能。对儿童自由活动的观察表明，跑步是儿童在两点之间运动的首选方法。

当一个动作模式的所有成分被整合成一个协调一致、发力正确并且有效的动作时，便可以认为这个基础动作技能达到了成熟阶段[9]。一个有效的运动员发展计划有助于改善基础的动作模式。

大约在7岁（生理年龄）之前，通常认为儿童的跑动技能尚不成熟。在这个阶段，神经肌肉系统（也就是运动协调系统）正在快速地发展。尽管如此，儿童在这个阶段的基础跑步动作仍是自然的，其主要特征与经验丰富的运动员的技术模型没有区别。

我们可以在成人慢跑、马拉松比赛或不涉及即时动作的田径运动中观察到这一跑步动作。

本节介绍了成熟的跑步动作（基本技术特征）。这个动作常见于儿童晚期，因此本书描述的许多基础性错误常常可以在儿童跑步技能发展的过程中观察到。后文将介绍跑步的加速和最大速度阶段，以及快速跑步模式中需要考虑的技术因素的具体技术细节。

成熟的跑步动作

儿童在成熟的跑步动作的驱动阶段（图8.6），身体会保持笔直，并轻微前倾。这种前倾并不是儿童的腰部向前弯曲造成的。在

图8.6　室外游戏中，一名7岁儿童的成熟跑步动作的驱动阶段

运动的初始阶段，加速度的增大会导致身体前倾。头部保持向上，直视前方，从而使儿童能够在运动中观察到运动环境，并保持最佳的姿势。头部运动，特别是转头动作，既影响了儿童对运动路线的观察能力，也削弱了整个身体的前进动力。

手臂动作在跑步过程中十分重要。一个对侧的动作（不同侧的手臂和腿同时向前）可以防止髋部和躯干旋转。因此，腿部动作速度会受到手臂动作速度的影响。可以通过以下活动，向持怀疑态度的运动员说明这种关系。

1. 运动员慢跑，保持手臂在身体两侧不动。

2. 在收到“开始”命令后，运动员尽可能快地迈动双脚，同时保持手臂在身体两侧不动。

3. 在3到5秒之后，在收到第二个“开始”命令之后，运动员同时运动双手和双脚。运动员将会感受到腿的运动速度随着手臂的摆动而增快。

儿童在发展成熟跑步动作中常见的错误

驼背姿势（背部呈弧形），“像坐在桶里一样”的姿势。

手臂动作与腿部动作不协调。

手臂向身体一侧摆动，导致躯干旋转。

肘部以下摆动（只有前臂摆动），而不以肩为轴摆动。

膝盖向上方运动，而不是向前方运动。

脚踝没有沿直线向臀部运动，而是向身体两侧摆动。

当脚着地时，大腿向前伸展导致步幅过大（触地点与重心的距离太远）。

在腾空阶段，脚趾向下，导致落地时脚趾先接触地面。

肘部弯曲大约90度，肘部摆动时应靠近身体两侧。手臂向后摆动的同时保持躯干稳定。手臂向后摆动的动量可能会引起肘部轻微伸展。向后驱动时，肱二头肌和肩关节肌群的牵张反射会导致儿童的手臂在没有肌肉主动或随意收缩的情况下被迫向前驱动。手臂动作中的一个常见错误是手臂向身体另一侧摆动，这会导致身体出现不必要的横向转动。同样，跑步时手臂不从肩部向后摆动的儿童，可能会形成只有前臂摆动的动作，这种动作产生的爆发力较小，因此也是不正确的。

跑步步态周期

跑步运动具有周期性和节奏性的特征。在驱动阶段，一只脚推离地面，同时对侧腿的膝盖向前运动。当驱动腿在身体的后下方伸展时，膝盖向前运动。此时，脚踝仍然保持背屈状态，当其向前运动时，使其尽可能地靠近臀部。这种运动姿势缩短了转动轴（髋部）和脚踝之间的力臂，保持了角动量，增加了双腿摆动的速度。而且这种姿势也减少了消耗的能量，使运动效果更加明显。在腾空阶段，双脚都不会接触地面。当支撑腿接触到地面时便进入了触地阶段，这个阶段一直持续到驱动阶段开始。

步幅指的是前脚脚趾与后脚触地点之间的距离，它的大小取决于向地面施加的推力大小。通常情况下，步幅与运动员的力量和四肢长度有关。在儿童的成长过程中，四肢长度随着躯干长度的变化而变化，这意味着在儿童成长过程的各个阶段，步幅的变化是十分明显的。腿长与躯干的相对关系决定了运动员的最佳跑步姿势。例如，世锦赛和奥运会的200米和400米冠军迈克尔·约翰逊使用的技术不同于传统的跑步技术，就是因为他的腿长和躯干的相对关系。

在运动员发展计划中发展跑步技术

在运动员发展计划的跑步训练中，通常不会将步幅作为一项基础技术进行训练，因为这种训练常常导致步幅过大，这是一种常见的错误。在这种情况下，前脚触地点与重心的距离过大，从而减慢了身体的运动速度。事实上，在以有效的最大速度跑动过程中，重心与前脚触地点之间的水平距离应尽可能小。

相反，专注于通过技术训练强化和使用神经肌肉力量的能力，能使运动员为自己的体形创造最佳的步幅。教练应使用一些训练方法，鼓励运动员在跑步时脚的触地点在身体下方，本章随后将介绍具体案例。

运动员跑步的速度会影响最佳技术的展现。例如，在加速过程中，运动员需要身体前倾来保持重心位于支撑点（支撑脚）的前方，由此产生的力会导致身体向前加速。在快速跑步或短跑运动中，运动员不可能一直保持这种姿势，但目标是尽可能地保持重心在触地点的正上方。长跑运动的运动速度更慢，在运动员需要加速或向终点冲刺之前，身体前倾不是必要的考虑因素。在耗能更少的情况下，运动员倾向于采取一种较直立的跑步姿势。

运动速度通常也会影响触地的方式。在冲刺阶段，脚掌大部分和地面接触（通过大面积的触地来产生地面对运动员的反作用力），但脚跟不与地面接触。主导技术发展计划的教练应该考虑为年轻运动员提供清晰的指导。例如，“使用脚趾”是一个常用的指导术语。事实上，这种指导可以提醒儿童用小面积的前脚掌触地，从而减少强力触地动作的发生。信用卡原则，例如“我想要你在跑步时保持脚跟和地面的距离为一张信用卡的厚度”，这种方法可能更适合提高触地技术的水平。

在慢跑时，速度是次极限的，不需要心血管系统高强度工作，触地动作通常不同于却又类似于走路动作。通常脚跟先接触地面，然后向脚掌滚动，使整只脚与地面水平接触，最后脚趾蹬离地面。这种“从脚跟到脚趾的动作”需要消耗更大的能量，也会吸收更多的地面反作用力，这在长跑运动中是十分重要的。

例如，成年人从步行过渡到跑步的速度通常为2.3米/秒，以提高运动效率。在2.5米/秒的速度下，步频比走路时上升了44%，而且随着腾空阶段变得更加明显，步幅增加了15%。膝关节和髋关节的弯曲程度会增大，而弯曲程度会随着运动速度的增加而继续增大[10]。

一个常见的错误是驼背姿势（髋部向后伸，躯干前倾）。当运动效率不高的运动员改变运动速度时，这种姿势最为明显。因为髋部驱动受限，而且力无法通过一个弯曲的物体或结构有效传递，所以地面的反作用力不是最理想的。同样，年轻运动员在前倾时常常出现一种圆肩姿势，这种姿势会影响肩部在矢状面上的运动，因此这种姿势是不被鼓励的。诸如举着实心球（药球）或横杆的跑步训练（图8.7）可以有效地矫正这种姿势。

在对侧的手臂和腿向前摆动的动作中，应该保持屈臂快速摆动。腿部动作与手臂动作的不协调会导致运动的僵化和不顺畅，使运动员在水平面上出现一个可见的旋转动作。当驱动腿向前运动时，膝盖应该向前运动，后脚蹬离地面。同时，脚踝背屈，使膝盖在腾空阶段向脚趾靠近。跑步的速度越快，脚踝距臀部的距离就应该越近，从而使双腿快速摆动。从后侧力学（通过推动驱动腿进行运动）到前侧力学（摆动腿加快与地面接触的速度）之间的转换应该是顺畅的，并且在没有支撑的腾空阶段，两腿之间应该有一个主动的转移。在腾空阶段、着陆准备阶段和触地阶段，脚踝应该保持背屈状态。

在这个动作中，年轻运动员所犯的错误常见于膝盖和脚踝的运动。例如，当运动员准备落地时，可能会使脚趾指向地面（脚踝处于伸直状态），随后脚趾接触地面，这意味着运动效率低下。随后，臀大肌和小腿肌群

图8.7　跑步姿势训练，例如举实心球跑步训练（a）、举横杆跑步训练（b）都能有效地矫正运动员的跑步姿势

的动作容易受到抑制。

膝盖的向前运动也很重要。膝盖向前运动时，脚踝应该被拉向臀部，而不是简单地抬高。通常情况下，高抬腿动作会使运动员由身体前倾变为直立或后仰状态，特别是那些腘绳肌紧张，并且髋屈肌过度活跃的运动员。一些传统的教学方法，如后踢腿和高抬腿训练，造成了不恰当的膝关节姿势，这对运动员的快速奔跑运动非常不利。尽管这些训练常常被吹捧为很有帮助的动态伸展训练，但教练可以使用其他替代方法来实施这些伸展运动，并避免运动员形成不恰当的姿势。

形成成熟的跑步动作

随着儿童逐渐形成成熟的跑步动作，腾空阶段变得更加明显，他们会经历几个阶段，步幅会变得更加均匀，驱动腿在推离地面之后的伸展动作变得更加完整。教练还可以鼓励儿童尝试不同的运动方式，以及在不同方向和不同速度的情况下，尝试用使跑步更加高效的趣味活动来帮助儿童形成正确的动作。这种训练可以在许多比赛环境和特定的运动环境中进行。

小跑、高跑、快跑、慢跑、大步跑、小步跑训练都适用于人数适当的儿童群体，这些儿童可能处于跑步技能发展的不同阶段。这个训练旨在让儿童了解跑步方向和速度的变化是如何影响跑步技术的。这个训练同样可以增强儿童的空间意识和耐力。

在让儿童将动作与技术联系起来的过程中，教练需要鼓励儿童思考他们身体的不同部位（包括前脚掌、躯干、头部和手臂）在不同运动姿势中的作用。询问（如“请告诉我”或“请为我展示一下”）可以有效地帮助

小跑、高跑、快跑、慢跑、大步跑、小步跑训练

练习要点

- 运动速度会影响运动技术。
- 保持头脑清醒。
- 保持身体笔直。
- 保持手臂屈曲、快速摆动，肘部弯曲约90度并靠近身体两侧。
- 后腿向后下方蹬地。

器材

放置标记盘，确定游戏区域。游戏区域的具体大小取决于运动员的数量，一个15米×6米的区域，通常适合容纳8到10名儿童。

组织过程

儿童在游戏区域中分散开，游戏区域应足够大，从而避免儿童在运动时发生碰撞和速度受限。教练引导儿童在慢跑的同时了解其他人的位置；儿童在跑步时需要抬起头。要求儿童向无人处跑，以避免在活动中与其他人发生碰撞。

当儿童跑来跑去的时候，教练每隔5到6秒发出一次指令，引导儿童以不同的方式跑步。

- 小跑：儿童在跑步时弯曲身体，形成下蹲的姿势。
- 高跑：儿童尝试保持身体直立的跑步姿势。
- 快跑：儿童以最大速度跑步。
- 慢跑：儿童慢跑，但不要行走。
- 大步跑：儿童在跑步时尽自己所能地增大步幅。
- 小步跑：儿童在跑步时尽自己所能地减小步幅，以达到最大步频。

教练应该交替进行高要求和低要求的跑步动作。在30到45秒之后，进行短暂的休息，在休息时间，儿童要思考和反省自己的运动方式。

儿童确定身体随速度变化而发生的变化，并帮助他们思考变化的有效性，从而提高他们的跑步水平。

虽然跑步是活动的主要焦点，但空间意识可以通过改变可用空间得到强化。儿童需要有足够的空间来全速奔跑，但如果没有足够的空间，他们便需要在跑步时避免与他人发生碰撞。视觉受损的儿童也可以融入这种性质的训练中，只需要用丝带或绳子将他们和视觉正常的儿童连在一起，让他们合作完成训练。

为了完成高质量和高速的运动，并增强耐力，多次短距离冲刺训练的效果要优于少次数的长距离冲刺训练，而且儿童在前一训练过程中恢复得更快。

想要提高儿童在特定情景中成熟跑步动

作的速度和灵敏性，简单易行的室外游戏不失为一种高效的方法。运动员在进行多向跑动时需要决定运动方向并向目标加速，随后可能需要减速并改变运动方向，然后再次加速。鼠兔游戏可以以一种有趣而互动性强的方式来发展这些技能，从而鼓励儿童尽自己所能地执行技能。毕竟，如果有人在和儿童赛跑，或是追逐他们，儿童就会有动力加快跑步速度和快速改变方向。

这种游戏常常会导致教练专注于游戏结果（得分者、分数、获胜者），并导致儿童专注于得分的策略上。但事实上，游戏的重点应该放在儿童的运动方式上，而不是运动的时间和地点。教练必须使用有效的提问策

鼠兔游戏

练习要点

- 抬头，从而能够观察周围的运动环境。
- 身体保持笔直，通过整个身体前倾来向前加速，保持腹部收紧。
- 通过步幅不断变大和前脚掌蹬地来向前加速。
- 通过身体后仰、减小步幅、用全脚掌或脚跟推地来减速。

器材

- 使用标志桶标记运动区域。
- 使用垫子或其他器材来标记安全区。
- 使用腰旗或衬衫来区分两队队员。

组织过程

设立一个有边界的游戏区域，参与队员不可出界。这个区域要足够大，可以让队员在跑动时不受限制。但游戏区域也不能过大，以使队员在运动时必须注意躲避其他人。在游戏区域内标记安全区，安全区的数量和大小取决于可用空间的大小和参与游戏的儿童人数。这些安全区可以作为老鼠或兔子的家。将儿童分为两队：兔子队和老鼠队。

儿童在游戏区域内均匀散开。教练说明游戏开始的同时，告诉儿童可以按照自己的意愿随意运动。如果需要进行改变的话，可以让儿童进行跑、走、跳和单腿跳跃等运动。

教练喊出“老鼠”或“兔子”。当喊“老鼠”时，兔子必须跑到安全区，而老鼠必须努力抓住兔子；当喊“兔子”时，老鼠必须在兔子抓住他们之前跑到安全区。安全区能够容纳的兔子或老鼠的数量应有限制，以增加游戏的挑战性（根据设备和儿童的数量，每个安全区最多容纳一或两个人）。这个规则迫使儿童做出选择，并快速运动到安全区。

一旦有一个队员成功进入安全区，那么逃跑队得一分；而如果有一名队员被抓住，那么抓人队得一分。最先得满20分的队伍获得胜利（这个数字可以根据儿童的数量进行调整）。

略，让儿童确定加速和减速的有效方式。

可以对游戏进行变形，即将儿童平行地排成两队，并且在距离兔子大约20米和距离老鼠大约20米远的地方各设置5个均匀分布的标志桶，标志桶围成的区域为老鼠或兔子的家。这一设置会使儿童产生更多的直线加速运动，而减少反应性决策，但对于更重视发展跑步速度和技术，而不是侧重于躲避、多向速度和决策的教练来说，这是一种可行的方法。

推广专业的跑步动作

可以将跑步速度看作力量和神经肌肉系统协调运作的产物。如第1章和第2章所述，神经肌肉系统和骨骼肌肉系统的相互作用旨在形成正确的姿势，以运用和传递力量，这可以作为一项技术。因此，在运动员的运动发展计划中，速度发展不仅仅意味着简单地改善运动员的跑步模式，技术必须和发展运动员产生最大力量的能力相结合。因此，技术发展速度必须与运动员所能达到的发力率提升同步考量。

与所有的训练形式一样，必须有一个长期的计划过程，使儿童的技能能够从成熟水平发展到更高水平，从而形成更高水平的运动表现能力。这个计划的结构必须经过优化：从结构固定的游戏变为经过深思熟虑的训练，并将与技术能力与生物运动能力的发展共同纳入训练计划之中，以发展专项的运动能力。

发展加速技术

与任何高级技能相同，运动员加速动作的形式和感受，可以从基础技能（在成熟动作的技术模型中进行概括）发展为自主完成的技能，这是高水平技术模式的良好特征。为了完成这一发展过程，必须营造合适的学习环境，运动员必须要有足够的体能来满足技能执行的需求，努力达到最高水平。表8.2展示了运动员提高加速能力的过程。

对世界级百米短跑比赛的分析表明，优秀的短跑运动员在跑了20米之后，他们的速度至少会达到最大速度的80%。如前文所述，许多集体类项目运动员需要在短时间或短距离内达到最大速度。

无论运动环境如何，运动员都需要增加水平推力来克服惯性，提高输出功率以实现加速（图8.8）。当运动员有这种意识时，便能最大限度地理解加速力学。运动员需要使用一种运动姿势，这种姿势使其能够用力蹬地，从而利用地面产生的反作用力向前运动。这个动作意味着运动员与地面接触的时间增加了，步频也变得更快了。事实上，在加速的前几步中，教练能够提供给运动员的最有效的提示，就是让运动员专注于蹬地。

第4章探讨了有效的加速技术的物理原理。运动员要克服惯性，产生水平动力，需要向地面施加等量的水平力和垂直力。出于这个原因，加速运动通常需要运动员做出明显的前倾动作，并从一个重心较低的姿势开始加速，随着重心位置不断升高，运动员最终可以达到最大速度。许多运动要求运动员从不同的姿势开始加速，如从直立姿势、屈体姿势（如美式橄榄球中后卫的三点起跑姿势，或短跑运动员使用助跑器时的姿势）开始加速。旨在发展运动员运动速度的训练，要使运动员处在最佳的姿势，以在前三步中就获得优势。

表8.2 提高加速能力的过程：运动员发展模式

渐进发展的标志							
形成			发展			改善	
预备姿势：双脚前后开立，降低重心，身体前倾	推离地（向下和向后的动作）的能力	使身体保持执行线性的前倒启动技术，让重力辅助加速运动	在收到各种启动信号时快速反应和快速加速	能够保持蹲踞式起跑姿势（前腿弯曲90度，后腿弯曲120到140度）并从该姿势开始加速	用短促有力的推地方式起跑并保持平衡和控制不断变大的步幅	后脚快速而有力地推地（前脚掌触地），以开始第2步	双脚交替推地
最有力的脚在前，后脚与前脚距离保持同肩宽，对侧手臂和脚同时运动	从静止状态（站、躺、跪等）开始加速	后脚低位驱动身体运动	能够保持三点起跑姿势并加速	在身体保持有效的前倾姿势下，后腿在驱动阶段快速向前运动	从起跑姿势开始起跑时，保持身体前倾和降低重心	在开始的5到8步，保持较低的脚的运动高度，并以一种向后下方的活塞式动作向后蹬地	运动员从起跑过渡到加速阶段，然后进入充分的途中跑阶段
对简单的启动刺激做出反应（如“开始”的口令）	展示平衡和可控的前倒启动（低角度）动作					通过平稳过渡的方式从第7或8步开始逐渐将身体重心升高，在第14或15步时升到最高	

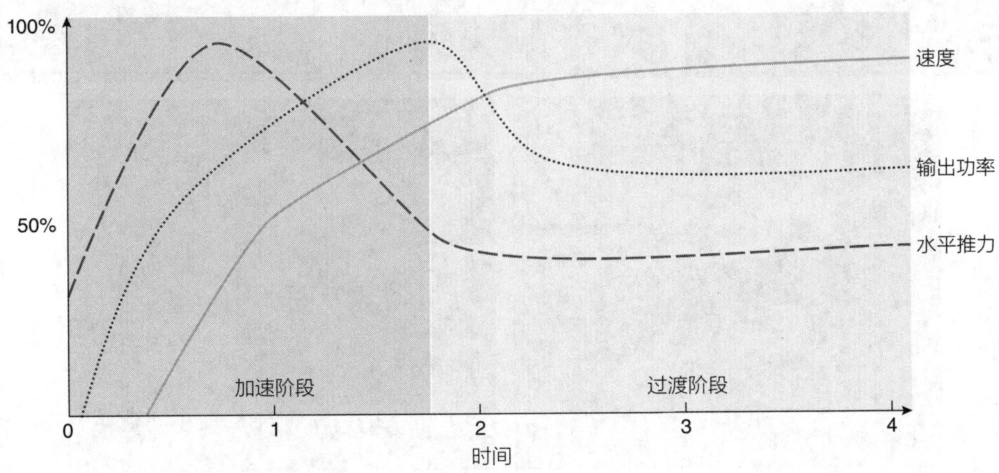

图8.8 在启动冲刺的阶段，水平推力、输出功率和速度之间的关系

在运动的开始阶段，运动员所处的位置必须产生两种结果。第一，运动员的重心必须在支撑面的前方。第二，臀部必须处于恰当的位置，使一条腿能够有力地向前移动，同时另一条腿能够用力伸展，从而对地面或助跑器产生一个推力。

由图8.9和图8.10可以看出，在不同的姿势中，肩膀总是处于手的前方或上方。在三点起跑姿势中，这一姿势可以通过将臀部抬升到肩膀的高度，并通过前倾身体来协助完成。当运动员处于这种姿势时，重量完全分布在手指上，运动员会时刻感到身体将要向前运动。运动员的重心在支撑面之外，此时，运动员的身体是不稳定的。当运动员开始向前运动时，后腿用力推地，从而快速小步幅地向前运动，使前脚掌的球形区域可以再次接触地面。同时，前腿的推地时间较长，从而在下一次触地之前达到最大的伸展幅度。球类运动员通常从站立姿势开始加速，比如运动准备姿势（图8.11），这一姿势可以是静态的也可以是动态的。运动准备姿势是一个起始站姿，很多运动都以此作为在多方向启动的准备站姿。保持这个姿势，可将自身重量平均分配在左右脚之间，以及肩部和髋部放平，运动员会准备好朝任何方向运动。在这种姿势中，运动员较难在目标方向上获得不稳定性（一种前倾姿势，把重心落在支撑面的前方），也许可以尝试通过躯干前倾来

图8.9　以屈膝姿势为起始姿势的运动力学：a.最佳预备姿势；b.最佳起始姿势，重心前移；c.手和肩膀抬起，准备进行第一步；d.后腿快速且有力地蹬地；e.后腿蹬地至髋部伸展到最大限度

图8.10 运动员三点起跑姿势示范：a.单腿跪地，挺直身体，后腿的膝盖与另一只脚的脚背在同一条直线上；b.竖直向上抬起臀部；c.身体前倾，直至将重量落在手指上，且肩部位于手的前方

源自：Joe Robbins / Getty Images

图8.11 运动准备姿势

做到这一点，但这种方法会打破身体的线性姿势，而线性姿势能有效地传导地面反作用力（图8.12）。在臀部推进之前，运动员会迫不及待地使躯干前倾。这样一来，动作的原理保持不变，但最后做出来的动作看上去会有些区别，区别的程度取决于运动员如何为运动做准备。但为了加速向前，触地点必须始终落在重心的后面。触地点离重心的垂直作用线越近，一步所产生的垂直分力就越大。

运动员试图在短时间内产生巨大的冲量，从而克服重心造成的惯性。为了做到这一点，臀肌与腘绳肌中的大块髋伸肌需要向心收缩，之后负责伸膝的股四头肌强有力地向心收缩。这一阶段，运动员每次触地所能提供的力的大小、方向和持续时间决定了其步幅。正如第4章详细讲述过的，如果在最初几步中运动员的小腿角度不一致，则触地时产生的合力的垂直分力将大于期望值，这便是牛顿第

图8.12 驱动力学机制：a. 启动姿势为两腿位置对等的站姿；b. 慢速起跑

三定律，即反作用力与作用力大小相等、方向相反所造成的结果。运动员的身体姿态决定了最终的力的作用线。如果运动员的身体过直，那么对地面的推力将产生过大的垂直反作用力，而水平方向上的分力将会很小。相反，如果运动员失去平衡、过分前倾，脚与地面接触便不足以产生大的力量。因此，应尽可能实现踝关节、膝关节、髋关节、肩关节呈一条直线的前倾姿势，以形成穿过身体的力线，从而使水平的推力最大化。通常来讲，在刚刚起跑的几步中，运动员的前倾角度可能会达到45度，但当运动员跑出去20米时，随着步幅的增大，运动员的身体将变成直立的姿势。

运动员加速期间的触地时间，要比全速跑期间的触地时间更长，这是为了在启动的开始阶段获得更大的冲量，但这个触地时间仍然很短（例如，优秀运动员第一步中脚触地的时间可能仅为0.2秒）。运动员的双腿应当有效、有力且迅速地向后蹬伸。地面反作用力引起髋部、膝部和脚踝三处的牵张反射，从而使脚快速回位，准备下次有力的蹬地。在回位期间，脚踝必须背屈，好让脚能充分而主动地勾起脚尖（这个概念将在第9章充分阐述）去触地。如果运动员以脚踝跖屈的方式触地，那么脚掌的触地面积将非常小，由此产生的地面反作用力将不足以使身体加速。

推力从髋部经膝部传到脚踝，再传入地面，这会让蹬地的腿通过触地实现三重伸展。由于运动员的身体前倾，腿部动作基本发生在运动员身后，因而无须考虑任何前边的力学因素。大体上，只要触地时间不受影响，加速时脚触地的频率越高，运动员就越有机会获取足够的推力。腿部动作要求在运动员身后进行活塞式（三处屈曲、三处伸展）蹬地，而摆动腿脚跟的回位，则是在蹬地腿膝盖以下的地方进行的。

假设运动员能够非常充分地拉伸髋部和膝部，并合理形成推力，那么加速期间的步幅将明显增大。随着运动员步幅的增大，小腿将逐渐与地面垂直，从而让运动员的身体趋向直立，并表现出全速跑时的技术。

发展加速力学（能力）

如何才能最好地发展加速力学（能力）？究竟是通过技术练习提升，还是通过改善加速时所需的运动表现条件来提升，哪个更有效，至今仍争论不休。这个问题和与训练方法有关的诸多问题一样，没有一个确切的答案。好的（加速）训练计划综合了以上两个答案，同时也注重培养功能性力量与爆发力，以便形成一种平衡的加速能力发展方法。在培养一名爆发型运动员时，应在通过速度练习增强技术能力的同时，结合多肌肉、多关节参与的大强度的肌肉力量和爆发力练习（比如深蹲与高翻）来发展运动素质。

利用重力（比如跑上山坡或台阶）或外部阻力可以实现多种情况下的阻力加速训练。根据运动员是进行加速训练还是进行全速训练，教练可以采用各种形式的速度练习，这是下一节将要考虑的问题。尽管全速训练可能需要更为保守的阻力方法，但这种方法对加速训练的作用不应当被高估。

例如，在坡度为3到8度的斜坡上进行10到20米的加速上坡跑，能够增强运动员蹬地的能力。由于每一步都要求运动员要在比上次触地更高的高度上触地，运动员需要对地面施加更大的力。这种训练能真正促使运动员觉得必须向后猛蹬地面来实现前移。

斜坡的坡度会让运动员更容易通过合适的小腿角度来加强对施力方向的掌控，因而会让环境，而非教练或练习来帮助运动员提升。斜坡还会促使运动员将膝盖快速前顶，同时放低脚跟的回位位置。当运动员回到平地上奔跑，或回到正常的运动环境中奔跑时，会发现这种斜坡跑训练有助于改善步幅和步频。

一个典型的上坡跑训练计划可能如下：用半蹲式起跑姿势完成5组20米跑，再用半蹲式起跑姿势完成5组25米跑，最后用蹲踞式起跑姿势完成5组20米跑，这样一个完整训练的跑动总距离为325米，每组训练的强度都达到最大，并拥有充足的恢复期。

人们可以通过雪橇或是拴在背带上的绳索来增加外部阻力，或者在团队训练中，由一位搭档来施加外部阻力。当运动员前倾身体时，被施加的外部阻力可用来支撑运动员，以实现更理想的启动姿势。的确，对于那些需要提高启动加速能力而采用前倾幅度更大的姿势的运动员而言，这种方法能够让他们学会摒弃低身位，转而采用高身位去加速。

有些运动员明白，他们仅仅通过前倾就能够启动向前的运动。虽说前倾启动是训练计划中应有的部分，但前倾动作只有结合腿部驱动动作，才能产生一种爆发式的向前运动。动用外部负荷（阻力）则意味着，只是把重心移到身体前方还不能产生向前的运动，因而运动员需要专注于实施腿部高爆发性的驱动动作，从而克服系统阻力（运动员质量产生的阻力加上外部阻力）的惯性。相比于全速训练，加速训练可能会使运动员从相对更大的阻力（如相当于自身重力25%的阻力）中受益。运动员需要以适当的起跑姿势不断练习这个启动动作，从而能够通过驱动动作来强化对合理技术的需求。

在第4章中，作为一种发展加速能力的有效工具，我们提到了扶墙提膝这种练习方式。这类练习易于实施，而且可以根据运动员的能力增加或降低难度。首先要加以发展的是运动员能够摆出并维持一个有效准备姿势的能力。运动员双脚平放在地上，踝部背屈，双臂伸直，躯干倾斜与地面约成45度角。

脚踝的姿势非常重要，因为脚踝跖屈会抬高运动员的身位，使其重量落在脚掌前部的球形区域中（或脚趾上），减少脚部的着地面积，因而会削弱地面反作用力。在这个练习中，教练应当提示运动员要始终恪守信用卡原则。肩部、骨盆（处在适当的位置上支撑着躯干）、膝部与踝部应位于一条直线上。当运动员能够保持这个姿势时，就说明他已经可以进阶到准备（起跑）姿势了（图8.13）。前腿的膝盖往前顶（一个常见错误便是膝盖往上抬而非往前顶），踝关节背屈，这样脚底才能与地面接近平行。这时脚尖应该位于膝盖后方，好让小腿角度与身体倾斜角度一致，而双腿的小腿角度也应当一致（两条小腿平行）。接触地面的那只脚应该始终平放，并且踝关节应该始终保持背屈。

教练可能需要在运动员感觉到自己的动作错误前去纠正他。如果运动员被提示要保持小腿角度一致，他可能需要朝下看，而这样会改变其头部与躯干的姿势。保持两条腿

图8.13　扶墙提膝练习中的爆发姿势

的小腿角度一致虽说是个技术要求，但未必是一个很好的教练提示。

在运动员能做出并保持稳定的起跑（出发）和准备姿势后，就可以在这种练习中加入动态动作，并逐渐提高练习的速度和复杂程度。通过调整单腿/双腿支撑姿势的次序，或是通过交替用左右脚往后蹬地这样的方法来增加扶墙提膝练习的难度。起初，运动速度并不重要，在练习的复杂程度和速度都有所提高之前，重要的是要始终执行并维持正确的身体姿势和技术动作。运动员在速度与复杂程度不断提高的过程中，能够始终保持双腿充分蹬伸的能力，是其通过一系列该类练习获得进步的基础。

在髋部及膝部由伸展到屈曲的转换过程中，需要不断加强姿势保持能力。正在做这个练习的运动员由于膝盖前顶，其腰部与骨盆可能会失去中立位，当他特别依赖髋屈肌时尤其如此。一旦发生这种情况，准备姿势中的骨盆后倾现象就会比较明显。这种情况需要进行纠正，纠正的方法可以是放慢运动速度，也可以是调整重复动作的时间，好让运动员能够维持技术动作的一致性。正如第5章所述，在让运动员做这个练习时，可观察其胸骨底部剑突与肚脐间的距离（确保这一距离保持不变），可能会是一个辅助观察的点。

在每次进行进阶练习时，驱动腿都必须在充分伸展的情况下触地。随着练习复杂程度的提高，运动员往往会忘记关注这个问题，即忘记需要通过腿的充分伸展来实现脚的有力蹬地。因而，触地点离墙的距离就会比正确动作要求的更近，从而会改变地面反作用

扶墙提膝练习的几种进阶形式

单腿军步扶墙提膝

从准备姿势开始，支撑脚保持平放（脚跟微微离地），同时保持身体前倾角度并保持身体的直线姿势，充分伸展前侧屈腿。双脚交替触地，脚踝保持背屈。刚开始，速度并不重要，随着技术的日益娴熟，速度自然就会得到提高，关键在于保持正确的身体姿态。一次动作完成后重新摆好姿势，每条腿都重复做几次练习。

单腿驱动扶墙提膝

从双脚支撑身体前倾对墙姿势开始，驱动一侧腿的膝盖朝着墙前顶呈准备姿势，保持踝关节背屈，小腿与身体角度一致，膝盖朝前，脚尖置于膝盖后方。在膝盖前顶结束时，收缩臀肌将腿朝地面蹬去，将脚（脚踝仍处于背屈状态）还原到起始位置。当技术日趋娴熟时，可以提高练习速度。

两步扶墙提膝

从一侧腿膝盖朝前顶的准备姿势开始，驱动抬起的那条腿朝后蹬地，同时另一条腿的膝关节屈曲前顶。在这个过程中，遵循所有的技术要领。在达到一定的熟练程度后，可以进行3次或更多次重复练习。

力的作用线（其效果如同改变触地时的小腿角度），还会让运动员不能维持前倾的身体姿势。

当运动员熟悉了这些练习后，就可以连续做两组甚至更多的重复练习。这样一来，运动员会被迫同时关注两件事情：一是用力蹬地，二是在膝盖前顶时做出一个有力的屈曲动作。与此同时，运动员还要保持姿势的一致性，不能改变躯干的倾斜状态。

前倒启动

练习要点

- 当运动员前倾时，头部（应该面朝前方）、肩部、髋部、膝部和脚踝都应该保持在一条直线上。脚的大部分都应该与地面接触（此时信用卡原则适用于脚跟）。
- 一旦运动员不再保持直线姿势（教练应该检查并确保运动员的头部正直、目视前方，且保持着直线姿势），意味着其已经失去了平衡，在重力的作用下，运动员很可能会跌倒。
- 加速开始时的几步应该步幅小而有力，运动员每迈出一步，都应当充分而迅速地蹬伸驱动腿。

组织过程

双腿站好后向前倒向同伴（如果有同伴），同伴负责在运动员前倾时扶住运动员。这种直线姿势的特征是，脚踝保持背屈状态，脚跟与地面的距离遵循信用卡原则，这种姿势通常被称为驱动姿势（图8.14a）。当运动员的全部重量都落在同伴身上时，同伴便闪到一旁，从而让运动员往前倒去（图8.14b）。如果没有同伴帮忙，运动员可以先保持正确的身体姿势，然后往前倒去直到失去平衡。一旦撤去扶住运动员的力量，运动员开始往前倒时，就要立刻加速跑动（图8.14c）。

图8.14　前倒启动：a. 驱动姿势；b. 释放以驱动身体；c. 加速跑动

教练可以通过向前倾斜练习来促使运动员通过身体前倒启动加速。这种练习同时也强调了重心与支撑面间的关系在提升加速或减速能力方面的重要性。在扶墙提膝练习的爆发姿势中所强调的那些技术要领，同样适用于做这一练习。这一练习中，同伴放手时，如果运动员用一只脚往前迈出一大步，这个动作将会扩大支撑面，并将重心置于支撑面的中部，从而让运动员的姿势变得非常稳固。

为了在最初迈出的几步中实现加速，重心需要保持在支撑面的前方。因而，运动员从驱动姿势被释放后，最初迈出的几步需要步幅小而有力，从而有助于形成向前的驱动力。如果没有脚上的动作，在重力的作用下，运动员仍然会加速，但加速的方向不是向前而是朝向地面的，这意味着运动员将有跌倒的可能。一旦身体的直线姿势的完整性被破坏（比如当运动员低头看或髋部“松垮”时），导致力不能得到合理控制时，就会发生同样的情况。

利用重力迫使运动员有效地做出加速动作，并强调施加于地面的驱动动作（“蹬地、蹬地、蹬地”），是一种激励运动员提高技术的好方法。帮助运动员实施启动技术的同伴在撤到一旁时，并不会把运动员朝后推，同伴仅仅只是不再扶着运动员，而并没有施加产生减速效应的力。运动员也可以单独做这个练习，其只需要前倾，维持身体的直线姿势，直到自己将要失去平衡的那一刻，便迅速而有力地迈步并蹬地，从而有效加速。这里很有必要强调手臂的动作，因为在这个练习中，手臂并不像在扶墙提膝练习中那样没有发挥什么作用。腿向前迈要求运动员做出手臂后摆的反向动作，这个动作在前几步中有时会做得幅度较大。

前倒启动练习的驱动姿势也可用于进行保持高阻力的行进间练习，与前倒启动练习不同的是，这个练习中，同伴不松手而始终抵住练习者的肩膀，这样，练习者每次朝后蹬腿都会把同伴向后推。同伴既可对运动员施加面对面的阻力，也可以利用弹力带在运动员身后施加阻力，这使运动员有更大的自由来产生更有节奏感的动作，尽管不一定是有力的动作。在强调运动员技术中的力量与节奏时，将这些方法结合在一起是十分有效的。

可以通过以下方法来开展这类练习：开始阶段阻止运动员前进或往前跑，然后在练习中途撤去阻力（同伴放手或撤掉阻力）。需要注意的是，这种练习中不应当使用弹力带，因为弹力带绷紧后再反弹会给运动员造成严重的伤害。可以使用一些特制的用来释放阻力的绳子，它们在释放阻力时不会产生任何预想不到的反弹效应。

在具备良好技术的运动员身上，这些练习能发挥出绝佳的作用。在阻力的作用下运动会促使中枢神经系统激活（激发出其潜能）更多的运动单位，使每一次驱动产生更大的神经肌肉力量，进而增大蹬地的力量。随着阻力突然撤离，同样多的运动单位产生的力量不变，于是在随后的每一步中，都会产生出更大的速度。

在加速练习中，可能会需要额外的刺激来激励运动员对地面施加最大的力。教练要试着把练习变得更加有竞争性。在考虑灵敏性和变向技能（因为加速往往紧跟在变向之后）时，我们会对这种方法加以详述。在这里我们讨论直线加速练习时，引进这个概念也是很能说明问题的。在此类练习中引入直接竞争的一种简便方法就是，以比赛的形式进行练习。在这样做的过程中，教练必须确保，不鼓励运动员以牺牲良好的技术动作为代价去提高运动训练强度。最终，运动员不在加速练习中达到最大的强度就无法跑得更快，但在他们尝试达到最大强度前，他们需要具备良好的技术。

如何引入竞争颇为重要。比如，假设有两名运动员在进行前倒启动练习，在驱动姿势时都有人（或别的力量）支撑着他们，随着一声令下（“释放”），支撑力量都被撤掉。这种情况下，两名运动员都会得到支撑力量被撤掉的提醒，而不是利用重力来让身体发挥有效的力学效应。而诸如面对面追逐跑这样的练习则是用来巩固有效的力学原则的，在此类练习中，鼓励同组的伙伴们在启动后会进行一段短距离赛跑。

随着运动员的变向技巧变得更加娴熟，追逐练习在水平相当的同组运动员当中进行就会变得既有趣又不失挑战性。比如，开始时让两名运动员相距5米面对面站着，目标线设在他们各自身后15米的地方，这会让这个练习比较简单。一旦听到口令，一名运动员会跑向他对面的那条线。另一名运动员有5米的缓冲区，在第一名运动员在缓冲区跑动的时间内，他可以掉头朝同一条线加速跑去，这样就形成了两名运动员相互追逐的情形。

面对面追逐跑

练习要点

- 当运动员前倾时，头部（应该面朝前方）、肩部、髋部、膝部和脚踝都应该保持在一条直线上。脚的大部分都应该与地面接触（此时信用卡原则适用于脚跟）。
- 一旦运动员不再保持直线姿势（教练应该检查并确保运动员的头部正直、目视前方，且保持着直线姿势），意味着其已经失去了平衡，在重力的作用下，运动员很可能会跌倒。
- 加速开始时的几步应该步幅小而有力，运动员每迈出一步，都应当充分而迅速地蹬伸驱动腿。
- 启动与加速期间用力蹬地，并逐渐增大步幅。
- 在随后的练习中将引入并关注转身动作技能。

组织过程

开始时两名运动员相距5米，面对面站立。目标线在两名运动员各自身后15米的地方。在收到一定的指示或看到视觉信号时，一名运动员就开始朝他对面的那条线跑去。另一名运动员有5米的缓冲区，在第一名运动员在缓冲区跑动的时间内，他可以转身朝同一条线加速跑去。这样，就形成了两名运动员相互追逐的情形。

最大加速训练（而不是专注于加速技术的练习）需要反映出运动员在特定运动中加速的驱动姿势以及运动员加速的距离（需要注意的是，任何一段超过20米的跑动距离，通常都不只关注加速）。运动员需要用最大的强度去反复练习，而且在重复练习之间需要得到充分的休息与恢复，不让疲劳影响到运动质量。

对从事集体类项目的运动员来说，一次典型的加速训练可以包括：2组或3组25米带阻力雪橇的跑步（每组进行4次阻力跑，外加1次无阻力跑），然后再进行1组或2组，每组4次的15米跑，在两组练习之间充分休息（一次加速训练的总运动距离达到310到495米）。

除了要考虑如何起跑外，从事集体类项目的运动员（而非径赛运动员）还需要学会如何以不同的速度在各个动作之间进行过渡。比如，在足球这类运动中，球员可能会有相对较长距离的走动和跑动，却只需要进行几次冲刺（表8.3中，冲刺被定义为时速超过25.2千米的一种跑动）。尽管这一跑动方式在比赛中所能起到的作用一定程度上是由战术与场上位置决定的，运动员仍然需要经济而有效地在各种运动速度之间进行切换（即加速与减速），从而能够充分利用可获得的运动空间，或是取得比对手更多的优势。

表8.3　2014年的一场英超足球比赛中运动员的跑动距离

球员	以千米计的总跑动距离（括号内为英里数）	冲刺的总次数*	最大冲刺速度（米/秒）
中场甲	12.62（7.84）	39	8.8
中场乙	12.19（7.57）	55	8.9
边锋甲	11.79（7.33）	45	9.1
边锋乙	11.61（7.21）	53	8.8
中场丙	9.81（6.10）	26	9.0
后卫	9.69（6.02）	41	9.4
中卫甲	9.44（5.87）	25	8.5
中卫乙	9.24（5.74）	12	7.4

* 在足球运动中，速度快于7米/秒的跑动被定义为冲刺。

冲刺间慢跑这类练习，是专门用来让运动员训练在加速跑和低强度跑之间来回切换的，能够让运动员关注身体姿势和步法的改变。对于每一次的节奏变化，运动员都应该明显改变身体姿势，以达到更低的重心和不同角度的前倾。每次加速期过后，随着运动员达到全速，身体会挺直，在速度的保持阶段，运动员能够很舒适、自然地将重心维持在这样的高位上。但当运动员达到一个加速点时，他就必须做好准备并施展出加速技巧。

这类练习是让运动员在100米跑道上进行的，在100米跑道中，每20米为一个区间。从起点出发后，运动员先冲刺20米，然后中速跑或慢跑20米（这时的减速是被动而非主动的），再冲刺20米，之后再中速跑或慢跑20米，最后20米冲刺通过。该练习中应当进行积极、充足的休息。如果运动员在练习中的确尽了全力，可能需要让运动员用4到6分钟走回起点。根据训练量的不同，可以进行1到2组的该练习，每组重复4到8次。

运动员还可以进行类似的练习，即把一段30米的跑程拆分成10米和20米的两段，或是各15米的两段，从而降低疲劳感。在跑程当中的标志点（如10米或15米），运动员应该从中速跑提升到全速跑，然后冲刺到底。在进行线性速度的训练中，为提高从次最高速度进行加速的能力，做1或2组，每组6到8次的高强度（运动质量最高）跑动练习是比较合理的。

在竞技能力发展领域，对于运动员如何适当地利用后撤步来启动向前加速，争议颇多。这一技术需要运动员从运动准备姿势开始移动，由一个后撤步过渡为向前加速。

尽管利用后撤步实现向前加速，这种方法听上去似乎是违背直觉的，但其实这个动作可能是运动员本能的运动反应。如果这一步后撤得不当，那么向后的动作会增大支撑面，从而影响向前的加速，并降低运动员的速度。正确的技术动作应该是迅速完成这一步后撤动作，步幅要小，与此同时，身体要前倾，这样才能让重心往前移动，并将重心置于支撑面的前方。如果这一步后撤得当，那么这个反向动作会让下肢随着脚踝的跖屈与背屈产生快速伸缩反应，让双腿发挥强有力的蹬伸效果。后撤步蹬地是为了能快速向前加速，同时前腿也可以用更长的时间来猛力蹬地，以实现充分蹬伸。

对于这种技术对提高正向加速能力究竟有多大效果，专家们没有定论。一个合理的假说是，在那些能够使用这种技术的运动员身上，训练是有用的，它能提高这个动作的有效性，做这个动作时需要迅速而有力。但对那些不能自然地使用这个技术的运动员而言，后撤步可不是一种容易掌握的技术。而对那些尝试做出后撤步，却不能很好地完成这个动作的运动员而言，向他传授这一技术可能会令他泄气。

全速跑

对于大多数非球类（小场地隔网对抗类）或水上项目而言，最大冲刺速度比较重要。集体性球类项目，比如足球、美式橄榄球、英式橄榄球和棒球，都要求球员能迅速达到最大冲刺速度，并能在较短的时间内实现这一速度，以获得竞争优势。运动员达到全速所耗费的时间越短，他在竞技环境中的运动效率就越高，因为他具备了躲避对手和占据有利空间的能力。

小腿加速技术与驱动身体往前的活塞式动作的关系十分密切。在自然状态下，全速跑时小腿的动作具有周期性，因为对侧的动作是同时发生在身体前方和后方的。与大多数短跑动作一样，正确的技术既是运动员开始以优良状态跑步的前提，也是提高技术水平的条件。

最大速度是由运动的性质决定的。一名优秀的短跑运动员应该能够在一次全力跑动中达到12米/秒的最大速度。这种跑动不会受到空间的限制，也不会受到任何对团队项目运动员外部干扰的影响。在诸如橄榄球和足球这类运动中，冲刺被分别定义为速度大于6米/秒和7米/秒的跑动。在这些运动中，根据比赛的需要，最大速度可能会达到10.5米/秒，并维持一小段时间。由于不要求短跑选手在比赛距离之外进行额外的跑动，因而可以想象他们的冲刺速度会比球类运动员更快，技术上也更加娴熟。但他们的耐力，确切地说是他们的强壮程度，则达不到反复冲刺的球类运动员所具备的水平。

在达到最大速度的过程中，躯干是挺直的，肩部通常在髋部的正上方。如第4章所述，地面反作用力主要是垂直方向的，运动员的身体姿态必须竖直而稳定，方便传导垂直的地面反作用力，以克服向下的重力。因而，这时腰椎–骨盆的自然曲线应该比较明显，以支撑运动员的躯干。

全速跑的技术目标是要将较高的步频和理想的步幅结合到一起。这个目标就是要培养出能够在水平方向上产生尽可能大的推力的同时把垂直方向上的推力控制在最小的运动员，这便要求髋部、膝部与踝部的肌肉具备专项的神经肌肉特点。运动员主要关心的是采用一种合理的跑步模式，能在双脚腾空过程中防止重心朝不利的垂直方向（如向下）移动。

运动发展专家需要认真思考这个概念。如果说加速技术（技巧）的目标是为了将水平推力发挥到极致，为什么这与全速跑的生物力学特性不一样呢？水平方向的速度难道不还是所需要的结果吗？一旦理解了短跑的生物力学原理，就可以找到这个问题的答案，这一原理是最大速度力学技术模型的基础，因此可以被用来发展这类素质。

达到最大速度之后（运动员不再加速），运动员的重心便获得了促使身体向前的水平方向上的巨大动量。全速跑时，身体要挺直，让髋关节充分移动，从而让大腿的活动范围达到最大限度。由于此时身体是挺直的，因而地面反作用力也基本上是垂直的。运动员需要在较短的触地时间内发挥出更大的力量（在更短的时间内产生相同的总冲量，特别是优秀运动员，这一时间通常会小于0.09秒），而所有产生的力量都被用来克服重力的作用。运动员能够将重心保持在一个较高的高度上，从而使步幅达到最大。

在触地时，脚踝应该背屈，如图8.15所示，这样运动员才能主动触地，并在整个触地过程中维持这种状态。支撑腿应该是绷紧的，在整个支撑（触地）期，髋部、膝部和踝部都不应该有任何弯曲。在短跑中，运动员需要能够产生高水平的单腿力量。如果运动员想通过主动触地来利用从地面获得的力量，绷紧脚踝就颇为重要。

脚在身体重心的下方触地。脚踝背屈，脚主动触地，这一概念会在第9章深入探讨。出于这个原因，触地脚不应该伸到身体的前方。因为这会让脚过分前伸，从而造成触地点距离重心太远（迈步过大），这样在触地时，身体就会明显减速。的确，所有主动的触地点都应该位于身体中线稍微靠前的位置，就好比鼓励运动员“用脚往后撕开跑道”（教练罗兰·西格雷夫喜欢使用的一条指导语）一样。随着一只脚触地，另一只脚（它正处于还原前摆阶段）被快速向前带时，触地脚的小腿角度应该近乎垂直。在一只脚触地时，双腿的膝盖应该靠拢。

在触地时的推进阶段，踝关节不应当主动蹬伸。运动员会在支撑后期开始蹬地，但驱动力来自髋伸肌，而且力量是由绷紧的那条腿传导的。特别是臀肌和腘绳肌在髋关节

图8.15　全速跑的技术要领：a. 触地；b. 蹬地；c. 还原；d. 触地准备

周围发挥的具有力学优势的杠杆作用，在这个动作中起到了非常关键的作用。因而，对于运动员来说，需要把自己这部分肌群的功能锻炼得更加强大（第9章和第10章）。

如果在刚开始触地时就要施加大的力量，那么就无须滞留在地上，运动员会尝试通过脚趾抓地来对地面施加更多的力量。在触地过程中，触地腿必须始终绷紧。而与加速技术动作要求不同的是，在蹬伸末期，当脚尖离开地面后，触地腿并没有完全伸直。事实上，正如图8.15所显示的那样，脚踝与髋部之间的水平距离并没有在加速时那么重要。此时若想尝试通过脚踝主动产生推力，则会促使动力链上端出现一些问题，从而不可避免地会让步幅过大，并且会增大软组织受伤的概率。决定步幅大小的有效因素是运动员产生垂直冲量的能力（牛顿第二定律和第三定律的实际运用），以及运动员的腿长，步幅通常并非需要加以训练干预的因素。

的确，尽管速度快的运动员通常比速度慢的运动员的步幅更大，但这种更大的步幅是通过每只脚的触地时间更短来实现的。一个人越是能够实现有效的全速跑，他在短时间内能够产生的力量也就越大。因而，最大速度主要取决于运动员在利用神经肌肉系统产生较大肌肉力量的同时，尽可能缩短触地时间的能力。这个规则表明，与全速跑相关的运动发展计划的目标，就是要在提高运动员力量输出能力的同时，缩短触地时间。

在前脚掌开始蹬地时，随着脚跟的抬起，蹬地腿立刻开始往前加速。此时，脚踝仍然保持背屈状态。确保躯干仍然挺直及骨盆中立，从而在膝盖加速向前（而非往上）时，使髋关节的运动范围最大化，并且当运动员的踝关节摆至对侧膝关节时从对侧膝关节上跨过。在这个动作中，脚踝越接近臀部，髋屈肌所带动的大腿向前加速就越有效。因为摆动腿的摆动半径越短，摆动速度会越大。

随着膝盖移动到身体前方的某一点，同时大腿接近水平位置，髋关节和膝关节伸肌（尤其是腘绳肌）会做出阻止大腿继续向前运动的离心动作，并开始向地面对大腿进行加速，即准备触地。与此同时，小腿会移动到膝关节前面，此时踝关节背屈。用一个有力的主动动作把大腿收回来，此时脚会出现一个负向速度（脚向下加速往回蹬地）。在触地前的一刹那，股四头肌与腘绳肌应当一起主动收缩以稳住膝盖，这是因为运动员要通过脚踝背屈加速蹬地来做出扒地的动作。

在这种情况下，薄弱或能力不足的腘绳肌通常最易受伤。出于这个原因，如第10章所述，膝关节弯曲约140度的腘绳肌离心与等长力量训练，可能会有助于防止腘绳肌受伤。同时，作为运动员总体训练计划的组成部分，这类练习也有助于提升运动表现水平。

随着训练的进行和体能的发展，运动员的最大速度力学技能也会得到提升，在这个过程中他们会经历一些标志性的发展阶段，如表8.4所示。

发展最大速度力学技能

不少练习都能被用来训练直立跑的周期性动作，这些练习被分成3个关键阶段：触地准备阶段、触地阶段与还原阶段。还原练习应该着眼于运动效率的提升，而不是缩短还原动作的时间。有力而迅速的蹬地动作，加上正确的触地准备动作，才是全速冲刺中节省时间的重点。

这些练习不只适用于需要掌握最大速度冲刺技能的运动员，对于那些想要让直立跑

表8.4 采用先进的最大速度冲刺技术提高竞技能力：运动员发展模式

<table>
<tr><th colspan="8">渐进的发展标识</th></tr>
<tr><th colspan="3">形成</th><th colspan="3">发展</th><th colspan="2">优化</th></tr>
<tr><td rowspan="5">高重心行走，抬头挺胸，肩部放松，保持提臀</td><td>高重心慢跑或小跳，抬头挺胸，肩部放松，手从臀部摆到嘴的位置，提臀，保持良好的身体直立姿势</td><td>高重心跑动，肩部放松，摆臂动作合理，保持良好的身体直立姿势</td><td>保持高重心，以越来越快的节奏、平衡的动作跑动，肩部放松，摆臂动作合理，保持提臀和良好的身体直立姿势。强调快速和爆发式（也是放松的）向后摆臂动作</td><td>在速度逐渐加快的情况下，保持无明显紧张的、放松地跑步</td><td>在速度逐渐加快和各种竞争要求造成的压力增加的情况下，保证技术质量</td><td>高效地从加速跑过渡到全速跑</td><td>从爆发式启动平稳过渡到加速跑，用有效而有力的动作逐渐达到最大速度</td></tr>
<tr><td rowspan="4">高抬腿（膝盖朝上）走或前行，脚跟置于臀部下方，脚踝呈背屈状</td><td>用高抬腿动作慢走，脚跟置于臀部下方，脚踝呈背屈状</td><td>高抬腿跑，脚跟置于臀部下方，脚踝呈背屈状</td><td>在摆动腿体前技术中，膝部抬高（大腿平行于地面）以保持有效的摆动</td><td rowspan="2">在爆发式地向下和向后触地后，主动进行踝背屈的蹬踏动作</td><td rowspan="2">保持姿势的完整性与直立状态，以及动作的线性（不要产生任何阻碍向前势头的旋转）</td><td rowspan="2">在速度更快、距离更长的情况下，不要出现任何明显的影响线性速度的旋转运动或不良姿势</td></tr>
<tr><td rowspan="2">用良好的技术慢走，保持身体的直立姿势，不要为了迁就腿部动作而朝后倒</td><td>用良好的技术跑动，保持身体的直立姿势</td><td>在摆动腿体前技术中，主动且快速地向下和向后蹬地</td></tr>
<tr><td>在没有脚跟触地的情况下完成前脚掌的主动触地</td><td>强有力的支撑腿（髋部或膝部不要下沉）在支撑阶段转变为后面的力学因素</td><td rowspan="2">用单腿和双腿交替动作来进行技术练习</td><td rowspan="2">开展包含复杂动作的高级技术练习</td><td>能够在更长（最长达150米）的距离中保持全速和正确地发力</td></tr>
<tr><td>对语言或视觉指示做出反应，有控制地进行启动、停止和变换速度</td><td>在不失去控制或协调性的情况下，在变速的能力趋于完善时，在练习中融入弯道跑</td><td>由变速和变向实现平稳而可控的过渡</td><td>保持技术执行中的高水平自我感知能力</td></tr>
</table>

姿发挥更大作用的中长跑运动员也同样重要。随着运动员对这些单个的练习越来越熟练，他们就可以将这些练习整合起来，以此对神经肌肉能力和协调性提出更高的要求，而不用考虑它们会给跑步技术带来哪些力学方面的好处。

本书无意于详尽地列举一大堆能够被纳入运动员发展计划的练习或训练。然而，对于专业人士而言，他们能够利用自己对核心练习的生理-力学益处的了解，在学习与科学原则的指导下，对这些核心练习加以改进，从而开发出一系列有用的训练计划。

与许多训练方法一样，最合理的初级练习是静态练习，但是这类练习可以通过不断提升复杂程度与速度进阶，如跳走发展为跳跃。

触地准备练习

触地准备练习强调的是在腿部加速向地面下压的过程中身体直立动作中的几个关键特征。重点强调的是，腿部加速向后摆动，脚在靠近重心前方的位置触地。膝关节角度应当保持不变（膝部屈肌与伸肌共同作用稳住膝关节），脚踝也需要保持不动，并维持背屈状态。

快速扒地

练习要点

- 练习开始时将膝盖前顶，以使大腿与地面保持水平。
- 整个练习过程中脚踝保持背屈。
- 大腿朝地面加速，触地点位于重心下方，重心不要移动。
- 支撑腿保持不动。

组织过程

该静态练习能让运动员巩固触地准备的动作技能，它强调脚踝保持背屈的状态下扒地动作的重要性。运动员单腿伸直，单手扶墙以维持站立姿势，躯干挺直（图8.16a）。支撑腿的脚跟可以微微离地。准备好摆动腿的姿势，使大腿与地面平行，脚踝背屈的同时脚尖位于膝关节下方。从这个姿势开始，大腿朝地面加速下压（图8.16b），让前脚掌的球形区域恰好在重心的稍前方触地（图8.16c）。脚扒地后还原到起始姿势，稍加停顿，然后再重复练习。

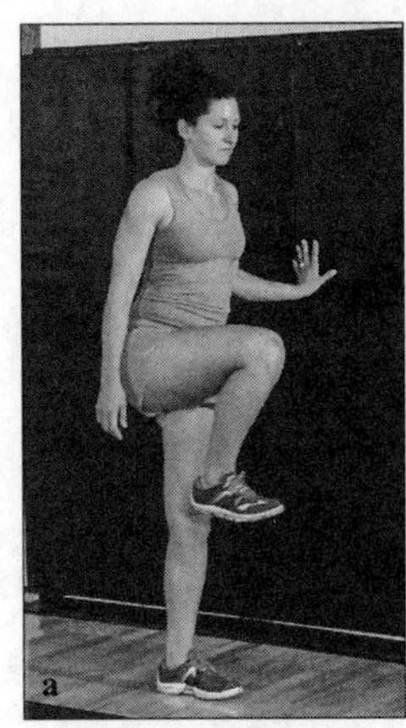
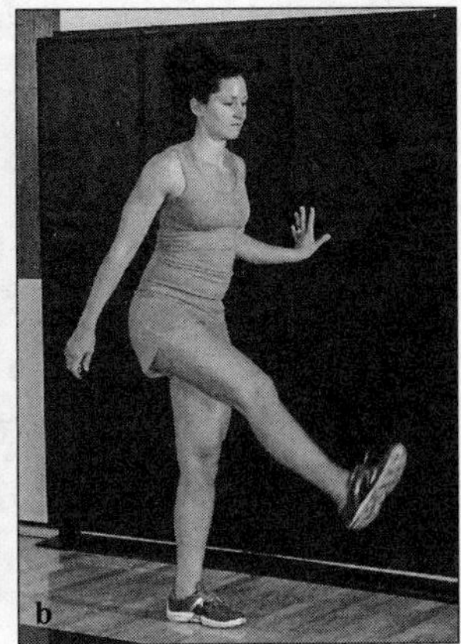

图8.16　快速扒地

直腿军步行进

练习要点

- 该练习是用直腿姿势来进行的，过程中保持对侧腿、臂的相向运动模式。
- 整个练习的过程中保持脚踝背屈。
- 前脚掌主动触地。
- 运动员利用腘绳肌让腿朝地面加速，从而让身体有节奏地向前直腿军步行进。

组织过程

该练习在直道上进行，距离为30到60米。运动员自然站立，往前抬起一条伸直的腿（脚尖勾起），另一侧的手臂前摆（图8.17），之后利用髋部伸肌发力，使脚加速往后扒地。直腿军步行进重现了主动用脚触地时的技术模式，在力学上，脚是加速往后扒地的。脚尖主动勾起，并在重心下方触地，此时信用卡原则适用于脚部（脚跟抬起，微微离地）。该练习以节奏感较强的左、右跳走动作使运动员加速向前。

图8.17　直腿军步行进

在运动员的腘绳肌变得足够强壮后，该练习可以被进一步发展为更富动感、更加有力的增强式直腿跑动练习，在进行该练习时，每次连续用脚触地都能使运动员加速向前。

折叠接下压扒地

练习要点

- 脚朝地面加速。
- 脚尖主动勾起（脚跟微微抬起，脚踝背屈），在位于重心前面一点儿的地方触地。
- 躯干应保持挺直，保持对侧腿、臂的相向运动模式。
- 在练习过程中，为了保持动作的协调有序，运动员要想着“抬膝、伸腿、扒地”。

组织过程

该练习的前行距离为40到60米。从站立姿势开始，抬起一条腿并膝盖朝前顶。当膝盖前顶到大腿与地面平行时（躯干保持挺直），小腿往前伸直（图8.18）。随着膝关节的打开，腘绳肌发力对小腿的向上趋势进行限制。随后，运动员让脚进行向下的“扒地”动作，这样勾起脚尖的脚就会在重心前面一点儿的地方直接触地（“扒地”）。该练习的重点在于，通过多次连续用脚在重心前面一点儿的地方主动而有力地触地，运动员得以前行。为了持续练习，双侧交替进行。

图8.18 折叠接下压扒地

触地练习

触地练习需要运动员保持踝背屈的姿势来进行主动触地，从而可以利用踝关节的神经肌肉系统的弹性特征，把来自臀肌的力转化为地面反作用力。通常而言，这类练习都是建立在第9章要介绍的低强度与较为复杂的快速伸缩复合训练的基础之上的（或是从后者发展而来的）。

运动员执行这类练习的目的是学会主动而快速地勾起脚尖去触地（脚跟不应当触地，脚跟和地面之间总要“能塞进一张信用卡”）。

双脚脚踝跳

练习要点

- 运动员自然站立，髋关节和膝关节不要弯曲。
- 运动员应当积极用脚蹬地。脚踝应保持背屈状态，做好触地准备。
- 练习目标是尽可能缩短触地时间。“想象你正站在一堆滚烫的煤炭上”是个不错的教练提示。

组织过程

运动员主动勾起脚尖练习反弹跳（不注重跳的高度或距离）会促进正确触地技术的形成，从而在每次用脚触地时产生较大的垂直推力。在一个较短的距离中能够这样做的频率越高，练习效果就越好。运动员应当自然站立，不要通过弯曲髋关节或膝关节来获得力量（图8.19）。所有的动作都应该利用踝关节周围的腓肠肌－比目鱼肌－跟腱组织系统的弹性特征来完成。该练习可以逐渐将练习距离增加至10到20米，在这个过程中，应鼓励运动员完成尽量多次数的双脚快速触地。

图8.19 双脚脚踝跳

直腿练习

练习要点

- 运动员应当采取自然站立姿势，触地腿的髋关节和膝关节不要弯曲。
- 运动员应当主动用脚蹬地。脚踝应保持背屈状态，做好触地准备。
- 运动员应该有节奏地进行对侧腿和手臂的动作。
- 练习目标是尽可能缩短触地时间。“想象你正站在一堆滚烫的煤炭上”是个不错的教练提示。

单侧直腿练习

该练习相当于双脚脚踝跳的双侧交替练习版本。在单侧直腿练习中，运动员采取自然站立姿势，髋关节和膝关节不要弯曲，脚尖朝前，脚踝保持背屈，在对侧的腿和手臂连续进行相向动作过程中，身体有节奏地上下运动（图8.20）。在一个较短的距离内，脚触地的频率越高越好。运动员，尤其是那些髋屈肌较为紧张的运动员，往往会在这个练习中向外转动髋部，这会导致脚在重心的前方而非下方触地。可以逐渐将练习距离增加至20米，在这个过程中，鼓励运动员完成尽可能多次数的快速触地。

图8.20　单侧直腿练习

直腿练习也可以采取另一种版本：选一条腿作为直腿（髋关节和膝关节不弯曲，脚踝背屈，用脚主动触地，同时脚跟遵循信用卡原则），然后让另一条腿做其他练习，比如A垫步、B垫步，或直腿垫步。

脚踝抬高的单侧直腿练习

运动员在触地后抬起另一只脚的脚踝，使其高于触地脚的脚踝位置（图8.21）。该练习的目的在于，利用地面反作用力抬高脚踝，同时将膝盖向前顶。另一条腿仍然保持直腿的动作（髋关节、膝关节不弯曲，脚踝背屈）。

运动员可以只用一条腿（一条腿保持直腿状态，另一条腿每踏一步时都做一次抬高脚踝的动作）来完成该练习，前进一段距离；也可以两条腿轮流来进行这个练习（抬起左脚的脚踝3次，再抬起右脚的脚踝3次）。在另一种更加复杂的进阶版本中，脚踝抬起的次序是这样的：左脚、右脚、右脚、左脚、左脚、右脚，如此循环。

图8.21　脚踝抬高的单侧直腿练习

单侧直腿跨栏练习

该练习的距离是10到20米，跑道上每隔3只脚长度的距离摆放一个栏架（先放置第一个栏架作为起点，然后运动员通过脚跟碰脚尖行走的方式丈量距离来摆放其他栏架）。运动员用靠近栏架一侧的那条腿来做练习，处在外侧的另一条腿充当直腿，每跨过一个栏架，直腿完成一次触地（图8.22）。在这个练习中，栏架的引入提供了一个高度标准（运动员不能向下看，因为这样做会影响运动姿势），这会促使运动员快速触地后抬高脚踝。引入栏架还能促使运动员快速触地。如果运动员的直腿触地时间过长，跨栏腿的脚可能碰到栏架。

图8.22　单侧直腿跨栏练习

还原练习

还原练习的关注点在于，要让运动员建立起一种大腿能够从身体后方加速前移到身体前方的动作模式，并过渡到触地准备和向地面加速的动作中。这个动作的关键点是，脚踝保持背屈的姿势在另一条腿的膝关节上方进行还原。这些关键点都应当被不断地提示与纠正，尤其是在学习（这些动作）的初期。

优秀运动员能够胜任这些练习，他们在做这些练习时会在一条腿做恢复动作的同时，另一条腿做出直腿的动作（触地力学技能）。

这些练习并不是强化全速跑能力的唯一手段，也不是仅仅为需要全速跑的运动项目而设计的。在进行此类练习时，其对神经肌肉协调水平的高要求，使这类练习在类似网球或篮球这样的项目中成为用来发展动作技能的理想练习。在这些项目中，加速与变速的重要性要超过全速跑。由于这些练习对灵活性和神经肌肉激活的要求很高，因此这些练习和其他各种直立跑动练习都可以作为热身的重要部分，纳入任何涉及跑动的训练课中。

尽管练习有益于提高技术水平，但如果一名运动员不能在全速跑的训练课中把技术转变为技能，他就永远无法获得有效的全速力学技能。根据运动员的训练经验及其从事的运动项目的不同，这类训练课也会有所不同。比如，通常要求200米运动员比100米运动员具备更加强大的速度耐力，集体类项目的运动员一般达不到径赛运动员所具备的速度水平和冲刺距离，因而训练课的设置要有所区别。可以根据运动员项目和位置的专项需求来调整训练课中的跑步距离。每次全力以赴的奔跑都要以最大强度进行（全神贯注的），因而运动员在两次练习之间要得到充分的休息（恢复）。可供参考的一个意见是，每冲刺10米就需要休息1分钟。也许可以围绕下面这几个例子来设计一个全速跑的示范训练课。

例1：4组（每组4×30米）起跑姿势不一的全力冲刺（一堂训练课的跑动总距离为480米）。

例2：4×40米，3×50米，2×60米，1×70米（一堂训练课的跑动总距离为500米）。

例3：标出一段50米的跑道，并将其分成2段，每段25米；运动员起跑后先用中速跑动，然后逐渐加速，直至在第一段25米的末端达到全速；在第二段25米中，运动员应该保持全速跑动；如此重复3组，每组跑4次（一堂训练课的跑动总距离为600米）。

向后迈大步

练习要点

- 当运动员向后伸出还原腿时，另一只脚向臀部靠近。
- 由于脚踝仍然处于背屈状态，运动员用脚尖先触地。
- 躯干保持挺直，肩部与髋部打开，躯干绷紧。

组织过程

该练习强调腿的还原动作与脚尖触地。其目的在于，在往后移动的同时重现最佳的冲刺力学技能（图8.23）。这种触地方式，再加上对向后推进的要求，强调了使用髋屈肌产生对抗地面的爆发力的重要性。

图8.23　向后迈大步

侧卧位站立还原

练习要点

- 以卧姿重复短跑站立还原动作。还原腿的脚踝移向重心后方，然后屈膝前顶。
- 整个练习的过程中，练习腿的脚踝保持背屈。
- 躯干挺直，腰椎-骨盆保持中立，以便腿部动作能有效进行。

组织过程

这个练习允许运动员在髋、膝、踝三处关节的同步作用下，完成腿部的还原动作。练习开始时，运动员的身体挺直侧卧，踝关节背屈（图8.24）。采用卧姿可以消除重力这一阻力因素，让运动员得以专注于迅速地完成腿部还原动作。从起始姿势开始，运动员上侧腿（就侧卧时的双腿位置而言）的脚踝用力后摆，之后屈膝前顶，尽可能把脚踝拉近臀部，从而最大限度地缩短摆动半径。该练习结束时，运动员的膝关节应尽可能前顶至最大幅度，踝关节背屈靠近臀部。当运动员掌握了规范动作后，应该用爆发力从静止状态开始并再次回到静态起始位置。如此循环往复，每条腿每组重复10次动作。

图8.24 侧卧位站立还原

对于技能表现而言，站立完成这个练习明显更加切合实际，因为站立完成时有重力这个阻力因素，同时还要求运动员进行姿势控制。运动员以支撑腿站立（练习时，运动员可以扶着墙以帮助躯干稳定），腿部的还原动作与侧卧位时完全相同。

A垫步与（双腿）交替进行的A垫步

练习要点

- 运动员的动作流畅而有节奏感。
- 大腿前屈，抬高脚踝并尽可能地接近臀部，脚踝背屈。
- 还原动作要快。
- 摆动腿朝地面加速时，支撑腿完成一次垫步动作。
- 整个动作过程中，躯干应保持挺直，对侧腿、臂相向摆动，以防止身体旋转。

组织过程

从动作上看，A垫步（图8.25）与高踝练习类似，但作为一种达到最大速度的练习，A垫步所强调的已经不再是触地，而是髋、膝、踝三屈的动作。这意味着，在脚踝高高抬起并尽可能地接近臀部，然后再朝地面加速运动的过程中，膝关节是

图8.25 A垫步

往前顶的。整个过程中躯干必须保持挺直。也可用对侧动作来完成A垫步，即运动员双腿交替练习，同时一条腿完成直腿动作以强调触地。

那些技术足够娴熟的运动员可以把这个练习与直腿军步行进结合起来，即一条腿完成触地准备动作，另一条腿则完成还原动作。动作的次序可根据对各个运动员所要求的刺激强度进行调整。请注意，不要在运动员没有具备足够的能力之前就进行如此复杂的练习。

B垫步

练习要点

- 脚向地面加速。
- 主动勾起脚尖（脚跟微微离地、脚踝背屈）触地，脚落在重心稍前方。
- 躯干应保持挺直，运动员使用对侧臂、腿相向摆动的模式。
- 为了协调地连续完成动作，在练习过程中想着“抬膝、伸腿、扒地”。

组织过程

富有节奏感和周期性的B垫步（图8.26），是用来强化还原动作及向触地动作过渡的技术的。起初，伸腿和扒地动作使B垫步看起来像直腿军步行进，但其实B垫步是直腿军步行进的进阶版，随着运动员把膝盖向前顶，支撑腿会完成一次轻微的垫步动作。运动员通过伸膝扒地向前行进（对侧腿的垫步动作在这里起的作用）。这些动作巩固了摆动腿的基本还原动作模式。当膝盖达到其最靠前的位置时，躯干保持挺直，小腿朝前伸展。随着膝关节的充分伸展，腘绳肌会缓冲这个动作，而此时运动员应该用脚像爪子那样去扒地，好让主动勾起脚尖的脚在重心稍前方直接触地。

这个练习的重点在于，运动员连续不断地用脚在重心稍前方去主动而有力地触地，这样一来，运动员就能够在有节奏感的垫步过程中不断加速向前。在练习的过程中注意对侧臂、腿的相向摆动。

图8.26　B垫步

跨步跑

练习要点

- 抬起脚踝并尽可能使之靠近臀部，同时运动员保持身体直立姿势。
- 运动员的脚跟微微抬起，在重心的下方积极触地。
- 随着运动员过渡到跑动阶段，整个动作保持流畅和节奏感。

组织过程

跨步跑在促进合理的还原动作技术形成的同时，可用于强化姿势控制能力。运动员可以将一些形式的练习（例如直腿军步行进，或是B垫步）转化为跨步跑。跨步跑本身就是一种夸张的跑步动作，运动员在跨步跑时能够看到脚踝的抬起过程，而当他在跑道上跑到20到40米时，还可以跨过比较矮小的障碍物（为了完成膝盖向前、踝部高抬的动作）。

可以在很多情况下进行跨步跑（比如，当双臂举过头顶或用双臂抱住实心球时），以便让运动员在没有手臂动作对抗腿部引起的旋转的情况下能维持躯干挺直。

助力跑

人们通常认为，对那些期望改善高速跑能力的运动员而言，助力跑很有用。通过关注神经肌肉系统，已经有了一些发展和保持高速度的辅助技术。运动员通过提高在一段既定距离内所能达到的步频，他们能够实现超极限速度的奔跑。

例如，下坡跑通常被认为是极为有益的一种跑法。下坡跑不费力是因为运动员利用重力加速冲下斜坡。决定这种训练方法成功与否的关键是坡度的大小。关于坡是微微倾斜还是更陡一些，哪种更有益，专家们看法不一，在此建议坡度为2到7度[2]。

决定这种训练有效性的因素，似乎是运动员维持步频的能力，与此同时，运动员还需保持充分的节奏感（步频很少有变化或没有变化）。一旦节奏被打乱——正如坡过陡时常会发生的那样，便会出现与训练想要达到的效果相反的结果。用陡坡训练培养的是运动员的离心制动的能力，它会提高运动员的减速能力，而非高速奔跑能力。

有些教练通过让运动员在跑步机上进行超极限速度跑来避免下坡跑存在的争议，这种方法使运动员被迫加快节奏来维持自己在跑步机上的位置。尽管就跑步动作而言，这种训练方法可能也会带来所期望的结果，但从跑步的经济性和神经肌肉的潜能方面来看，这种方法是否有益仍值得推敲。这是因为，被动的脚部接触（跑带在运动员脚下移动，而非运动员在跑带上移动）所产生的运动，无论是在性质上还是肌肉动用方面，与正常的运动都大相径庭。在这种被动运动中，运动员在准备触地的过程中无须做出高速往后扒地的动作，因而对身体后侧动力链（尤其是腘绳肌）的髋伸肌和膝屈肌的动用明显减少。

在运动发展计划中引入超速训练时，有同伴或弹性绳拉着（运动员）可能更实用也更有益。这样做的目的在于让运动员得以从站立姿势开始加速，并在不改变所要求的跑步技术的情况下达到超极限速度。为了做到这一点，同时能维持直立的跑步姿势（不因失去平衡而前倾），运动员必须积极合理地触地以提高步频。

这些技术能帮助运动员实现从加速跑到全速跑的自然转换，如此一来，就完成了一个自然的优化过程。但在这种练习中，不建议运动员的跑动距离超过30米（或40米），因为超极限速度奔跑的生理－力学要求往往会使运动员由于疲劳产生动作变形，从而步幅过大或产生减速制动动作。如果任务要求过高，也会出现类似结果（当超速要求超过了运动员的运动能力时）。负责牵引运动员的同伴或弹性绳需要精心挑选，在训练中应该把运动员速度提高的幅度控制在2%到5%。

阻力全速跑

和许多训练方法一样，对于是否使用阻力进行全速跑，在专家当中是一个引起激烈讨论的话题，暂时还没有定论。但假如教练知道这一训练方式的全部优点以及如果使用不当可能会产生的后果，那么对于何时、是否需要，以及怎样把这类练习纳入训练计划这些问题，他就能做出比较有见地的抉择了。

动用外部负荷对神经肌肉系统构成了挑战，从而使神经肌肉系统需要调动更多的运动单位来执行任务，而在平时的一般刺激下，该系统本不会调动这么多运动单位。但我们需要在达成下列共识的情况下才能获得这种潜在的益处，即阻碍全速跑最容易的方法就是干扰运动员的直立姿势或干扰其自然步幅。

这一练习能获得成功的关键在于，要确保能为运动员施加一个有效的阻力负荷。这样做是让运动员能在承受外部负荷的情况下达到并在短时间内维持最大速度。因而，阻力负荷不宜过大，防止运动员被迫减速。在进行阻力加速训练时，鼓励运动员采取前倾姿势。与之不同的是，在全速跑时，施加的阻力负荷一定不能让运动员通过前倾姿势（或造成从躯干处往前倾的更加不合理的动作）来移动负荷。那些使用过大阻力负荷来训练运动员全速跑能力的教练，能见到这种不良的现象。

因而，在这种练习中，通常阻力负荷的大小为体重的2%到5%比较合适。当然，究竟增加多少也要看运动员的反应性力量和地面的摩擦阻力（比如雪橇训练器在草地上滑行会比它在硬质地面上滑行得更远）。教练还应该记住，不管在哪种形式的阻力跑或助力跑中，与采用正常跑步技术相比，想要最大限度地从所增加的运动单位激活中受益，就必须进行转化练习，即带负荷反复练习后，应该接着进行不带负荷的反复练习，这是为了让运动员学会把增加的运动单位募集活动转化到自己的运动表现中。因而，一次训练可能要包括四组练习，每组跑四次，其中三次是带阻力的跑动，一次是无阻力的跑动。每次跑步距离为40到50米，两次之间让运动员充分休息，两组之间让运动员再进行充分的休息。

灵敏性

灵敏性是个独特的生理特性，涉及运动员运动能力和认识能力。在运动层面上，灵敏性体现着运动员的感知与决策能力，以及协调而有力的动作速度素质。与动作技能的其他方面相比，发展灵敏性的练习更具专项性，同时也更具综合性。例如，可以通过很多练习来训练变向技能，但假如运动员不具备某些生理–力学素质（比如在转向后再加速的反应性力量或在转向前减速的离心力量），那么技术就无法得到功能性的应用，从而无法变成技能。同样，在高水平的运动中有很多这样的例子：有些运动员能够完美地理解这项运动，以至于无论其身体素质如何，他们总是能够领先对手，或总是能够占据回传球的有利位置。

变向速度中包含了事先计划好的变向动作来改变运动的方向，而灵敏性则考虑到了运动员的感知与决策技能、变向所需的技术，以及将刺激转变为反应，进而形成有效的运动反应的身体素质[11]。

一般来说，专项运动速度的定义是，伴随着方向的改变，运动员在各种短距离中产生高速度的能力。运动员需要在专项运动情景中实现身体姿态与身体方向的改变，以及运动速度的变化。灵敏性要求因运动项目而异（图8.27）。

这些富于变化的要求，并不意味着灵敏性技能只能或只应在专项运动情景中教授。运动员应是多面手，他在决定哪一种工具最适用于完成任务前，需要学会熟练地使用大量工具。运动发展计划的目标就是要用运动工具把运动员装备起来，前提是运动员要具备有效使用这些工具的身体素质，以便他能在任何运动情景中使用这些工具。这一观点在第1章中就介绍过了，当时我们阐述了基础运动技能这一概念，基础运动技能可以发展为专门应用在专项运动中的动作技能。

本章考察各种与变向方法有关的动作任务，分析这些任务的熟练执行情况如何，同时还分析如何用专门的练习和训练来发展这些动作，而所有这些都以第7章陈述的渐进原则为基础。这样做是为了传达教授灵敏性训练方法时的原则，而不是着眼于专门的灵敏性练习。教练必须能够把这些原则落实到训练中去，并分析和发展这些方法，而不是简单照搬一些练习，却不了解如何区分它们。

事实上，不少书[5]都为教练提供了很多的训练方法和专项动作练习，以便他们能够在理解自己运动员所需要的运动结果后，为了各自的目标去训练。

研究[3]表明，尽管大多数专项运动员都需要具备在一定的时间内加速到最大速度的能力，但线性速度与变向能力并不是高度相关的。因而，针对变向速度和灵敏性的训练，

图8.27　不同运动项目对灵敏性的要求大相径庭

就必须涵盖那些发展变向技能的针对性训练。这些技能可以被纳入项目的专项要求之中。在为一名运动员设计一个灵敏性训练计划时，灵敏性的确定模型（图8.28）说明了需要考虑的因素。

感知与决策能力，还有身体素质是至关重要的，而技术是一个能够加以发展的模块。在对课程开发进行了理念和实践方面的考量后（第7章），在进行那些将提升感知与决策能力的开放与反应性（专项运动）练习之前，我们建议运动发展专家把侧重点放在一系列与变向速度有关的技术与生理特征上来。

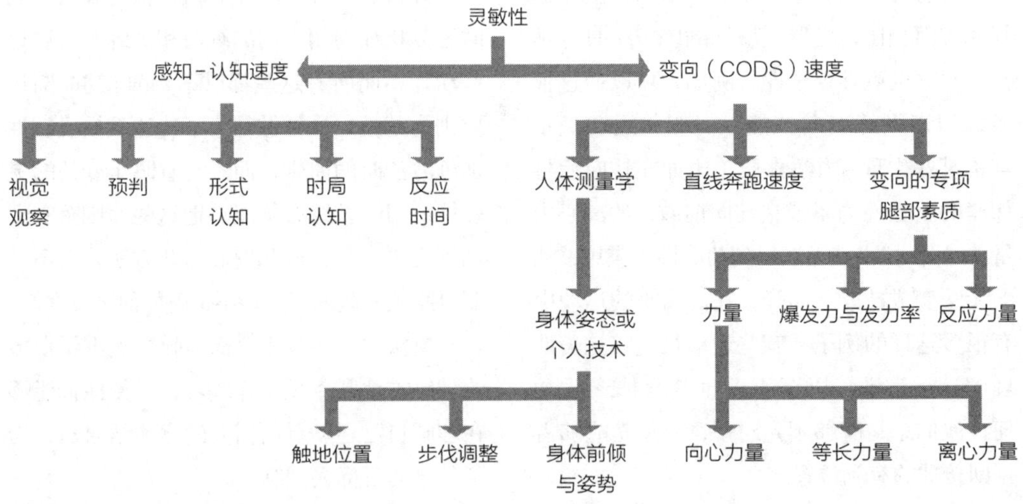

图8.28　灵敏性的确定模型

源自：S. Nimphius, 2014. Increasing agility. In *High-performance training for sports*. Edited by D. Joyce and D. Lewindon (Champaign, IL: Human Kinetics), 187. W.B.Young, R. James and I. Montgomery, 2002, "Is muscle power related to running speed with changes of direction?" *Journal of Sports Medicine and Physical Fitness*, 42(3): 282-288. J. M. Sheppard and W. B. Young, 2006, "Agility literature review: Classifications, training and testing." *Journal of Sports Science*, 24(9): 919-932.

这些特征没有被忽视，因为在运动员所接受的训练计划中的运动专项方面，它们正得到同步发展。

认识到了这一点后，许多儿童参加的灵敏性游戏就应该加入决策与环境适应方面的内容了。有些游戏有趣而富有竞争性，要求参与其中的儿童进行变向，并且理解如何才能从策略及身体上提高变向能力。对儿童的运动员培养计划而言，这类游戏是重要的基础活动。本章前文中提到的鼠兔游戏，以及下面这个猫鼠标签游戏就是两个例子。

猫鼠标签游戏

练习要点

- 快速、果断地做出决定。
- 变向时重心降低。
- 单脚快速完成变向，用这只脚向移动方向用力反向蹬地。
- 变向后加速。

器材

- 彩色标签。
- 用标志桶或合适的道具来划定一块活动区域，允许游戏参与者在该区域内自由活动，同时也对参与者的变向加以限定。

组织过程

选择合适数量的人来当猫（理想的猫鼠数量之比为1：4），给每只猫都贴上彩色标签。组内其余的成员都充当老鼠。将猫安排在游戏场地的中间，老鼠在四周。随着一声令下，老鼠需要快速移动以便逃离猫的追捕，猫的目标就是要抓住他们，在他们身上贴上标签。一旦被贴上标签，老鼠就应该站定不动。其他自由的老鼠应该设法去解救被贴上标签的同伴，为此，他们需要在自身不被贴标签的情况下围着被贴标签的同伴走上一圈（起码要求）或两圈（高级要求）来进行解救。这个游戏的目标在于让猫捉住所有的老鼠。游戏组织者（教练）应该让游戏进行1到3分钟后暂停让大家休息一会儿。

基于专项运动情景的一系列熟练灵敏性动作的名称（第1章与第2章）需要建立在与变速（加速或减速）、变向（往后、往两侧、往前）及专项变向技能（比如运动中各种程度的切步、急转和变向）相关原则的基础上。

如第1章中所述，根据运动员姿势与重心位置之间的关系，以及重心与支撑面（及支撑面面积）之间的关系，可以在灵活性及稳定性这两者之间建立起一种反比关系。关节与躯干的姿态也很重要，因为它们会决定身体通过姿势从地面传导力量时的优化能力。尤其是，关节与躯干姿态决定了如何动用肌肉来充分发力（从髋关节到膝关节再到踝关节，最后到地面）。

图8.29很恰当地描述了这一概念。运动始于一个相对静止的不稳定的姿态。左图显示的是网球运动员正从基本运动姿态开始，做出一个垫步小跳的动作，这是为了在下一刻稳定双脚，接住对手发过来的球。运动员用前脚掌的球形区域支撑着他的身体，脚跟不触地。双脚与地面的接触面积越大，运动员的稳定性就越高。

在运动开始前，运动员双脚分开与肩同宽，躯干挺直，膝关节与髋关节屈曲至最佳角度，以便能充分利用臀部与膝部伸肌的牵张反射。此时，重心相对较高（这降低了稳定性），但还是在支撑面的中线以上（这意味着要耗费额外的力量才能移动重心）。支撑面面积越大，重心越低，运动员就会越稳定，反应能力也越低。

随着运动员对对手的击球做出反应，有几个因素可以改善移动的方向和优化该方向上的推力。主导腿的髋关节朝外旋转，这样主导腿的脚尖就会指向运动员的目标移动方向。运动员还会随着髋部一起转动头部与肩部，与此同时，重心从一侧移动到支撑面上，由此就可以让力量朝着目标方向传递。这个动作让驱动腿的髋部产生推力并使驱动腿可以充分伸展，从而优化了力量从髋关节到膝关节，再到踝关节与脚，最后到地面的传导过程。在运动方向上，身体的线性姿态可以使地面产生反作用力，并通过姿势进行有效传导。

宽泛而言，灵敏性运动通常可以达成4个方面的目标：启动、变向与躲避（或者动作技能之间的过渡），以及转向后应该达到的线性加速和最大速度。探索运动员运动能力的这些方面，可以识别基本专项动作技能，而这些技能可以通过专项练习得以发展。灵敏性是一种反应性能力，因此，适时展现出变向技能就要求运动员具备高水平的反应性力量与肌肉快速伸缩力量（第9章），从而能够控制离心力量，同时产生反应性向心力量来实现突然而有效的身体姿态的变化。

图8.29　对灵敏性生理－力学原则的运用

减速

在运动场上，运动员减速通常主要是基于以下两个原因：有时是让自己完全停下来，这往往是为了变向，但更多的时候仅仅是为了从一个移动速度有效地过渡到另一个速度（比如，在足球运动中从奔跑过渡到慢跑或走动）。任何涉及变向因素的减速行为，往往也会涉及腿部和髋部的不对称动作，这就要求运动员通过自身姿势来控制各种旋转力量。

从逻辑上可以说，直线减速至停止的力学原理，与直线加速的力学原理是截然相反的。关键在于要确保姿势到位，要让运动员在这个姿势中对地面施力，从而减小身体重心前移的动量。从本质上来讲，减速就是运动员试图把重心带回支撑面上，从而形成一种稳定的姿态。除了技术要好之外，有效停住身体还依赖较大的地面反作用力以及身体后侧动力链肌肉的离心收缩，尤其是当运动员处于高速运动中时（此时所需要的力等于运动员的质量乘以加速度）。因而，运动员需要强壮的身体来产生有效动作，同时将突然用力过猛所造成的伤害概率降到最低。

一旦运动员开始减速（图8.30），脚踝就会背屈，通过小腿提供一个预张力，为脚跟触地做好准备。此时，触地位置会发生在重心前面，以此产生的地面反作用力会减小往前的动量，从而使重心更加接近支撑面。脚

图8.30　减速

的这种姿势可实现通过脚跟施加水平制动力。当运动员迅速通过脚的滚动产生有助于制动的摩擦阻力时，制动力会被膝关节和髋关节吸收掉。

由于运动员的速度有差异，在维持平衡的身体姿态的同时，一般都需要几个小碎步来安全减速。在整个动作的过程中，运动员降低身体重心，增大支撑面面积。身体和地面之间通过高频率的触地动作产生了更大的相互作用，这样就可以把减速产生的高强度离心力量完全吸收。

如果想要把这一技能有效地运用到运动场景当中，运动员需要在做出这个动作的同时，保持肩部和髋部水平，同时头部中立和躯干挺直。之后，运动员就可以在任意方向上快速过渡为任意的动作方式。如果运动员在减速时不能保持肩部与髋部水平，那么其在任意既定方向上再次加速的能力将受到限制。

一般来说，可以通过从封闭式练习（运动员不需要做出很多决策）逐渐进阶到开放式练习（运动员需要根据外部环境做出复杂决策）的方式来提升线性减速能力。图8.31所描绘的就是这样一个过程。运动员必须从静止的起始姿势开始，尽力加速通过10米停止线或20米停止线，然后减速制动。可以根据运动员的加速能力和离心力量来调整起跑线到停止线之间的距离。运动员到达停止线处的速度越快，用来刹住往前势头的离心力量也必须越大。

运动员一旦跑过停止线，就需要尽快减速制动。通常情况下，在最初几次尝试性练习中，运动员不会尽力加速，这是为了能更容易地减速制动。尽管这一方法可以帮助运动员熟悉这个练习，但它无法提高所要求的技术模式。教练需要确保运动员在通过停止线时在尽力跑动，并且只有在通过停止线后才开始减速。教练可以通过设置速度要求或进行速度比赛来检查谁能首先通过停止线。这种方法可以鼓励运动员做出最大的努力，只要不让这个练习偏离它的总体目标（高速通过停止线后尽快停下）就行。

为了提高这个练习的难度，运动员可以在训练中缩短从减速到制动的跑动距离。在运动员完全停下来的地方做个标记（图8.31b），然后告诉运动员，下次必须在保持加速的情况下在这个标记前完全制动。教练应该就运动员的最终表现（运动员是否在标记前减速制动）和采用的技术做出反馈。在运动员已经能够表现出应具备的运动水平，并能有效减速制动后，教练就应该选择一些进阶方案。

其中一个方案就是不再使用停止线，代之以口头信号或视觉信号，为了停下来，运动员需要对这个信号做出回应。该方法使运动员对何时停止的决定具体化，但难以挑战或客观衡量随后动作的进展。另外，还可以让运动员进行这样的挑战，即让他完全制动后立即再次加速（图8.31c）。这个方案去掉了该练习中的反应性元素，从运动员的角度来看，是将关注点放在了技术保持的需求以及是否能够在再次加速前以一个良好的身体姿态制动上。

正如该练习的第一部分应该强调最大加速一样，运动员也必须在再次加速前完全制动（而不只是慢下来）。那些无法有效控制身体姿态、无法停稳的运动员将不能有效地再次加速。教练可能会看到，运动员从较高的身体姿态转换到较低的身体姿态，之后把重心移回支撑面上，然后再次在加速的前几步将重心向前移动的过程中，出现失去平衡的现象。

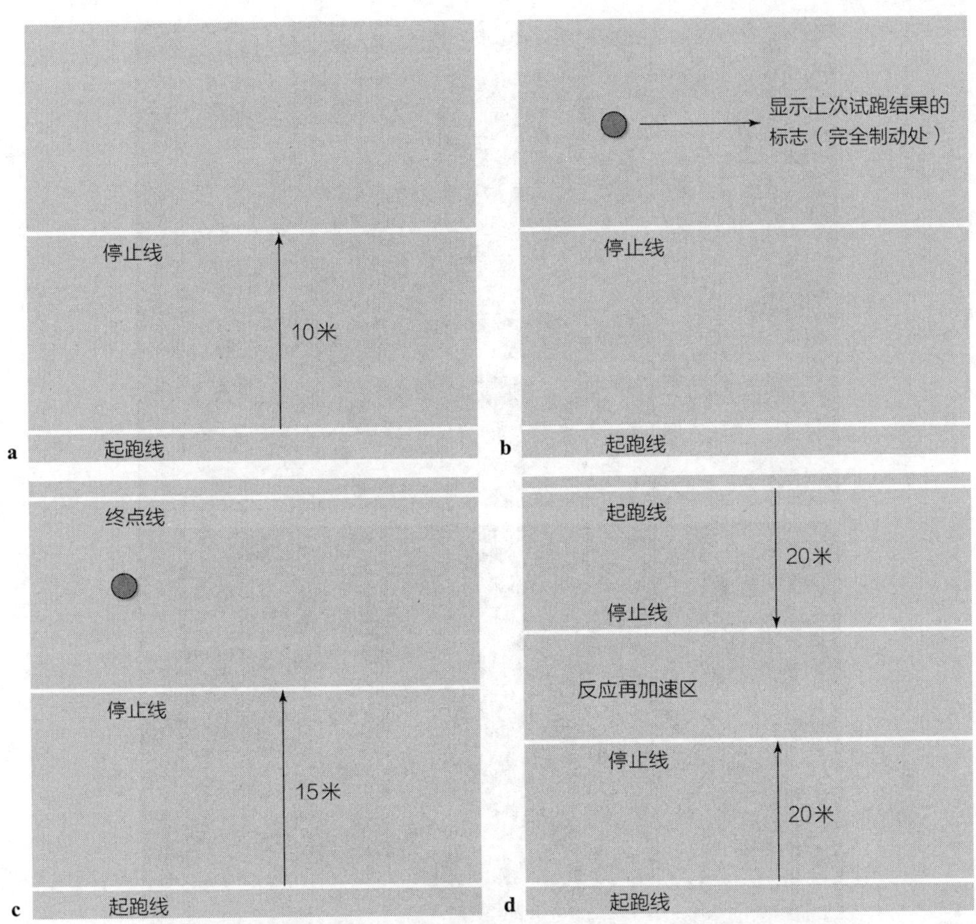

图8.31 从线性减速逐渐过渡到再加速的进阶训练：a.线性减速；b.有目标的线性减速；c.完全制动后的再加速；d.根据对手动作做出反应的再加速

这些练习通常可以进阶到开放式练习：要求运动员完全根据对手的动作来做出反应，从而经历一个加速、减速制动、再次加速的过程。如果运动员能够顺利施展出所有必要的技能，可以在随后的再加速过程中超越对手。请注意，并非所有体育项目中的减速都要求运动员完全停止，但当运动员掌握了减速完全制动这一技能后，就可以在练习中加入从单纯减速到减速后再加速的各种形式的练习。

在集体球类项目中，非线性减速的情况极为常见。的确，非线性减速往往比线性减速更加常见。这些动作非常复杂和专项化（图8.32）。许多这类动作都要求运动员通过单腿支撑的姿势来产生极大的离心力量，并且往往上身动作与对下身动作的要求无关。比如在网球中，运动员在腿部减速的同时，可能上身在击球。

因此，旋转力量的控制和多方向冲击力的缓冲方式，在不同的体育项目中是不尽相同的。的确，许多减速的动作和身体姿态都是由减速后的动作决定的，如图8.32所示，这一点在本章后面的内容中将更为明显。即便如此，减速的原则还是不变的。减速时运

图8.32 非线性减速动作经常需要根据情况做出变化

动员需要降低身体重心（接近地面），尽可能增大支撑面面积，并且尽可能把重心置于支撑面的中心。脚与地面的接触面积越大，减小向前动量所需的摩擦力就越大。运动员需要足够强壮的后侧动力链，以便能通过单腿或双腿支撑的姿势产生强大的离心力量，同时能够控制上身产生的旋转（或是撞击）力量。

转换动作

在体育运动中，运动员往往需要做出一些转换动作，以便经济而有效地实现不同运动模式之间的过渡和衔接。比如，在足球比赛中，一个防守球员可能会奔向他正盯防的对方球员，在对方传球前减速，同时在找准方向加速前横移几步，以占据空间优势。衔接向前、向侧、向后移动的能力可以为运动员提供一个明显优于对手的竞争优势，还能让运动员在观察比赛情况时，以一种高效且节能的方式在球场上来回跑动。

任何转换动作都是以运动员移动准备作为起点的。运动员必须有一个刺激来做出反应或做出移动决定。同理，运动员必须有一个合理的身体姿势来向多方向移动。基于这一原因，对所有运动员而言，准备姿势都是非常重要的。

倒退走（图8.33）是大家熟悉的向后动作技能。运动员既可以直线倒退走，也可以斜线倒退走。成功倒退走的关键在于，要一直保持肩部和髋部水平，要确保髋部能够在下一刻向任何需要的方向转动。运动员的脚踝保持背屈，用脚尖向后接触地面。这种技术使运动员在把体重移到脚跟上时，能够利用整只脚把身体往后推。随着运动员的体重转移到位于身体后方的全脚掌上，向后的动量会使保持背屈的前脚离开地面。因而，应该鼓励运动员在重心向后移动时向前亮出自己的鞋底。

可以通过适当调整蹬地的方向，把倒退走变为非线性移动。根据需要移动的方向，运动员可以通过脚内侧或外侧来施加一个侧向蹬地的力量，以便产生合力使运动员在倒退的同时侧向移动。通过这种技术调整，只要保持肩部和髋部持平，运动员就可以对运动方向的任何必要变化做出有效的反应。一旦髋部朝向某一方向而不是正前方，运动员就无法迅速地对任何必要的方向变化做出反应，这为对手从运动员髋部朝向的相反方向摆脱提供了机会。

在许多体育项目中，侧向移动也很重要。侧滑步（图8.34）是短距离内最简单的对变向做出反应的技能。运动员通过一只脚的内侧向外侧蹬地，从而实现身体的侧移。

对侧向运动而言，推动要比拉动更加有效。运动员在驱动腿蹬离地面后，向移动方向侧向滑步，然后利用腹股沟处的肌肉横向拉动身体来完成侧滑步动作。一般来说，拉动动作不仅更慢、力量更小，还会降低运动员的移动效率，这是因为这种移动方式会增加支撑面面积。而推动动作则会使运动员的脚部保持与地面的密切接触，并保持脚部在髋部下方，从而能过渡到如基本运动姿势之类的姿势或动作。

为了发展这些动作技能，教练可以设置一些简单的封闭式练习，之后可以把这些练习应用到更加开放和富于变化的运动情景中。要求运动员在这些情景（可以是专项运动情景）中对外部的各种情况做出反应，同

图8.33　倒退走

图8.34　侧滑步

时还要保持合理的身体姿态。虽说很多人会提出一些正确的建议，比如侧向移动10米的最快方式不是侧滑步，而是转身奔跑。但请大家记住，这些发展移动能力的进阶练习不是针对专项运动的，而是运动员提升运动表现的“移动工具”。在专项运动情境中，运动员可能只需要侧滑或倒退一两步，但有必要去发展这些技能。

设计这类练习计划的关键要求在于，要确保高质量的练习和充分的休息，避免这些练习变成能量代谢训练。比如，如果图8.35中的练习是在边长为10米的正方形场地进行的，运动员可能需要在各个方向上完成累计约70米的运动距离，这将造成高度疲劳。这个练习可以限制在三个标志桶标出的范围内来进行。如此一来，就可以通过运动量减半来保证训练质量。随后，可以通过改变运动方向来确保动作技能的对称发展。

大家会注意到，变向练习会因为在训练进阶中加入反应和决策而变得更像灵敏性练习，这一点在镜面练习（第7章）中得到充分体现。练习应该高质量地持续5到6秒，运

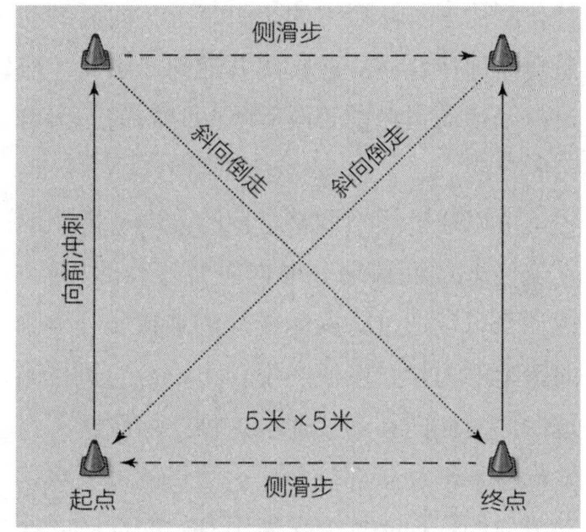

图8.35　转换动作技能练习

动员在两组练习之间要充分地休息。变向和反应练习越多，对运动员在运动的转换阶段控制髋部和肩部水平姿态的要求也就越高。在镜面练习中，可以通过要求运动员在听到“现在（跑）”这样的外部指令时向前这种方式来真正地创造这种情况。此外，如果运动员A看到运动员B处在一个不利的位置，他就可以根据要求越过或躲避运动员B，通过这种方法来结束镜面练习。在反应和决策方面，训练会变得富于竞争性和挑战性。

变向

本章一直在强调，能够对地面自如地施加力量，才是优化加速、最大速度和动作转换的关键。同样的原则也适用于变向，运动员只需在适合的方向上施加充分的力量以获得加速。这些动作具有高度的运动场景特定性，它们依赖运动员做出技术上正确的动作；与此同时，运动员还要能够通过髋和膝对地面快速施加较大的力量。

运动员需要在静态和动态下都能改变方向，而这项技能既可用于摆脱防守，以便利用和创造有利的空间优势，也可用于在移动中拦截一个目标（例如，网球选手从准备位置移动到正手位或反手位，或是棒球中的外野手夺得一次击球机会）。运动员通过水平面上的动作产生了能够控制整个运动链的力矩，这与发展功能性力量及力量增长速率有关，第9章和第10章会进一步加以解释。如果仅仅只在矢状面中发展发力能力，那么当运动员被要求在水平面或冠状面中发力时，他就无法有效运动，并可能会受伤。

典型的静态变向包括在一系列可能的角度范围内的转弯与加速。角度越小，运动员可利用的技术就越多。所有这些技术在成功执行时都具有一些共性。首先，重心降低并朝移动方向偏移。运动由头部和肩部主导，手臂有力而迅速地摆动，帮助身体朝目标方向转动。随着运动员进入加速状态——之前描述过的直线加速状态，重心需要移到主导腿之前，落在脚尖处，后腿需要完全伸展，以保证用直线驱动姿势进行加速。

例如，转身步（图8.36）的特征是，当运动员将重心移向支撑腿，并给另一条腿的伸肌施加压力时，主导腿会向目标方向外旋。同时，主导腿对侧的手臂会从身体旁边摆过，带动躯干转向目标方向。随着支撑腿完全伸展，身体通过全幅度旋转，准备加速直线冲刺。

同理，进行交叉步（图8.37）时躯干在转身过程中挺直，不像在转身步中那样向前下沉，但也是把从双腿支撑体重转移到主导腿支撑体重作为动作的开始的。手臂靠近身体迅速摆动，会在主导腿外旋（与转身步中相同）的同时躯干旋转。和转身步不同的是，跟进腿在离地前也会轻微内旋。在主导腿继续与地面保持接触时，对侧的手臂用力后摆，同时对侧腿从体前交叉跨步，从而让运动员摆出一个能加速向前的驱动姿势。上面两个简述（未做详细说明）技术的不同髋部动作，会导致在交叉步中使用更短的启动步伐进入直线加速，从而在随后跑动中的最初阶段实现较高的步频。

在体育运动中，超过90度的变向动作较为常见。比如，在足球运动中，球可能会从运动员的头顶飞过，或篮球运动员在比赛中可能会由守转攻。此类动作开始时，运动员的状态可静可动，但无论如何，其背后的原理都是一样的。

第一条原理便是，动作启动时必须朝向目标方向。运动员利用髋伸肌的快速伸缩快速发力，以提高转向速度。从静止状态开始，运动员通过快速的小幅度预蹲动作来启动动作（图8.38）。这个预蹲动作有助于把重心移向支撑面的后方，为向目标方向移动做好准备。和线性加速一样，该动作提高了向目标方向对地面施加的水平推力。

为了从向前加速的状态开始有效地实现变向（图8.39），运动员首先需要完成几步减速调整，减弱前冲势头，以更高效地完成转

图8.36　转身步

身动作。做脚跟到脚尖的脚部转换动作，使得步幅变小，触地时间变长。此时运动员需要肌肉的离心收缩产生更大的力量来缓冲重心前冲的势头。请注意，运动员应在即将转身前降低身体重心，并将重心向转身方向的相反方向靠，这个动作通过把重心移到触地点的后方来减缓前冲势头。

转身的前期动作也有助于迅速成功地完成转身动作，这个动作通过在转身前的最后几步调整中把髋部和腿部转向转身方向来完成。由于做了这样的准备动作，运动员在转身动作接下来的阶段中就不再需要进行大幅度的旋转。的确，如果在直立姿态下完成转身，可能需要耗费额外的时间，甚至还要多迈几步，才能向新的方向加速。

克服旋转惯性（阻止身体转向的阻力），是做出转身动作时要考虑的主要问题，当运动员在静止状态下转身时更是如此。为了让转身动作更加高效（降低惯性的作用），手臂应该靠近身体摆动（这样就缩小了身体转动的半径）。

在完成这个动作的过程中，先转头，再转肩，后转髋，这样最有利于爆发力的产生。先转头对于大多数运动都是有利的，因为它

图8.37 交叉步

有助于运动员争取更多的时间对环境的变化进行观察，并对其做出反应。

在动态的减速动作中，支撑脚通过在变向前最后一次触地远离旋转轴（另一条腿）的方式，产生与目标方向相反的大力矩（转向力）。这个动作会使肌肉快速伸缩，从而在变向后增强加速能力。

假设运动员被要求在变向后加速跑离变向点，那么变向后的几步身体将会出现明显的前倾，这种前倾会最大限度地增加离地脚与重心之间的水平距离。这会使驱动腿完全伸展，于是运动员获得了一个最大的水平推力。

根据运动场景的不同要求，运动员在转身的同时可能还需要跳跃或侧滑步，甚至还需要倒退以接住球。例如，在橄榄球比赛中，当对方的四分卫在无人盯防下传球时，外接手回撤去接球。这样的动作要求运动员转身后摆出不同的身体姿态。例如，如果需要更多垂直方向上的推力（例如转身后跳跃），那么身体的力线就应该更加垂直，同时，离地腿与重心之间的距离应该变小。倒退走或侧滑步中也需要类似的身体姿态。对这一技

图8.38　在静态下实现180度转身

能在各种场景下可能会发生的情况进行总结，有助于运动员形成一套如何撤出转身动作的运动术语。

摆脱技能

在运动表现的整个演变过程中，我们已经描述过很多方法，可以用它们来改变方向、加速过人，或利用对手球员周围的空间、利用对手的弱点。这些方法通常会包括一些专项动作技能，如采用假动作使对手失去平衡。其他相关的战术包括，进攻者在接近防守者时故意减速，意在让防守者根据进攻者的速度调整身体姿态。然后，进攻者趁防守者变得更加稳定之际，再次迅速加速，摆脱防守者。保持速度或在跑动中加速跑向或跑过一个对手的能力颇为重要，因为倘若没有这种能力，竞争优势就会明显削弱。

尽管有些摆脱技术能进一步开发，但这些技术大多建立在很少的几个技能的基础之上，这些技能涉及利用内侧腿或外侧腿的各种爆发式变向。这些动作的典型特征是外侧脚切步或内侧脚切步的变化。

切步动作强调了运动员支撑脚，随即高效再加速这一能力的重要性。这个动作包括

图8.39　在动态下实现180度转身

减速、变向和再加速，所有这些大约在0.2秒内完成，具体时间要视动作的性质而定。

外侧脚切步

外侧脚切步或者叫爆发式切步（图8.40），被认为是实现小角度爆发式变向的有效技术。在变向后再次加速之前，运动员需要通过轻微减速来优化触地点以及对神经肌肉系统施加预负荷。在动作执行的方法上，注意切步脚的触地点要横向靠近身体重心，同时膝关节置于脚的里侧（内侧）。如果小腿垂直于地面（膝盖与脚尖对齐），运动员将无法施展横向力量来执行这个动作。

执行外侧脚切步时，整只脚都与地面接触，触地时间相对较长。这种充分且相对较长时间的触地，与降低重心准备转向相结合，保证了体前对髋关节和膝关节的伸肌施加预负荷，以便腿能在变向时充分蹬伸。相对较长的触地时间使肌肉的拉长−缩短周期能够有效发挥作用，从而通过脚的内侧和前侧产生高输出功率（爆发力），在躯干预先向目标方向倾斜的帮助下，把运动员朝侧前方推出去。

图8.40 外侧脚切步（爆发式切步）

外侧脚切步

空间意识非常关键。离得太近会撞到对手，离得过远又给了对手调整姿态拦住自己的机会。

做外侧脚切步动作时的理想姿势是：支撑脚对着对手身体的中部位置，膝盖位于脚的里侧，身体重心偏向行进的一侧。如果支撑脚离对手的肩部过远，那么运动员将会加速冲向对手。如果支撑脚离对手的右侧过远，将给对手提供一个空间去切断突破路线。

随着髋部与膝部的充分蹬伸，重心移动开始加速，外侧脚朝目标方向外旋并触地，触地点在重心的后方，然后继续向新方向有力地蹬地以对身体进行加速。如果要通过变向来创造或利用空间，那么运动员就必须利用产生的力量，加速远离变向点。

内侧脚切步

内侧脚切步（图8.41）是一种高速运动，运动员一旦完美地做出这个动作，前冲的势头几乎没有减少。这个动作要求运动员以正对防守者站立的那只脚进行支撑并外旋，与此同时摆动内侧脚，从对手身体前方横跨过去，然后在防守者脚的外侧着地。从这种位置进行加速是非常有利的，但这一技能的执行，以及这个动作要求对通过脚的外侧实施有力变向，都使其成为开放性比赛中难以施展出来的技能之一。

运动员通常都在封闭情景中学习、掌握这些摆脱技能，在更加开放的运动情景中加以运用、发展，然后通过在练习中加入决策及对不断变化的环境做出反应和判断的元素，逐渐将这些摆脱技能转化为灵敏性技能，这是成功的关键所在。

图8.41　内侧脚切步

内侧脚切步

做内侧脚切步动作时，支撑脚更加靠近运动员内侧（更加靠近髋部正下方）。优化髋部的位置，使躯干在保持垂直推力的同时向行进方向倾斜。

躯干的倾斜也为摆动（内侧的）腿在身体前方完成摆动提供了一个有利姿势，同时这个姿势也使得支撑腿能够在脚尖离地前实现充分的蹬伸。

当摆动腿从身体前方横跨过去时，运动员需要向后驱动摆动腿，从而使脚的触地点落在身体重心下方的位置。

本章小结

触地速度以及在不同方向上加速的能力，是把高水平运动员与其他运动员区分开来的身体素质。为了发展高速运动能力，运动员必须具备一些基本的技术，以及具备能够有效施展出这些技术的合理的生理–力学素质。

速度是一项技能，可以被那些了解高速运动所需的素质，并知道怎样通过渐进计划发展这些素质的教练训练提高。通常情况下，加速、达到最大速度和变向所需的力学技能，都依赖运动员控制重心和步伐到位以充分利用地面反作用力的能力。教练必须明白稳定性和灵活性之间的关系，并学会控制力量来充分发挥运动员的速度和变向能力。

同样，灵敏性是体育运动中一项比较少见的结合认知能力与生理–力学能力的竞技能力。教练还要使用整体和全面的方法来设计训练计划，以便将功能性力量、肌肉快速伸缩能力、技术执行与决策能力融为一体。变向技能应该先得到发展，然后增强高速执行能力。应该通过运动专项训练来发展动作的感知与反应等方面的能力。

速度与灵敏性练习应该用时短和强度大，这样才能保证训练的质量。速度是质量的运动，而质量是一个绝对值（强度则相反，其是一个相对值）。因而，这类练习具有高强度、低运动量和休息时间充足的特点。

整个训练计划的训练量通常受提高与维持技术和神经肌肉系统方面高水平适应能力的限制。每组练习当中都应该留出充足的休息时间，并且一个训练计划中总的重复次数要少。

第9章

发展跳跃和快速伸缩复合训练技能

跳跃是许多专业运动和体育动作的基础动作技能。在做跳跃动作时，运动员需要单脚或双脚在地面上施力并起跳，随后有一个相当长的腾空阶段，步幅明显大于跑步，最后落地。这些动作在体育运动中以多种形式呈现，如起跳、腾空和落地。通过训练将这些动作与熟练的运动表现和专项训练动作相结合，可以使骨骼肌肉系统的生物力学性能实现最大化，从而增强爆发力，降低相关的运动损伤风险。这些动作可归为快速伸缩复合训练技能，是所有运动员训练课程的核心要素。

本章主要探讨体育运动中对跳跃动作的具体要求，帮助训练者理解应该如何，以及为何在训练发展计划中训练这些动作。这种理解将有助于更全面地分析爆发式技能的训练方法和技巧，并解释将其纳入一般及专项训练计划中的原因，使运动员能够更好地利用拉长–缩短周期中的力学机制。

跳跃动作

通常根据动作中腾空阶段前后发生的脚部移动方式来对跳跃动作进行分类。虽然有些运动（例如田径）对跳跃动作制定了非常严格的要求，但这些跳跃动作还是经常发生在动态环境中，运动员需要对动态刺激（对手或球等）做出反应。事实上，各种类型的一般性跳跃动作都可以在三级跳远项目中看到，这个项目要求运动员完成的跳跃动作包括单脚跳、跨步跳（跨越）和双脚跳。

跳跃动作通常被看作运动员以双脚起跳或着地的动作。在许多运动场合中，比如足球的头球或排球的拦网，运动员会双脚起跳；而在某些运动中，则会出现单脚起跳的情况，例如网球发球。运动员也可能会用弓步起跳。训练者应该了解的是，双脚起跳并不意味着双脚一定要平行。

在基础层面上，跳跃被定义为把重量从一只脚转移到另一只脚。对各种体育运动的分析表明，很少有将跳跃作为专项运动的训练需求。类似地，用一只脚起跳，同一只脚着地（单脚跳跃）的动作，在许多体育运动中，并不作为一项明确的技能。

但是，在变向和多向运动中，协调单脚起跳和落地的运动控制是必不可少的，因为在这些运动中，大力量和高速的单腿运动以及稳定在某个位置或是过渡到下一个动作的能力，常常能展示这个动作的表现特征。尤其是掌握落地动作的控制能力，通常能减少运动员发生常见损伤的概率，例如在没有接触或碰撞的情况下，膝关节就被迫屈曲和外翻，造成ACL损伤。

同样重要的是单脚落地，通过地面反作用力，重心加速（起跳）或减速（落地）移动，这是非常重要的运动能力。在跳跃的力学机制中，发力能力是这项技能的关键。施加力量的大小和时间，对实现运动员重心方向的转变是至关重要的。所需力量取决于运动员需要跳多高、跳多远。如第4章所讨论的，运动员重心的运动轨迹，取决于腾空时的水平冲量和垂直冲量。

发力的瞬间可能受多个变量的影响。这些变量主要包括起跳时重心的速度、起跳角度和起跳时重心的高度。一些同样重要的变量如果发生改变也会引起结果的改变。例如，在站立式跳跃中，起跳时重心高度占最终跳跃高度的40%到44%，运动员的身体素质和起跳时的身体姿势都会影响最后的结果。

运动中，运动员更多的是从跑或其他动作过渡到起跳，而不是站在原地直接起跳。运动员起跳前和起跳时的动作，都会显著影响起跳的速度和角度，这与第8章中所介绍的最佳速度有关。实际上，海伊、米勒和坎特拉[1]通过对跳远进行分析发现，起跳前最后1/4或1/3的助跑距离的水平速度，是影响跳远距离最重要的因素。这个因素还影响了运动员重心的高度，因此可以推断，这是体育技术发展中[2]最重要的考虑因素。事实上，起跳时重心的相对高度，是影响跳跃距离的第二大因素，这就证实了姿势控制和与地面接触的力学机制，在跳跃动作训练中的重要性。

运动员必须学习和熟练掌握如何过渡到跳跃状态、单脚和双脚起跳力学机制的应用、腾空时的姿势控制，以及必要的运动情景、落地技术。掌握的意思是运动员可以最大程度地完成起跳（例如，在跳远项目中，跳跃的距离取决于身体最后的触地点），并可以高效地过渡到随后的运动中。

快速伸缩复合训练

与运动中其他具有爆发力的动作一样，跳跃依靠牵张反射机制来优化肌肉的弹性。牵张反射允许神经肌肉系统的保护机制暂时被忽略，以产生强大的反射性收缩动作，并允许弹性势能存储在肌肉和肌筋膜结构的串联弹性组件内，以展现更大的爆发力。考虑到身体从高处落到地面上时，在重力加速度的作用下，身体会不断地获取动能，所以肌肉的牵张反射（或拉长–缩短周期）需要产生保护机制。跳跃落地时，运动员需要根据运动轨迹、腾空时间和重心的速度来控制与3~14倍的重力相当，甚至更大的地面反作用力。有时甚至是用单腿落地来抵抗这样的作用力。

因此，要想改善跳跃动作，第一个需要考虑的因素涉及运动员的姿势力量，以及他在姿势完整性方面的能力，以判断其是否能够有效控制落地时产生的地面反作用力。但是，单纯从肌肉骨骼的角度来看，这种稳健性并不一定与运动员产生力量的能力相关，因为肌肉骨骼系统对于力量表达的要求通常比主动表达要快。

这种需求将促使专家改进训练方法，这种方法被称为快速伸缩复合训练，它改变的是身体神经募集的特征，而不是肌肉的结构特征，以反映出落地和反弹时对爆发力输出峰值的功能性需求。美国人弗雷德·威尔特在二十世纪六七十年代的作品中普及的术语

“plyometrics”，是由希腊语“plethyein”（增加）和“isometric”[3]（与肌肉动作有关的）演变而来的。

了解该术语有助于训练者理解训练的方法。这个领域的大部分工作都是由科学家兼田径教练尤里·维科汉斯基博士，于20世纪60年代早期开创的。这种训练方法源于运动员身体与地面碰撞产生冲击（以其最纯粹的形式，快速伸缩复合训练亦为冲击训练）的方式。当运动员从高处向地面加速时，身体积累动能。当身体落地时，由于身体移动方向受到阻碍（地面）引起肌肉的离心收缩，肌力会急剧、瞬时增加。这种肌肉紧张度的增加，会刺激肌梭，从而引发反射性收缩，利用肌肉的弹性势能对地面反作用力产生强大的、不自主的反应。

在这种情况下，肌肉的运动在向心和离心之间快速转换，这被标识为不同的阶段，阶段的长短在很大程度上取决于运动员的落地技术。地面反作用力引起肌肉张力急剧增加，会刺激肌肉在后续的起跳阶段产生极大的冲量。为了使刺激产生的动能发挥重要作用，触地时间必须尽可能短。这对运动员所运用的落地方式有重要的影响，运动员需要尽量减少触地时间，同时又最大限度地增大地面反作用力。平衡这两个因素之间的反比关系是一种有计划和可指导的技能，运动员需要在训练过程中掌握如何有效完成快速伸缩复合训练。

让我们来分析两种反向跳跃的方法：跳深和反弹跳。跳深（图9.1）的目的是达到尽可能高的垂直高度。与跳深相比，反弹跳（图9.2）的目的是在最短的触地时间内（强调触地时间短，而不关注由此产生的跳跃高度），实现尽可能高的垂直跳跃高度。

在没有时间限制且需要更大的爆发力输出的活动中（如在跳深中），运动员通常从更高的跳跃高度开始，以便在下落阶段实现更大的垂直位移。从较高的起始位置开始下落，使身体能够在更长的距离内获得加速，并存储更多的动能。然而，此时需要更长的触地时间来达到最大的垂直冲量，并使地面反作用力帮助身体克服重力作用，实现最大的垂直加速度。施力时间越长（同时仍能够使用骨骼肌肉系统中存储的动能），反弹作用越大。因此，在指导运动员跳深时，要研究最佳触地时间。反弹跳，能帮助运动员提高短时触地的能力。在反弹跳过程中，运动员落地控制能力和提高反作用力发力率的能力是确定下落高度的关键。

这个原则之所以重要，是因为它是潜在的运动员能力提升的基础。例如，如果目的是增强最大垂直爆发力，则应鼓励运动员以超过头顶为目标练习反弹跳（例如达到最大跳跃高度）。但是，如果目的是通过缩短触地时间来增强爆发力，则可考虑进行跳过低的栏架的训练。需要注意，这些训练应包含在运动员总体发展规划方案之内。如果目的是提高运动员产生冲量的能力（第4章），那么具有最佳触地时间的发力率，将有助于需要启动加速的运动（当运动员的动能较小，需要克服惯性时，就需要较长的触地时间）。与最高速度的奔跑运动相比，运动员的水平速度意味着必须在最短的触地时间内施加最佳的力量，这就需要运动员进行一些提升运动素质的练习，例如反弹跳。

图9.1　跳深：a.起始位置；b.落地；c.长时间触地后起跳；d.达到最大垂直高度

启动牵张反射需要适当的落地和反弹技术。高效的落地技术，使运动员能够最大限度地产生反作用力。因此，落地技术通常是快速伸缩复合训练或跳跃进阶训练中第一个被训练的技术。如果在接近地面和落地的过程中优化脚的位置，则可能产生牵张反射，引起增强效应（增强运动员神经肌肉系统的收缩性和应激性）（表9.1）。当运动员即将落地时，脚踝被迫背屈，运动员用灵活的平足方式着地。因此，在着地过程中，腓肠肌、比目鱼肌和跟腱被预先拉伸。着地之前，运动员应用力跖屈脚踝，以使足部冲击地面。虽然这种方式看上去可能会减弱小腿后部肌群的张力，但实际上它能够加大落地和反弹的动作力度。

图9.2　反弹跳：a. 起始位置；b. 落地；c. 以最短的触地时间起跳；d. 达到最大垂直高度

表9.1　落地的力学机制增强了下肢的牵张反射作用

	离心阶段	触地阶段	向心阶段
涉及动作	原动肌（主动肌）被拉伸	应尽可能缩短离心阶段和向心阶段之间的过渡时间，以使动作更高效	原动肌中的肌束缩短
动作结果	弹性势能存储在肌肉和结缔组织中。肌梭受到刺激	拉伸抑制因子，向中枢神经系统发送信号，刺激主动肌的向心收缩	从肌肉和结缔组织中释放能量。原动肌受到刺激，进行有力的向心收缩

当脚接触地面时，脚踝主动跖屈意味着运动员脚的大部分接触地面（尽管脚跟不接触地面）。速度训练中的信用卡原则同样适用于此：地面与脚跟之间只能放下一张信用卡。重量由脚的中部均匀分担，而不由脚的后部来承担。如果脚跟触及地面，则可能会由脚的后部来承担重量。脚的大部分与地面接触，意味着运动员向地面施加力的面积相对较大。

在接触地面之前，脚以适当时机冲击地面，并实现踝关节主动跖屈，可以防止踝关节损伤。事实上，在时间有限的活动中，必须以此作为减少触地时间的手段。重力和垂直向下的动力的作用，会导致腓肠肌和比目鱼肌的复合体（小腿肌肉）在触地时离心收缩，将能量存储在肌肉的串联弹性组件中，并刺激肌肉中的肌梭。事实上，踝关节主动跖屈在触地时促进了小腿肌肉的拉伸，从而加快了这些肌肉的伸展速度，并加强了随后反弹动作[4]的牵张反射作用。

在未经训练的人中，位于肌腱连接点的高尔基腱器也会受到刺激，抑制外部负荷造成的收缩反应（肌肉负重超出体重的几倍）。这种保护性反应可以通过反复对高尔基腱器施加相关刺激来进行抑制，这也是在一系列训练计划中加入强力、高速反弹跳练习的一个原因。

补偿阶段意味着从离心阶段到向心反射动作的过渡。这个阶段需要尽可能快，并最大限度地完成快速伸缩动作。如果补偿阶段过久，则串联弹性组件中存储的弹性势能将以热量的形式被消耗，而且在随后的向心运动[5]中，牵张反射作用将不能有效增加肌肉的活动性。因此，在补偿阶段跳跃技术是至关重要的，教练需重点关注运动员的跳跃训练。

反射性向心肌肉动作发生在跳跃的整个推进阶段，在此期间，主要负责运动的原动肌收缩会比通常情况下的主动肌收缩产生更多激活。该反应通过释放肌肉内存储的能量来协助，从而将地面反作用力有效地转移到跳跃动作中去。但是这种效率只能通过一种最佳技术来实现，该技术能够确保力和能量传递以适当的顺序协调所有动作。

快速伸缩反应是体育运动中爆发力动作的基础。因此，在运动员训练计划中，必须通过适当的跳跃和反弹训练来加强这种反应。协调这些动作的需求是运动表现的一个重要方面。所有运动员将受益于这个学习的过程。

跳跃的生物力学

脚部触地时与身体的相对姿势会影响跳跃的力学机制。例如，在反向跳跃过程中，如果目的是由静态双脚起跳，以获得最大垂直高度，那么肩膀应与反向跳跃最低点的膝关节在一条直线上（图9.3）。这种位置使躯干挺直且重心超过脚心，使得运动员不断地向地面施加较大的推力，以创造尽可能大的垂直力，因为运动员要往与重力相反的方向运动，所以这一点非常重要。

针对最大反向跳跃[6]的分析表明，影响跳跃总高度或重心实际到达高度的3个主要因素有：体形、技术和神经肌肉力量。起跳时重心的高度约占跳跃总高度的44%，且主要取决于运动员的体形。当运动员向高处跳跃时，体能教练几乎无法影响运动员的体形和手臂长度。

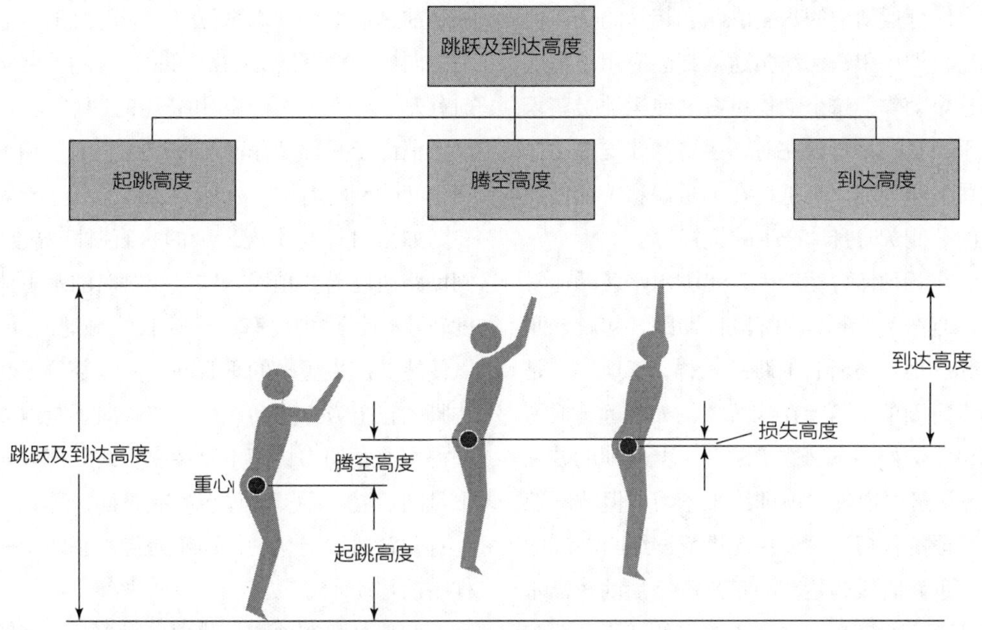

图9.3 在反向跳跃中影响最大跳跃高度和到达高度的因素

然而，必要的技能是可以训练的。当脚离开地面时，确保躯干位于高位，当重心达到最高点时，双臂在跳跃的顶点向上运动，从而达到最大高度。的确，手臂到达的高度，即重心和指尖顶端之间的最大垂直位移，占总跳跃高度的42%。因此，手臂动作非常重要。运动员准备反向跳跃时，下降并开始缓慢启动拉长–缩短周期，并将能量存储在肌肉的串联弹性组件中，手臂到达髋部后方时向前摆臂。当运动员开始伸展髋部和膝部时，会将双臂向前推。这个技巧是，身体重量移到脚的中部时，手臂会达到最低点。身体重量重新移回脚的前部时，如果速度太快，将减少地面反作用力以及施加力的表面积，这将对起跳动作的冲量产生显著的影响。随着推力转移到脚的前部和跖骨，手臂继续前移。离开地面时，腾空时手臂获得的部分动量，将帮助身体持续向上移动。

髋部、膝盖、踝关节和肩部合作完成的伸肌动作所产生的合力是起跳时重心垂直速度的最大决定因素。合力减小了运动员因受重力作用损失的腾空高度，这决定了腾空过程中重心速度的变化率。通过协调性训练，这些部位的肌肉得到发展，并且运动员的爆发力得以提升，是运动员跳跃时发展生物力学机制的重要内容。

在垂直跳跃过程中，躯干的姿态控制肌肉也是至关重要的。除非躯干在起跳时是刚性和挺直的，否则重心高度不会达到最大。传递地面反作用力的结构也不会是刚性的，这将大大降低向上的冲量，从而显著降低身体在跳跃时的动量。在动作中，躯干挺直是在运动发展计划中从其他进阶训练转化过来的一个重要内容（第10章）。

体育运动中的水平跳跃和相关的快速伸缩复合训练中，运动员通常都会应用单脚起跳这个动作，这个动作更容易使运动员获得水平冲量。单脚起跳时，手臂和非支撑（非起跳）侧的腿，会抵抗在力量偏移（通过身体的一侧）时身体产生的旋转力。

在各种体育运动中，单脚水平跳跃通常可以划分为4个动作阶段：助跑、起跳、腾空和落地。与所有的跳跃一样，落地技术是非常重要的，尽管在沙坑（例如跳远）或海绵垫（例如跳高、撑竿跳高）上落地的专项技术，最好通过专项训练来学习，但跳跃第一阶段的技巧，可以在此进行详细的探讨。

助跑阶段为运动员带来腾空后的较高水平速度，并使运动员在支撑脚的适当位置起跳，通常要求运动员调整其最后的步幅。最佳起跳点的位置随着跳跃场合的不同而有所不同。例如，在跳远时，最佳起跳点是一个固定点，运动员会确定一条合适的起跳腿，这会影响助跑距离和步幅。然而，在篮球运动员单手上篮时，起跳点取决于运动员的速度及其与篮板的距离，这种情况出现在许多运动场合中。有的场合要求运动员短距离助跑，然后由任意一只脚起跳（例如，足球运动员可能跑动2到6步，用头球攻门）。

起跳的技术会影响重心的腾空抛物线。如果目标是在跳跃中实现最大的水平位移，在起跳中运用起跳腿向下压的动作（图9.4），使脚踝、膝关节和髋关节完全伸展，运动员就可以运用向上的力（垂直速度），但会使水平速度有一点损失。随着起跳脚发力，非起跳脚在髋部下方摆动，在起跳脚与地面接触之前迅速上升到水平位置。非起跳腿膝盖的方向影响跳跃的方向。同时，对侧手臂向前移动，类似于第8章中描述的冲刺动作，以抵消由于腿部动作而可能产生于上身和下身之间的旋转。

如果目标是实现最大的垂直跳跃高度，则助跑速度需要稍慢一些。起跳时的水平速度较小，起跳脚要有一个较长的触地时间，以便能够产生更多的垂直冲量。髋部位于起跳脚的正上方，主动以平足方式向下蹬地以获得主要驱动力，而不是像水平跳跃那样向下且向后蹬。手臂动作也略有不同，手臂在垂直跳跃时向上移动，而不是像水平跳跃一样向前移动。

非起跳腿在单脚起跳中也很重要。篮球教练鼓励上篮的球员在外侧膝关节弯曲时向篮筐跳跃，同时内侧手臂向上推动。起跳腿的踝关节、膝关节和髋关节同时完全伸展，对侧的大腿在膝部和踝部弯曲时达到一个水平的位置。对侧手臂也向前移动，以抵消由于腿的运动而产生的上身和下身的旋转。

起跳是实现腾空的必要条件，运动员的重心通过最佳腾空时间和动作模式，到达最佳落地位置。例如，在跳高时，运动员尝试达到最大垂直速度，并使用旋转动作和背越式技术来过杆。在足球运动中，防守球员可能需要最大的垂直速度才能比进攻球员跳得高，用头球化解进攻，同时还必须避免旋转。相反，在跳远时，水平腾空位移必不可少，其目的是尽量高地起跳，以使重心高度达到最大，使运动员尽可能减少在助跑跳跃阶段产生的水平速度的损失。

图9.4　单脚起跳：a. 水平跳跃动作；b. 垂直跳跃动作

跳跃训练时，学习落地技术，可能比学习安全起跳更重要。运动员落地时的重力加速度达到9.81米/秒^2，因此需要降低身体向地面运动的速度。安全落地是指身体重心相对于支撑面进行定位，并且各关节适当对齐以吸收冲击力。

在大多数运动场合中，跳跃落地不仅是一种需要谨慎使用的技能，而且还是连接另一种运动的过渡技能，例如反弹跳跃、落地后跑步、落地后切步等。第5章介绍了在急停状态下，脚踝、膝盖和髋部的位置不正确而导致高负荷情况下膝盖受伤的可能性。这些关节的急性（外伤性）损伤主要就是因为落地技术的错误，但在体育运动中，落地动作的长期重复也意味着存在受伤的风险。运动员需要具备一定的动作技术，并加强力量来预防慢性损伤。

不同位移情况下所需的落地技术显示出了许多相同点，但也存在微妙的差异，这些差异会反映在运动员的学习进程中。在所有情况下，肩膀都应该与膝盖对齐，将重心放在支撑面上，使运动员身体稳定，以降低过度前倾的可能性。脚踝、膝关节和髋部弯曲，以吸收地面反作用力。膝关节不应该内扣，而明显的膝关节外翻（向内扣）是许多体育运动中膝关节损伤的主要前期症状。因此，当运动员落地时，膝关节必须和脚尖对齐。

运动员停止动作到重新加速过程中的主要差异，与双脚分担的重量和关节在地面反作用力作用下的屈曲量有关。当运动员落地时，髋部和膝部弯曲，如图9.5所示，以吸收和抵消地面的反作用力，否则反作用力会通过骨骼肌肉链向上传递。相反，再次起跳的关键是保持踝关节和膝关节的强度，从而产生牵张反射，以优化触地时间。

运动员应练习运用平足落地（准备落地时，踝关节绷紧背屈）和踏地。触地之前，运动员立即强行并积极地跖屈踝关节以增加腓肠肌、比目鱼肌和跟腱的张力。运动员在触地时积极跖屈，会对运动表现产生若干积极影响。

肌肉主动收缩以抵抗地面反作用力，局

图9.5　正确的落地技术：a. 减速制动；b. 落地后再次起跳

部神经肌肉系统的张力水平迅速上升，使得牵张反射更快速，也更加有效。如果时机和协调性能得到合理发展，那么另一个好处是，运动员触地时，脚跟抬高，但脚的大部分接触地面，这就提供了一个大的支撑面来向地面施力。

虽然技术动作保持不变，但触地时间取决于跳跃类型（表9.2）。跳跃的相对高度以及落地准备中踝关节和膝关节的强度，会影响触地时间。如果目的是促进短时触地的快速伸缩反应，那么反弹跳跃、重复的直腿反弹跳跃和重复的双腿团身跳，都是理想的方式。相反，如果目的是提升力量速度，那么重复深蹲跳和跳深是不错的选择。本章探讨了这些训练的具体要点和训练进程。现在需要重点了解的是，在运动发展计划的范围内，考虑发展快速的短时触地技术的训练。

表9.2　触地时间随跳跃类型而变化

跳跃类型	触地时间（毫秒）
双腿团身跳	150到200
反弹跳跃	200
跳深	500
重复深蹲跳	300到400
直腿弹跳	150到200

经验丰富的教练能够通过观察动作来评估触地动作的质量。运动员应发出清脆、清晰的触地声音，而不是沉重的触地声音。触地时间可以在实验室中使用昂贵且精确的测力台或跳垫进行测量。这些装置是可使用的，并且可以测量脚从接触地面到离开地面之间的时间。教练可以把这些数据立即反馈给运动员，并且可以应用矫正干预法来使运动员实现更快速地触地（如果这确实是所期望的结果）。

快速伸缩动作的速度很快，特别是处于早期学习阶段的运动员，并不能区分恰到好处地触地和过慢地触地之间有何差异。关于触地时间的反馈在这种情况下非常有用。如果教练想要监测一些会被疲劳影响的动作质量，那么这种反馈可能在学习期间特别有效。如果触地质量（或确实与其他方面的技术实施有关）在训练期间，甚至选拔期间开始下降，则教练不妨考虑停止训练，修改作息时间，以保持运动的意向。

双脚水平跳跃的成熟模型

作为一种发展性技能，可以在儿童早期就开始训练成熟的水平跳跃模式，儿童在9岁左右就能熟练掌握这一技能。水平跳跃技能与单脚或双脚起跳达到的距离有关，且通常与跑步和跨过栏架有关。

运动员从没有水平动量或静止的情况下开始水平跳跃的基本技术模型，主要依赖于牵张反射机制产生跳跃所需的力。

成熟的技能有几项重要特征，相关训练需要纳入技能训练计划之中。首先是平衡的初始姿势，通过地面反作用力实现最大的力传递（产生冲量），以促进移动。

反向运动过后，髋部、膝盖和脚踝进行强有力的伸展，引起跳跃，同时使手臂从身体后方向前推。年轻运动员的一个常见错误是反向运动的下落动作太浅或太慢，运动员无法从牵张反射中最大限度地获益，也无法存储反弹动作形成的弹性势能。在反向运动中，手臂应在躯干后部运动到高处，随后的前摆动作在训练中经常被忽视，但这是跳跃技术的重要组成部分。练习这一动作是提高跳跃能力的方式之一。实际上，手臂向一侧、向后或向上移动，往往是为了保持平衡，而不是为了保持向前的动力。

双脚水平跳跃成熟技能的基本技术模型

- 站直，向前看。以良好的姿势开始，双脚分开与髋部同宽。
- 膝盖和髋部弯曲，保持双臂平直。通过从肩膀向后摆臂来完成起跳的反向运动。躯干前倾，使重心开始前移。
- 双脚平衡蹬地。膝盖和髋部伸展发力，脚踝跖屈时，脚向下蹬踏地面。
- 手臂用力摆动，向前、向上伸展。髋部和膝部完全伸展时，脚离开地面，躯干向前倾斜。
- 在腾空的最高处，弯曲髋部和膝盖，将大腿向前推，使其与地面平行。
- 躯干向前，身体向内折叠呈V形。
- 先脚趾着地，随后脚的其余部分着地。弯曲脚踝、膝盖和髋部以便落地时缓冲。手臂前摆。重心前移越过双脚（软性落地）。

身体应完全伸展，让力尽可能地施加到地面，以提供最大的冲击力，使身体向前运动。当运动员离开地面时，躯干显著前倾（大约45度），此时躯干应该完成伸展。头部抬起，目视前方。双腿伸展，在起跳方向达到最高点，或达到前方的最远点时，双臂向前摆。跳跃时，双臂应保持在较高的位置。腾空时，髋部和膝盖弯曲，以便在下降之前将腿部置于身体下方。大腿在腾空期间平行于地面。过早屈腿会减少向前的冲量，这是许多运动员常见的错误。

双腿应伸展至身体前方以准备落地，小腿应垂直落地。这种前移动作发生的程度取决于所采用的跳跃方式（在特定位置落地，跳跃距离最远）。运动员应轻轻地落地，通过弯曲的髋部和膝盖吸收落地时的冲击力。双脚落地明显比单脚落地更稳定，脚掌落地比脚尖落地更稳定，单脚落地和脚尖落地是一种常见的错误。

跨步跳的成熟模型

粗略地看，在各种跳跃运动中，跨步跳似乎是一种不常见的技能。但是，跨步跳是一种过渡性的、有节奏的动作技能，是指运动中的交替步伐，往往出现在单脚跳、双脚跳和跑步之后。在成熟的技能水平上，跨步跳是一种复杂的双边动作，它能协调身体两侧的交互运动。跨步跳也被称为弹跳，对特定类型的爆发式活动而言，也是一种基本的必备技能，可提升运动员水平运动时的爆发力，这能在单脚起跳和落地动作中体现出来（图9.6）。

在整个跳跃过程中，躯干应该是直立的。双脚分开与髋部同宽，从静态平衡姿势开始，然后后腿主动蹬地，使身体前倾和重心前移。前腿在上摆时弯曲，并且同侧手臂与腿的运动方向相反。手臂和腿部的相反动作非常重要，膝盖向前运动，保持在较高的位置时，对

图9.6 对提升爆发力而言，弹跳是一种非常高效的爆发式技能

侧的手臂向后摆至肩膀高度。手臂的动作应该是有节奏的，但观察者会看到，重量在双脚之间转移时，手臂运动会减少。

初始步骤之后，非支撑腿被较大的膝盖升力提起，并且脚踝背屈。这条腿落地时，触地动作应该十分主动积极。运动员应用前脚掌蹬地。

跨步跳成熟技能的基本技术模型

- 身体挺直，双脚分开与肩同宽。
- 向前迈一只脚，重量前移。保持腿部弯曲，手臂与腿部的运动方向相反。
- 通过支撑腿完成一次小弹跳，并以脚的前部着地。
- 随着跳跃的发生，前腿膝盖的升力使非支撑腿前摆，此时脚踝背屈。
- 换另一只脚向前移动，重量前移。保持腿部弯曲。
- 确保过渡平稳。保持头部和躯干直立，不要旋转肩膀或髋部。

在技术水平更高的运动员中，触地可以发展成一个主动的脚掌踏地动作，脚跟不在地面上停留。触地后，运动员轻轻弹跳，用脚蹬踏地面，推动身体向前移动，重量在左右脚之间交替转移。在跳跃的最高处，应形成一个小的垂直升力，目的是以一种流畅、平稳的重复和完美的过渡方式，在双脚之间完成重量转移。此时躯干应保持直立，而且运动员在前移时不能旋转肩膀或髋部。

垂直跳跃的成熟模型

垂直跳跃是在许多运动中使用的一种协调动作，或作为爆发力的测试手段。

起跳时身体应保持平衡，体重由双脚均匀分担。失去平衡的运动员通常只能通过一只脚完成推动动作，这将导致旋转不平衡，并减少通过脚传递到地面的作用力。反向运动应完成得快速，而且充分。通常，膝关节的屈曲角度为60到80度，能产生最佳的牵张反射动作[7]，尽管有些人膝关节的屈曲角度可能高达110度。

在这种动作中，通常认为膝关节屈曲的最佳角度具有个性化特征，会因个人习惯的不同而不同。运动员凭直觉优化膝关节屈曲的角度，以离心的方式对下肢的神经力学系统增加压力，从而最大限度地产生爆发力。

在成熟的动作中，双臂向后移动时躯干需要保持直立。当运动员起跳时，躯干保持直立，重心移至双脚的中部，即通过地面反作用力产生垂直升力的最佳姿势。优秀的运动员从静态的双脚站立姿势开始，如图9.7所示，通过不同的运动路径完成目标动作。优秀的运动员从髋部开始屈曲，同时伴随膝盖的伸展以牵拉腘绳肌，当髋部开始伸展时，引发腘绳肌产生牵张反射。腘绳肌卸载负荷，将导致膝盖在躯干之下再度弯曲。在起跳前的那一刻，躯干直立，运动员能够通过髋部、膝部和踝部的伸肌，蹬地产生最大的推力。

图9.7　专业的垂直跳跃运动中，运动员从静态的双脚站立姿势开始，腘绳肌产生有效的牵张反射动作

垂直跳跃成熟技能的基本技术模型

- 保持良好的站姿，两臂置于身体两侧。
- 双脚分开与髋部同宽。先做反向运动——髋部向后上方移动，背部挺直，肩膀前移，手臂摆到身后。随着髋部的伸展，膝盖在身体下方弯曲，使躯干直立以准备跳跃。此时手臂停留在身后。
- 双脚蹬向地面，爆发式地伸展膝盖、髋部和脚踝。双脚同时离开地面。腾空期间，手臂向上摆动。
- 尽可能久地用手臂达到较高的位置。
- 着地前脚踝背屈。
- 当脚的前部落在地面上时，通过弯曲髋部和膝盖来缓冲落地时的冲击力。想象使用脚掌落地，即使脚跟并没有和脚尖同时接触地面。
- 双脚分开与肩同宽。躯干直立，抬头，以保持良好的平衡。
- 屈曲身体轻轻落地，以吸收地面反作用力。双脚落地比单脚落地更加稳定。
- 站立，动作完成。

跳跃需要充分和有力。躯干随着手臂向前上方摆动而伸展，同时通过垂直升力，继续完成一个协调、有力的动作。手臂尽可能地伸高，以达到最大的腾空高度。身体应在运动轨迹的顶点实现完全伸展。该位置表示重心在垂直运动中被优化。起跳或腾空时，身体过度前倾将产生水平位移，会降低垂直跳跃的高度。

手臂动作是儿童进行技能练习时出现的许多错误的根源。他们可能会出现手臂与腿的动作不协调的问题，或手臂伸向两侧，甚至可能向后摆动，而不是随重心上升而向前、向上摆动。头部位置对于辅助跳跃也很重要。头部应向上以引导运动，眼睛应该聚焦于运动轨迹最高点的目标处（例如篮球）。

平缓、稳定地落地，是成熟跳跃动作的重要特征。如果目标是达到跳跃的最大垂直高度，那么应该在起跳点附近进行跳跃。为了使身体吸收地面反作用力，以平缓、稳定地落地，运动员需要为落地做好准备。本章将在后面会详细探讨正确落地技术的训练方法。

发展儿童的成熟跳跃动作

一般在儿童7岁的时候基本的动作技能可以达到成熟阶段。儿童可以将动作模式的所有组成部分整合到一个协调一致、技能正确和有效的动作中[8]。儿童具有了跳得更高、更远的基础，在后期发展阶段中，就能够向更专业和运动专项的方向发展。

与儿童合作的教练必须明白，如果没有成熟的动作技能，儿童以后获得和应用基本技能的能力将受到限制[9]。这种情况对运动表现不利，更重要的是，会限制他们选择想参加的体育活动。在研究更专业、要求更高的跳跃项目之前，我们需要在此讨论儿童应如何发展成熟的技能。

在游戏和活动中儿童会逐渐提升与环境相关的蹦跳的能力。比如，在学习的早期阶段，儿童可以通过参加小组接力赛的方式，学习各种各样的跳跃方法，在此期间，儿童可以得到一些特别的指导，比如像蛙一样跳跃，或者一次只能一只脚触地，尽量超过同伴跳跃的距离等。这些跳跃游戏中可以融入一些跳跃技术（例如，水平或垂直跳跃），让儿童发现手臂和腿如何配合才能跳到最大的高度或最远的距离。

跳　远

练习要点

- 站直，目视前方。保持良好的姿势，双脚分开与髋部同宽。
- 膝盖和髋部快速弯曲，开始跳跃。
- 双脚均匀用力蹬地。
- 手臂后摆，然后向前上方伸展。
- 最终目标是跳得又远又高。

器材

给每个儿童发4到6个锥盘，以标记跳跃距离。

组织过程

将儿童分组。试着把体形大小、技能水平相似的儿童分到一组。每个儿童应该标记开始（起跳）位置，并用锥盘标记自己每次跳跃的距离。

每次让一个儿童站在起跳线上起跳。有以下几种不同的情况。

- 直腿起跳，手臂置于两侧。
- 弯腿起跳，手臂置于两侧。
- 弯腿起跳，手臂向前上方摆动。
- 弯腿配合摆臂起跳，背部挺直，跳得远且低。
- 弯腿配合摆臂起跳，背部挺直，跳得远且高。

当儿童落地时，在脚跟处放置一个锥盘，以确定跳跃的距离。如果可能的话，每次使用不同颜色的锥盘，以便儿童记录每次跳跃的距离。要确保团队中的每个人都有机会跳跃。

经过一系列的跳跃技术练习，鼓励儿童思考哪种方式能使他们跳得最远。鼓励他们去考虑跳跃技术与跳跃距离之间的关系，并练习。

可以设置奖励性积分。例如，本次跳跃距离超过上一次即可积一分（鼓励儿童思考如何跳得更远）。

单脚跳跃

练习要点

- 以脚掌落地，膝盖和髋部弯曲，以吸收冲击力。
- 保持头部和视线稳定，以保持平衡。
- 躯干挺直。

器材

用于确定区域边界的标记。

组织过程

在足够容纳儿童游戏的区域内将儿童散开。若空间意识会影响运动水平，则可以酌情增加运动空间。将儿童分成两人一组或三人一组，每组选一名组长。组长可以设计不同的跳跃动作（最多8个），组员去模仿组长的动作，可参考如下内容。

- 一条腿先跳一定的次数，再换另一条腿。
- 改变跳跃的高度。
- 改变跳跃的速度或跳跃的时间间隔。
- 改变跳跃的方向。
- 改变跳跃的距离。

组员在组内按一定的次序轮流担任组长。可以鼓励儿童为游戏创立一个评分体系，例如正确跳一次可得1分。

随着跳跃动作变得更加协调、成熟，可以用进阶练习来训练跳跃的具体技能。例如，很多屈腿而无手臂动作的跳跃练习，能加强腿部力量。

随着儿童的技能水平达到成熟阶段，他们需要继续接受双脚跳、单脚跳或跨步跳的训练，教练应鼓励他们将这些技能应用于各种场合。练习单脚跳有助于儿童在进行不同强度的跳跃时或将身体重量从一只脚转移到另一只脚时保持稳定。

提升专业运动表现水平：发展快速伸缩复合训练技能

拉长–缩短周期是一种生理机能现象，支持跑步、跳跃或变向等绝大多数竞技类体育运动。因此，任何旨在提升专业运动表现水平的训练项目，都应该能够增强肌肉快速伸缩能力。快速伸缩复合训练的主要目的是提高神经肌肉系统的兴奋度，以提高反应能力。简而言之，快速伸缩复合训练为运动过程中的速度和力量建立了联系。

发展快速伸缩复合训练技能的渐进式方法，需要与运动员能力相匹配，从而循序渐进、有效地控制力量的提升，并与应对日益增多的复杂运动联系起来。基础技能包括重复跳跃和落地技术。诸如上肢的训练和扔实心球等其他提升爆发力的训练，是否应该归入快速伸缩复合训练，仍有很多争论。虽然这些训练实际上并非严格意义上的快速伸缩复合训练，但在本章后面将会探讨这些训练。

对快速伸缩复合训练强度的理解

增加跳跃的高度或以高速度落地，会在运动员的神经肌肉系统内诱发明显的反作用力和过高的压力。力量输出是由被募集的运动单位的数量以及肌肉或肌群内募集的运动单位的动作电位的频率来调节的。在动作协调的顺序中，肌群的募集是中枢神经系统和骨骼肌肉系统对关节进行定位的基础。关节位置决定肌肉是否在长度–张力–速度关系的最佳位置对齐以产生有效的运动。教练必须在运动员执行动作和逐渐加大重量时强调采用适当的技术（姿势控制）。

快速伸缩复合训练对神经肌肉系统和骨骼肌肉系统的要求非常严格。因此，如果要保证动作的安全性和正确性，教练必须认同和理解其背后的原则，并思考基于能力的高效训练所取得的进展。

快速伸缩复合训练的强度取决于骨骼肌肉系统所能承受的压力，此训练是在最大意向（最大努力）下进行的。这种作用于运动系统的压力，取决于运动员的质量、重心移动速度和落地时的重心高度，这一切都影响了落地时的地面反作用力。但并不是每个人都对特定的力（在这种情况下是地面反作用力）有相同的反应。人忍受或克服阻力负荷的能力，对训练的相对强度有显著的影响。

因此，在考虑进阶速度时，教练应考虑运动员的特征（生理年龄和训练年限、力量、技术能力、体重、性别），并结合预期运动计划（训练量、下降高度、运动复杂性、支撑点数量和肌肉动作的顺序）。具体问题具体分析，教练应该评估各方面的相对重要性，以确定运动员是否准备好完成计划中特定的训练，或者提醒其谨慎考虑这些建议。

跳到一个60厘米高的跳箱上

练习要点

- 运动员双脚起跳和落地。
- 此动作是通过反向运动开始的。
- 在弯曲髋部和膝盖以落在跳箱上之前，运动员需要实现最大限度的伸展，这个动作需要最大的垂直推力。

器材

一个稳定、均匀、有防滑表面、60厘米高的跳箱。

注意

运动员必须能产生足够让自己跳落在跳箱上的垂直力。跳箱的高度要依不同个体的力量需求而定。

组织过程

站在跳箱前方，通常距离跳箱50到70厘米。双脚起跳跳到跳箱上（图9.8），双脚平稳落在跳箱上面。

图9.8　跳到一个60厘米高的跳箱上

动作反思

运动员加速克服重力落地，因此落地时需要的力（反作用力）将小于自身重力，下落速度将会减小。因此，这种训练的爆发力强度通常较低。

从60厘米高的跳箱跳下，再跳到另一个1米高的跳箱上

练习要点

- 脚踝背屈从跳箱上跳下。
- 主动以全脚掌双脚触地。
- 触地要快速有力。
- 保持躯干挺直。

器材

两个稳定、有防滑表面的跳箱（一个1米高，一个60厘米高）。

组织过程

根据运动员能力将两个跳箱相距1到2米摆放。脚踝背屈从第一个跳箱（60厘米高）上跳下，同时主动以全脚掌全力蹬踏地面，跳到第二个跳箱（1米高）上，双脚平稳落在跳箱上面，然后恢复站立姿势（图9.9）。重复以上动作4到6次。

动作反思

这种低复杂性的双脚运动，除了体重之外没有其他额外负荷。但是运动员从一个相对较高的高度跳下，会因重力而加速落向地面（重力加速度为9.81米/秒^2）。这种运动对肌肉的离心能力有非常高的要求，以便进行制动；对肌肉的向心能力也有很高的要求，以快速产生反作用

力，使运动员从60厘米的高度跳下后，再跳至另一个跳箱上。

图9.9 从60厘米高的跳箱上跳下，再跳到另一个1米高的跳箱上

计划反思

每组动作重复3到5次，完成4组，即12到20次脚部触地。

这样的高强度运动需要运动员在非疲劳状态下进行。疲劳会降低协调性和限制力量的产生。一组动作的重复次数过多（例如，超过6次）可能引起疲劳，结果将与训练的目的背道而驰。

同样地，如果运动员在训练周内过度疲劳，或者上了大量连续的训练课程，那么后续训练就需要小心进行。

训练反思

只有运动员从1米的高度跳下时能完成下蹲式落地，才能考虑进行这项训练。不能稳定地控制落地姿势的运动员，不应进行这项训练。

完成该项训练需要高水平的离心和向心力量，特别是下肢力量。运动员需要通过髋关节、膝关节和踝关节克服几倍于身体重力的地面反作用力，并且在随后的向心动作中施加反应性向心力，以克服身体重力实现再次加速。因此，体重是运动员能否参与这项训练的重要考虑因素。建议体重超过120千克的运动员谨慎参与该训练。体重也会影响训练的重复次数：体重为70千克的运动员可重复5次，体重为100千克的运动员可重复3次。体重不同，则训练的运动负荷显著不同。

这种训练适用于能够在短时间内应用反作用力的强壮运动员。因此，任何不能完成负荷为自身体重1.5倍的下蹲练习的运动员，对于此项训练来说都不够强壮[10]。同样，那些无法以60%自身体重作为额外负荷完成5次重复下蹲的运动员[11]，也许没有足够的反应性力量来进行这项训练。

多向栏架跳跃

练习要点

- 主动以单脚落地，以平足方式触地。
- 脚踝在整个活动中保持背屈状态。
- 在整个动作中保持髋部、膝盖和脚踝对齐。
- 在整个过程中保持髋部、膝盖和脚踝伸肌的张力。

器材

4个栏架。

组织过程

将4个栏架等距（距离取决于运动员的身体素质）放置在一平方米的方形场地上（图9.10）。从场地的中间开始，运动员每跳过一个栏架，再跳回中间，连续跳过4个栏架。顺序可为前进、后退和左右移动，或者根据训练目标的要求按向前、向左、向后、向右的顺序移动。

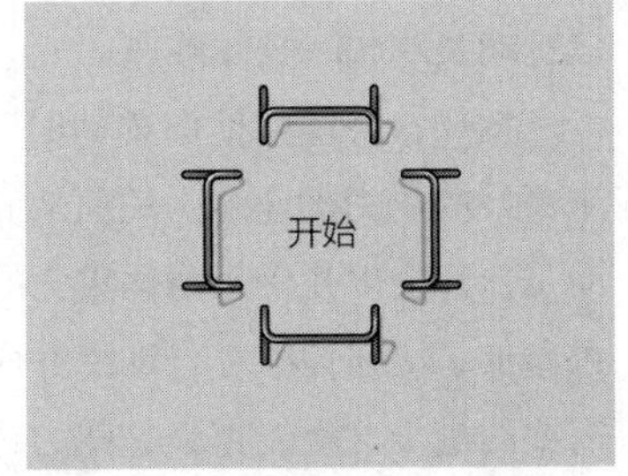

图9.10 多向栏架跳跃

动作反思

多向栏架跳跃是一种复杂的单脚运动。要通过单脚起跳和落地来改变方向，运动员需要熟练应用单脚落地和起跳技能。每次跳跃的高度并不高，因此垂直的地面反作用力相对于其他运动来说并不大。但是，落地时需要控制的内外侧和前后力相对较大，需要实现从水平面到矢状面的方向变化，而脚没有较长的触地时间来重新施加力，因此这种训练具有挑战性。另外，可以改变栏架的高度和距离，以增加或减少运动所需的向心力。

计划反思

完成4组，每组重复3到5次，即12到20次触地。

这是一种高度复杂的单脚运动，要求运动员不停地完成高质量的运动。疲劳会降低协调性和限制力的产生，其表现为每次跳跃之间触地时间的增加。一组内的重复次数过多（例如，超过6次）可能导致疲劳，这就会与训练的目的背道而驰。

同样地，如果运动员在训练周内过度疲劳，或者上了大量连续的训练课程，那么后续训练就需要小心进行。

训练反思

这种运动对于离心力量的需求偏低，因此体重可能不像训练年限一样是需要考虑的重要因素。这种复杂的训练适用于具有快速伸缩复合训练经验的中级运动员。

运动员需要能够控制单脚落地和从不同的方向起跳的动作，包括跳出视线之外。矢状面和冠状面的力量需要运动员的脚踝、膝盖和髋部具有高水平的稳定性。运动员应该能够以良好的单脚落地方式从较低的高度跳下，并在矢状面和额状面的单脚跳跃中保持稳定性。保持稳定的姿势是关键，上身不适当的旋转可能会产生髋关节的横向运动，导致膝关节外翻而受伤。进行多次单脚直线跳跃和双脚多向运动的能力是至关重要的。训练成功与否取决于运动员短时间内触地完成动作的能力，这种能力在复杂运动中也是可能存在的。

在快速伸缩复合训练进阶方面，动作的需求是功能性的负荷、支撑和复杂性的函数。力学负荷或对身体的压力，是运动过程中重力对运动员系统质量影响的函数。训练时使用系统质量，因为快速伸缩复合训练通常需要增加外部负荷，例如负重背心或杠铃。当进行垂直跳跃时，运动员做反重力运动，所以运动员跳起时身体减速。

相反，身体朝地面移动时，将获得9.81米/秒^{2}的重力加速度。任何从高处落下的运动员，都会以几倍于身体重力的力落地。如果参加了快速伸缩复合训练并成功获得了所需要的进步，就能克服这些力，并迅速做出反应。运动员的腾空时间越长，重力的影响就越大。因此，在每次重复动作中，加速模式（由下落高度、身体的速度和跳跃的腾空时间决定）决定运动员的骨骼肌肉系统将承受多少压力。举例来说，三级跳远的落地触地阶段，通过单腿传递了超过15倍身体重力的力。

加速模式和整个身体的负荷重量决定落地期间对离心力量的需求。起跳的目标决定了训练中对向心力量的需求。例如，原地跳绳是一种基础的快速伸缩复合训练，身体的垂直位移很小，下落高度较低，随后的反弹跳跃高度也不是很高，运动员需要的离心力量和向心力量都相对较小。对于单腿线性重复跨跳来说，因为运动员必须使用单腿推动身体向前，所以这种运动对向心力量的需求较大。但是落地时对支撑腿的离心力量需求较小，因为下落加速相对来说不是很明显，运动员可试着在相同的方向上减速并重新加速。而跳深动作则与之不同，运动员需先减速然后在相反的方向上重新加速。

相比之下，从1米高的跳箱上下落，接着越过高于70厘米的栏架之后，会有较大的离心力量需求，但对向心力量的需求没那么大。给身体增加15%的外部负荷（例如加上负重背心），会增加向心力量和离心力量的需求。大多数研究人员[12]认为，从高度超过1.2米处下落，可能会导致快速伸缩复合训练效果降低，因为离心力量需求可能超过了神经系统的能力，使其无法维持一个足够快的偿还阶段。对于体重超过100千克的运动员，跳跃的高度可能会明显降低，最大下落高度可能会下降到50厘米。虽然这些指导原则代表了大多数运动员的情况，但一些优秀的爆发力强的运动员情况则远远超过了这些参数。本章后文中将介绍用于计算快速伸缩复合训练的训练量的方法。

对于那些正在考虑增加快速伸缩复合训练强度的教练而言，常见的问题是他们使用栏架等器材辅助训练，而没有认真思考这将如何实现和影响训练目标。例如，考虑如何用双脚跳过一个栏架。该训练的目的是保持髋部和膝部的伸展，并利用踝关节的刚度来实现垂直跳过栏架。

增强垂直方向的力量来提升跳过栏架的高度。不过，一个年轻且经验不足的运动员通常对技术（踝背屈、脚踝刚度、髋和膝挺直）的关注较少，而是更多地关注屈曲膝关节以跳过栏架的高度，脚尖指向下方以使他完成触地。因此，训练强度的增加应与其提供的挑战和运动员的运动能力相匹配。请注意，挑战的难度不会改变运动专项目标。

当教练确定运动员以减少触地时间为目标时，会犯以下错误。他们能正确地认识到，反弹跳跃可能是实现这一目标的有效手段，但之后，他们会认为需要进阶，因此运动员需要一个更高的跳箱，以在反弹跳跃之后落地。适应这种进阶需要运动员具备更大的向心力量，这需要更长的触地时间。因此，训练的选择对运动员的需求只会适得其反！

许多人通常低估了从双腿动作转换到单腿动作所产生的额外的力量需求。他们通常认为最基本的体育运动是快速伸缩复合运动，而运动中的许多单腿爆发式运动（如跑步）不会对运动员提出显著的要求。同样地，他们认为一个简单的动作，例如定点重复跳跃，很容易变成单腿的周期性动作，而不会对大多数运动员有额外的力量要求。实际上由于支撑腿的负重瞬间翻倍，这个训练对运动员提出了双倍的力量要求。但教练可能会不愿意在这些练习动作中使用两倍于以前的训练负荷。

然而，这种进阶训练在世界各地的训练场所都很常见。例如，一个年幼的孩子已经能连续双脚跳过6个栏架，当教练认为其有足够的能力时，下一步往往就是让其重复完成单腿练习，即使这项训练完全不同于前者。传递地面反作用力的面积大大减小，而可以用来对抗地面反作用力的肌肉组织也大大减少。同样地，支撑面面积的减小意味着运动员必须更加注重髋部和腰部–骨盆区域的动作，以便在运动期间保持平衡。

在设计快速伸缩复合训练的进阶计划时，教练可能会考虑双腿动作和单腿动作的顺序。单腿动作不仅仅是双腿动作的升级，还是一种自成体系的训练，而且能够促进运动员能力的提升。

在对神经肌肉系统和骨骼肌肉系统的需求方面，快速伸缩复合运动的复杂性往往会被低估。训练器械或方向的改变，可以使运动的相对强度指数级地增加。对于无经验的运动员，以及训练年限相对较少的运动员而言，简单的运动模式和原地或直线式训练都很实用。这些练习可以通过增加重复次数、垂直高度或线性距离等方式来提高挑战难度，以使运动员在单一的运动平面中，在控制身体旋转的同时保持平衡。

在训练中改变运动方向，显著改变了训练的性质，引入各种类型器材（如跳箱、栏架或弹力带）的训练也会改变训练的性质。需要认真考虑这些因素的变化，以使训练方式的变化不会显著改变触地的原则。训练越复杂，运动员在训练中就越需要保持技术执行的高质量。教练需要具有优秀的观察能力，以确定触地的原则是否与训练进阶保持一致。应该谨慎使用需要变向或对不同的刺激做出不同反应的高度复杂的训练，或者只针对具备高水平反应性快速伸缩技能的运动员实行该类训练。

计算快速伸缩复合训练的训练量

在训练中，需要量化所需的运动量，以便在给定时间内准确估计运动员的负荷。教练通过量化训练量和强度，可以确定一项或一系列训练的负荷量。快速伸缩复合训练（或专项的跳跃练习）中，训练量是通过训练时脚触地的次数来测量的。例如，4组10次跳跃就是40次脚触地。另一种不常见的训练量测量方式是查看运动员通过的距离，根据经验，运动员可能需要跳10米或40米。

正常情况下，大多数训练活动中训练量和强度成反比（完成的训练量越多，训练的强度就越小）。例如，同样是尽全力跑完1英里，一名世界级的男运动员可能在3分55秒内跑完，女运动员可能在4分25秒内跑完，但运动质量不可与100米跑相比（世界级的男运动员不超过9.9秒，女运动员不超过11.2秒）。1英里项目中的男运动员，平均每秒跑6.85米；而男子100米，平均速度则为每秒10.1米。尽管两种运动的强度可能都是最大的，但冲刺中力量输出的水平不能在长距离或大运动量的情况下维持。

与速度训练一样，快速伸缩复合训练中动作的质量至关重要。虽然强度可能是最重要的因素，但质量的重要性绝不容忽视！因此需要谨慎使用大运动量。教练并不总是明白谨慎的含义，有些人曲解了为运动员出版的训练量指南（表9.3）。

这些指南表明，随着运动员经验水平的提高，其能承受的负荷量也随之提高，为了促进超负荷，可以增加计划的训练量。运动员在达到疲劳阈值之前可以完成更多的训练，这可能会降低训练质量。

通常没有人会意识到，初学者可选用的快速伸缩复合训练项目的范围与优秀运动员有很大的不同。低强度的快速伸缩复合训练，如跳跃或跳绳这种具有低向心和低离心力量

表9.3 合适的快速伸缩复合训练的初始运动量

快速伸缩复合训练的阶段	初始运动量（脚触地次数）
初级（无经验）	80到100
中级（稍有经验）	100到120
高级（经验丰富）	120到140

源自：D. H. Patach and D. A. Chu, 2008, Plyometric training. In *Essentials of strength training and conditioning*. 3rd ed., edited by T. R. Baechle and R.W. Earle for the National Strength and Conditioning Association (Champaign, IL: Human Kinetics), 421.

需求、无加速下落的运动，初学者在训练中进行超过100次的重复训练也不会出现任何损伤。而初学者从一个30厘米高的跳箱上跳下，可能就会达到表9.3中的极限。

与1.2米的跳深相比，这项练习的离心力量要求意味着初级运动员和中级运动员不应进行这项训练，高级的运动员应该根据自身的力量水平、当前的训练状态和技术能力，谨慎练习。对于如此高要求的训练，训练量将会限制在3到5组、每组3到8次（9到40次脚触地），以保证动作的质量，并防止因过度运动而受伤，因为身体的疲劳已超出了运动系统的承受范围。一般而言，即使是经验丰富的运动员，训练要求越高，训练量（组数或重复次数）也应越少。

结合这些注意事项，在各组训练之间进行必要的休息是非常重要的。高质量的运动后需要充分休息，才能使运动员高效率地继续运动。根据训练量和相对强度，建议各组动作之间的有效休息时间为1到5分钟，进行强度最大的动作后则需要最长的休息时间。如果运动员仍然感觉到身体疲劳，休息时间应适当延长。当运动员进行爆发力训练时，运动质量不应该因训练量的增加而降低。即使是在要求运动员在疲劳状态（例如篮球或足球）下完成爆发力动作的运动项目中，在其训练计划中也应有发展耐力的机会。当谈到速度、力量和爆发力时，教练应该记住，随着最大力量的提高，提高次极限力量也会变得相对容易（更高效）。因此，保证运动质量不管在任何时候都是主要的目标。

运动反思

在竞技能力发展方案中，在为运动员制订快速伸缩复合训练方案之前，应该为运动员考虑一些因素，如生理年龄和训练年限、性别、力量、身体素质、技术能力和潜力。

与抗阻训练一样，适合运动员开始快速伸缩复合训练的生理年龄应该是多少，一直是争论的焦点。大部分争论来自将快速伸缩复合训练等同于正规的、有组织的训练活动的理念和方法。虽然在运动员爆发力训练发展计划中，针对形式、结构和负荷量的严格训练很重要，但教练应该认识到，人类运动的许多基本形式在本质上都是快速伸缩复合训练。如果快速伸缩复合训练很有趣的话，孩子们自然也想参加。孩子们将尽可能地经常参与跨步跳、单脚跳、双脚跳活动，而无须任何正式的指导和干预。如果这些活动被认为是安全的，那么同样可以应用到训练实践中。

在儿童时期，游戏和训练的概念有着密不可分的联系，以加强人们对于通过游戏和基于游戏的挑战活动来发展成熟技能的重视。跳跃和落地技术，以及牵张反射机制的发展，对提高运动表现水平和减少损伤具有许多潜在的益处，应该成为所有儿童全面体育教育计划的支柱。关键问题已经从“儿童是否可以进行快速伸缩复合训练”转变为“教练应该以多快的速度对儿童进行正规的、有进阶的快速伸缩复合训练”。通过考虑个人水平的一些关键变量之间的相互作用，可以得出问题的答案。

引导这场争论的两个关键点与儿童的力量和技术能力有关。这些方面特别重要，因为与跳跃和弹跳训练的安全有关的主要问题，就是具备在这些练习的落地阶段控制地面反作用力的能力。

在此需要考虑的是神经肌肉系统承受力量需求的能力，同时在落地过程中保持关节对齐。例如，从高处或水平跳跃的高速落地过程中，膝盖从原本应与脚尖在同一矢状面上的位置处发生了向外侧或内侧的偏移，这可能导致保持膝关节稳定性的四条韧带中的一条或多条出现极为严重的损伤。在使用以大的加速度落地的运动模式之前，教练需要确保运动员具有高度成熟的技术能力。

通过髋关节、膝盖和脚踝肌肉组织产生向心力量和离心力量的能力，应结合落地和起跳的技术能力来进行提高。因此，整个训练计划应包括速度训练、跳跃训练和力量训练。随着运动员神经肌肉系统的发展，技术能力提高，运动员可以接触更大范围的刺激，这将进一步提高其技术和身体能力。当运动员接受超过其技术和身体承受极限的训练时，造成重伤的概率会显著增加。例如，在快速伸缩复合训练中，这两种因素是相互关联的，这就解释了为什么力量水平主要与感知运动强度有关。

精心设计的快速伸缩复合训练进程能够使运动员发展正确的落地和触地力学机制，并且向心力量会在适当的补偿阶段之后协调表达。这要求运动员在每个复杂性和强度的连续阶段，都必须有学习和承担的能力。这种方法还能使运动员的训练年限得到发展，使其神经系统适应性增强，负荷运动量和强度得到提高。训练应该能让运动员过渡到下一个发展水平。后续内容介绍了教练所构建的一系列进阶的快速伸缩复合训练。

如果快速伸缩复合训练的目标是最大化的学习，那么指导教练应该经验丰富、资历深，并且愿意投入时间来提高与他们合作的运动员的技术水平。教练必须从运动员第一次正式进行快速伸缩复合训练开始，就培养稳定而有效的技术。

与成年人一样，如果要通过训练发展适当的反应性力量，对儿童也需要采取保护措施以避免疲劳训练。与速度较高的运动一样，快速伸缩复合训练应在适当的、有组织的热身活动之后进行，而且要在课程刚刚开始的时候进行热身，以免身体和精神上的疲劳影响运动的质量。

教练应仔细考虑在生命后期进行快速伸缩复合训练的人的相对训练年限和生理年龄。例如，许多人重新开始休闲运动或竞技运动时，会经历一段迟钝期。这些周末运动的人经常在没有进行任何准备工作的情况下重新投入对抗性或爆发性的运动中，如篮球、五人足球或公路跑。这些人应该与已经持续几个月或几年从事这项运动的人群在一起，定期参加常规训练。

随着运动经历的增加，很多运动员会受伤并患上慢性病。无论运动员准备得多么充分和全面，损伤都是参与体育运动不可避免的结果。建议关节受伤的运动员（损伤需要通过手术修复的）应考虑有限制地进行较高强度的快速伸缩复合训练，并根据其临床损伤史来安排具体活动。

请注意，快速伸缩复合训练本身并不是被限制参加的，大多数医学专家认为，适当进行一些快速伸缩复合训练，对于损伤康复和预防来说至关重要。例如，对有ACL断裂病史同时还患有慢性病的运动员来说，反应性反弹跳跃或重复跳跃是有益的康复与强化方式。

高水平运动员需要更加仔细地考虑关节退化或骨矿物质密度降低的情况。出现这些问题时，需要更谨慎地进行快速伸缩复合训练。虽然大多数骨质条件对力学负荷的反应良好，但地面反作用力的快速增加，再加上对高反应性神经肌肉系统的需求，都可能排除了除最低强度的快速伸缩复合运动外的所有活动。

无论年龄或发展阶段如何，教练在确定运动员应进行的快速伸缩复合训练时，需要考虑的重要因素是运动员的训练状态。前面已经强调了力量的重要性，而其他基础的运动素质，如平衡性、协调性和反应速度，可以通过快速伸缩复合训练来提升。对于必须参加包含反应加速度的快速伸缩复合训练并从中获益的运动员而言，这些素质也是重要的。

特别是单腿运动和多向爆发式运动，主要挑战运动员在重心位于较小的支撑面上时保持动态平衡的能力。考虑到这一点，第6章中描述的许多运动能力分析（如栏架跳跃、单脚跳跃和单腿下蹲），可能是判断运动员能否进行快速伸缩复合训练的重要依据。

同样，如果要优化反弹跳跃动作并通过重复跳跃活动最大化训练效益，反应性运动素质是必不可少的。许多强壮的运动员具有发达的反弹运动素质，使他们能够产生较大的动力。这些素质与快速伸缩复合训练所需的反应素质不同，后者需要在最短的时间内施加力。如果一个运动员没有表现出高水平的反应力量，那么教练应该考虑投入时间，通过能挑战技术能力的训练来提高这项素质。训练时应关注触地技术的执行能力，而不是专注于可能有其他重点的快速伸缩复合训练（例如跳深、多向跳跃）。

为了发展高效的快速伸缩复合训练技能，教练需要对运动员进行指导，并有责任纠正其错误。由于这些练习的速度都非常快，因此，运动员需要相当发达的感知能力，以对技术做出相应的反馈。技术上的微小变化，特别是触地时脚部和踝关节的动作变化，可能会给快速伸缩复合训练的结果带来显著的差异。不能对方向变化做出快速反应的运动员，很难和那些能有效地接受反馈并快速做出反应的运动员一样得到进步。

在进行快速伸缩复合训练的过程中，需要考虑的最后一个特征是运动员的性别。教练应针对不同性别的人思考如何进行快速伸缩复合训练，即应该对每个人的运动能力进行评估，而不是根据对某些人群的刻板印象。也就是说，应特别考虑具体的训练计划，使其分别适用于男运动员和女运动员。

指导青春期后期的女运动员时，首先要考虑的力学因素是青春期髋部变宽引起的Q角增大。第3章讨论了Q角对股骨相对于支撑脚潜在的不对齐的影响。在过去，NCAA中的女篮运动员前交叉韧带[13]断裂的可能性是男性同行的6倍，这种情况并不奇怪，大多数女运动员膝盖受伤发生在非接触的情况下（落地、减速、转动）。

对女运动员的快速伸缩复合训练方案需要有一个偏向，特别是在早期阶段，需要发展稳定落地的能力。其意义在于不仅能培养完善的技术模式，而且还可以帮助训练神经肌肉系统来激活臀中肌、腘绳肌和股四头肌，募集更多的运动单位，使之能够立即做出反应，增加膝关节的稳定性，保持股骨与脚部的位置一致。针对这一目标进行的相应训练已经证明，女足球运动员[14]非接触性ACL损伤概率降低了70%。

历史研究[15]表明，男性的腿部伸肌可以承受的离心负荷高于女性。这一发现与以下理解相对应，由于具有不同的身体形态，女性的绝对力量水平通常低于男性。

这种力量的差异也带来了爆发力表现的差异。爆发式举重训练中，女性的力量输出大约是男性同行[16]的63%，而在全力的垂直和水平跳跃中，也出现了类似的情况。虽然有例子证明训练可能会缩小这种差异，但女性力量提升的速度通常比男性慢。实际上，通过训练进行跳跃运动的女运动员可能比男运动员能更多地利用肌纤维中存储的弹性势能。

女运动员也因具有更松弛的关节而更容易产生各种损伤，这主要是青春期开始后雌激素和其他激素的分泌量增加造成的。对于一些需要关节绷紧才能完成的运动，以及那些可能加剧关节不稳定的运动，教练必须谨慎安排。在没有采取激素调节的女性中，天然激素水平的变化，会影响其进行大力量和高速运动的能力。

进行快速伸缩复合训练的安全性

在开始快速伸缩复合训练之前，教练需要了解和理解一些基本的安全知识，其中最重要的是运动员进行跳跃练习场地的地面。该地面不得潮湿、光滑或不稳定。在完成高速运动时，运动员必须确保场地地面是平整的，不会导致他们以任何方式偏离他们的最佳落地技术。

除平整度之外，还需要认真考察场地地面的硬度。快速伸缩复合训练利用拉长–缩短周期来产生爆发力，快速触地对重复性动作的顺利完成来说至关重要。因此，教练应认真思考场地地面如何传递地面反作用力，并使触地动作迅速、自然。比如，要避免非常坚硬的地面，如混凝土或瓷砖地面。这些地面不具有吸收冲击力的特性，因此落地时产生的冲击力可能损伤关节，特别是在腿部和腰部到骨盆区域。相反，弹性过大的地面可能会干扰地面反作用力的传导，影响运动员的快速伸缩动作，并妨碍弹性势能的有效利用。比较合适的地面可以是人造塑胶跑道、干燥的天然草坪、下层土壤干燥压实的地面。这些地面能够提供微弱的弹性，吸收冲击力，而不会抑制牵张反射。

运动员的鞋底是落地面的延伸，故而也是重要的考虑因素之一。鞋底必须有防滑作用。无缓冲垫的鞋无法吸收地面反作用力，有可能会使下肢的动力链受到较大程度的伤害。相反，具有过大缓冲作用的训练鞋会延长触地时间，从而减少训练效益。理想的训练鞋能够为脚中后部提供支撑，以保持踝关节的稳定性和落地时的刚性。

如果训练中采用需要运动员跳上、跳下或跳过的器材，这种器材必须足够坚固，以满足训练需求。器材也必须放置妥当。跳箱高度应既合适又能有一些挑战性。具有适当挑战性的高度，将会使运动员注意力更集中，但运动员要对擦伤或拉伤做好心理准备。建议铺一块海绵垫在器材（如跳箱）的后面，以防运动员在器材的边缘失误并掉落下来。

所有跳箱都需要具有足够宽的底部，以保证它在所有情况下都是稳定的，还要保证它足够坚固，以承受运动员跳落在上面时的重量。跳箱的表面也应该是防滑的。各种细节也会对训练的安全性产生重大影响，例如确保栏架的摆放方式正确无误。几乎在所有涉及栏架的训练中，栏架的支撑架都应该朝向运动员运动的反方向，这样如果运动员碰到栏架摔倒了，也不会造成任何损伤。

器材之间的距离也需要仔细规划。器材的高度应是运动员跳上或跳过的目标，因此，器材的间距，以及相应的高度，决定了每次跳跃腾空轨迹的水平和垂直因素。更高的目标、更小的间距，需要更大的垂直位移；更低的目标、更大的间距，则需要更大的水平加速度。训练的目的和运动员的能力决定了器材的安排方式。如果有疑问，教练应在初始阶段谨慎应用，并进行必要的、适当的阐述说明。准确记录每次课程的进展情况，使得训练者能够测量并确定训练中要达到的目标高度和间距。

空间是快速伸缩复合训练的关键考虑因素。 例如，运动员过渡到或者一开始就做一系列双腿交替高速弹跳动作时，弹跳过程中需要加速和减速的空间，因此可能需要30到100米的跑道，垂直空间也与之类似，不应该被忽略。虽然跳到跳箱上这个练习可能不需要太大的场地面积，但运动员站立在最高的跳箱上时，头顶以上至少需要1.5米的空间高度。其他投掷类运动，如掷实心球，也需要足够的空间高度，该高度取决于球的重量和运动员的力量能力。空间必须足够使实心球落地，而不用担心会在训练时砸到另一名运动员。

提升落地和触地技术

本章前面介绍了适用的落地技术模型，可以使用一些进阶练习来促进运动员掌握正确的落地技术。每次练习或形式的变化，都能使运动员逐渐提高水平速度或增加垂直冲击力。运动员需要在练习单脚落地之前，能够运用稳定的双脚落地技术。随着能力的提升，从落地到落地准备，或从落地再到低强度的爆发式跳跃，这一过程涉及许多简单的阶段。虽然每个相关技能都有自己的发展过程，如图9.11所示，但是在达到一定程度的基础能力之后，可以同时进行这些技能的训练。

落地过程中需要考虑的关键因素是，运动员能够在运动的每个连续阶段保持腰椎、骨盆在一条线上，体重分布均匀，以及髋关节、膝盖和脚趾在同一矢状面上。落地练习的进阶（例如水平速度或垂直高度的增加）可以提升运动强度或者动作的复杂性。例如，双脚向后跳跃后落地，要求运动员往视野相反方向移动，需要本体感受来控制落地。在这样的练习中，控制落地动作远比跳跃的距离重要。同样，空中180度转体动作受冲击力的影响相对较小，但转体明显减少了运动员准备落地的时间。因此，运动员需要快速而有效地找到落地位置。

这种过渡练习能适当地突出并强调从落地到重复落地—起跳—落地流程的关键步骤。这些训练的核心主题就是在进行另一项活动之前，完成稳定而熟练的落地动作。在这个过程中，训练不是关注从地面反弹或快速过渡到其他动作，而是重点关注在重新加速进行另一个动作之前，能否正确地做出落地动作。强调随后的动作，而不是落地动作可能对练习产生潜在的不利影响。这个主题应该反映出，如果不能完成合格的落地动作，运动员就无法形成适当的姿势，转而顺利进行下一个动作。教练应指导运动员保持落地姿势，然后过渡到接下来的运动，而不是重新站起来，跳跃（例如）后再进行另一个反向运动。如果保持完善的落地技术，那么可以逐渐减少落地和下一个运动之间的用时。

提高快速伸缩触地技术的训练，需要强调一些技术要素和运动质量。在跳绳这种从多种形式的脚掌弹跳到自然下落再跳起的运动（图9.11）中能够看出，每项以此作为目标的训练都应使脚踝、膝盖和髋部保持刚性。这种方法是为了在即将触地时脚踝保持绷紧。腾空时，脚踝应为背屈状态。

在进阶计划的每个阶段，应注意保持并强调触地姿态准确。如果姿态发生失误，那

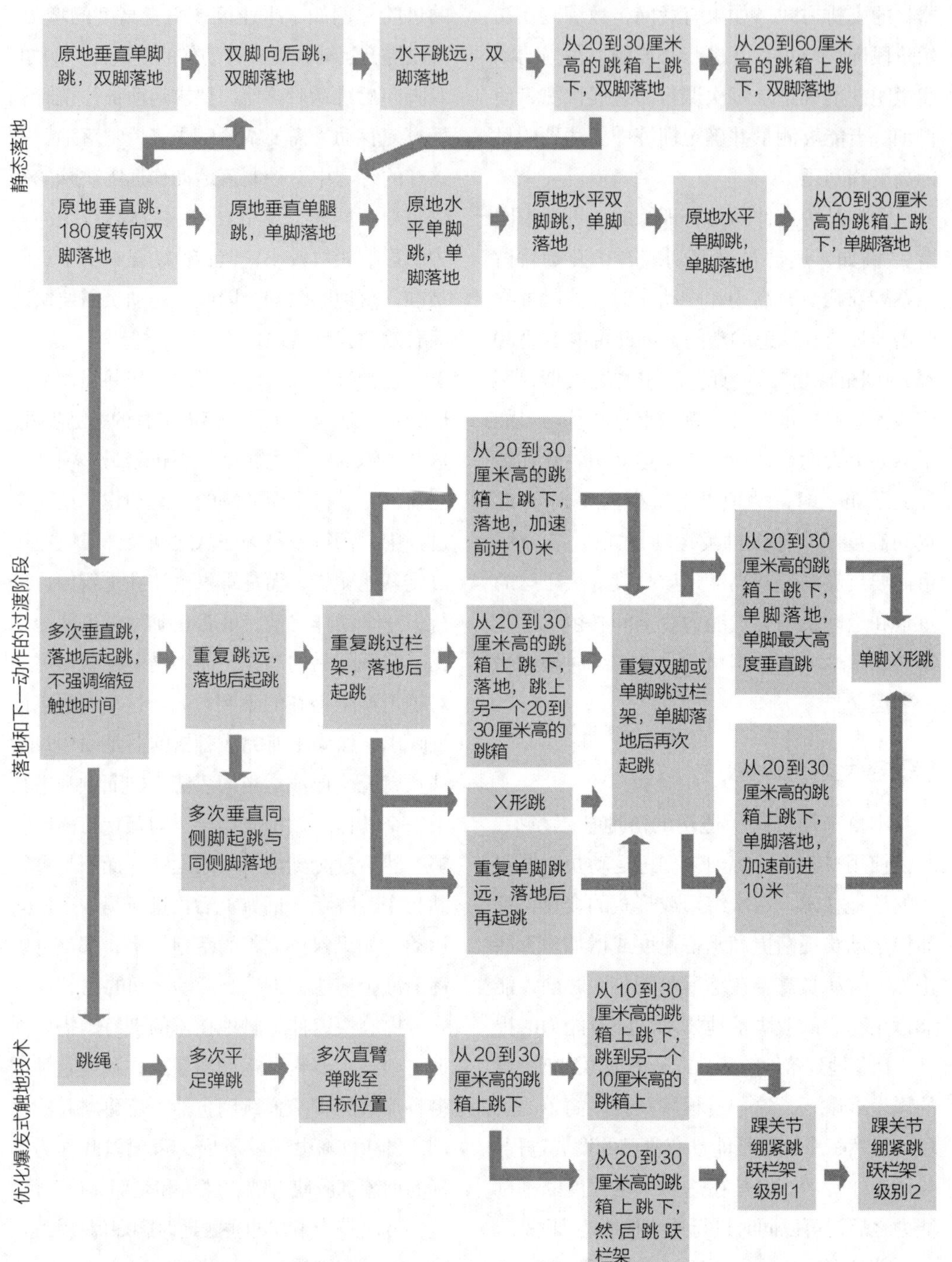

图9.11　提升落地和触地技术的渐进式方法

么训练就应该退回前一步，即运动员能够维持并控制姿态的上一个训练环节。其他需解决的动作质量问题是，如何完成快速且利落的脚部触地动作。如果训练的复杂度超出了运动员保持快速触地（少于0.2秒）的能力，那么就应该降低训练的复杂度，以保证运动质量。运动员需要确保运动的质量不会因疲劳而降低，还要强调保持运动质量的重要性。在学习这些动作的各个阶段，充分休息和较少的重复次数都很重要。

特别是在早期阶段，运动员不应该挑战高度太高的反弹跳跃练习。在早期阶段引入各种栏架或跳箱也是不合适的，否则就把强调落地技术的练习转变为强调产生垂直力的练习了，后者通常需要更长的触地时间。反应性跳跃中的垂直高度仍然是一项挑战，但训练的成功执行不应由它来决定。

练习的重点应该是利落地、反应性地脚部触地。在快速伸缩复合训练中，伸缩的速度更为重要，而不是伸缩的幅度。了解这一点可能有助于运动员专注于如何完成合格的触地动作，而不是如何跳得高。

在诸如多次直臂弹跳之类的训练中都会强调有效的主动平足触地（通过大部分脚部产生力量以实现快速起跳）的重要性。在整个运动中，手臂保持伸直，以防止当运动员跳起时手臂动作产生向上的动量。同样地，如果髋部和膝盖保持绷直，那么当脚掌触地时，唯一可能有助于产生上升运动的关节就是踝关节。利用一个靠墙的物体作为目标，可以鼓励运动员大力推向地面，以迅速产生并可以通过手臂向上够量化垂直力。

在这种运动的腾空阶段，教练应该强调保持踝关节背屈的重要性。第一步动作就是从跳箱上跳下。当从跳箱上跳下，脚在最佳位置触地时，运动员必须保持踝关节背屈。最初从矮跳箱上跳下，不仅初始冲击力较小，而且下落时间较短，从而使运动员在触地之前能集中精力于落在正确的位置上。跳垫能为运动员提供触地时间的即时反馈，并使之重视提高动作质量。

即使训练中采用多个栏架，这些训练仍然可以被视为低冲击力的快速伸缩复合训练。重视触地技术意味着下落高度较低。同样地，相对于地面，栏架和跳箱的高度也较低。在栏架训练场上将跳箱换成栏架（图9.12），允许运动员在两次跳跃之间重新调整脚的位置，确保其有最合适的机会来优化触地动作。如果在训练早期过度使用连续栏架，会影响运动员的进阶。每个栏架之间的距离和触地时间变得越来越长。随着运动员的能力和爆发力控制能力的提高，可以用越来越多的栏架（图9.13）来替换跳箱。

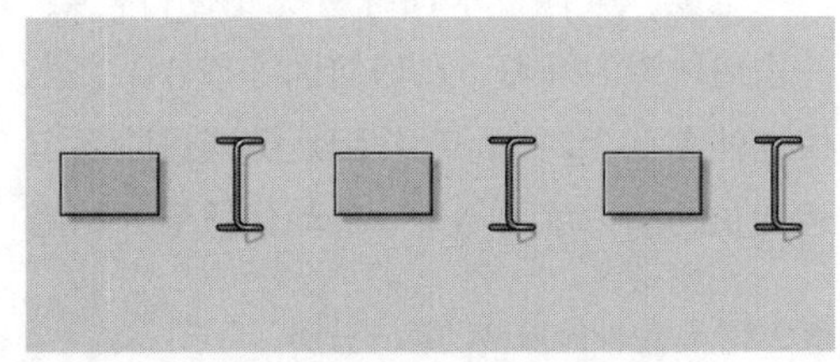

图9.12　踝关节绷紧跳跃栏架–级别1

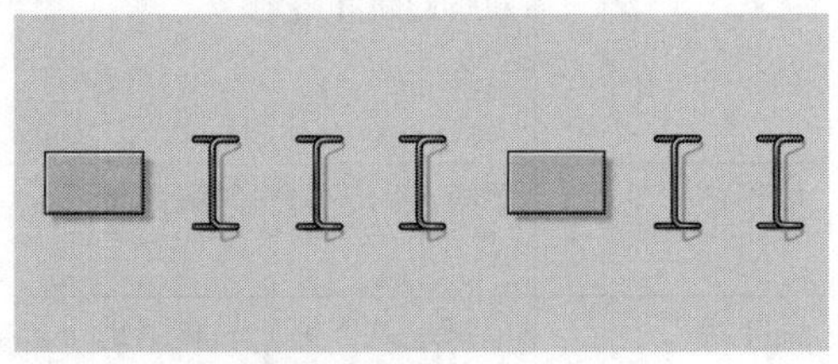

图9.13　踝关节绷紧跳跃栏架–级别2

快速伸缩复合训练进阶

快速伸缩复合训练通常分为以下4种：跳跃、单脚跳、反弹跳和冲击动作（表9.4）。

这种分类有益于描述动作的本质，为训练进阶计划的制订提供了框架。例如，有些跳跃活动的快速伸缩强度可能比单脚跳要大。此外，并不是所有的动作都容易归类。例如，立定三级跳远不是真正的反弹跳（根据表9.4中的定义），而是组合动作，其包含单脚跳接一个单脚的反弹跳，最后双脚落地。因为是双脚落地，所以这只是一种跳跃形式。但是，这种运动足够复杂，因而被认为是一种弹跳，它确实涉及从一只脚到另一只脚的重量转移。

训练者不能只是简单地思考快速伸缩复合训练的分类及其区别，还应该思考它们之间的关系，以及影响快速伸缩复合训练强度的因素。训练应该由易（简单）到难（复杂），如应在调整方向之前练习单向运动，从双腿运动到单腿运动，以及从低冲击力需求（低离心力）运动到高冲击力需求（高离心力）运动。强调技术训练应优先进行栏架、冲击或跳深的练习。在任何训练条件下，当快速伸缩复合训练的动作因疲劳或进阶超出运动员的能力范围，运动员动作质量开始降低时，课程就应结束。

跳 跃

有创造性的教练能够将技术原理与跳跃情景联系起来，并选择各种类型的跳跃练习，构建一套渐进式训练。只要运动员能够通过反向运动产生所需的向心力，向上跳到一个物体的高度，通常比跳到相同高度的要求要低，这可能是因为许多跳上目标高度的运动只需要施加一次力，且当运动员从跳箱上跳下来时能够得到休息。这种跳跃涉及多次、连续的重复，由于触地时间需要最小化，因此在两次重复跳跃之间没有休息时间。

在触地训练中引入的不少练习是明显的跳跃运动，其与本节中描述的一些训练（图9.14）的主要区别在于训练的目的不同。图9.11介绍了一种高效、实用的触地技术，并且可以迁移到所有跳跃练习中。其他的一些跳跃练习需要以这种技术为基础，因为练习的目标是增加水平冲量或垂直冲量，以使跳跃的高度或距离最大化。

表9.4 快速伸缩复合训练的分类

分类	描述	训练实例
跳跃	双脚起跳和落地	分腿下蹲 ×8 跳跳箱 ×5 分腿站姿反向运动 ×8
单脚跳	单脚起跳，同一只脚落地	横向跨越栏架 ×6 快速单腿跳 ×40米
反弹跳	单脚起跳，另一只脚落地	立定三级跳远 ×2，接4组60米高速跳
冲击动作	最大强度的快速伸缩动作，从高处加速下落后进行反弹跳	跳深到跳箱上 ×3 跳深接多方向栏架跳跃 ×5

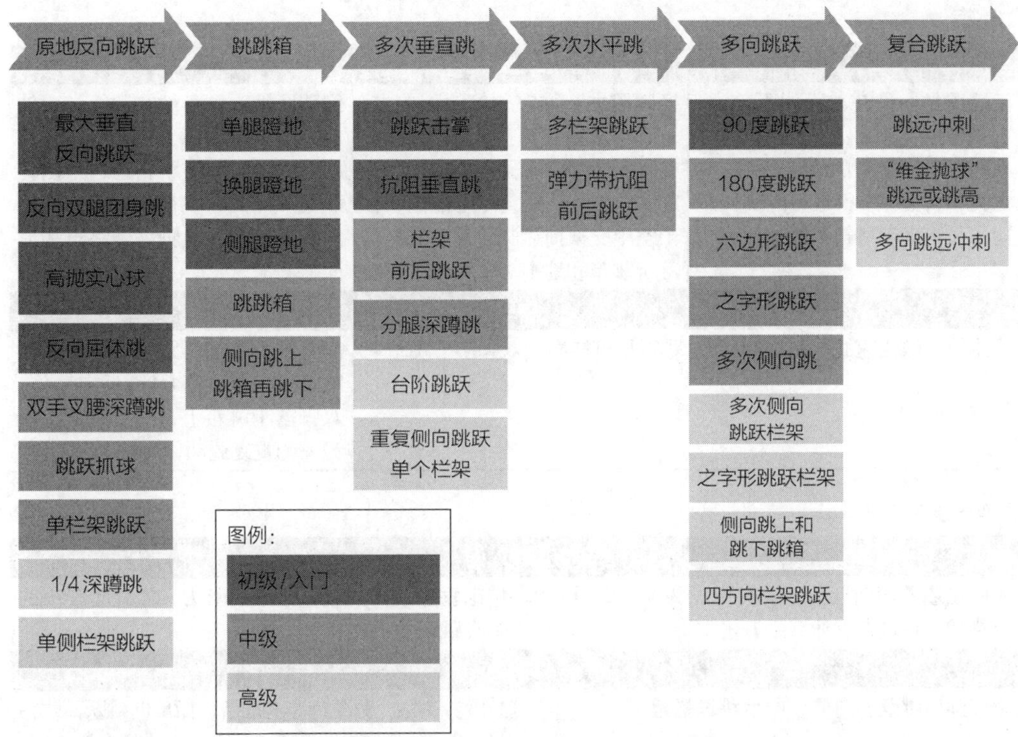

原地反向跳跃

初级/入门			
最大垂直反向跳跃：跳跃前做快速1/4蹲反向动作，跳得尽可能高	反向双腿团身跳：跳跃前做快速1/4蹲反向动作，跳得尽可能高，空中胸前抱膝，双脚落地	高抛实心球：手不过肩，双手持球，将球向上抛过头顶，扔得尽可能高	反向屈体跳：跳跃前做快速1/4蹲反向动作，跳得尽可能高，直腿抬高触碰手，双脚落地
中级			
双手叉腰深蹲跳：双手叉腰，往下蹲，直到大腿与地面平行，躯干挺直，停顿一秒，跳得尽可能高	跳跃抓球：垂直跳起，尽量在最高点接住抛过头顶的球		单栏架跳跃：站在栏架前，先完成一个反向动作，然后跳过栏架，双脚落地
高级			
1/4深蹲跳：后蹲姿势准备，双脚分开与髋同宽，跳跃前做快速1/4蹲反向动作，跳得尽可能高，使杠铃与肩部保持接触		单侧栏架跳跃：站在栏架旁，先完成一个反向动作，然后侧向跳过栏架，双脚落地	

图9.14　可应用于多种运动情景的跳跃训练

跳跳箱

初级/入门		
单腿蹬地：站在跳箱的正前方，一只脚放在跳箱上，另一只脚放在地上，后脚的脚跟轻轻抬起，使踝关节背屈，跳得尽可能高，用同一只脚落于跳箱和地上	换腿蹬地：站在跳箱的正前方，一只脚放在跳箱上，另一只脚放在地上，后脚的脚跟轻轻抬起，使踝关节背屈，跳得尽可能高，在半空中交换前后腿，用另一只脚落于跳箱和地上	侧腿蹬地：侧身站在跳箱旁，外侧的脚放于地面上，脚跟轻轻抬起，内侧脚放在跳箱上，外侧脚踝关节屈曲，跳得尽可能高，侧向跃过跳箱，换脚落于跳箱和地面上
中级		
跳跳箱：做快速1/4蹲反向动作，跳得尽可能高，双脚落于跳箱上		侧向跳上跳箱再跳下：侧身站在跳箱旁，做快速1/4蹲反向动作，双脚落于跳箱上，然后跳下，在另一侧重复此动作

多次垂直跳

初级/入门	
跳跃击掌：面向同伴，双臂举过头顶，做重复垂直跳跃，在最高点伸直手臂击掌	抗阻垂直跳：对抗弹力带的阻力，做最大限度的垂直跳跃
中级	
栏架前后跳跃：向前、向后跳过栏架	分腿深蹲跳：分腿蹲姿势准备，做反向跳跃，跳得尽可能高，在空中换腿，用相反的分腿姿势落地
高级	
台阶跳跃：在体育馆的台阶上做双脚台阶跳	重复侧向跳跃单个栏架：侧身站在栏架的旁边，侧跳过栏架

多次水平跳

中级	
多栏架跳跃：跳过间隔1到2米的多个栏架，注意实现重心高度变化最大化和触地时间最短	弹力带抗阻前后跳跃：弹力带固定在后方，对抗弹力带的阻力向前跳和获得助力向后跳，跳跃距离尽可能远

图9.14 （续）

多向跳跃

初级/入门			
90度跳跃：重复最大反向跳跃，在半空转向后，以与起跳方向相对的正确角度落地			
中级			
180度跳跃：重复最大反向跳跃，在半空转向后，落地时面向起跳的相反方向	六边形跳跃：站在地面上画出的六边形中央（对角线长约1米），沿着6条边双脚跳进跳出，面向同一方向	之字形跳跃：双脚对角跳（向前和对角），左右变向，跳10到20米	多次侧向跳：在一条线两侧重复侧向跳跃，尽量缩短触地时间
高级			
多次侧向跳跃栏架：重复侧向跳过栏架，尽量缩短触地时间	之字形跳跃栏架：双脚对角跳（向前和对角），跃过10到20米内的多个栏架	侧向跳上和跳下跳箱：侧身站在跳箱旁边，侧向跳到跳箱上，然后侧向跳下跳箱	四方向栏架跳跃：站在4个栏架围成的正方形中，向前跳过第一个栏架，落地，然后立即跳回正方形中央，随后继续跳过其他栏架，面向同一方向

复合跳跃

中级	
跳远冲刺：最大距离跳远，双脚落地后立刻向前冲刺	“维金抛球”跳远或跳高：手不过肩，双手持球，做反向跳跃，将球抛出，抛得尽可能高，接着跳远（如果向前抛）或跳高（如果向后抛）
高级	
多向跳远冲刺：多次跳过栏架或线，教练发出指令后，马上由落地动作过渡到全速冲刺	

图9.14 （续）

训练课程中可以包含一些跳跃练习，注意那些可以用于提高跳跃能力的快速伸缩复合训练的复杂性。运动员可进阶到不同种类的跳跃练习。原地跳跃具有较小的水平位移，在反重力（向上跳跃）运动中，起跳和落地通常发生在同一水平面上。另一种明显的进阶练习是本章后面将要探讨的，当进行冲击式跳跃时，运动员可以从高处借助重力下落。复合跳跃复杂性较强，因其混合了多方向的运动并综合了各种技能，所以通常是高级的训练内容。

然而，只是以这种方式进行跳跃就过于简单了。教练可以引入器械、根据不同动作平面的需求或者更高的向心力量的应用需求，对各种跳跃进行归类，设计包含一系列跳跃类型的个性化的训练方案，即围绕一系列跳跃类型，根据个人能力，制订训练计划，并增加一些训练项目的变化。

为了更详细地解释这个概念，我们以原地反向跳跃作为例子来进行分析。每次跳跃的起跳力学机制是相似的，反向运动应该利用牵张反射，以帮助完成爆发性垂直运动；

从髋部、膝盖，到脚踝依次伸展，产生强大的爆发力并施加于地面；手臂上摆，以产生向上的动量。通过全力高抛实心球等训练，可以加强产生这种垂直升力和手臂向上摆动的能力。为了增强垂直方向的地面反作用力，需要告诉运动员将球投掷到最大高度（“你能用5千克的球击中天花板吗”），如图9.15所示。这种运动难免会产生一些轻微的水平位移（尤其是向后的方向），但其影响很小。这样的动作通常可以用作水平跳跃或连接动作的预备动作，例如跳跃或向前投球转化成跑。

深蹲跳和更高级的负重蹲跳（图9.16）有所不同。深蹲跳通常用于测试腿伸肌的最大垂直冲量，深蹲跳的开始通常会将运动员带到肌肉超过牵张反射发生的最佳长度-张力关系的点。同样地，到达这个点的速度很慢，且保持暂停状态（与非常快速的反向下降和驱动相比，这也是典型的负重蹲跳特征，通常是1/4蹲动作），这意味着牵张反射在深蹲跳动作中通常是无效的。这种动作过于缓慢，但是一些弹性势能会存储在肌纤维中，有助于产生垂直推力。

在深蹲跳和负重蹲跳中，手臂的动作由于手在髋部或杠铃上固定而被抵消。但负重蹲跳的特点是运动员的外部负荷位于重心以上且距离重心较远，完成跳跃动作需要具备更强的向心力量和姿势控制能力。类似地，在负重蹲跳落地时，运动员需要控制巨大的离心力，对这些力迅速进行制动，并利用牵张反射来重复动作。

负重蹲跳中的下蹲深度和横杆上的负荷重量，通常随运动员和训练目的的不同而不同。在重复高速运动中，反弹动作依赖于牵张反射机制。因此，下蹲深度较小，外部负荷通常较轻。用于计算系统质量负荷（运动员的重量加上杠铃的重量）的确切公式，是研究人员持续辩论的主题，计算结果估计值为杠铃最大负荷的0~70%[17]。如果目标是高强度运动，则下蹲深度会更大，负荷会更重，但是快速伸缩效果会减弱。当运动员落地或

图9.15　掷实心球的目的不同，起跳动作也不同：a.掷球的目的是达到最大高度和最远距离；b.掷球的目的是达到最大高度

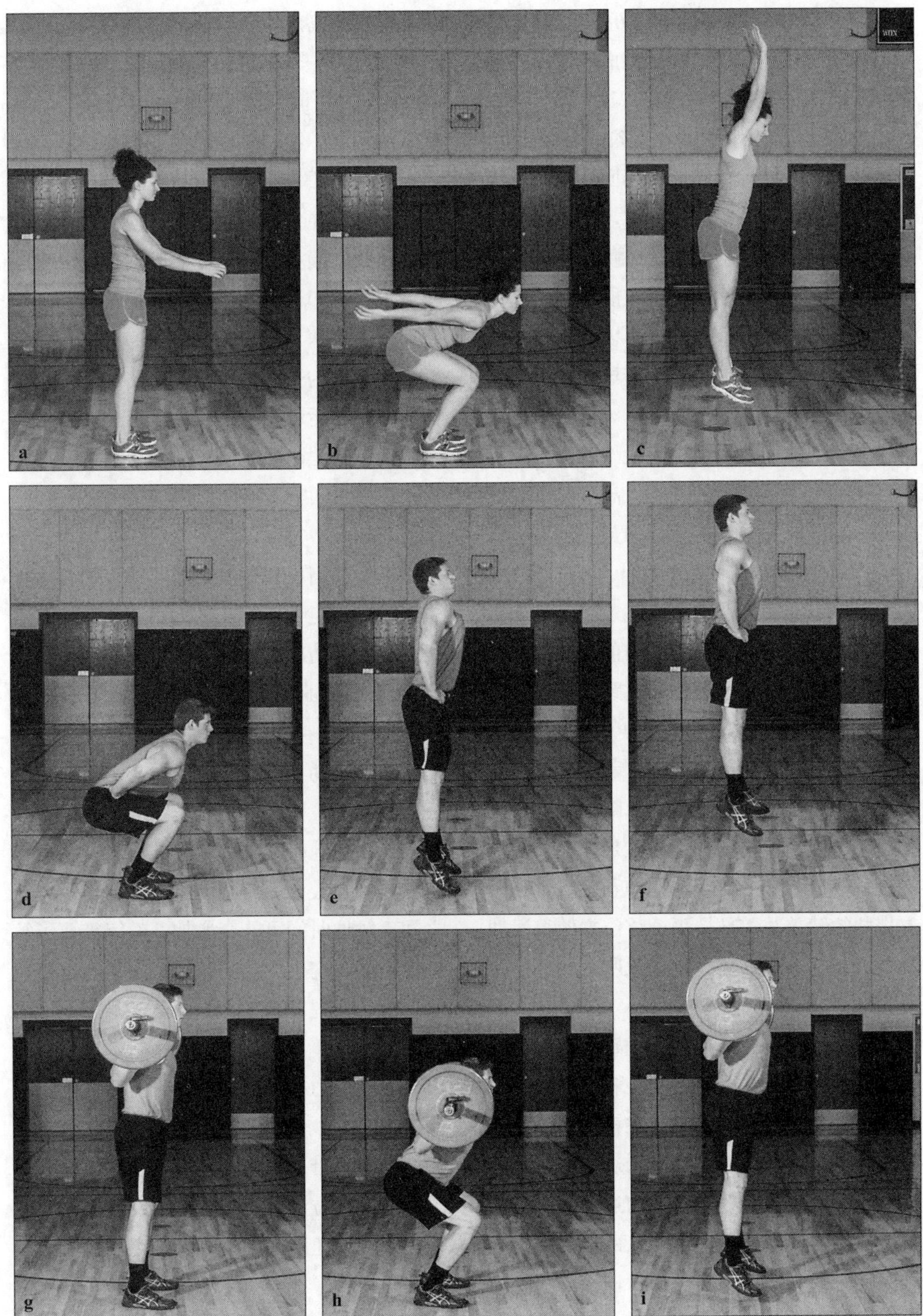

图9.16　各种跳跃：a至c. 反向跳跃（CMJ）；d至f. 深蹲跳；g至i. 负重蹲跳

下降到下蹲位置时，会产生更长的触地时间。因此，这种运动通常是完成一次而不是重复练习。

与外部负荷的协调也是进阶的一个特征。例如，跳起来接到球然后再扔回去的重复练习，是最大垂直跳跃的进阶练习。需要频繁给运动员传球，以防止重复跳跃动作的速度减慢。教练应该鼓励运动员在能达到的最大跳跃高度上接住球，该技能可以迁移到专项运动中，例如排球的扣球、篮球的篮板球或足球守门员的交叉拦截动作。

在单独的栏架跳跃中，栏架的高度取决于运动员产生垂直力的能力，高度既需要挑战运动员的能力，又能让运动员跳过去。练习的设置，应让运动员全身伸展进行跳跃，而不是以双腿团身跳的方式跳过栏架。如果练习方式是侧向运动而不是向前运动，那么显然更具挑战性（因为侧向跳跃属于高级运动），并且栏架的高度可能要更低些。

在跳箱中使用单腿运动，不仅是发展跳跃力量的基本方法，也是为单腿跳和弹跳做准备的方法。跳箱的高度应该足够高，使脚能在跳箱上站稳，并且脚跟靠近跳箱边缘时，支撑腿的膝盖与髋部持平，该位置使得运动员能够在这种弹性动作中强化所有腿部伸肌的力量。

无论运动员的双腿是以同样的姿势落地，还是在半空中换腿，又或是侧身站在箱子上，目的都是一样的：通过蹬踏跳箱达到跳跃的最大高度。要求运动员横向跃过跳箱，腿在跳跃过程中交换，这使得横向运动变得更具挑战性。因为目标是产生最大的垂直力，这些运动中的触地时间通常相对较长，所以这些运动可以被认为是弹性运动，而不是必要的爆发式运动。

跳箱的高度取决于运动员进行反向跳跃的能力。另一个不可忽视的因素，即运动员对于能够在不触碰跳箱侧面的情况下，完成跳跃的信心。在这些动作中，提高跳跃高度的渐进式方法非常重要。

通常，在水平跳跃之前，应引入重复的垂直跳跃，因为这种运动更容易控制。台阶跳跃很好地印证了这个原则。运动员不断进行反重力加速，需要很大的向心力量，但随后落在更高的平面上，因而离心力量需求很低。因此，运动员可以专注于落地机制，并通过快速补偿阶段来快速应用垂直力，而不需要反复的冲击运动（如重复的跳箱运动）所涉及的离心力量。

栏架的高度和运动员需要跳上的台阶数量，通常决定了所涉及计划中动作的相对难度。在这种情况下，增加阻力的原则是有用的，因为阻力可以影响跳跃动作的执行。可以增加负荷，如负重背心，这增加了运动员的质量，运动员需要较大的向心力量以进行反重力加速。因为质量是恒定的，所以较大的负荷在落地时冲击力较大，运动员在落地时需要具有较大的离心力量。多次重复跳跃之间，触地时间可能会增加。教练需要了解目标是提高产生力量的能力，还是通过缩短触地时间来提高爆发力，以最大限度地增强爆发力反应。

可变阻力在跳跃的各个阶段提供了不同的阻力水平。例如，简单地绕在运动员腰部的一条弹力带，拉长弹力带可以提供更大的阻力。这种方法可能不一定对发展加速度有用，因为加速度最大时的跳跃点是阻力最小时的跳跃点（当运动员从地面开始加速时，弹力带的拉伸程度最低，阻力最小）。在垂直动量最小的地方（跳跃的最高点），阻力负荷最大。但是这种变化确实有助于向地面加速，如果训练的目的是优化落地和触地技术，这可能是一种有效的策略。

拉紧的弹力带也为水平跳跃提供了阻力，会让运动员募集更多的运动单位。从起跳点向不同方向的标志桶进行水平跳跃，意味着练习变成了多向的，且在一个方向受阻力，另一个方向受助力。这种方法对需要向后跳回起点的运动员可能是有用的，因为向后跳跃动作通常会产生较小的力。在数个（如4个）受阻力的动作之间进行切换，也能够在无阻力动作中增强神经肌肉系统（以可实现的方式主动增加募集的运动单位）的功能。

在这样的练习中，最开始应该指导运动员按数字顺序跳过标志桶，但到了训练的进阶，教练可以通过颜色或数字来改变跳跃顺序。这种进阶使运动员在运动时进行思考并做出决定。但是，如果教练试图进行反应性练习（运动员进行练习时不按顺序进行跳跃），则不能因为口头提示与反应性决策之间的时间延迟而延长触地时间，因为一旦动作中断，训练的目标将会改变。

重复或循环的分腿跳跃运动似乎相当简单，但是，以双腿开立姿势进行起跳和落地需要具有协调性，随着双腿在空中的切换，使这项运动成为具有挑战性的运动。分腿跳是单腿运动，运动员可以从对侧站姿起跳开始练习，并以相同的姿态实现稳定落地。然而，在重复的动作中，实现较短的触地时间和产生较大的垂直高度，需要很高水平的快速伸缩技能。

教练经常会问，为什么反复的双脚水平跳跃运动通常不包括在快速伸缩复合训练进阶训练中。这些动作在落地时产生了大量的向前动能，这会导致触地时躯干向前旋转。在跑步或反弹动作中，这些旋转由运动的对侧手臂和腿部动作加以抵消。在没有这些动作的情况下，控制重复的双脚跳跃是非常困难的，所以它们通常不是进阶训练中的一部分。然而，加入一系列栏架训练，会使运动员增加运动的垂直部分，显著改变跳跃训练的目标。

大多数运动员需要有足够的跳跃经历才有能力完成重复多向跳跃。与变向跑一样，这些动作要求能通过脚的不同部分施加力，特别是当运动员不得不跳过栏架时，通常需要延长触地时间。当将这些练习整合到训练计划中时，教练需要在栏架的高度、所需的方向变化的大小和维持触地动作完整性的需要之间建立平衡。

通常，方向的变化程度越大，练习的挑战性越大。但是，当运动员多次转身跳过一个栏架时，并没有注意到这个原则。在这种情况下，运动员需要不断向前跳。尽管诸如90度和180度跳跃等练习能使运动员发展和控制水平的旋转力量，并作为跳跃动作的一部分。但当冠状面（侧对侧）和矢状面（前面和后面）被改变时，运动员仍然需要保持面向一个方向。

如果该训练旨在促使训练成果应用到多向运动中，那么将这些运动纳入训练中是很重要的。如果只在矢状面上训练，当运动员在训练和比赛中进行水平面和冠状面运动时，会增加受伤的风险。特别是髋关节和踝关节周围的肌肉需要做好准备，以便在大多数无序运动和接触式运动中进行快速而有力的变向。

单腿动作：单腿跳和反弹跳

大部分的跳跃练习都是单腿跳，教练应

该记住，单腿跳会使腿部和髋部肌肉的负荷加倍，因此强度通常非常大。支撑面的偏移和缩小也可能意味着高强度单腿跳运动成为挑战许多运动员平衡性和协调性的运动，因此触地时间会显著增加。

有效训练的关键是避免运动员所要完成的挑战（例如一个栏架）超过其能力。通常，少即是多的原则，适用于这些要求跳跃高度或距离的运动。由于许多体育动作需要通过单腿运动产生爆发力，所以单腿跳练习是非常好的功能性爆发力训练。

可以通过小火车练习对单腿动作进行简单有趣的介绍（图9.17），这项练习非常适合团体合作。练习原则是让运动员用右手扶住前面运动员的右脚（或左脚），以组成一个链条。“火车”必须在链条不断的情况下移动20米。后腿支撑迫使运动员在单腿跳跃时，推动髋部向前。

通常，随着每次脚部触地，链条不会移动得很远，因此准备落地时重新放置脚的腾空时间很短。运动员必须尽快蹬地，以准备落地。下一组练习应该用另一只脚进行。具有互动性和趣味性的练习，能够鼓励运动员相互沟通和协作，如果两列“火车”相互比赛，那么训练就具有竞争性。除了具有完美的功能性效果以外，诸如此类的练习也能够体现快速伸缩复合训练的特点，是兼具规范化和个性化的一种突破性的新训练方式。

产生垂直力的关键，通常在于单腿跳动作中的非支撑腿所能提供的帮助。当运动员进行反向运动时，非支撑腿被向后拉，以保持平衡并增加髋部周围肌肉的伸展度。当支撑腿的关节伸展时，非支撑腿与双臂一起向前移动。这种运动增加了向上运动的身体部分的质量，增加了垂直动量。随着运动员向地面加速，非支撑腿降低，以准备下一次重复动作。诸如最大单腿团身跳的练习，提升了运动员这一动作的水平，并且很适合在同侧腿单腿跳训练计划的早期引入此练习。在这一点上，运动员应该一直坚持练习单腿落地技术，并升级到中级跳跃运动。

随着训练的进阶动作越来越多，如图9.18

图9.17　小火车练习：a. 后屈腿；b. 前伸腿

所示，运动员需要高速完成有效的触地动作，并产生更大的冲击力，对所需的身体素质和技能要求提高。例如，以高度和距离为目的的多次单腿跳，通常被认为是单腿反弹跳练习，目的是增大步幅。这种动作会对支撑腿造成巨大的压力，运动员需要具备高水平的单腿反应力量才能有效完成动作。

可以在多个级别的训练计划中添加多向跳跃运动。例如，敏捷梯跳跃或六边形跳跃，能够指导运动员在单腿姿势下，用脚的不同部位蹬地。如果没有需要跳过的预定高度，那么对向心和离心力量的要求就会很低，所以可以集中精力触地。

与敏捷梯跳跃或六边形跳跃形成对比的是，跨越栏架练习需要在每一次触地时，都跨越一些方向不同的栏架（例如，四方向栏架单腿跳）。如果栏架之间的距离太大，或跨越栏架对运动员的技能或力量要求太高，那么每次跳跃的触地时间会显著增加，并且练习的本质改变了。

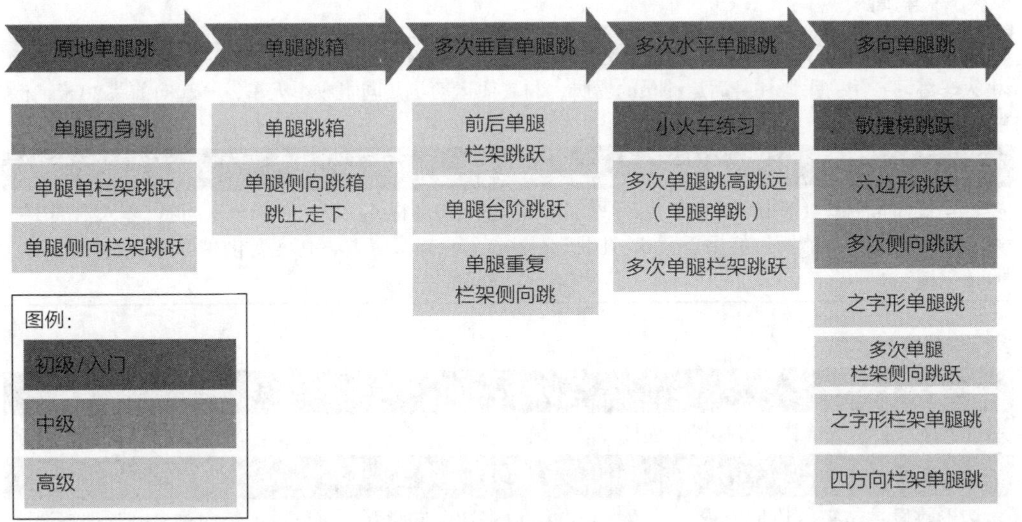

原地单腿跳

<table>
<tr><th colspan="2">中级</th></tr>
<tr><td colspan="2">单腿团身跳：一只脚着地，快速进行1/4蹲反向动作，然后单腿跳，跳得尽可能高，在空中把膝盖贴向胸部，最后双脚落地</td></tr>
<tr><th colspan="2">高级</th></tr>
<tr><td>单腿单栏架跳跃：单腿站立在栏架前，反向单腿跳过栏架</td><td>单腿侧向栏架跳跃：单腿站在栏架旁边，做反向动作，然后单腿跳过栏架，以同一只脚落地</td></tr>
</table>

图9.18 单腿跳进阶训练

单腿跳箱

高级	
单腿跳箱：单脚着地，快速进行1/4蹲反向动作，跳得尽可能高，单脚或双脚落于跳箱上	单腿侧向跳箱跳上走下：侧身站在跳箱旁，快速进行1/4蹲反向动作，然后单脚起跳，跳得尽可能高，单脚或双脚落于跳箱上

多次垂直单腿跳

高级		
前后单腿栏架跳跃：单腿跳过栏架，落地后迅速起跳，向后跳过栏架，回到起点	单腿台阶跳跃：单腿跳台阶	单腿重复栏架侧向跳：站在栏架旁边，进行爆发式侧向单腿跳，跳过栏架，使触地时间最短

多次水平单腿跳

初级/入门	
小火车练习：用右手握住身后运动员的右脚，与其他运动员共同组成小火车，一起向前跳20米，保持链条不断	
高级	
多次单腿跳高跳远（单腿弹跳）：进行重复单腿跳，触地时间尽可能短，使用手臂和对侧腿保持身体平衡	多次单腿栏架跳跃：单腿跳过间隔1米左右的3到8个栏架，使重心高度变化尽可能小、触地时间最短

多向单腿跳

初级/入门			
敏捷梯跳跃：依次单腿跳过梯子的横杆			
中级			
六边形跳跃：站在六边形中央（对角线长度约1米），单腿依次跳进跳出六条边，面向同一方向	多次侧向跳跃：重复单腿侧向跳，每堂训练课跳10到20米		
高级			
之字形单腿跳：单腿向斜前方连续跳，每次跳跃切换左右方向	多次单腿栏架侧向跳跃：侧身单腿站于栏架旁边，做反向运动，单腿跳过栏架后，立即跳回起点	之字形栏架单腿跳：单腿跳（斜前方或对角线）过10到20米内放置的几个栏架	四方向栏架单腿跳：站在由4个栏架围成的正方形中间，面向前方，单腿跳过前方的栏架，然后立即跳回正方形中央，继续依次跳过周围的其他栏架，面向同一方向

图9.18 （续）

然而，根据经验和研究发现，单独的多向练习，如之字形单腿跳等，可以提供可变的强度。运动员可以通过改变栏架的方向从而提高挑战难度（图9.19）。水平较低的运动员可能需要以放置在地面上的标志盘来替代栏架，降低对垂直力量的要求，以便他们专注于实现单腿跳跃方向的改变。类似地，也可以通过改变栏架的高度和间隔距离来实现这一目标。

在与运动员一起工作的时候，能够区分特定练习的能力，对教练来说也是一种有用的能力。例如，将栏架对准行进方向进行排列（图9.19a），可以使主要运动保持在矢状面中进行。将栏架转动90度（图9.19b），则巧妙地增加了运动的复杂性：在冠状面进行主要运动，落地时明显需要具备更多侧向的髋部和踝部稳定性，以及起跳时更大的侧蹬动作。这些训练的中级进阶可能是反弹动作（图9.19c），运动员用一只脚起跳，并以另一只脚落地。

将重量从起跳的那只脚转移到落地的另一只脚，是日常生活中比单腿跳更常见的动作。事实上，这些动作在快速伸缩概念中通常是跑步运动的延伸。因此，合理的方法是设计一些基本的反弹练习，例如在运动员发展计划早期安排跨步变化练习，而不是大多数单腿跳跃练习。训练中通常需要进行跳跃准备练习，比如换腿起跳和分腿深蹲跳等。然而，高水平的反弹跳训练往往伴随着运动员的高速移动。运动员需要高水平的单腿离心和向心力量，才能安全有效地完成这项练习。

反弹跳练习主要用于水平运动，运动员应该用足够大的力量来刺激牵张反射，以完成练习。触地时间要足够短，以减少落地时离心延长和向心缩短之间的补偿阶段。运动员应该通过连续的步伐加速。因此，反弹跳练习的水平速度通常远高于其他快速伸缩复合训练。为了强调动作水平方向上的分量，运动速度要高于在地面上时的速度，跳过25米的距离，这种练习通常适用于能完成反弹跳动作的运动员。表9.5给出了在这种练习中评估运动员表现水平的标准。

表9.5　25米反弹跳练习的评估标准

等级	时间（秒）
完美	小于等于3.03
优秀	3.04到4.00
中等	4.01到5.07
一般（合格）	5.08到7.03
差	大于等于7.04

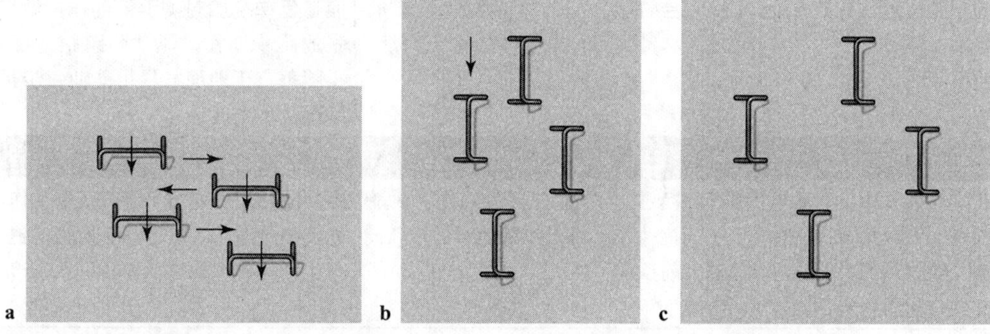

图9.19　之字形单腿跳：a. 栏架对准行进方向；b. 90度旋转栏架；c. 加大栏架间距

反弹跳练习通常始于简单的跳跃技巧，如图9.20所示。为了在跳跃过程中发挥成熟的动作技能，运动员需要学会用一只脚起跳，用另一只脚落地，同时配合对侧手臂和腿部的动作。尽管反弹跳和跑步动作相似，但反弹跳腾空阶段要比跑步的时间更长，跳跃高度更高。随着时间的推移，这个基本动作可以使膝盖向前驱动，发展成为一个更有力的爆发式动作，从而使身体垂直上升（爆发式跳跃）。改变运动方向，并要求运动员向后跳，就可以轻松挑战技术的协调性。

虽然立定三级跳远通常是由单腿跳动作组成的，但凭借双脚起跳的姿势，成为反弹跳的进阶。双脚起跳，单脚落地，然后在最后一次起跳达到最大距离和准备双脚落地之前，将重量转移到另一只脚上（跨步跳）。随着动作和触地更加有力且更加快速，运动员的能力提高，而且通过设定每个动作阶段

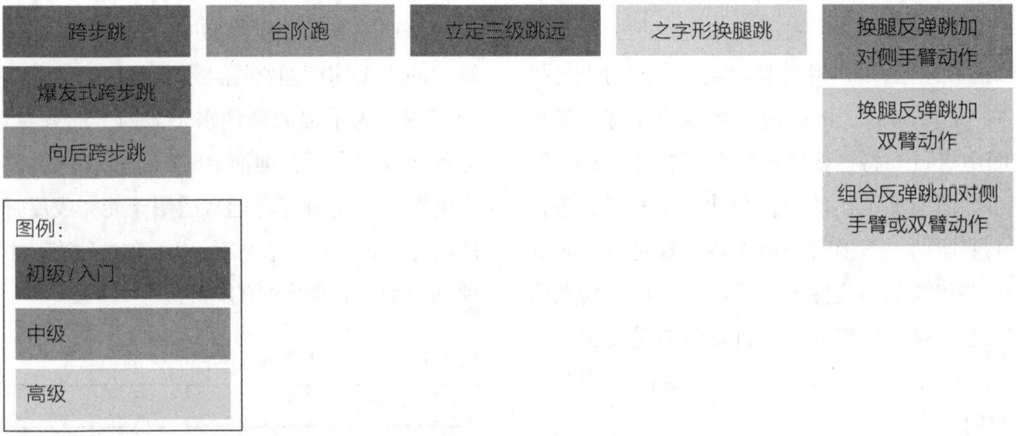

跨步跳　台阶跑　立定三级跳远　之字形换腿跳　换腿反弹跳加对侧手臂动作

爆发式跨步跳　换腿反弹跳加双臂动作

向后跨步跳　组合反弹跳加对侧手臂或双臂动作

图例：

初级/入门

中级

高级

反弹跳练习

初级/入门		
跨步跳：有节奏地跨步跳20到60米的距离，更换驱动腿	爆发式跨步跳：有节奏地跨步跳20到60米的距离，每次都尽可能跳得又高又远	立定三级跳远：站立起跳、跨步、单腿跳，然后做跳跃动作，双脚落地，每次都尽可能跳得又高又远
中级		
向后跨步跳：有节奏地向后跨步跳，跳过20到60米的距离，更换驱动腿	台阶跑：跑上体育场馆的台阶，尽量快而有力地蹬踏每个台阶	换腿反弹跳加对侧手臂动作：做夸张的跑步动作，驱动腿蹬踏地面，小腿垂直于地面，尽可能使每步都跳得又高又远
高级		
之字形换腿跳：夸张地换腿向前跳，做对角线（斜前方）运动，跳过20到40米的距离，或完成规定脚触地次数	换腿反弹跳加双臂动作：做弹跳动作，每次脚触地时做双臂向前摆动	组合反弹跳加对侧手臂或双臂动作：做反弹跳动作，但是不更换驱动腿，每组动作包含单腿的多次向前运动

图9.20　反弹跳练习

的目标，可以促使运动员进步。此外，改变起跳的原则，引入更高的水平速度（例如，通过步行或慢跑进入第一次起跳，并进行正确的单腿跳动作），会显著提高训练的要求。

事实上，训练中如左、左、右、左的步态模式，不应该使教练有所顾虑。虽然严格来说这并不符合教科书上对反弹跳的定义，但是用脚大力蹬踏地面，并以同一只脚落地，或者将重量有效地转移到另一只脚的能力，是所有运动员都要具备的重要技能。不应教条地根据教科书的定义来确定动作的进阶。高级别的反弹跳组合动作顺序，可以很好地说明这一点［其中运动员可能会根据预定的顺序（如左、左、右、右、左、右）来进行脚部触地］。

当运动员开始反弹跳动作时，驱动腿需要蹬踏地面，所产生的力推动驱动腿向前加速。脚跟靠近臀部，大腿向前驱动，成为跳跃腾空的摆动腿。

运动员在换腿反弹跳过程中的手臂动作也可以改变。因为运动员动作熟练，所以通常采用跑步时的对侧手臂摆动动作。随着后腿蹬踏地面，开始下一步的动作，肩部向后有力地驱动，对侧手臂向前运动（第8章）。因为双臂摆动有助于产生地面反作用力和向前的动量，所以能使运动员获得更高的水平速度和更大的步幅。在动作期间，可以认为手臂对跑道施加了推力，向地面施加向下的力，以增大反作用力，这就又增大了跨步的步幅。

运动员显然需要时间适应双臂动作。在跳跃中，当驱动腿向运动方向加速时，手臂应大力向前摆动，并保持伸长、伸直，从而增加动作力度。跑步时则相反，弯曲的手臂可以使速度加倍，用更短的时间完成相同的距离。反弹跳中的腾空时间多于冲刺或其他运动形式的腾空阶段就更容易被接受。

冲击性快速伸缩复合训练

因为重力加速度，身体从垂直高度加速到地面，所以冲击性快速伸缩复合训练是运动员可以完成的最高强度的快速伸缩复合训练。在这种运动中，教练能够根据个人的进步或退步对运动员进行区分。关键的差异变量与运动员的下落高度和下落所需的动作有关。

下落高度越高，对地面的加速度就越大，运动员需要越大的离心力量、越短的触地时间以保持快速伸缩反弹动作的质量。运动员可以通过落地和吸收离心力的训练（图9.21）来提升离心力量。快速伸缩复合训练的完整性不能因为运动员从特别高的高度下落而破坏。触地时间越长，补偿阶段就越长，训练带来的刺激就越少。运动员需要清楚地了解冲击训练的目标，如果目标是使触地时间最短，那么就应该从较低的高度开始下落。

如果需要垂直力量的输出，触地时间可能会更长，以使运动员能够施加更大的力，并且更加持久。这个概念有助于对从跳深到深蹲跳运动（吸收离心力的时间更长，触地时间更长，减弱了快速伸缩效果）和正常高度的跳深做出区分，其中通过髋、膝和踝关节吸收的力是最小的，并且地面反应时间也会减少（尽管仍高于从适当高度跳下去）。如本章前面所讨论的，娴熟的技术和坚实的力量基础非常重要。

冲击训练只适用于有能力掌握落地技术的高水平运动员。当训练的复杂性大大超过运动员完成良好的落地动作的能力时，运动员受伤风险会呈指数级增长。运动员还需要有很好的反向运动意识来提升施加于地面的

从跳箱上跳下的离心落地	跳深接跳远	跳深接跳箱跳上	侧向跳深
深蹲跳高	跳深接侧向移动	多次跳深接跳箱跳上	多次侧向跳深
跳深跳高		多次跳深接栏架跳	
快速反弹跳			

图例：
中级
高级

冲击训练

中级				
从跳箱上跳下的离心落地：从跳箱上跳下，双脚稳定落地，减速为静止状态	深蹲跳高：从跳箱上自然下落，双脚落地，深蹲后跳得尽可能高	快速反弹跳：从跳箱上跳下，然后快速从地面跳起，尽量缩短触地时间	跳深接跳远：从跳箱上自然下落，双脚落地，然后跳得尽可能远，尽量缩短触地时间	跳深接跳箱跳上：从跳箱上自然下落，双脚落地，然后立即跳到距离1到2米远的另一个跳箱上，尽量缩短触地时间
高级				
跳深跳高：从跳箱上自然下落，双脚稳定落地，然后立即跳起，跳得尽可能高	深跳接侧向移动：从跳箱上自然下落，双脚稳定落地，立即减速，然后跳得尽可能高，尽量缩短触地时间	多次跳深接跳箱跳上或栏架跳：多个跳箱或栏架排成一条直线，然后依次跳上多个跳箱或跳过多个栏架	侧向跳深：侧向从跳箱上下落，双脚落地，然后立即侧向跳跃，跳得尽可能高、尽可能远	多次侧向跳深：多次侧向跳深跳过跳箱或栏架

图9.21　冲击训练

反作用力。这个动作很重要，因为运动员在垂直跳中可以达到的最大高度，对于确定冲击性快速伸缩复合训练应采取的适当高度具有重要的作用。

教练在监测和评估跳深的质量，以及确定冲击性快速伸缩复合训练的适当高度时，有两个变量非常重要：第一个是跳跃高度，第二个是触地时间。如果有合适的设备，如跳垫或测力台，则可以立即获得与两个变量相关的数据。若没有合适的设备，也可以通过简单的纵跳摸高测试，或跳上、跳过已知高度的跳箱或栏架来测量跳跃高度。虽然测量不是很准确，但触地时间可以由经验丰富的教练来观察、判断，也可以通过听声音来判断。

视频的使用极大地帮助了教练观察测试过程，特别是要训练教练的眼睛，使他能从重复观察高速动作中获益。运动员还可以通过视觉反馈来帮助自己对所经历的本体感受进行反馈。触地技术的质量（时间、关节的刚性、脚部重量分布等）对于判断动作完成的视觉和听觉效果是否达到所期望的质量起着很重要的作用。动作的听觉效果很重要，因为果断利落的脚掌触地声音与错误的触地声音听起来大不一样。

重力辅助作用使肌肉离心收缩，高度较低（如10厘米）的落地反弹跳，应该总是高于运动员用简单的有反向动作的跳跃所能达到的高度。从高度较低的跳箱开始，教练可以通过较小的、已知的高度增量来简单地增加下落高度，直到运动员不能保持或达到在最大反向跳跃时完成的跳跃高度，或者触地时间显著增加，且动作质量明显下降。

这个概念如图9.22所示，它显示了反应式跳跃高度如何随着运动训练中跳箱高度的改变而改变。训练过程中使用的跳箱高度的变化，取决于运动员所展示的触地技术的质量、所期待的训练结果是基于最大反应力量还是最大反应速度，以及后续运动的目的。

与先前的训练进阶一样，因为运动的复杂性，单次落地的要求比多次落地的要求要低，矢状面运动的要求要比冠状面运动的要

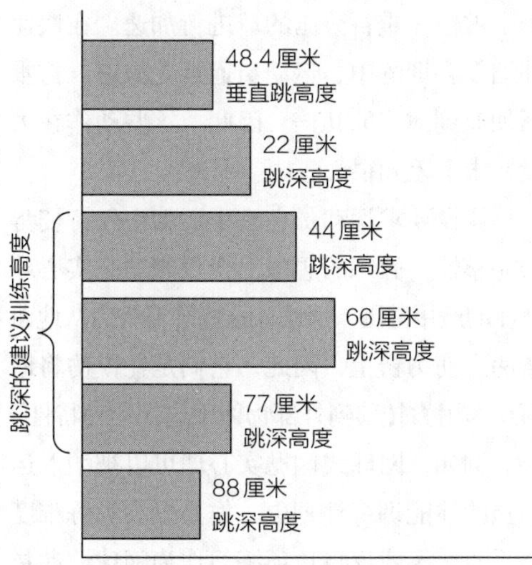

图9.22　确定跳深动作的有效下落高度

求要低。

当进行多次重复动作时，在跳跃的进阶训练中使用跳箱可以让运动员重新确立脚的稳定位置，即使跳箱与脚的接触面积很小，也不要在这些练习中再加入一些栏架跳的练习。单腿冲击跳跃是可行的练习，但在运动员尝试这一动作之前，教练需要对其能力有充足的信心。即使是这样，跳箱的高度也要远低于双腿跳跃运动中使用的跳箱高度（相对来说）。

相关的冲击动作

对于上肢冲击动作是否属于真正的快速伸缩复合训练，教练们莫衷一是。在投掷实心球或反应性投掷、跳跃、踢的动作中，也经常发生同样的争论。争论集中在这些动作的补偿阶段是否真正最小化，以最大化向心（反应性）力量的产生。

爆发式俯卧撑（图9.23）通常作为上肢快速伸缩复合训练的例子，因为肘和腕伸肌产生的离心动作，胸锁关节的水平内收肌，以及这些部位的肌肉产生的向心动作，减小了运动员对地面的加速度。基于这些认识，决定这些运动是不是真正意义上的爆发式动作，关键在于对触地阶段的分析。如果触地阶段要达到最短，那么运动员的手掌接触地面时，重力作用下的肘部屈曲就会停止。

然而，对爆发式俯卧撑的手掌触地点的分析表明，双手接触地面后，肘关节和胸锁关节的屈曲和内收会持续很长时间。在这段时间里，神经肌肉系统无疑存储了弹性势能，这将有利于接下来的向心动作。但触地时间变长，运动中的触地阶段也会相应变长。这个争论可能有点过于学术性了，虽然这些运动可能不是真正的快速伸缩复合训练，但

图9.23　爆发式俯卧撑：a. 起始姿势；b. 向地面降低；c. 爆发式推起

它们绝对是冲击动作，并且能在训练运动员上肢的力量–速度能力方面发挥重要的作用。

运动员需要在进行多向运动，如换臂实心球俯卧撑（图9.24a）之前，掌握基本的运动（爆发式俯卧撑）技能。在换臂实心球俯卧撑中，运动员要在重复动作之间保持爆发性地将球横向来回移动，并且在从跪姿（优秀运动员）或站姿（更优秀的运动员）的起始姿势进行冲击下压和快速伸缩撑起时，调用非常大的上肢力量（图9.24b）。

动态实心球动作（图9.25）应该同样被认为是类似的冲击动作，而不是严格意义上的快速伸缩复合训练。这些练习非常适合各种年龄和拥有不同经验的人。要注意：实心球的投掷强度与快速伸缩复合训练强度有很大的不同。在动态实心球动作中，运动员对一个占他体重百分比的球进行加速。在快速伸缩复合训练中，运动员通常先减速，再重新加速到体重的几倍。因此，这些动作在力量要求上差异很大。

假设要求运动员在整个运动中保持姿势的完整性，教练的想象力会限制动态实心球动作的适用范围。通常，这些练习将力从地面传递到动力链上，因此，它们是在模仿将地面反作用力转移到外部物体中这一运动特性。

例如，网球式侧抛实心球可以被纳入运动员的体能训练计划中，作为提高训练难度的手段。不建议将这项练习作为网球运动员

图9.24　多种形式的俯卧撑：a. 换臂实心球俯卧撑；b. 跪姿爆发式俯卧撑

图9.25　动态实心球动作：a. 屈体抛掷实心球（下肢）；b. 跪姿头顶下砸实心球（上肢）；c. 网球式侧抛实心球（全身）；d. 躯体扭转向下砸实心球（全身）

的运动专项练习，因为尽管这个动作可能与网球动作的生物力学机制类似，但是投掷实心球的力与速度与网球正手动作的大为不同。网球运动员需要移动拦截网球，迅速扭转拉伸主动肌，并在反射性收缩中施加大的向心力量。爆发力从地面通过动力链转移，运动员对外部物体（球）施加的冲量越大，其飞行就会越远、越快。这项游戏是既有趣又有益的活动，因此可将其纳入运动员爆发力训练计划，作为发展多方向爆发力的替代手段。

训练计划反思

本章的前面概述了训练计划需要考虑的关键因素，在这些快速伸缩复合训练课之前和课上，要确保运动员有最好的状态，没有疲劳。运动员通常在训练周开始或充分休息之后，或者是在进行充分的热身且不疲劳的情况下，进行快速伸缩复合训练。

一些训练策略已被证明可以增强神经肌肉系统的募集能力，成为爆发式运动的基础。这些技术使用了激活后增强效应来增强此项动作以及随后动作中的主动爆发力输出和力量发展速率[18]。基本前提是，强力的刺激（例如，3RM深蹲）需要神经肌肉系统募集最大数量的运动单位来完成动作。当运动员后续进行生物力学上类似的运动（例如，跳深接跳箱跳上）时，神经肌肉系统已经被强化（做好准备）来募集更大数量的运动单位，运动员不是一开始就可以完成这个动作的。

这个原则已经被应用于许多训练，比如在冲刺中使用抗阻雪橇（第8章）。它也被用在相反的情况下，比如当速度-力量（高速）动作被用于强化一个需要更大力量的动作时。其中一个例子是在抓举之前先进行最大的反向跳箱跳上（第10章）。

优秀的运动员可以使用两种常见的策略来充分利用这种原则，以最大限度地发挥快速伸缩复合训练的效应。支持这两种策略的关键因素是需要最大限度地提高神经肌肉系统的募集能力，同时不会引起疲劳和影响训练动作的质量。

复杂的训练包括高速练习和最大力量练习，例如，做一个高翻拉接一个换腿的反弹跳动作。研究表明，为了使练习的效果最佳，最大力量练习的阻力负荷必须超过运动员一次重复最大力量（1RM）的90%，才能激活反应[19]。尽管最佳休息时间因人而异，但这种大力量和爆发式练习之间的休息时间，通常为2到5分钟。

基于相同理论的类似策略是进行对比训练，运动员在进行多组爆发式练习之前先完成多组最大力量练习，或者在完成力量举之前先完成一次爆发式跳跃。例如，运动员在完成4组1次跳深接4次栏架跳之前，先进行4组（每组3次）高翻；或者先完成3组（每组4次）的最大跳箱跳跃，然后再完成4组（每组3次）的颈后推举。

本章小结

本章列出了大量的体育运动，跳跃及其相关动作是有助于提升爆发力的基本动作技能。在这些动作中，支撑爆发力发展的生理-力学机制是牵张反射或拉长-缩短周期，本质上是一种保护机制，在预先的动作中强制和迅速地拉伸肌纤维，使其产生强力的向心收缩。快速伸缩复合训练是一种专门用于发展跳跃能力的方法，该方法利用牵张反射来增强运动员的运动能力。

许多基本的跑步、跳跃、单腿跳、跨步跳和反弹跳运动，都依赖于肌肉的牵张反射。

因此，不应该将快速伸缩复合训练视为优秀运动员专用的训练方式。把各种单腿和双腿的变化动作加入运动员训练计划之中，以根据运动员技能水平和训练计划要求实现各种目标。通过改变脚和地面之间的接触方式（双脚触地、单脚触地、交换脚触地）、练习的相对需求和垂直位移（向上跳跃、水平运动、从高处下落）来实现训练内容的多样性。

在为快速伸缩复合训练进阶确定适当的强度时，教练必须考虑与运动员个人的运动能力和身体特征相关的一些因素，比如运动的相对复杂性和身体需求，以及环境因素，从而为安全训练提供基本的保障。

在所有训练计划中，快速伸缩复合训练都可能是有效的。但实施时需要注意，应确保训练需求不会超过运动员的潜力，尤其是不要超出运动员的技术能力和力量。与许多训练方法一样，引入这种训练可能会显著增加下肢或腰椎–骨盆区域的创伤性损伤的风险。运动发展专家在适度强调技术发展的同时，注意强化神经肌肉系统，可以显著并持久地提高运动员的动作技能，从而随着时间的推移，能提高运动员的体育运动表现水平。

第10章

功能性力量发展进程

力量是从对力的管理中得出的一个概念。就体育运动而言，力量就是发展或抵抗内力和外力，从而实现加速或减速。体育运动中的动作质量（技能）指的是，人在一定压力下执行既定运动技术时，通过改变姿势来控制力量转移的能力。

本章分析了与动作技能相关的力量训练，汇集了前面各章的大部分信息，为训练力量这一基本素质提供了指导框架。在这个框架中，基本素质能够支持其他动作和动作技能。另外，本章还引入了一些训练进展，从而在运动训练计划的实践情景下，为教练提供一个装着很多技术的“工具箱”。

绝对力量和相对力量

运动员的力量可以通过多种方式进行评估。其中最常用的方法在许多教练与运动员的谈话中都会提到在练习举重时你可以卧推多重、深蹲多重、高翻多重，诸如此类的问题。这些问题与绝对力量和运动员承载外部负荷能力的概念有关。通常，绝对力量被标准化，以便通过运动员或运动团队之间的比较来考察相对力量这一概念，相对力量与身体素质有关。例如，一名负重200千克做深蹲动作的体重为98千克的运动员（系统质量为298千克，即98千克加上200千克，相当于体重的3.04倍）被认为比一名负重215千克做深蹲动作的体重为120千克的运动员（系统质量为335千克，相当于体重的2.79倍）的相对力量要大。在对抗（碰撞）类运动中，绝对力量是很重要的。这类运动中，关键素质是，运动员应对因碰撞而产生的外力的能力。

相对力量不一定与运动员能够应对多少外部负荷有关。在许多运动中，所谓的力量应用指的是运动员在地面上或是在空中移动自身重量，如跑步、跳跃和体操都属于这类运动。因此，力量-体重比（或爆发力-体重比）是大多数体育运动中的一个重要考量指标。

与体重有关的力量还有一些相关的考虑因素。体重指的是一个人的总质量，其中包括与运动表现没有正相关的那部分身体质量（脂肪质量）。人们可以在无须变得更加强壮的情况下，通过减少脂肪质量增强相对力量。类似地，可以通过增加肌肉质量来增加去脂体重，这种变化可能不会显著提高力量-体重比，但肯定会增强运动员的绝对力量。只要能维持训练的整体平衡，肌肉质量的增加很少会对力量水平或运动表现产生负面影响。

理解力量对体育运动的重要性的关键在于，吃透将力量转化为运动表现这一概念。向运动员发问时，关键问题不一定是“你有多强壮”，而是“你在运动时能运用多少力量”[1]。爆发力是力量和动作速度的乘积，它与加速能力有关。运动员产生力量的速度越快，加速效果就越好。加速能力可能是影响运动员在体育运动中的表现的最大因素。因此，爆发力-体重比是评估体育运动表现的一个重要指标。

在教练理解了这个概念之后，“要多强才足够强”这一问题就变成了反问。运动员得多强才能在体育运动中表现出最大的爆发力？这个问题应该成为制订训练计划时的考虑因素，这便引出了“功能性力量”概念。

在力量训练中引入功能因素

在生物学中，功能指的是生物体经过成功进化，得以在自然选择中生存下来的能力。要理解功能，人们就要沿着一系列的因果关系（导致序列中下一个事件发生的相关事件）向前寻找，以达到目标或结果（如果发生这种情况，就会导致那种结果，并进而导致另一件事的发生）。

在体育运动中，人们必须积极适应和加强作用于身上和体内的各种力量的相互作用。这些力量当中，最为突出的是重力和地面反作用力，虽然在许多运动中，与外部物体的碰撞，以及来自外部物体的推力也很常见。在身体内部，确保力能够有效地沿目标方向传导而不是通过失控的旋转或代偿分散力量，也是一种重要的力量训练结果。给予运动员适当的训练刺激，从而促进其产生最大限度的积极性适应，能够助力这一训练。

工程技术也为人们理解功能这一概念提供了一些帮助。工程项目的要求对产品最重要的属性进行了概述。技术规格则详细说明了哪些流程或功能最能满足要求。教练应该以类似的方法指导运动员。在定位好运动员的角色（运动表现要求）后，教练要制订训练规范，以按照规范指导训练。例如，在美国国家橄榄球大联盟（NFL）中，侧卫可能是所有防守运动员中最好的。分析美国国家橄榄球大联盟中侧卫的身体素质特征，可以建立运动表现的标准，为训练提供目标。根据这些记录，美国国家橄榄球大联盟中的侧卫需要能够在1.45秒内跑10码，在4.4秒内跑40码，跳跃高度要超过36英寸（1英寸为2.54厘米，此后不再标注），并能在4秒内完成5-10-5折返跑。

与工程技术不同，在体育运动中，我们不是与机械一起工作，而是与个体打交道，因而这两者在所有方面都不甚相同。就最高水平而言，许多运动都对运动员的体形有要求。例如，跳高运动员和游泳运动员的身高普遍较高，这是因为身高较高在重心和杠杆作用方面具有运动表现优势。但是，在许多对运动员有着理想体形要求的运动中，还是存在一些身高、体形各异的运动员。例如，网球运动中的塞雷娜·威廉姆斯和贾斯汀·海宁，足球运动中的两位世界级前锋韦恩·鲁尼和克里斯蒂亚诺·罗纳尔多（众所周知的C罗），棒球投手斯蒂夫·西薛克［身高6英尺6英寸（1英尺为30.48厘米，此后不再标注）、体重220磅］和蒂姆·科林斯（身高5英尺7英寸，体重170磅）。

为了达到运动对体形的要求，必须将功能的概念与运动员的体形（体格）联系起来。事实上，体格或体态与功能之间的相关性是生物科学和身体科学的核心主题之一。训练计划必须考虑4个主要问题，从而实现可转化为运动表现的力量训练的益处。

1. 运动的功能性要求是什么（人体测量学、力量和速度特征，以及关节和肌肉动作）？
2. 运动员的体态、体形或身体特征是什么？

3. 训练需要影响运动员身上的哪些生理-力学特性？

4. 就运动员的体形而言，什么样的训练能最好地实现其运动功能？

第1至第5章介绍了运动训练计划的总体目标进展。首先，运动员需要学习如何产生较大的力量并发展这种能力。运动员通过学习，能够逐渐学会快速产生这类较大的力量（产生冲量），并最终通过专项技术，在正确的时间朝正确的方向施加冲量。通过执行动作技能来影响冲量和时间的训练进程，是基于广泛的方法来满足目标。

请记住，训练目标决定训练项目的次序，这将影响训练计划的平衡性。并非任何时候采用的方法都需要专注于实现目标。本章后面将对这一概念进行详细探讨，并在第11章中提供应用案例。

运动中的力量表现需求

所有运动都要求运动员足够强壮，能够有效地运用地面反作用力并克服地心引力。如果不具备这种运动素质，运动就会费力或无效，并且会导致损伤。姿势力量是一项基本素质。除了姿势力量外，每项运动都有其基础力量、爆发力或速度要求，这些要求决定运动员是否能成功达到一定水平的运动表现。第4章阐述了力与速度之间的关系，并明确了用于发展专项运动素质的训练方法。在身体接触类运动（如英式橄榄球和美式橄榄球）中，爆发力（力乘以速度）更多地取决于力量的强度。在跑步、网球和足球等运动中，爆发力则取决于速度。

为了防止受伤，同时也为在运动中产生爆发力耐力打下一个合适的基础，运动员还需要发展专项运动所需的力量。其基本目的在于，影响运动员的关节位置（正确的技术），造成功能性增生（令肌肉收缩蛋白中的纤维生长并重组[1]，而不是使肌质网内的流体细胞体积增加），以及对肌肉中运动单位的神经激活过程产生影响，如图10.1所示。

运动训练的功能性

为了具有功能性，训练中应该包括一些以训练适应性为具体目标、能够被施加影响的要素。教练不应将训练（准确地说是训练计划）视为是功能性的或非功能性的。用绝对的非黑即白的观点来看待这个问题是不明智的。按功能划分比例是更好的选择，在这种方法下，某些练习可能比其他练习的功能性更强，具体要看练习是如何规定、设置和执行的。

原则1：在多个平面中训练动作

力量训练应包括3个运动平面和多个关节的同时动作。这种方法发展并增强了多肌肉协调运作和姿势控制的关键方面。关节定位决定肌肉募集和功能，这一原则是功能性力量训练的指导思想。

因此，3个平面中的动作而非肌肉本身，才应该是力量训练的焦点。以可接受的合理技术去训练正确的动作，能够让目标肌肉得到发展。神经激活次序使适当协调的动作得以发生，从而在体育运动或日常运动中，使肌肉能按照反映其动作本质的方式被依次激活。为了说明训练动作比训练肌肉更为重要，让我们来思考一下股四头肌在运动中的作用及其训练需求。

在运动中，股四头肌是主要的膝伸肌。然而，股四头肌很少在离开其他关节或肌肉动作配合的情况下来执行此功能。当通过髋关节、

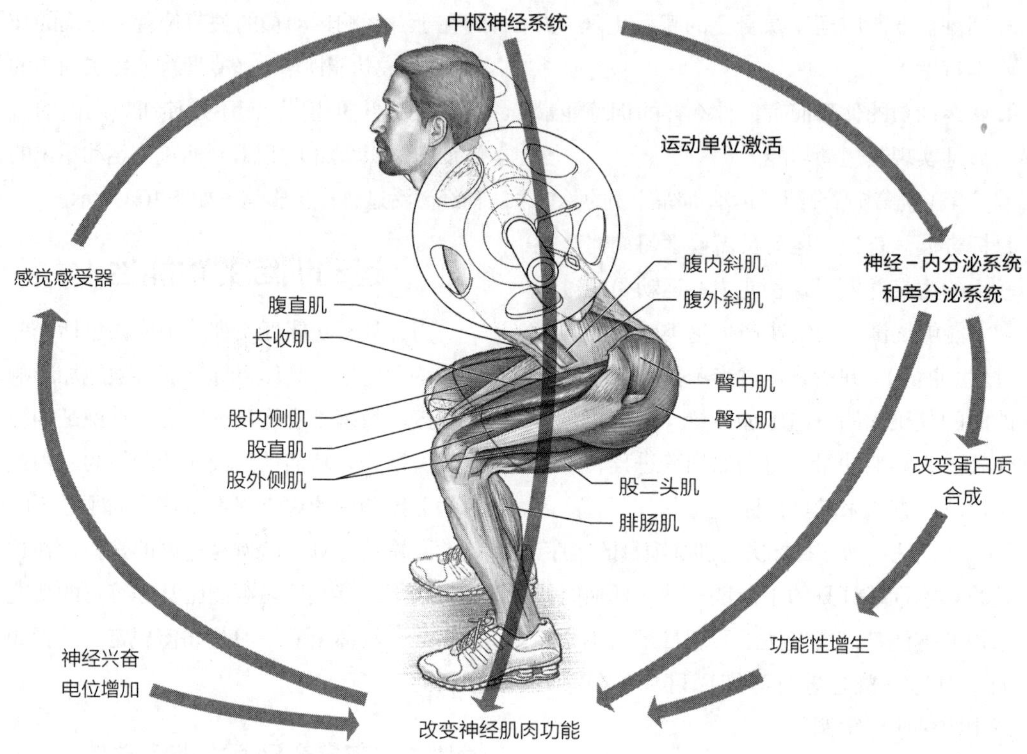

图10.1 力量训练的生理-力学反应

膝关节和踝关节的三重伸展加速时——这被认为是运动中大多数爆发式加速的基础——股四头肌是与几个主要的髋伸肌（臀大肌、腘绳肌）和踝关节的跖屈肌（腓肠肌）同时工作的。伸展膝关节为骑自行车和划船等运动中的推进动作打下了基础，同时也为基于跑步和跳跃的各项运动中的移动性动作打下了基础。在落地力学中，股四头肌与腘绳肌共同收缩以稳住膝关节。

类似地，踢球时，在腿与球接触前，股四头肌会收缩以伸展膝关节，然后在腿与球的接触过程中，会再次收缩以伸展膝关节。请注意，在做出这一动作前，髋关节和膝关节已经得到了充分的伸展（腘绳肌和臀肌的收缩），从而在股四头肌中产生牵张反射。当膝关节开始伸展时，髋关节会减速，在整个伸展动作的过程中，膝关节都保持稳定，并向动作结束方向减速。在做这些动作时，主要由腘绳肌发挥作用，并由本体感受控制。这些肌肉的共同激活次序需要在适当的力量训练中模拟与反映。

如果像健身一样，训练的重点是增肌，那么腿部伸展可以提供适当的训练刺激。但这种单一关节练习只涉及膝关节伸展时股四头肌在矢状面中的向心收缩和膝关节屈曲时的离心阻力。在做这类练习时无须控制姿势，因为运动员坐在辅助肌肉动作的器械上，躯干和髋关节被固定住了，从而将运动限制在单一平面内。事实上，由于在许多运动中无法复制出这种坐姿，所以这种姿势的功能性有待讨论。

膝关节缺乏支撑是做腿部伸展练习时的

另一个重要考虑因素。因为臀部和大腿得到了支撑，所以不需要腘绳肌做出动作。不受支撑的膝关节是脚部负荷与股四头肌力量之间的枢轴中点，这意味着髌骨肌腱杠杆作用是显著的。膝关节的杠杆作用和肌肉稳定性的缺乏，使腿部伸展训练在适用性方面有待商榷。

类似的讨论也适用于腿举这种双关节练习，在做腿举练习时，髋关节和膝关节周围的肌群会在矢状面中收缩。进行全幅度的腿举动作意味着，在髋关节伸展的早期阶段，某些臀肌和腘绳肌会共同发挥作用。事实上，可以通过调整搁在踏板上的脚的位置来改变肌肉动作。将搁在踏板上的脚的位置调低，可以增加膝关节运动，从而增加股四头肌的参与度。而将搁在踏板上的脚的位置抬高，则会增加髋关节的动作，从而能更大限度地刺激臀肌和腘绳肌。当双脚间的距离大于肩宽时，则会增加内收肌（长收肌、大收肌）的训练压力。虽说在这种双关节练习中可以通过对关节位置进行调整来影响肌肉功能，但它仍然是一种坐姿式的、躯干支撑的运动，不需要进行姿势控制，并且只涉及单个平面的运动。脚部姿势在整个运动中是不变的，同时，虽然在该动作进行到底部位置时髋关节高度屈曲，但髋关节伸展的角度通常被限制在90度以内，这在场地运动的许多动作中并不多见。

我们可以将这些练习与后脚抬升式分腿深蹲练习（图10.2）进行对比。在后脚抬升式分腿深蹲练习中，膝关节的有力伸展动作与髋关节伸展同时进行。这项训练需要站着进行，所以力是从臀部施加给地面的，整条动力链上都需要进行姿势控制。该动作主要发生在矢状面中，但仍有明显的肌肉动作是用来控制躯干的各种旋转（水平面运动），以及髋关节的前后屈曲（冠状面运动）的。在这种训练中抬高前脚，能够着重训练后链中的肌肉（在这种情况下主要是臀肌）。抬高后腿则能够着重训练前链中的肌肉，因而会加大对股四头肌的刺激。

本章后面将讨论，是否可以通过在其他

图10.2 后脚抬升式分腿深蹲练习

平面中增加运动来增强这些训练的功能性。虽然杠铃主要在一个平面中移动，但其实它在所有平面中都是可以自由移动的，而通过姿势控制肌的静力收缩得以实现的躯干稳定，防止了内外侧和前后的运动。类似地，这些多关节及因此带来的多肌肉、多平面动作，需要使用到整个下肢完全伸展和屈曲的全幅度关节动作。在整个动力链中，都需要进行有效的肌肉间协调和本体感觉控制。

脚部固定在地面（不动物体）上的拉、深蹲和台阶练习等，以及手部固定的练习，如引体向上或俯卧撑等，被称为闭链练习。腿举、分腿深蹲、雪橇推和雪橇拉等练习利用压力产生力量（身体姿态在重力和来自地面的反作用力之间被压缩）。腿部伸展练习是双脚不需要固定的一种开链练习。开链练习容易增加剪切力，比如在腿部伸展练习中，通过髌骨增加剪切力。所以教练应在训练计划中慎重考虑，避免过度使用剪切力。

可以施加高负荷来发展通过对侧蹬踏动作（这些动作在大多数运动中很重要）产生力量的能力，这是由于此类动作在地面上是稳定的，而且是单平面动作。从较低位置推动负重的雪橇能够实现由膝关节伸展引起的蹬踏动作，从而加强前链中的股四头肌。提醒运动员，力量最好通过直线传导，鼓励其在这样的运动过程中保持脊柱刚性和直臂姿势，以最大限度地将地面反作用力传导到雪橇中。类似地，向后拖动负重的雪橇，是另一种发展股四头肌力量的练习，该动作主要通过膝关节伸展来发展股四头肌。但是，这些高强度动作相对于其他练习的功能性水平，倒是教练可能需要仔细考虑的。

根据图10.1，训练重点应该放在大脑的运动皮层上，这是身体运动的高级调节器。运动皮层组织起神经肌肉系统，以应对运动员所面临的环境挑战。这个系统管理运动反应基于多重训练，而不是孤立的肌肉特质。因此，力量训练应该涉及多种肌肉动作，以确保运动皮层能发展出运动员所需的协调性，从而为运动环境中出现的问题提供有力的解决方案。

闭链练习通常是自重练习，尽管这些练习中可能会加入额外负荷。这些练习具有更高的功能性水平，因为它们模仿的是重力、运动员身体和地面之间发生的运动相互作用。各类复合运动要求所有身体部位之间进行相互作用，以产生有效而协调的运动。

在闭链练习中，施加于目标肌肉的直接负荷较小，许多人认为这将导致肌肉直接承受的压力减小，从而导致纤维内部增生的减少。虽然可能存在这种情况，但是鉴于这些运动在姿势控制、神经肌肉激活和协调方面带来的好处，人们要认真考虑特定肌群中纤维增生的相对重要性。

新兴的研究正在引导科学家认为，增生可能不一定是局部肌肉应激的功能，而更可能是与细胞信号传导机制[2]这一概念相关的一种中央调节过程，这个概念最早是在癌症研究中被提及的。此概念正在寻求辨别出那些会导致肌纤维等细胞按一定方式发育的特定条件和遗传环境。

其中一种信号来自合成代谢激素，这是一类自然产生的、能够刺激肌肉和结缔组织生长的激素，如睾酮、IGF-1（胰岛素样生长因子-1），以及人体内因力量训练的刺激而释放的生长激素。有明显的证据[1]表明，与较少肌肉参与和负荷较轻的单关节练习形成对照的是，这些激素在复合练习［诸如深蹲、硬拉或重负荷练习（例如，卧推）］之后，会以更高的浓度释放。

然而，力量训练不仅仅是针对神经肌肉系统进行的超负荷训练。运动员需要在力量训练中发展结缔组织，使其能适应肌肉所产生的力量。压力作用于系统中最薄弱的部位，因此，当肌肉中产生的力超过肌腱的承载能力时，常常会导致肌腱损伤。当运动员使用针对肌肉生长的合成代谢类固醇时，通常会导致受伤，此时，肌肉快速发力的能力超过了肌腱转移这些力的能力。

类似地，韧带需要超负荷以保持运动过程中的关节稳定性，在设计针对如膝关节或肩关节等脆弱关节的力量训练时，尤其要注意这一点。当关节要承受较大的冲击力（要么来自对手的碰撞，要么来自落地时的地面反作用力）时，这种训练就显得尤为重要。骨骼也会对机械负荷做出反应，并因适当的力量训练而得到发展。力量训练的功能性越强，神经肌肉系统和骨骼肌肉系统在对运动表现所要求的积极适应性方面的受益就越多。

不要将关于如何理解功能性的讨论误认为是自由重量（或无支撑）训练与器械训练之间的辩论。关键是要考虑一种练习能给整体训练进程带来的功能性提升。事实上，许多器械都可被视为完全具备功能性，例如许多绳索拉力器。本章后面将介绍这些器械的使用方法和利用它们进行功能性练习的具体示例。

原则2：经由全动力链传导力

确定一种练习功能性水平的另一个考虑因素是，在运动过程中如何通过身体传导力。如第5章所述，运动中的大多数力量都经由地面产生反作用力，然后通过腿部、骨盆带和躯干被传导到四肢等身体末端部位。动力链中力的传导特征表现为在一个关节处减速，在下一个关节处加速，这个过程由中枢神经系统和本体感受机制进行调节。

运动员在进行大力量、高速运动时，需要在各个运动平面上协调一系列肌肉，以产生有效动作。在一个动作中，通过多个关节周围的多个肌群，募集和产生多平面中力（力量）的能力，应在技能熟练进程中加以考虑。

成功传导这些力的另一个重要特征是，它要求身体中主要的骨骼关节带——骨盆和肩膀——处于稳定状态，从而能够为正在产生或传导力量的四肢提供支撑。因此，一种练习对骨盆控制或肩部稳定的挑战性越大，其功能性可能就越强。

我们来看一些传统的过顶上举运动（表10.1）。器械肩部上举和坐式哑铃肩部上举都属于单一关节的练习，这些练习几乎不需要激活动力链的神经肌肉，以支撑躯干或骨盆。事实上，这样的单一关节的训练可能会被视为对动力链的人为破坏，因为这种练习并未锻炼到非坐姿状态的运动中将力传输到手上的其他肌肉组织的能力。在坐式哑铃肩部上举中，使用哑铃意味着手臂要独立进行操作，而上举动作中的哑铃运动轨迹是由运动员自己控制的，而不是像器械肩部上举那样，由运动轨迹固定的器械来控制。这些因素使坐式哑铃肩部上举的功能性稍强。

表10.1　传统的过顶上举运动

	器械肩部上举	坐式哑铃肩部上举	颈后站立上举
肩带控制	不需要太多控制。器械决定了运动轨迹，上背部由座椅支撑	需要进行有限的控制。哑铃增加了运动的复杂性，因为手臂需要独立操作；上背部由座椅支撑	有必要进行控制。上背部得不到支撑，如果要把力有效传导给手臂以使杠铃上举轨迹在整个运动过程中保持垂直，则必须固定住肩部
骨盆带控制	不需要控制，因为躯干由座椅支撑	不需要控制，因为躯干由座椅支撑	有必要控制。骨盆保持中立，躯干保持挺直
力量传导	利用器械的肩部单一关节训练	单一关节训练。躯干得到支撑，同时座椅为力量从肩关节到哑铃的传导提供了基础	复合运动从地面通过整个动力链。杠铃从举过头顶的最高位置到地面，该动作达到动力链的完全伸展状态
运动平面	只在矢状面上进行运动	虽然运动员需要控制肩部在水平面的内收以及肩部在冠状面的屈曲和伸展，但主要是肩关节在矢状面的屈曲和伸展	主要在矢状面中进行，但运动员必须防止髋关节、躯干和肩部在水平面上发生旋转，还要控制住冠状面上的屈曲和伸展动作

如果站立完成坐式哑铃肩部上举练习，就像颈后站立上举那样，这时前者可能被认为是高度具备功能性的运动。在将哑铃举过头顶的过程中，运动员需要控制每只哑铃的移动路径，因此将经历很大的姿势挑战。实际上，在站立式过顶上举动作中，通常可以看到运动员的腰椎和胸椎过度伸展（腰椎前凸程度明显增加），以使胸肌更多地参与上举运动，从而补偿躯干和盂肱关节伸肌（三角肌）中姿势控制肌的无力。

可以说，通过加入来自腿部的蹬地动作，可以增加过顶上举动作的功能性。采取和颈后站立上举相同起始姿势的借力推举或挺举（不同的是，杠铃可以放置在肩部前方），通过腿部的反向运动（快速下蹲并蹬地）来引起杠铃的向上运动。与此同时，这种反向运动将地面反作用力通过腿部和躯干进行传导时，将动量传递给杠铃。这种站立式借力推举或挺举需要幅度较小的来自肩膀和手臂的推动动作。由于有了来自腿部的额外借力，这种练习的负荷通常会增加，以增加对整条动力链中神经肌肉的刺激。

站立式训练的另一个考虑因素是保持姿势平衡所带来的挑战，这是坐式或支撑式训练不要求具备的。对于一种被认为具备功能性的动作而言，它必须具有一种动态平衡要素，该要素能维持重心相对于支撑面的平衡。在体育活动中，运动涉及灵活性和稳定性之间持续相互作用的动态平衡。运动员要不断努力保持平衡，以便进行有效的运动。力量训练应当反映这一目的。

原则3：在地面上的力量训练，应在训练四肢前激活躯干核心

到目前为止，我们讨论的都是通过整条动力链或姿态链传导力量的重要性。在过顶上

举运动方面，这个讨论已经深入到拉长动力链以提高运动员重心，以及最大限度地增加重心与支撑面和提供挑战的负荷之间的距离等方面了。该负荷刺激主要挑战在单一运动平面中的动作，运动的方向通常与重力方向相反。运动引起的力量挑战，必须通过中轴骨骼与身体主要关节带（骨盆带或肩带）中的附肢骨骼相互作用的动力链中最薄弱的环节来应对。

在运动中，由于力是从地面往上通过动力链进行传导的，因而功能性练习中的一个关键要求是，它必须是包含相似力量传导模式的闭链练习。举例来说，硬拉（图10.3）是一种最大力量运动，它会刺激运动员尽可能用力地蹬地，以拉起相对较重的训练负荷。对地面的推力产生自髋关节和膝部伸肌的共同动作。髋关节的伸展机制，以及将地面反作用力从地面转移到杠铃中的能力，使得杠铃的提升幅度与髋关节和膝部的伸展范围成正比，并需要腰–骶区域保持其最强位置。类似地，肩胛骨需要内收并稳住，好让肩胛带保持稳定和一致，从而防止受伤，并将力转移到握着杠铃的手臂上。

如果这些关节不能保持它们之间的关系，那么就不能有效地实现力的传导，而且可能会发生动作代偿。最终，外部负荷可能会被举起，但代价是什么呢？当不能保持腰椎–骨盆对齐的完整性时，诸如椎间盘突出等损伤可能由力量运动引起。运动员应该专注于能以身体中的骨骼关节带去应对的训练刺激（在这种情况下是杠铃的负荷），而不出现动作代偿。该建议适用于大负荷训练及其他力量训练，例如在不同的身体部位上、在不同的平面中进行的运动。

原则4：产生大力量、高速运动的顺序肌肉动作

需要对功能性训练这一概念进行一定限度的讨论，因为所有形式的训练都必须加以整合并纳入一个方案中。功能性力量训练应该作为一种补充性训练，纳入运动员的常规训练中，这意味着我们还要注意发生在运动中的一连串肌肉动作。

图10.3　硬拉：a. 起始姿势；b. 提拉杠铃；c. 站立

人体大多数的有力动作都是以肌肉内部的拉长-缩短周期为基础的。在快速伸缩复合训练中，主要采用的是快速的牵张反射动作，但是，力量运动通常不能在0.02秒内完成，这是这种动作的特征。但运动员可以在较慢的力量动作中获得来自离心肌肉动作的弹性势能，因此可以发展较慢的拉长-缩短周期来辅助弹性动作。

在施展多方向动作技能时，离心肌肉动作会产生减速效应，无论这些动作是局部的（例如，在踢腿动作中，腘绳肌会使膝关节减速）还是全身性的（例如，在投掷标枪时，臀肌、股四头肌和腓肠肌会让主导腿减速，从而使身体产生旋转）。离心肌肉动作是所有运动的力量训练计划的重要组成部分，但自行车运动可能是个例外，这项运动并不把离心肌肉动作视为一种必要技能。

为了使运动员在运动期间获得力量，离心肌肉动作需要成为训练的一个必要部分。应根据所运用的技能，采用一系列需要在0.08到0.4秒内产生最大力量的训练模式与练习。第9章介绍过快速伸缩复合训练，这可以被纳入针对许多运动员制订的整体力量训练计划当中。具备高水平功能性的力量训练，也应能让运动员利用拉长-缩短周期快速发力，并产生大力量、高速的动作。

也许有理由认为，在爆发性向心加速前利用离心肌肉动作发展控制与减速运动的力量运动，比那些运动焦点落在离心运动之前的向心动作上的练习，具备更高的运动表现迁移性。这种收缩模式通常与已经被认为功能性较差的运动相联系，例如腿部伸展运动和肱二头肌屈曲运动。相反，在下蹲或弓步运动（稍后将探讨其各种变式）中，通过腿部的爆发式推动，身体返回起始位置前，用离心动作来降低身体重心，并控制身体。

按理来说，通过应用这一原则，在力量训练计划中使用的其他传统的基础力量练习都能具备更强的功能性（能更好地迁移训练效益）。例如，直腿硬拉（或罗马尼亚硬拉）通常用于发展腘绳肌的离心力量，但可以用多种方式来做这个动作，其中一些方式比其他方式的功能性更强。

直腿硬拉或罗马尼亚硬拉的目的是，使躯干在负重下以髋关节铰链向前移动。随着肩部的内收及躯干得到支撑，腘绳肌会随着杠铃的放低而承受离心负荷。躯干运动和放低杠铃会持续下去，直到腘绳肌“吱吱作响”（在负荷下正接近被拉长的临界点），此时杠铃返回起始位置。运动员开始的时候通常双腿伸直，重点是在整个动作过程中不要移动膝关节和髋关节，如图10.4所示。在这个过程中，关节位置没有改变，也没有真正地拉长腘绳肌，因此肌肉并未得到积极的伸展，但是，当放低杠铃时，肌肉的离心力量会抵抗杠铃质量。

在杠铃被放到最低点时，返回起始姿势。许多人认为这一动作是由腘绳肌引起的，但腘绳肌的主要功能是使膝关节弯曲，并通过拉动骨盆来伸展髋关节[3]。该练习中，髋关节在运动时不会破坏腘绳肌的功能（所以得名直腿硬拉），这就意味着竖脊肌在上举过程中起重要作用。

我们可以把这个练习与图10.5所示的动作做比较，运动员在开始做后面那个动作时，膝关节和髋关节会弯曲。第一个动作是臀部向上和向后移动，这个动作会立即开始拉长腘绳肌。随着运动员在大腿前方放下杠铃，臀部会继续向后、向上移动，并在此过程中拉长臀大肌。对运动员而言，一个不错的训练提示是，让他们想象正在试图用臀部去关

图10.4　不带牵张反射的罗马尼亚硬拉方法：a.开始做动作时双腿伸直；b.动作过程中膝关节和髋关节的夹角保持不变；c.返回起始姿势，膝关节和髋关节的夹角不变

一扇永远关不上的门。另一个不错的提示是，当杠铃下降并且臀部向后移动时，体会重量朝脚跟转移的感觉。

由于双脚站在地上不动，随着髋关节屈曲，膝关节将被动地伸展，这是不可避免的，因为股骨长度不能改变。膝关节被动伸展与手臂上的负荷（杠铃）结合在一起，意味着运动员可能会在这种动作过程中感觉到腘绳肌在"吱吱作响"。事实上，躯干在前倾时不应该平行于地面，因为这种姿势会分散运动员对拉举动作的注意力，并将竖脊肌变为提拉起负荷的动力肌。

要恢复到起始姿势，应通过强力动作伸展髋部，使腘绳肌的张力从拉伸开始逐渐减弱，膝关节在腘绳肌强力收缩时弯曲（牵张反射的功能）。此时躯干将恢复直立，同时双腿将恢复成稍微弯曲的姿势。

图10.5所示的动作可以说是不太重视腘绳肌的向心动作的，而更加看重在髋-膝关节周围的肌肉形成更加自然的收缩模式。从这个意义来看，可以认为这种变式具有更强的功能性，考虑到真正得益于这一提拉过程的力量是在离心负荷阶段产生的，就更是如此了。此外，对那些分不清髋关节动作、膝关节动作和腰椎动作的运动员，这种变式也是一个不错的训练。

将牵张反射融入提升动作中，更有效地转化为运动动作的例子可以在高翻和抓举运动的提拉阶段中看到。事实上，自1972年以来，一直被列为举重比赛项目的两种过顶上举运动（还有高翻后的挺举），对那些试图提高某些接受过良好基础运动教育、受过力量训练的运动员的发力率的教练而言，有着特别的吸引力。

这些复杂的全身运动不仅刺激身体在短时间内产生极大的力量，而且像大多数爆发性体育动作（跑步、踢球和投掷动作）一样，依靠肌腱复合体的反射性和弹性特征来产生力量，哪怕是从静态位置开始产生力量。这种反射是由髋关节、膝关节和踝关节的快速协同屈曲（离心收缩），以及随后产生的髋关节、膝关节的快速协同伸展及踝关节的跖

图10.5　有牵张反射的罗马尼亚硬拉方法：a.开始做动作时膝关节和髋关节弯曲；b.动作过程中，随着臀部向后上方抬起，膝关节伸展；c.回到起始姿势，髋关节承担了腘绳肌的负荷，牵张反射使膝盖前顶

屈（向心收缩）所引起的。要想获得关于如何充分执行这个动作的更完整的技术指导，请参见布鲁尔和法夫尔（2016）的著作[4]。以下几段说明了，在运动员经常表现不佳的复杂运动中，建立正确的关节位置（正确的技术）是如何带来更具功能性的表现的。

离心肌肉动作和向心肌肉动作之间的过渡阶段应尽可能短或快。在掌握适当的训练方法和训练过程的运动员中，这种能力是完全可以训练出来的。利用肌肉快速伸缩特性的力量训练动作产生的力量，将远远超过那些没有充分利用这种特性的传统力量训练动作产生的力量。

第一次提拉是在抓举及其衍生练习中做出的第一个动作，如图10.6所示。第一次提拉开始于杠铃片离开地面，结束于举重运动员与杠铃杆这个整体朝后上方移动，直到杠铃被拉高至膝关节以上。此时，请注意运动员并没有停止拉高杠铃，在抓举的下一个阶段（过渡阶段）中，杠铃杆被持续拉高。从分析和教学的角度来看，这种对运动阶段的分类是很有帮助的。

第一次提拉阶段对于举重动作的整体成功来说至关重要。首先，它是抓举中最慢的阶段，因为运动员必须克服静态的惯性并将动能传递到杠铃中。更重要的是，在这一运动阶段随后发生的牵张反射动作姿势已经形成。如果没有形成正确的姿势，运动的有效性就大大降低了。

除了有助于形成有效的生物力学姿势外，这种运动模式还可以减少运动员杠杆系统[5]内的力学缺陷。减少力学缺陷后，举重运动员就能在不消耗过多能量的情况下完成动作。由于运动员能够建立并保持最佳的组合重心（COG），这种技术可以减少下背部的张力（力量需求）[6]。因为平衡的保持取决于重心（COM）与支撑面（运动员的双脚）之间的关系，所以形成这一姿势是至关重要的。因此，在抓举运动（或类似的挺举运动及其他变式训练运动）中，能否举起某个既定重量，在很大程度上取决于运动员能否准确而一贯地发挥正确的第一次提拉技术。

图10.6　抓举：a.起始姿势；b.第一次提拉结束，杠铃拉到膝关节以上；c.杠铃到达腹股沟位置，形成起跳姿势；d.第二次提拉结束；e.下降接铃；f.杠铃高举过头顶，身体下蹲；g.恢复站立姿势，动作结束

第一次提拉所准备的牵张反射动作，会在随后的过渡阶段执行，这一阶段是第二次提拉的前提。第二次提拉是上举阶段，最大力量输出和杠铃的最大速度都出现在这一阶段。此时，下肢的所有伸肌都会爆发式收缩，从而产生髋关节和膝关节伸展，外加踝关节跖屈的三关节伸展。为了有效地做出这一动作，从第一次提拉到第二次提拉的平稳过渡至关重要。当运动员蹬地将杠铃垂直上拉[6]时，上举阶段就随着第二次提拉的实现而得以完成。从这个意义来看，“抓举”这一国际公认的术语是不准确的，因为运动员显然是通过蹬地举起杠铃的，而不是拉起杠铃。

随着第一次提拉动作正确到位，腘绳肌的张力因杠铃杆高过膝关节而增加。随着杠铃继续上升及髋关节伸展，这种张力逐渐减少。随着髋关节的稳定和腘绳肌的伸展，腘绳肌张力减少会引起腘绳肌的反射性收缩，使腘绳肌得以发挥其主要作用，即在杠铃杆下方使膝关节前屈。这个动作是一种反射，产生自腘绳肌的负重伸展，但这是一种以与跳深或反弹跳（第9章）相同的方式，有意设计在训练动作中的。这个动作是针对那些经过适当指导、掌握抓举中的几个关键姿势的运动员的，而不是教练期望运动员偶然创造的现象。

与所有肌肉的拉长–缩短周期一样，腘绳肌被伸展得越快，牵张反射也就越快，随后的收缩力度也就越大。因此，使过渡阶段变得更短，是运动发展计划的一个重要目标。

对抓举各个阶段中杠铃（拉升）速度的分析一致表明，在过渡阶段，杠铃的垂直速度会变慢（图10.7）。伴随这一杠铃速度下降的是所谓的无负重期。此时，由于运动员的身体姿态本身将要产生极大的垂直方向上的力，力量的产生有了明显的减弱趋势（图10.8）。没有证据表明速度的短暂下降会降低后续的运动表现，速度下降是对过渡阶段的要求。此时，运动员正在形成一种更有利于随后发力和发力率（RFD）提高的姿势。事实上，由于有了过渡阶段，最终的速度可能会

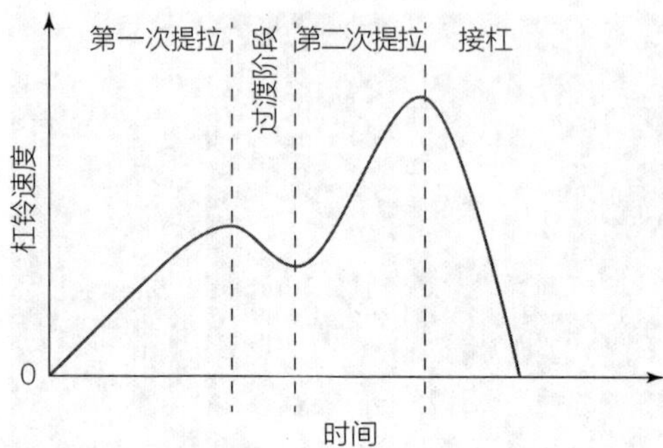

图10.7　杠铃速度在过渡阶段降低以使杠铃在第二次提拉时加速上升

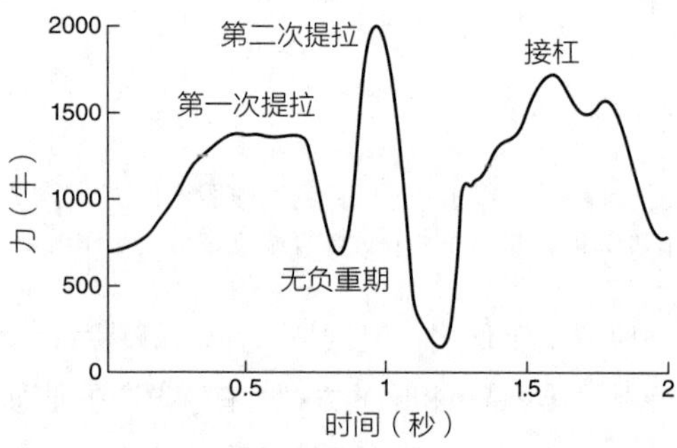

图10.8　在过渡阶段中力量产生减小是为第二次提拉时更好地发力做准备

源自：A. L. Souza, S. D. Shimada, and A. Koontz, 2002, "Ground reaction forces during the power clean," *Journal of Strength and Conditioning Research* 16(3): 423-427.

更快[7]。

尽管过渡阶段形成的姿势被定义为起跳（或爆发）姿势（图10.6），但转瞬即逝。过渡阶段膝关节的还原，再加上臀肌开始伸展髋关节，意味着随着运动员的大腿与杠铃杆的接触，股四头肌和腓肠肌正得到迅速伸展，从而能够最大限度地产生更为有力的向心收缩动作。这种接触是运动员尽可能快速而有力地起跳或蹬地的信号，髋关节的运动从此开始。

在第二次提拉过程中，在运动员正在发力或即将发力的关节到达最佳的生理-力学姿势后，力量峰值、发力率、爆发力（功率）和杠铃速度都达到了最高值（图10.7和图10.8）。第二次提拉过程始于过渡阶段的末期（发力姿势），会一直持续下去，直至髋关节和膝关节完全伸展、踝关节跖屈，这个动作通常被称为"三重伸展"。

通过确保适当的关节定位以及力量训练中动作的有序发展，运动员的离心肌肉动作和向心肌肉动作，以及拉长-缩短周期被合理化。在训练中，运动员正在使用不断发展且能够提升运动表现并预防损伤的控制和力量产生机制，从这个意义上讲，这一练习变得更具功能性了。

原则5：通过多种动作和负荷刺激，开发功能性计划

运动表现的基础是有效动作与专项技能的结合，这些技能包括跑步、跳跃、投掷、落地、变向和旋转。虽说许多全身动作只发生在一个平面中（例如短跑时，所有的动作都发生在矢状面中），但在许多情况下，不同的身体部分依次参与运动则需要在多个运动平面中实施运动控制。类似地，身体也会承担不同的负荷，有的是落地时几倍于自身体重的冲击力，有的则是在腾空过程或运动的某些特定阶段中出现的零负荷。因此，运动发展计划中的力量训练应该包括各种动作和负荷刺激。

这些刺激通常始于自重训练，尽管这种准备并不总是必要的。运动员应采用全方位的拉、推和深蹲运动，以及上举动作和旋转动作，确保神经肌肉系统和骨骼肌肉系统承受超负荷，从而达到训练习得并取得适应性的目的。运动员需要在身体前后动力链的运动之间取得平衡，这是力量训练中经常被忽视的一个因素。许多训练计划通过加大负荷或不同重复范围的方法来促进超负荷。毫无

疑问，不能低估力量训练过程中的这一重要环节，但也不应将其当作训练计划的唯一重点。虽然一个适当的周期性地增加和减少抗阻负荷的计划是必要的，而且也能促进力量的发展，但是大多数抗阻练习仅能刺激矢状面中的运动，这让运动员在其他运动平面中的运动能力低下。在多向运动中，这会削弱运动员的运动表现，并可能会增大受伤概率。

在抗阻力量训练和通过适应性动作挑战来实现的力量训练之间，要取长补短，不能顾此失彼。后者将单腿和单臂动作、单侧运动和多平面运动都纳入运动员的日常训练中，这种方法会适当刺激整个神经肌肉系统，并能使用所有肌筋膜链，这些肌筋膜链对于沿着动力链传导力量至关重要。

在增加额外的负荷前，可以采用多种方式使练习更具功能性，比如下文所示的“控制练习难度：俯卧撑”。在施加额外负荷前，可以通过改变这些因素——重心位置、动作关节位置、运动杠杆力臂、支撑点的数量，以及运动速度——来实现大部分自重练习（在本示例中为俯卧撑）中运动刺激强度的变化。

这些训练进程中的一个重要原则是，运动的执教要点不会随着运动难度的变化而改变。典型的动作代偿现象包括：缩小肩部内收和肘部弯曲的范围，以及提高臀部，后者会缩短身体的运动杠杆力臂，从而减弱对运动肌肉的训练刺激。

控制练习难度：俯卧撑

图10.9展示的是标准的俯卧撑。请注意其中脚踝、膝关节、髋部和肩膀呈一条直线的身体姿势。双手分开稍比肩宽，拇指朝向前方，好让肩部可以完全内收。

对关节位置施加控制改变了该动作所涉及的肌肉动作。双手更加靠拢（图10.10a）意味着，做该动作时要更多地运用肱三头肌。双手更加分开（图10.10b）则增加了对盂肱关节的动作的要求，同时减少了对肘部伸展的要求，此时更加依赖胸肌，而较少依赖肱三头肌。

图10.9　俯卧撑：a. 起始姿势；b. 底部姿势

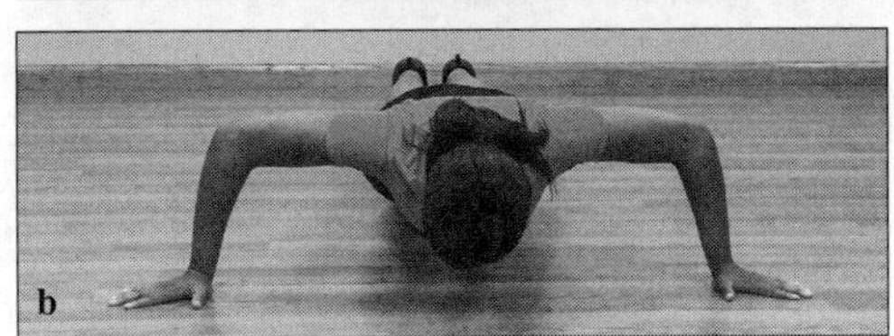

图10.10　在俯卧撑中改变双手的位置：a. 双手靠拢；b. 双手分开

膝关节触地式俯卧撑（图10.11）可以缩短运动杠杆力臂，同时也会把小腿重量除去，并且可以稍微提高重心。阻力臂的缩短降低了该动作对力量的要求，因此膝关节触地式俯卧撑的强度比标准俯卧撑小。

图10.11 膝关节触地式俯卧撑

升高或降低重心相对于运动关节（肩关节、肘关节和腕关节）的高度，能显著改变该动作的难度。随着躯干相对于重心的上升（图10.12a），上身的动作幅度将减小，从而使完成该练习变得更加容易。抬高双脚（图10.12b）则将重心转移到胸部和手臂之上，这会在关节屈伸时增加它们承担的运动负荷。可以逐渐增加脚部高度。这种变化也能侧重对胸大肌的锻炼，双脚抬得越高，胸大肌上部得到的锻炼就越多。当形成倒立姿势（图10.12c）时，该运动就主要变成了肩部的屈伸练习。此时，重心的力线直接落在手掌这一唯一的支撑面之上，从而使这项动作变得非常具有挑战性。在不靠墙的情况下进行倒立式俯卧撑，需要保持住平衡且稳定的姿势，就力量方面而言，这一姿势极具挑战性。

单手俯卧撑（图10.13）显著地减少了（50%）支撑面的面积，因此，在做这个动作时，人们通常扩大双脚间距以保持平衡，此时运动手臂承担的负荷翻倍了。同时，这种姿势也增加了在一侧肩膀失去支撑的情况下，保持双肩齐平的难度。一种比较简单的俯卧撑做法

图10.12 相对于运动关节升高或降低重心的各种变式俯卧撑：a.抬高躯干；b.抬高双脚；c.倒立式俯卧撑

是让运动员从地上抬起一只脚，从而减少脚部的支撑面面积。这个动作稍稍提高了重心，但

要求运动员更加努力地在运动过程中保持髋部的齐平姿态。

图10.13　单手俯卧撑

在俯卧撑的最低位置发力，变俯卧撑为侧卧撑（图10.14），需要在俯卧撑的最低位置突然加速，然后在侧卧撑到达最高位置时，在肩部周围进行一定的减速，以保持姿势，避免失去平衡。当运动员从侧卧撑回到俯卧撑进行下一次重复时，运动速度就会增加，因为在第二次重复时，重心会在更大范围内移动。在随后的爆发式俯卧撑动作中，这个动作需要得到控制。

图10.14　俯卧撑过渡为侧卧撑

击掌俯卧撑（图10.15）或其他爆发式俯卧撑显著提高了动作速度，同时增加了为对抗重力，使重心加速通过更大范围时所需的力量。击掌可以确保手腕保持伸展状态，从而为随后动作中的身体下落做好准备。运动员在这个练习中经常会保持不了身体的直线姿势，因为他们会试图通过先抬起臀部来获得额外的杠杆作用。要注意的是：如果运动员的力量不足，无法应对重心在移动更大范围时的重力加速度造成的额外负荷，那么运动员在进行此项训练时容易面部受伤。运动员可以在开始练习时把双手放在木块上来增加在完成该练习时重心加速（重力辅助）的距离。记住，运动员必须快速提高重心（重力抵抗）。

图10.15　击掌俯卧撑，手放在木块上：a.起始姿势；b.双手撑于木块之间；c.撑起并击掌

同样地，以一种展开身体的卧式拱桥姿势开始做俯卧撑（图10.16），此时，通过一条延伸的动力链的杠杆阻力臂最长，所以则非常

强调肩膀的姿势稳定性。从这个姿势开始做俯卧撑，然后再返回这个姿势，运动员需要具备：身体下落时控制身体的离心力量、垂直加速身体的向心力量，以及迅速形成稳定肩膀姿势的姿势力量。

图10.16 从展开身体的卧式拱桥姿势开始做俯卧撑

外部负荷的增加（图10.17）会增大对力量的要求，这是因为通过重心施加影响的负荷增加了。一般来说，可以通过这几项措施来增加外部负荷：让运动员穿负重背心，在运动员的上背部放置杠铃片，以及使用弹力带——当运动员伸展肘部时弹力带就会绷直。这种俯卧撑变式对肩关节和手臂伸肌施加更大的负荷，同时要求保持肩胛的稳定性和姿势控制，比很多传统的仰卧练习（如卧推）更具功能性。

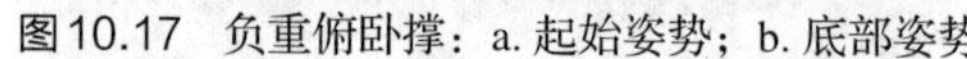

图10.17 负重俯卧撑：a. 起始姿势；b. 底部姿势

原则6：让力量通用化而非专项化

运动能力发展的目标是为运动员提供实施运动解决方案所需要的工具，以解决与专项运动相关的具体问题。随着运动员职业生涯的发展，训练需要变得更加专项化。本书前几章强调了运动发展和运动教育的一种通用方法的重要性，第7章则介绍了训练课程发展的相关内容。

专项化经常被认为是教练要考虑的最重要的训练原则（许多情况下是错误的）。从表面来看，这一看法表明，所有的训练都需要直接与某专项运动相关。许多教练歪曲了这一连续体中专项的一端，他们试图要求运动员在力量训练模式中模仿体育专项动作。一般来说，人们会用在专项体育项目或专项体育活动的动作中颇为常见的力学需求来证明这种执教理念的合理性。这意味着在专项运动环境中的典型动作的动作幅度之外，不需要进行力量训练，但对许多运动动作的分析表明，这种执教理念会把训练目标限制为仅针对髋关节、膝关节和躯干的小范围运动。

虽然体育动作，比如短跑运动员利用起跑器进行冲刺式起跑，或是橄榄球运动中的一名防守线卫在争球线处为了获得三分而突然启动，明显都是在很大的动作幅度内做出的，但大多数常见体育技能的施展都表明，任何动作幅度小于1/4个深蹲的力量训练都不可能锻炼出运动表现。同样地，这种以动作为基础的分析也意味着，力量训练应该以单腿活动为主，因为运动中的大多数动作要么是单脚着地，要么是单腿跳。对此，最简单的解决方案是在训练中加入具有竞争性的动作（冲刺、跳跃和投掷）来实现针对专项体育项目的力量训练。但是，如果将其视为进行专项力量训练的唯一途径，并且如果教练要了解将因训练而得到强化的力量转化为运动表现的能力，那么该方法的作用是有限的。事实上，所谓具备功能性，就是要提供强大的工具来支持运动解决方案，而不是让运动员去模仿运动专项技能。

在考虑通过运动表达出来的与力量有关的功能性时，要记住力量不是单一的运动素质，而是力和速度共同作用的产物。牛顿定律规定，需要用力来改变物体的状态（引起运动），运动速度决定了施力（力量）时间的长短。这一概念可以通过比较跳深和反弹跳的跳跃高度（第9章）来加以说明。在反弹跳中，训练运动的目标是要在短时间内释放出爆发力，运动员几乎没有时间用力蹬地。在跳深中，目标是要跳得更高，更长的触地时间可以使运动员更加用力地蹬地，随后能获得冲量的增加（$F\times t$），从而使整个身体向上加速以对抗重力。

功能性规划（运动员所要承受的力量训练幅度）需要反映力和速度的训练范围。因此，运动发展课程需要纳入这两种类型的跳跃。这也同样适用于所有形式的力量训练。以力为目标的力量训练能产生更大的力（力–速度曲线向上移动），而速度训练则将力–速度曲线向左上方移动。运动专项的力量要求得到了满足；也就是说，施加力量的时间是最小的（第4章），而那些需要在比给定的接触时间（与地面、球拍、对手等）更长的时间内产生的力量仍然是运动员无法产生的。

但需要考虑的不仅有动作作用时间，还需要考虑运动及其相对应的力量训练中所发生的肌肉动作的幅度和程度。此外，教练还需要考虑，如何锻炼那些执行特定关节动作所需的肌肉。例如，许多被建议用于加强作为主要髋关节伸肌的臀大肌功能的练习，所要求的髋关节运动幅度比体育运动中的幅度要大得多。

肌肉通过全幅度的关节动作迅速发力的能力，对于运动表现和预防损伤来说都至关重要。在运动情景中，为了优化运动表现，教练需要对运动员进行适当的将引起某些适应性反应的刺激。因此，在规定某一种专项的运动技术前，教练必须考虑力量及爆发力特征的专项性及动作幅度。此外，教练必须记住，关节的动作将决定肌肉的募集。

这个原则可以通过对深蹲的进一步分析来加以说明（图10.18）。深蹲可见于各种运动中，并会产生不同的肌肉活动模式和力–速度特征。关于深蹲，近来有争议的两个问题是：应当蹲得多深，以及在深蹲到底时膝关节应离脚趾多远。

深蹲的深度近来引发了很大的争议，但要想对这个问题提出看法，就需要研究髋关节位置与肌肉活动的关系，特别是它与强有力的臀部伸肌（臀肌和腘绳肌）之间的关系。因为在大多数动态体育运动中，髋部伸展都是爆发性运动的核心。完整深蹲时要达到的最小深度，应当是使髋关节的中心点低于膝关节中点（图10.18）。在这个基础上，臀部还可以持续降低，直到运动员再也无法保持住正确的腰椎–骨盆位置为止。但是超过了这个最小深度，就获得更高水平的训练表现

图10.18　最高杠位后蹲：a.起始姿势；b.有控制地下蹲；c.底部姿势；d.通过黏滞点后爆发式上升；e.结束姿势

而言，回报就会减少。人们已经发现，关节中心这一解剖学标志比其他流行的参照标志（如大腿平行分开）更靠得住。

达到这个深蹲深度意味着膝关节将弯曲超过90度。因为大多数体育运动模式都要依赖腘绳肌和臀肌有力而协调的动作，以促进髋关节有力伸展，因此这一深蹲深度是至关重要的。在后蹲的整套练习（指深蹲程度不一的各种练习）中，臀大肌这一强有力的臀部伸肌会随着深蹲深度的增大而变得越来越活跃[8]。这种关系突出了在需要改进专项力量和爆发力特征的情况下，全幅度执行深蹲动作的重要性。

教练通常要求运动员做半蹲练习，其理由是，半蹲时的膝关节弯曲角度与跑步过程中的膝关节弯曲角度相近。然而，力和爆发力的特性往往被忽略，而且半蹲所要求的负荷大于短跑或跳跃中的负荷，这一点意义重大。类似地，在半蹲时上身的运动中，股四头肌是主要的动力肌。虽说这个动作在预料当中，但那些仅要求运动员做半蹲练习的教练，有可能会增加许多年轻运动员在运动中遇到一个典型问题的风险，这个问题便是，股四头肌起主导作用，臀肌激活程度不够，以及腘绳肌紧张。深蹲深度的变化在训练计划中占据了一席之地，但这些变化应该是针对那些能够完成全套练习的运动员的，应该作为可供他们选择的渐进式训练方式。应该在分析过运动员的训练经历、脊柱承载负荷能力、专项爆发力与力量特征后，再慎重地考虑是否要让运动员做半蹲练习。这些考虑因素将形成对半蹲负荷的理解，这是为专项体育项目提供适当的超负荷训练所必需的。半蹲负荷需要与运动员有效运动的能力联系起来考虑，从而能有效地迁移训练效果，同时避免损伤。

在深蹲到底时，膝关节与脚趾对齐，但可能会位于脚趾前方。对于膝关节没有受过伤的运动员来说，没有证据表明这种姿势是有问题的，只要运动员遵循正确的下蹲方法，并在蹲到底时将重量向脚跟分布即可（第6章）。如果这里提到的两个标准运动员都达到了，那么膝关节会呈现出这种姿势，很可能是运动员自身的身体构造问题，对此教练将无计可施。

许多人认为，动作幅度就是指一个关节或一组关节所能达到的屈曲或伸展程度。有些人意识到，动作幅度也是一个动态因素，因为要在不造成损伤的情况下运动，它将受到时间的限制。由于动作的存在，运动物体（工具或运动员）所需的加速路径的范围很小。运动员可能需要给物体施加动量（施加推力，例如投掷球），或从表面上对一定的质量进行加速（如跑步），或向上抵抗比如重力这种恒定的阻力（如扣篮）。在考虑运动员所需的主动动作幅度时，还应考虑到外部物体的减速，例如在美式足球中拦截对手，或在冰球中拦住对手。功能性训练计划将包括具备不同加速路径的一系列活动，将其作为动作幅度的部分考虑因素。这种概念似乎是常识，但不是常见的做法。

动作结果不是唯一要关注的问题，动作意图也很重要。牛顿第二定律指出，在质量确定后，最大限度地加速物体将能够产生最大的力量。所以在诸如最大限度深蹲这种动态运动中，运动员蹲下时，重力将使杠铃加速落向地面，站起时重力则会使杠铃减速。运动速度方面的指导要点是，控制下降过程，保持稳定的技术和姿势，并在站起身时爆发式发力。

在第6章中，深蹲被确定为一种基础的力量运动，对其技术要领进行了详述。当物体的相对负荷最难以移动时，在上举（蹲起）过程中就会出现黏滞点，如图10.18所示，这是由肌肉的长度、速度和张力关系，以及肢体的杠杆效应在这个特定的位置上产生的。在深蹲中，这一点出现在蹲起阶段的最低三分之一处。当运动员试图顶着近乎最大的负荷通过这个黏滞点时，可能会观察到出现在运动员身上的一些代偿现象。

身体的前倾姿势将负荷移到髋关节之前，让髋关节得以伸展，从而增大躯干的杠杆阻力臂，并使背部伸肌绷紧，从而使躯干恢复挺直的起始姿态。不应提倡使用这一策略，因为它可能会以一种不利于力学发挥作用的方式，令脊柱伸肌承受过大的压力。相反，直到运动员能做到在举起负荷的同时还能保持躯干姿势的一致性之前，应该减轻负荷。

当大收肌作为臀部伸肌得到调动（腘绳肌的第四块肌肉）时，运动员通过髋关节内收向内移动膝关节。运动员在克服阻力质量（弥补了力量的不足）的同时，还能保持背部姿势的一致性。在第6章中，下蹲时膝关节的内旋被认为是应予以纠正的错误运动模式；应通过减轻负荷来避免膝关节向内扣造成的损伤。同样的运动模式在蹲起过程中并不会那么容易造成损伤，同时减轻负荷后也不会使身体承受过大的负荷。经验丰富的教练会把这种代偿现象视为一种错误，但这是一个可以解决而不是纠正的问题。

在负荷较大（对任何一位运动员来说，这是个相对概念）的情况下，成功举起负荷的关键在于，尽全力举起重物的意图。此时，要求神经肌肉系统内部最大限度地激活运动单位，这需要最大限度的意志努力和较重的负荷。在蹲起（上举）的最初阶段（此时重心较低），神经肌肉系统通过激活大量运动单位的方式对较重的轴向负荷做出反应。"努力向上"（此时膝关节位于臀部以下）并通过黏滞点使杠铃得到最大限度的加速并获得动量。在起身的最后阶段，可以少用点力，以防杠铃从肩上滑落。

类似地，这个原则也适用于弹射类动作，在此类动作中，身体或投掷物会在力量的作用下被弹射出去。无论目标对象是跑动中或跳动中的身体，还是被抛出的球或器械，该动作的目的都是要以最大速度将具有已知和恒定质量的物体抛射出去。运动员应在整个动作幅度内有力而充分地加速，好让力通过动力链传导，从而以最大的冲量使物体或身体腾空。

这个原则同样也适用于半弹射类动作，例如高翻、挺举或抓举动作。在这类动作中，杠铃被以最大速度垂直举起至一定高度但其实并未脱手。由于杠铃沿着躯干向上做垂直运动，因而重力将直接作用于负荷（杠铃）并使其快速减速。因此，除非运动是在次最大负荷下进行的，否则无须主动用手臂使杠铃减速。

在设计功能性力量训练计划时，教练应纳入整套非弹射类、半弹射类及弹射类动作，并合理安排它们，从而发展运动的力-速度特性和身体各个部位的各种加速模式。这些运动的性质可能相似，但其负荷、目的与释放动作有所不同。

原则7：使用目标驱动和基于实证的功能性方法

一种合乎逻辑的假设是，牢固的结构是建立在坚实的基础之上的。事实上，一个常见的说法是，你不能在独木舟上发射大炮，这反映出稳定性与移动性之间的反比关系。朝一个方向大力发出某物，需要一个稳固的结构来从反方向抵消这些力（牛顿第二定律）。力量训练也是如此，为了训练姿势来发展和表达力量，它需要被固定在一个稳定的表面上。

力是从地面往上通过动力链传导的，需要有个坚实的基础来传导这些地面反作用力。力量训练需要在坚实的表面上进行。这种指导不同于基于不稳定表面的训练，如基于瑞士球、波速球或充气垫训练。运动员使用这些工具作为运动表面，他们站在或跪在上面进行训练，而不是使用它们作为地面练习的辅助工具，例如在运动员身后放个球的深蹲练习。在不稳定的表面上开展训练，可能会在训练进程中占有一席之地，特别是在康复期间，此时，针对稳定关节的本体感觉和肌肉激活是比较重要的训练环节。但在力的传导和产生（力量训练）方面，物理学并不支持这一方法。最近的研究[9]清楚地表明，相比那些在不稳定表面上开展的负荷较小的练习，在稳定表面上开展的负荷较大的练习中，肌群中的肌电（EMG）活动（反映运动单位受刺激程度）普遍更高。

使用不稳定表面的理由一般是，运动一般在动态环境中进行，并且场地表面可能会改变，特别是场地表面为草地的情况。这个假设是经不起推敲的，因为即使一个200千克的运动员在大多数运动场地上跳跃，场地表面也不会发生一点改变，它将完好无损且稳定。即使在蹦床上（帆布会随着运动员的着落而被撑开），运动员仍需要踩踏被撑开的帆布以获得一个反作用力，好将自己垂直往上弹，以便完成下一个动作。

现实情况是，草地有时较滑，特别是在泥泞或潮湿的环境下。运动员可能需要运动能力（如本体感觉）来帮助自己重获平衡，但这不应影响力量训练法则。如果平衡而非力量才是训练所期望的结果，那么教练就应该按照增强平衡能力的要求去设计训练进度。训练目标决定训练方法，如果目标是增强力量，那么在设计和实施力量训练时，就必须将力的应用和传导视为主要目标。

用不稳定的工具开展训练与在不稳定的表面上开展训练不是一回事。使用不稳定的工具，例如装半桶水的水桶，负荷会在运动员的控制下不断移动。因此，质量的分布是动态的，这会导致负荷的扰动（小的干扰）。支撑负荷的神经肌肉系统必须适应这些扰动才能进行运动。这种练习方法可能对碰撞运动有效，在此类运动中，运动员必须要对动态物体（如移动着的对手）施力，或抵抗来自后者的力。

这个原则的关键在于，教练在设计一种练习时，可以轻易通过调整中心目标使练习更具功能性。问题是，某种程度的适应性是对运动员构成挑战或是超负荷，从而使其朝目标迈进；还是这种适应性会偏离训练目标。为了进一步说明这个概念，让我们来考虑一下两种练习的情况：弓步行走和单臂壶铃倒置行走。

弓步行走有很多变式与进阶模式，本章后面的部分将对此加以细究。 它是一种在轴向上承担负荷［负荷通常直接由轴向骨架（主骨架）——脊柱来承担］的单侧腿部练习，根据所确定的目标，能够对该练习加以改变，使其训练重点针对前侧或后侧动力链的力量发展。任何弓步变式运动的关键动作都是髋关节和膝关节的屈曲和伸展，同时躯干在整个运动中要保持挺直。

单臂壶铃倒置行走是一种单臂行走练习，其目的在于通过静力锻炼的方法加强肩袖肌群（冈下肌、肩胛下肌、冈上肌、小圆肌）。在康复治疗方案的后期、周期训练的准备阶段或热身阶段，会开展该练习。它旨在指导运动员在行走时利用肩周肌肉保持肩胛带的稳定。负荷不对称的行走动作会造成细微的扰动，从而加大运动员在移动时保持关节位置固定不动的难度。

虽说有许多种能对神经肌肉系统形成不同刺激的弓步变式，但作为一种动态的全身抬升动作，每种弓步变式的目的都是要挑战运动员在负重情况下屈曲与伸展髋关节和膝关节同时保持躯干姿态的能力。一个常见的代偿动作是，在离开最低位置时躯干前倾。

单臂壶铃倒置行走练习利用小负荷来刺激肩胛下方区域中那些相对较小的肌肉，使其发挥静力收缩作用以稳住肩胛带，同时手腕和前臂肌肉也发挥静力收缩作用来控制承担负荷的手腕姿势。在这一练习中使用较小的负荷颇为重要，这是将手臂固定在肩胛骨平面中的肌肉的功能性要求。

结合这些练习不足以充分挑战通过身体轴的负荷，以促进运动员超负荷。另外，较慢的弓步动作通过动力链造成的扰动也较小，这就意味着肩胛带和前臂无法得到相同程度的锻炼。这样一来，既无法达到两种练习的目标，也会抵消掉两者的变式所带来的潜在好处。

在力量运动中，重复动作和运动量也是与功能性有关的重要因素。根据定义，力量关乎力的产生。要想通过诸如深蹲、卧推或过顶推举等动态力量运动产生较大的力量，神经肌肉系统必须不能太疲劳。运动员通常以每组1到5次最大力量重复（练习组）来增加力量。在完整的周期训练的早期阶段，练习组可能会是每组完成10次最大力量重复。

弹射类练习和半弹射类练习非常适合用来发展爆发力，发展爆发力需要进行高质量的动作。这类练习被认为是典型的非疲劳耐受性练习。也就是说，运动质量会由于神经肌肉的疲劳而迅速降低。在诸如高翻、挺举和抓举等高度复杂的运动中，如表10.2所示，特别是在举重运动的第二次提拉阶段产生的爆发力，是这类运动的固有特性，同时也是把这些举重动作纳入很多体育项目训练计划的原因。

这些举重动作注定是复杂的，因为它们需要协调整个动力链来完成多关节的爆发性动作。多年来，教练和研究人员已经认识到，疲劳程度与完成复杂技能动作的能力之间存在明显的反向关系。这一认识导致许多教练认为，在疲劳状态下进行复杂技能的训练是合理的，如此才能使赛场上的运动员在疲劳状态下发挥出这些技能。虽然这个前提或许是可信的，但它与高爆发力体育运动之间并没有明显的联系。事实上，任何情况下，在疲劳的运动中都不需要如此大力量和高速的运动。即使在举重比赛中，每次试举结束后

表10.2 不同练习的爆发力输出值

	绝对爆发力（瓦特）	
练习	100千克的男性	75千克的女性
卧推	300	
深蹲	1100	
硬拉	1100	
抓举*	3000	1750
抓举的第二次提拉阶段**	5500	2900
高翻*	2950	1750
高翻的第二次提拉阶段**	5500	2650
挺举	5400	2600

*完整提拉过程。拉升杠铃至达到最大速度。

**第二次提拉阶段需过渡到最大垂直速度。

运动员都会有2分钟的休息时间，所以运动-休息比约为1 ∶ 120。

如第8章提到速度耐力时所讨论的，产生大力量和高爆发力的训练目的在于，提高运动中产生力量或速度的最大能力。这种训练反过来又使次最大努力在更高的绝对水平上更有效。例如，如果一名体重100千克的运动员能负重150千克做深蹲动作的话，那么当最大深蹲负荷增加到160千克时，自重运动会变得更高效。同样地，如果150千克代表重复一次深蹲动作的最大负荷的话，那么有理由认为，130千克将是重复5次深蹲动作的最大负荷，或是完成一次这个负荷（相当于运动员能力的大约85%）的深蹲相对比较容易。

这样一来，针对力量和爆发力耐力的训练便成了一个相对的概念。通过力量和爆发力训练来提高最大运动能力，并利用针对生物能量系统的适当训练来发展有氧和无氧代谢能力，力量耐力也可得到训练。多次重复使用大力量、高速的训练来提高力量耐力是不可取的。

首先，通过将不同的和相反的目标结合起来，训练效果可能会降低，在影响力量或爆发力发展的能力方面，这一现象将尤其显著，这就是首先进行举重训练的真正原因。事实上，很少有公认的科学或训练方法文献支持高重复运动计划的有效性，特别是将训练效果迁移到实际运动中的有效性。尽管如此，一些健身训练研究人员正在开始探究这一概念，但鲜有关于通用健身益处的研究成果。

其次，动作质量方面执行技能的增加，需要减少执行重复动作所必需的负荷。重复进行1到5次最大力量抓举练习（抗阻力训练范围内的最大速度负重运动）所需的运动能力，与进行30次次最大负荷抓举练习所需的运动能力显著不同。这种训练往往导致不正确的运动次序或协调、杠铃移动路径的错误以及其他错误，并会增加受伤风险。

训练中的功能性不仅与动作的选择和具体技术的执行有关，还与动作的训练计划有关。要重复多少次动作？要做多少组练习？每组练习之间休息多久？另外，练习次序也很重要。对训练计划非常重要的练习（例如，对神经肌肉系统要求更高或具有更低疲劳耐受性的练习）应安排在辅助练习之前，辅助练习可能被认为是要求不那么高的练习，或是长期来看对实现训练周期性目标帮助较小的练习。

为了确保训练，更确切地说是使力量运动计划更具备功能性，应考虑以下几个因素。

- 产生和发出力的能力是贯穿力量训练计划的中心主题。需要通过改变负荷和运动方式来挑战力-速度曲线的范围。
- 力量刺激应挑战尽可能多的动力链。体育运动中几乎没有孤立的关节动作，而保持动态中姿势一致性的能力是运动的基础。
- 即使仅需在一个运动平面中控制最终产生的运动，身体也必须能够在不止一个平面中运动。应该训练运动员在不止一个平面中控制阻力负荷的能力。
- 肌肉调动顺序很重要。应通过大肌肉产生力量，并将力从地面（底部）向上经动力链传导，再通过小肌肉传导到四肢。
- 离心肌肉动作应与向心肌肉动作联系起来，以此通过拉长-缩短周期增加运动中产生力的能力。动态而非弹射的动作不足以让这种情况发生时，离心运动中所储备的弹性能量也有助于向心运动的发生。
- 为增强力量和爆发力，关注重点应该是高质量的动作，这些动作要求神经肌肉系统的高度参与，要求动作完成的精确性，还要求加强协调性与时机把控能力。

- 力量运动的进阶可以通过改变运动方式来实现，而不是简单地通过增加阻力负荷来实现。所有渐进且相关的运动都应该有清晰、明确的目标，这些变化的运动形式应与增强姿势力量和控制力量有关，而不是为了增加乐趣而改变动作。

基于个人需求的运动课程

在上述内容中，为了把训练运动划分为更具功能性和不那么具备功能性两类，笔者做了大量考虑，那么应该拿什么来教给运动员呢？许多教科书和资料给我们介绍了大量可用来发展力量的负重和非负重练习。本书的目的是要向教练提出要求，要求他们不仅能在训练中采用专业技术，而且还能将这些技术应用到不同的环境中，并能降低或提高运动难度，从而使运动员从中获益。

请记住动作执行能力这一概念。运动员能否前后一致地完成动作，不因为所要求的重复次数出现动作代偿？某项运动对运动员而言是否仍然构成挑战，还是说，运动员已经适应了该练习对其提出的各项要求？运动员是否需要进一步加大训练难度？对这些问题的回答将构成一个基础，在此基础之上，人们能够决定，何时能对运动员施加更具刺激性的挑战或负荷。

可以通过许多方法探究功能性力量运动并对其进行分类。本章接下来将从为儿童、青少年准备的基础力量运动游戏开始，循序渐进地介绍一系列相关训练。以此为出发点，介绍一些训练进阶和选择，从而对决策进行指导，以帮助发展力量和爆发力。这当中涉及以下这些关键的运动。

- 基于地面的双脚轴向负重运动。
- 单脚站立。
- 单腿动作。
- 过顶运动。
- 水平躯干力量。
- 旋转躯干力量。
- 提拉动作。

以上并未包括全部运动，其中缺少被许多人视为力量训练根本的一些力量练习，如卧推及其变式。但是，本书的目的不是为每一种力量训练提供一个综合性指导意见。在考虑功能性力量时，教练应该探究各类练习的运动原则，同时对各类练习提出意见。就训练进展而言，卧推等基础训练可能会自然而然地排在之前描述过的一些运动（如负重俯卧撑）之后。但在一个运动计划中，卧推并不能完全取代各种俯卧撑的变式，因为这些练习带来了不同的功能特性，而不是简单地促进盂肱关节外展肌和肘关节伸肌产生力（卧推无疑是对这部分进行训练的一种核心方法）。

在此之后，基本的训练计划考虑因素就明确了。本书展示了如何在获得能力的基础上对一系列练习进行排序，从而逐渐引导对复杂的练习（如挺举和高翻）进行教学。

针对力量训练计划的发展性考虑因素

与耐力训练不同，力量训练几乎没有什么发展性禁忌。这一说法需要加以解释。正如第3章中所述，在发育前，儿童体内是不会产生磷酸果糖激酶（PFK）的。磷酸果糖激酶能够限制葡萄糖分解为三磷酸腺苷（体内的能量通货）的速度。如果没有磷酸果糖激酶，无氧糖酵解（在高强度运动条件下，当所需能量超过身体使用氧气产生三磷酸腺苷的能力时，出现的一种产生三磷酸腺苷的能量生成方式）就无法进行。

相比之下，只要训练负荷强度不超过儿童身体姿势的结构能力，他们的神经发育、骨骼发育和肌肉发育都会受到力量挑战和外部负荷的积极刺激。事实上，神经系统在童年初期就会迅速发育，并对力量刺激（特别是以相对负荷出现的力量刺激形式）有着良好的反应。2013年，一项受到全球许多机构支持的国际共识声明，倡导要在青少年中开展结构合理和得到监控的抗阻训练[10]。

通过适当的练习，力量可以在发育期前得到显著增加。这种力量增加主要是因为运动单位内的神经发育，而不是由于肌纤维的形态变化。任何为骨骼肌肉系统构成积极压力的活动都能增强力量和改善结缔组织的结构，并帮助保持适当的姿势。之前已经明确过在力量训练中应遵循少量重复次数的原则，因为大训练量造成的重复应力会损伤骨骺。

儿童最好去参加那些有趣且有吸引力的运动游戏。儿童也能很好地理解他们在自然中看到的例子。因此，模仿动物运动为儿童在幼年时期开展体育活动提供了很好的机会。但是，模仿动物行走练习及其许多变式是全身运动控制练习，因此不仅适用于儿童，也适用于水平参差不齐的运动员。运动员可在准备活动或补充练习中使用它们。事实上，与任何有技术含量的活动一样，由于运动能力只能在一定的难度水平上才可达到，所以练习就会由起初的挑战（刺激）变为训练，进而成为训练前的热身运动。因此，在更加优秀的运动员中开展这类训练活动是比较合适的，只要他们能够保持住必要的对运动的控制。

所有运动员以及年龄较小的儿童，对训练所设定的目标和训练难度所针对的目标都能做出很好的反应。在模仿动物行走练习中，为了改变训练难度，可以在以下几个方面做出改变：时间（30秒内你能做多少次，能走多远）、距离（你需要跳几次才能跳完20米）或重复次数（你能比上次多做两次吗）。

在儿童、青少年或训练年限较短的运动员中开展此类运动的教练，可以通过提问来加深他们对于一些运动现象的了解。例如，身体是如何与地面产生不同的相互作用的，或如何通过改变比如手部位置、脚部位置、双脚间距等来调整姿势的。

热沙上的蜥蜴

开始做这个练习时，运动员采取四点着地的姿势，脚趾和手触地，膝关节离地（图10.19a）。髋关节和肩部应齐平，背部平展。髋关节、背部和肩部应在练习过程中保持这种姿势。

运动员将右手和左脚从地面上抬起（图10.19b），保持这一姿势3到5秒。运动员的髋关节和肩部不应上升或下降，得模仿一只趴在热沙上的蜥蜴。尽管这种运动的动作幅度小，但该运动非常具有挑战性。运动员需尽可能悄无声息地将伸出去的手臂和腿放回地面，然后换另一侧的手臂和腿做一样的动作。这一次，练习的重点仍然是设法控制身体姿势。在身体两侧，运动员各重复做这个动作5到10次。

随着运动员练习水平的提高，可以通过扩大动作幅度来增加训练难度。将手臂抬到身体前方或将腿伸展到身体后方，都能强化对身体协调性的锻炼，并让四肢的阻力臂变长。

图10.19　热沙上的蜥蜴：a. 起始姿势；b. 抬起右手和左脚

熊　爬

熊爬是从热沙上的蜥蜴升级而来的行进练习。熊爬增加了另一个方面的控制，因为运动员在不同的方向行进。

开始做这个练习时，运动员采取四点着地的姿势，脚趾和手触地，膝关节离地。双手呈外八字形、拇指朝前，并自然地将肩部置于更加有力的姿势（图10.20a）。双脚在整个练习过程中始终朝向前方。髋关节和肩膀应齐平，背部平展。髋关节、背部和肩部在练习过程中应保持这种姿势。

运动员将左手和右脚从地面上抬起，并同时向前移动（图10.20b）。运动员的髋关节和肩部不应上升或下降，应尝试在保持运动姿势和身体控制的同时，手臂和腿能向前移动尽量远的距离。运动员会发现，当前行的膝关节与支撑臂齐平时，会达到最佳控制效果。手和脚应同时悄无声息地落地，并以异侧的手、脚重复相同的动作以继续前行。这一次，练习的重点仍然是设法控制身体姿势。在身体两侧，运动员各重复做这个动作5到10次。可以使用相同的对侧手臂–腿部模式后退或侧移来重复进行此练习。

随着运动员能力的提高，可以通过提高运动速度来增加练习难度。

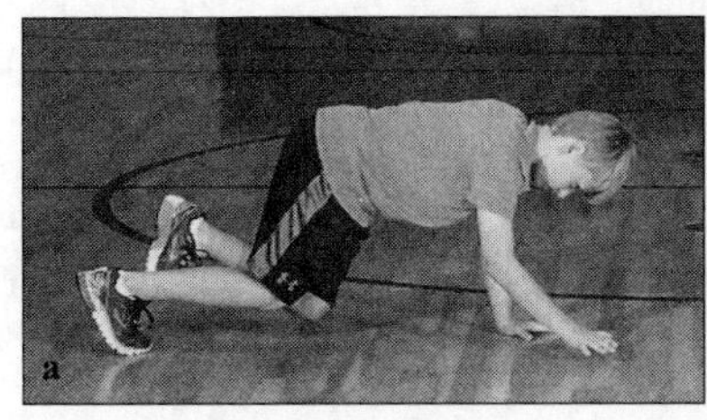
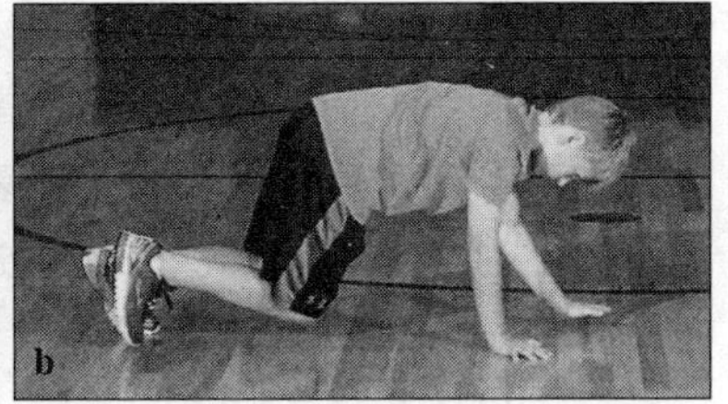

图10.20　熊爬：a. 起始姿势；b. 前行时抬起左手和右脚

行走的鳄鱼

运动员根据各自不同的能力，可以选择以六点支撑（此时运动杠杆的阻力臂缩短）或四点平板支撑的姿势开始做练习。运动员的目标是在整个运动过程中，保持肩膀、髋关节、膝关节和脚踝呈一条直线。

运动员在保持髋关节和肩膀齐平的情况下，同时向前移动右臂和右脚（图10.21a），随后向前移动左臂和左脚（图10.21b）。继续重复做这个动作，完成一定的次数（通常为10次）。此练习可以反过来做，好让运动员向后移动，运动员应保持身体挺直，不要抬起臀部。另外，此练习也可以变为侧移练习。

随着运动员能力的提高，可以通过提高运动速度来增加练习难度。

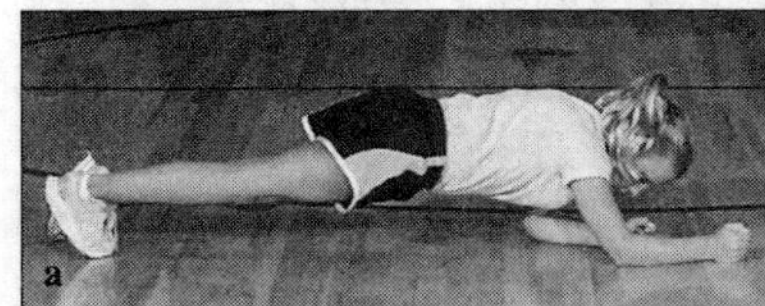

图10.21　行走的鳄鱼：a. 向前移动右臂和右脚；b. 向前移动左臂和左脚

大猩猩

图10.22　大猩猩

开始该练习时，运动员两腿分得很开，深蹲，膝关节和髋关节完全屈曲，重心落于脚跟（图10.22）。躯干应挺直。运动员向前下方伸出双手并触地，同时使距离前进方向远的那只手刚好位于前导脚的外侧（如果要向左移动，则右手放在左脚外侧）。应该鼓励运动员试着摸索手部的位置，找到兼顾稳定性和移动性的最佳姿势。身体前倾并将体重转移到手臂上，运动员脚部蹬地发力，使下身从地面抬起并沿着行进方向侧移。在行进途中，双脚会进入腾空阶段，上身会暂时支撑所有体重。

运动员落地时双脚大幅分开并置于双手外侧。落地时应控制住身体姿势，尽可能轻轻落地。当运动员躯干挺直、恢复到平衡的深蹲姿势时，体重会从双手转移到双腿。该运动可重复进行4次（先向左移动，然后向右移动），或者运动员可以先向左重复进行多次动作，然后再向右进行相同次数的动作。

毛毛虫

运动员手脚触地，以倒V姿势开始练习（图10.23a）。落在手上的体重要大于落在脚上的体重。

双脚不动，手臂向前移动（图10.23b）。这种运动增加了施加在双手上的体重，当运动员向前移动时，双手保持在身体前方。只要运动员能够保持移动，手脚能够支撑住身体，该练习就可以继续进行下去，运动员可尽量前进，越远越好。在该运动进行到极限时，肩膀力量和灵活性便成为限制运动的因素。

在最低位置坚持0.5秒后，运动员将脚朝双手方向移动（图10.23c），一直前移到后链灵活性所允许的极限程度。这个动作可以继续向前重复进行几次，也可以反方向进行（脚朝后移动，远离双手）。

图10.23 毛毛虫：a. 起始姿势；b. 向前移动双手；c. 将脚向双手移动

跳 羚

运动员躺在地上，膝关节弯曲至90度，脚平放于地面。伙伴坐在其双脚之上，同时可以抱住运动员的小腿以帮助其支撑（图10.24a）。运动员突然爆发，做仰卧起坐动作，调动紧绷的腹部肌肉，从而带动躯干前移（图10.24b）。当运动员移动到仰卧起坐的最高位置时，调动髋伸肌（臀肌和腘绳肌）使身体站立起来（图10.24c），要尽可能少地依赖伙伴的支撑力量。先是髋关节，后是膝关节，两个关节的伸展动作应持续进行，直到运动员站直。运动员可有控制地还原至起始位置。

图10.24　跳羚：a. 起始姿势；b. 努力站起；c. 练习结束时站立

使用手臂来辅助动作会让此练习变得更容易些，而且还能使该练习进阶。手臂可用于帮助运动员从地面起身（最简单的变式），也可以伸向身体前方来引导运动，还可以抱在胸前不让它们在运动中发挥作用。将手臂伸直并举过头顶是最难的变式，因为这种姿势提高了重心。省去仰卧起坐这一步骤，让运动员直接从仰卧起坐姿势开始做动作，能够使运动员得到进一步的锻炼。这种变式减弱了重心的动量，意味着运动员只能利用髋伸肌（在这个练习中不处于力学优势姿势）来克服惯性、提高重心。

运动员最多可重复做10次此练习。在整个运动过程中，始终要注意对身体的控制。

双脚轴向负重练习

将物体从低位提升到高位，是人类的一种基础运动。事实上，人类的髋关节经历了解剖学上的演变，它能够降低到一个较低的位置。于是，人们可以休息，能与地面上的物体互动，或有力地从地上拾取东西。在深蹲动作中，体重施加于双脚，膝关节可以实现各种角度的屈曲。从人文方面来说，这是一种可以在社交互动中取代坐或站的姿势[11]。随着时间的推移，深蹲和硬拉动作已被公认为是发展全身力量的黄金标准练习了。

乍看之下，这些练习看起来在力学方面比较相似（图10.25和图10.26），因为两者都需要从膝关节完全弯曲的位置进行有力的髋部和膝部伸展，髋部弯曲，躯干挺直，但相似之处也仅限于此。“硬拉”这一术语（图10.25）是指提起位于地面上的重物。从地面提起重物这一动作意味着，这种提拉基本上全是靠向心肌肉动作完成的。这一运动与大多数体育运动相反，大多数体育运动的离心（缓冲或制动）动作要优先于向心动作。硬拉动作的完成基本不依靠肌肉中存储的弹性能量或拉长–缩短循环。

相比之下，深蹲（图10.26）可以被认为是一种结构性练习[12]，因为脊柱在整个运动过程中直接承担了负荷。这个属性在第6章的运动技术检查表中有所反映。无论负重如何都能完成基本深蹲动作的能力反映出了一个运动员的总体运动能力和动态姿势控制能力。深蹲有许多变式（它可随训练或运动表现目标而调整）。负重深蹲、相扑式深蹲和箱式深蹲都是教练和运动员在不同的训练情景下会遇到的变式。然而，在发展大多数运动员要求具备的力量、姿势和灵活性并将训练受益迁移到运动中时，一般认为高杠位全幅度后蹲是最合适的一种变式。

教练需要确信的是，在对脊柱施加相对较大的负荷之前，运动员能够在各种限制条件下执行正确的运动模式。

这一点在图10.27中得到了很好的说明，图10.27呈现的是一系列进阶的深蹲运动变

图10.25　硬拉：a. 起始姿势；b. 提拉过程；c. 最高位置

图10.26 （负重）深蹲：a. 起始姿势；b. 底部姿势；c. 起身过程；d. 结束

式。第一个变式是，当运动员在完成完整动作时，由墙壁来支撑身体重量。由于双脚位于通过重心的力的作用线之前，这个运动更依赖膝关节的伸展（因而是膝关节伸肌的动作），而非髋关节的伸展，但运动员已经习惯了全幅度的动作和躯干的挺直。在该练习中使用更小的瑞士球（如采用接近于实心球大小的瑞士球）可以逐步解决这一变式带来的问题。

双臂前伸式自重深蹲能让运动员经历全幅度的动作，并体会重心在两条支撑腿之间下降，同时保持躯干挺直所带来的平衡方面的挑战。在该练习中添加如实心球或类似器械的相对较小的前部负荷，可使运动员从起始阶段就体会到负荷。

可以用多种方式增加深蹲运动的难度。其中一种是采用前蹲练习，这是一种运动过程中杠铃落在上身的三角肌前束上的杠铃运动。向前上方移动肘部，使上臂与地面平行以构成一个支架结构。运动员的手腕完全伸展，两手握距稍宽于肩，用指尖扣住杠铃杆。运动员要在整个上举过程中保持这个姿势。

脊柱灵活性受限的运动员，通常会在下蹲阶段降低肘部来进行代偿，这样便达不到此运动的目的了。应该避免该错误，因为这将重量移到双脚的前方而非后方，从而会加大经由膝关节的剪切力，并使躯干无法保持正确姿势。

前蹲的主要好处是，由于杠铃放在身体前方，运动员就必须在整个运动过程中保持躯干的挺直。如果躯干前倾（在新手运动员中颇为常见），杠铃则将向前滑落，这会在身体姿态方面立刻给予运动员反馈。相较其他形式的深蹲而言，负荷前置也有助于前部动力链上的肌肉发挥更多的作用，但这更多的是一种训练的考虑因素，而非学习的考虑因素。

前蹲还有其他变式，其中最常见的是手臂前置交叉于杠铃前方握杠，使杠铃处在与三角肌交界的位置。通常认为，对于那些需要进行前蹲练习，但肩部缺乏摆出前架位所必需的灵活性的人来说，这一姿势更为实用。对于上肢或肩部没有损伤的运动员，可以采取多种方式来提高这种姿势的难度。首先，由

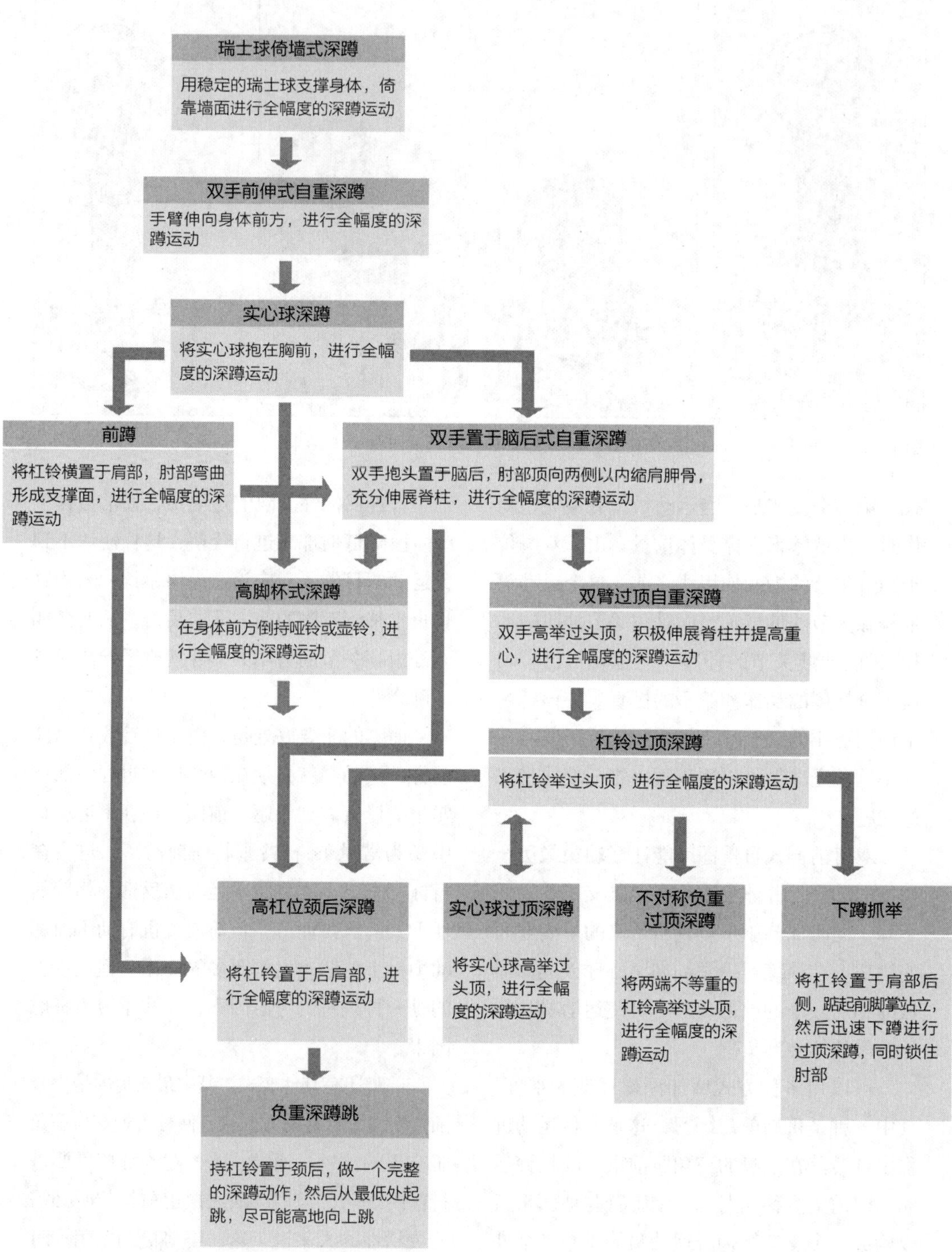

图10.27 各种进阶的深蹲变式

于杠铃正好得到了盂肱关节处的三角肌前束的支撑，如果上臂还是与地面平行且肘部抬高的话，就不需要用指尖扣住杠铃杠了。事实上，这个变式可以被看作对那些达不到灵活性要求的运动员的额外的平衡训练。前肩部肌肉僵硬是运动员无法正确完成前蹲运动的最常见原因。需要注意的是，从长期来看，越过杠铃交叉双手可能会加重这个问题，而不是补救办法。其次，如果运动员还要练习高翻动作及高翻后抓握杠铃，那么他就必须先练习前蹲中的抓握姿势。

一些教练可能想通过改变重心的位置来将关注点转移到或同时关注挑战运动员深蹲动作的姿势控制上来。为了做到这一点，动力链的长度必须得到改变。可以考虑高脚酒杯式深蹲这一不错的练习，该练习使用哑铃或壶铃在靠近重心处施加负荷，同时要求躯干在整个运动过程中保持挺直。

做双手置于脑后式自重深蹲练习是影响重心位置的另一种方式，和双手前伸式自重深蹲相比，前者对运动员的灵活性要求更高。可以通过将双手高举过头顶来提高重心，从而进一步加大练习难度，并且这个练习还可以进一步发展成杠铃过顶深蹲（杠铃本身重5到20千克）。如果需要的话，可使用圆棒来代替杠铃练习过顶深蹲。

对各项运动而言，任何形式的过顶深蹲都是极好的练习，因为该动作会使施加运动负荷的杠铃尽可能地远离支撑面。这项练习既提升了运动员相对于支撑面的重心，也通过动力链的充分伸展，对身体姿态的整体性提出挑战。因此，它被视为采用全幅度运动发展躯干力量的很好的练习之一。

将运动负荷高举过头顶的姿势意味着，运动员需要非常努力地稳定肩胛带将杠铃的位置保持在脑后上方。在这种姿势下，如果上身过于前倾，运动员会立即得到反馈，该练习被视为进阶练习的另一个原因是，全幅度后蹲动作教会运动员保持身体直立姿势。这种举重动作也被认为是抓举进阶教学的一个重要组成部分，因为过顶深蹲是抓举动作完成后抓握杠铃。

在基本的过顶深蹲动作中，运动员握杠时双手分得很开，杠铃被置于头顶上方稍稍靠后处；运动员的双手尽可能分开地握杠，只要自己觉得舒服。一旦双手握杠后，不要在杠上移动，应努力维持双手之间的距离，好让肩部肌肉做出静力收缩动作，从而在双臂伸直的情况下维持肩胛带的稳定性。

在运动员熟练掌握过顶深蹲，并能够完整而连贯地做出这一动作之后，可以选择其他方法来进一步发展这项练习。

- 可以在不断增加负荷的情况下完成过顶深蹲，以此来训练力量输出能力。
- 可以缩小双手间距（例如抓握实心球），这会显著增加灵活性方面的练习难度。
- 应该锻炼运动员在不对称负荷下（例如，杠铃两端之间存在2.5到10千克的重量差异）维持身体姿态整体性的能力。这种不对称的负荷会迫使肩部和躯干肌肉更加努力地阻止杠铃旋转，使杠铃不向一侧倾斜。请注意，这种变式不适用于后蹲，因为在后蹲中，不对称负荷将与颈椎直接接触。在动力链完全伸展的情况下，很小的负荷偏移量都会引起体位平衡的扰动，从而使这种练习成为过顶举重的一种有效变式。
- 可以采用下蹲抓举练习将速度因素添加到深蹲练习中。在这个运动中，运动员从站立位置下蹲成过顶深蹲动作，不用从起始姿势开始抬升。这种运动需要髋伸肌发挥制动力量，以降低运动员下蹲至杠铃下方时产生的向下速度（腘绳肌有力地向心收缩），还需要平衡性、协调性以保持下蹲后的姿势。

在运动员能够做出一个全幅度的自重深蹲动作后，就可以让他直接去做高杆位颈后式深蹲动作了，以此为基础，还可进一步进行过顶深蹲和前蹲练习。在运动员可以在足够负荷下完成后蹲动作，并且力量得到增强后，可以做负重深蹲跳练习。“需要做”的训练是前蹲、后蹲和过顶深蹲（后面将讨论其单腿动作的变式），在运动员经历了必要的举重训练后，才能进行“最好去做”的进阶练习。

在学习过程中，难度的增加和动作的变化对于学习发展来说至关重要。在掌握技能之前，不应将其用作运动员娱乐的手段。在运动员积累了足够多的基础举重训练经验之前，不提倡将下蹲抓举或不对称负重深蹲等高级练习纳入训练中，这可能会造成损伤。然而，这些举重动作确实提供了挑战运动员运动能力的替代方法。

从地面提起重物这个动作基本没有几个潜在的变式，主要通过改变所提起重物的重量或动作幅度来增加训练难度（重物的起始高度可以改变，因而在运动的早期阶段，运动员不一定非得从地面上提起重物）。但是这种变式极大地改变了举重动作的力学结构，因此并不是一个很好的选择。

图10.28和图10.29显示了从地面提升固定重物的不同方法，这些练习在负荷位置和移动速度方面各不相同。例如，硬拉是一种“大重量、低速度”运动，拉起的往往是相对较重的负荷。高翻拉则是一种爆发力很强的运动，做这个动作时运动员要通过腿部伸肌蹬地。可以在弄懂每种运动方法的相对优点之后，再对各个变式应如何（或是否）纳入力量训练计划进行深入探讨。

运动员做六角杠铃（或六角杆）硬拉（图10.30）准备姿势后，将杠铃重量分布在身体的两侧。运动负荷在前、后动力链之间得到更加均匀的分布。当运动员摆好准备姿势，并通过杠铃“收紧身体”后，不能维持

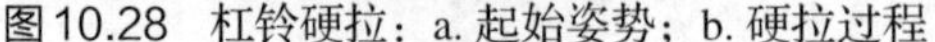

图10.28　杠铃硬拉：a. 起始姿势；b. 硬拉过程

图10.29　从地面开始做高翻提拉动作：a.起始姿势；b.第一次提拉

躯干挺直姿势的可能性较小，而躯干不能保持挺直姿势是普通硬拉动作的常见错误之一。在普通的硬拉动作中，由于重物位于运动员身体的前方，重物不得不随着髋关节和膝关节的同时伸展而被稍微向后拉起。

在两种硬拉动作中，整个拉动过程中重量都是落在脚跟的。因此，许多举重运动员更喜欢赤脚进行硬拉，因为赤脚可以使脚底与地面的接触面积更大。在该动作中，通过脚跟用力（蹬地），会引起髋关节和膝关节的同时伸展，从而提起重物，直到重物被拉起，运动员呈站立姿势。由于在运动过程中，运动员可以随时放下重物（这和深蹲练习不同），所以这种举重练习相对来说比较容易，运动员习惯用大力量去移动重物。引导运动员进阶的重要执教要点是，保持后背绷紧的

图10.30　六角杠铃硬拉：a.起始姿势；b.提拉过程；c.结束姿势

姿势。这个技术要点对于那些用不到杠铃或哑铃的硬拉动作也很重要，比如翻轮胎等练习，这类练习通常被用于训练计划中，其目的在于提供多种训练方法。

将同时伸展髋关节和膝关节的硬拉与从地面提拉杠铃的高翻拉动作相比，通过伸直膝关节能在接下来的提拉阶段中促使肌肉做出拉长-缩短动作。后者的目的并不是要产生最大力量，而是要产生最大的爆发力，从而最大限度地提高杠铃速度，并在第二次提拉阶段使杠铃获得尽可能多的动能。后者的关节动作意味着，与硬拉相比，从地面到大腿这一段的杠铃移动路径是不同的。此外，伸展机制也有些区别。

每种技术都应为达到明确的目标而有所调整。这两种运动之间有不同之处也有相似之处。运动训练专家必须做出决定：它们是否差异够大，是否能够同时教学；或者，学习其中一个动作（如硬拉）是否会影响对高翻或抓举的提拉技术学习。这个决定归结起来就是运动员的学习方式，训练计划可能需要针对不同运动员的教学策略而做出调整。例如，同时教授运动员高翻的第一次提拉技术和六角杠铃硬拉可能会让他们获得不同的感受。

双侧位站姿

许多体育动作都是在双腿分开站立或单腿站立时做出的。双腿分开站立时，运动员需要保持稳定的姿势，在保持髋关节和肩关节对齐的同时，能够自如地前后移动支撑面（图10.31）。随着重量的前后分布，与双脚形

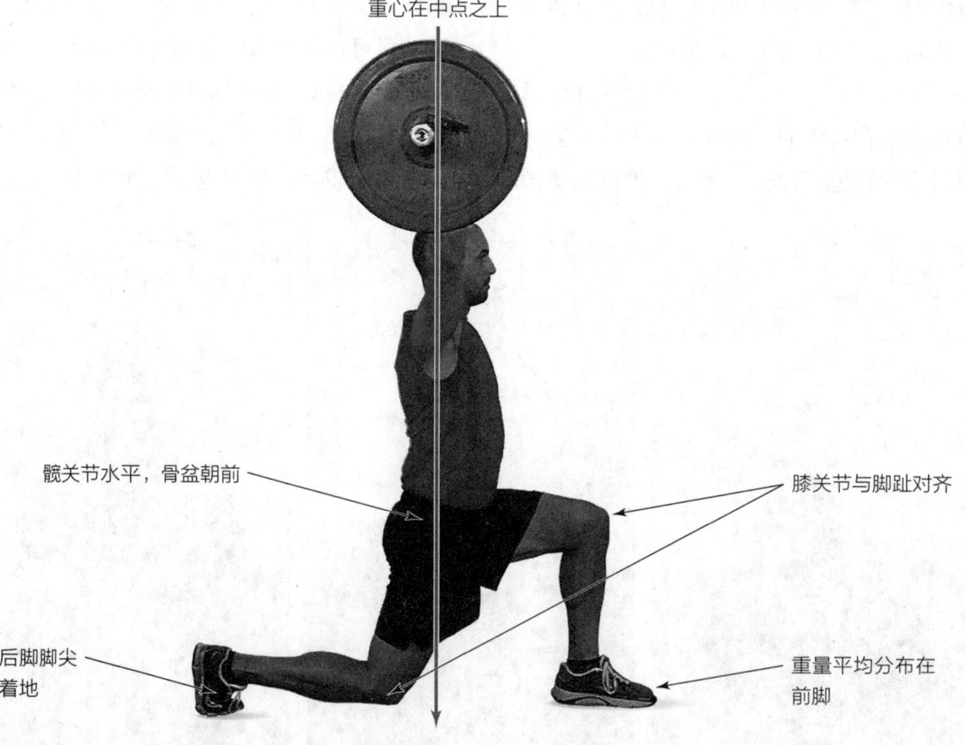

图10.31 分腿蹲起动作

成的支撑面相比，支撑面在水平面中的宽度通常会变小，这会增加这类练习的平衡难度。

在分腿蹲起中，运动员试图保持膝关节与脚部第二跖骨呈一条直线的姿势，同时支撑腿（图10.31中的前腿）的小腿与地面垂直。这种姿势会把重量均匀地分布于前脚的中后部，并防止膝关节前顶超过脚趾，这会导致该动作主要由膝关节的伸肌来进行控制。练习过程中躯干应保持挺直。

可以通过纳入诸如直线式分腿蹲起（双脚在整个动作重复过程中保持不动）或弓步蹲起等一些专业练习来人为地增加因缩小支撑面而造成的训练难度。在这些练习中，运动员随着每次重复动作蹲下再站起，都会进入和退出支撑面，从而缩小了水平面中的支撑面积。这种变式给臀中肌施加了额外的压力，以保持髋关节、骨盆和躯干姿势的稳定与平衡。随着下蹲深度的增加，这种运动也有助于髋关节及其周围部位灵活性的发展。

就整体模式或设置而言，这些训练中的动作通常有3种变化。在运动员最先做的那些练习中，仅有一种通过髋关节和膝关节进行伸展的垂直运动模式，这意味着双脚在整个运动过程中都是静止的。这些练习进阶为更加动态的运动，运动员进入和离开一个具有一系列渐进挑战的姿势，并在对侧姿势中产生运动控制。可以通过改变重复动作之间的过渡机制或相对于支撑面的负荷位置来增加练习变式或难度。这些难度变化如图10.32所示。

其中的每一种难度进阶都有共同的固定流程，通过这些固定流程，运动变式可以实现运动难度的改变。然而，应该在运动员掌握了这项运动的基础之上再来对练习加以变化。增加力量练习难度不应该是为了娱乐，而是需要使适应性加强的运动系统超负荷。

从运动员的脚固定在地面上的共同的起始姿势开始，该运动会通过增加垂直方向的力（踏上、踏下不同高度的木块，好让运动员直接克服重力举起重物）来增加难度。增加难度的另一种方法是，在水平方向上完成向前和向后的各种动作，此时一只脚落在地面上作为引导腿完成弓步时的支撑轴。

在一系列弓步动作中，就改变脚部位置而言，第一级难度是自重式原地弓步，这个动作仅涉及运动员自身的体重，当运动员被证明有足够的能力后，可以继续做其他难度的动作。运动员向前跨步，下蹲到最低位置，然后蹬地撤回起始位置。这种运动能很好地锻炼离心控制能力，因为运动员在往前跨步后会下降到最低位置，而当运动员返回起始位置时，这种运动又可以强化伸膝的能力。与分腿蹲起运动一样，抬高前脚或主导腿所要踩踏的平台位置，要求运动员更大限度地屈曲髋关节，这就增加了身体后侧动力链参与的程度。

可以做反向弓步动作——运动员从起始位置向后跨步的髋关节主导运动——使后动力链得到类似的训练效果。离开视野的动作会自动对运动觉和本体感觉机制形成挑战，从而促使它们产生受控的动作。同时，运动员可以下蹲至一个主要由腘绳肌上段和臀肌发力，做出离心肌肉动作（下蹲时的制动动作）和向心肌肉动作（返回起始位置时的驱动动作）的低髋位置。更重要的是，在整个练习过程中，由于前腿的膝关节始终位于脚踝正上方（膝关节的屈伸是被动的，体现的是髋关节动作的功能），所以本练习针对的是髋关节伸肌（腘绳肌上段、臀肌）的离心控制能力和向心爆发性动作。因此，许多训

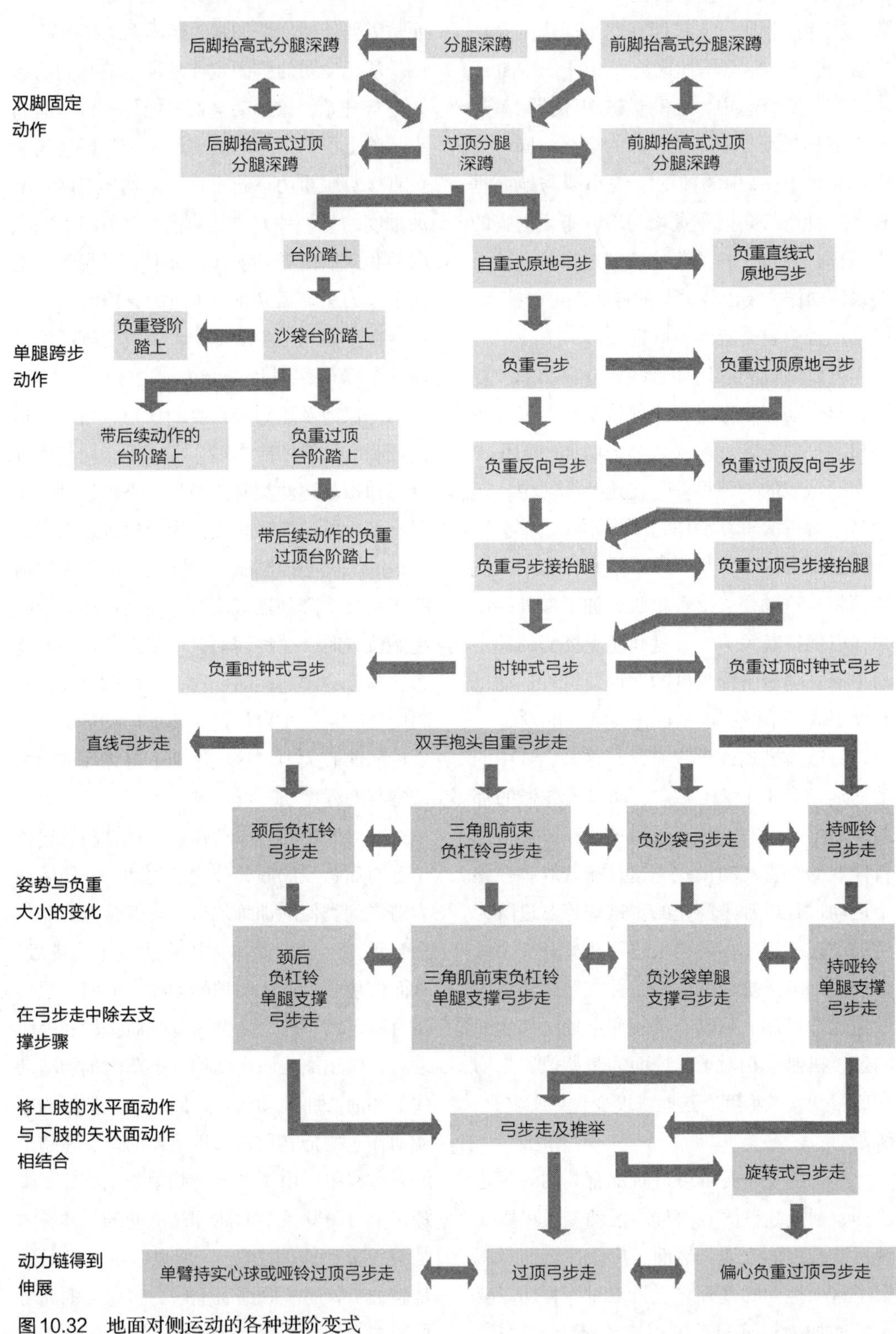

图10.32 地面对侧运动的各种进阶变式

练方案都特别喜欢采用反向弓步，因为就许多运动中的损伤而言，腘绳肌上段是个特别敏感的区域。

在单独掌握了向前和向后移动动作之后，可以把这个动作纳入往返弓步中，在这个动作中，运动员先后撤一步呈反向弓步，然后在单腿站立的情况下往前跨步呈正向（向前）弓步或“原地”弓步，如此就进行了一次循环。这种矢状面的动作需要运动员竭力控制才能做得平稳而流畅。在时钟式弓步中则加入了水平面的控制元素，引导腿从矢状面（前后方向）依次移动到侧面。站立腿固定住身体，为保持躯干挺直，腰椎–骨盆的中立位置在这个动作中受到了挑战。这种运动额外加大了髋关节和腹股沟部位的内收肌和外展肌控制的难度。

在掌握了各种变式动作之后，可以在弓步运动中加入全身动作元素，这需要运动员控制姿势来应对重心前移时造成的水平动量所带来的挑战。最初，运动员从对侧站姿切换成双侧站姿，此时后腿与引导腿对齐。改变双侧站姿要求运动员在把后腿前摆成为引导腿时，保持单腿站姿。这一改变不仅在后腿前摆时增加了动量，还加大了运动的难度，因为髋关节和躯干需要在不平衡的（偏离重心的）支撑面上保持水平位置。

在类似运动的进阶中如何选择负重总会引起许多争议。通过这些练习发展神经肌肉系统内部力量输出能力的显著方法是增加可移动的阻力负荷。但由于运动员必须保持姿势的一致性和本体感受控制能力，负荷的位置（定位）也会对神经肌肉系统形成刺激。哑铃或壶铃可以低于重心且靠近支撑面，这会令身体姿态相对稳定；或可通过将负荷举过头顶来提高重心，从而在一种不稳定的姿态中，使负荷尽可能远离支撑面。

过顶姿势尤其增大了保持姿势一致性的难度。随着身体在矢状面上的移动，以及盂肱关节的完全伸展，将重物保持在头顶正上方的动作要求，会使肩胛带的肌肉组织得到锻炼。当身体前移时，负荷会获得一个水平方向上的动量，如果让负荷在整个运动过程中都保持相对于躯干的位置的话，就必须要减小这一动量。

移动性弓步中的各种侧面进阶变式证明，某些负荷变式是这一对侧运动系列练习所特有的。这些变式通过不同的动态负荷模式加大了保持姿势一致性的难度，特别是髋关节和肩关节的姿势。例如，弓步走推举要求肩关节伸肌在产生垂直力的同时，躯干在矢状面中前移。类似地，偏离重心的过顶负荷（这种负荷形式要么是重量分布不均匀的杠铃，要么是阻力性负荷，例如单手持握实心球、哑铃或壶铃）则通过髋关节和肩胛带引起对冠状面动作的控制，因为运动员需要控制住因偏离重心的负荷而产生的旋转力。

在练习中加入实心球或类似负荷，很容易引入上身在水平面中的旋转因素。运动员伸直手臂持握相对较小的阻力负荷，以增加整个动作过程中的杠杆作用，并将其绕过引导腿的膝关节。为了对这一动作难度的增加做出反应，可能会产生动作代偿现象。常见的代偿动作有：躯干的前倾（由于重心前移，这会把重量带向引导腿的脚趾），以及引导腿膝关节的内扣，这一动作与躯干的外旋相反。运动员必须避免膝关节的内扣动作，髋关节及腰椎–骨盆部位应有效控制住水平面中的各种力。

对侧动作也可用来克服重力，直接对负荷加速，好让过渡动作发生在垂直方向而非水平方向上。台阶踏上运动的各种变式允许将负荷直接施加于轴向脊柱或高举过顶来刺激动力链，以便通过由不同高度的木块所确定的不同运动幅度来对膝关节和髋关节伸肌的活动施加负荷。练习中所要踏上的台阶越高，完成运动所需的臀肌调动程度（对髋关节伸展的依赖性）相对于股四头肌的调动程度（对膝关节伸展的依赖性）也就越大（图10.33）。

在起始姿势中，触地脚可以通过脚趾或脚跟触地来保持身体的平衡。这两种姿势都是可取的，但以脚掌触地为起始姿势的运动员可能会通过用后腿的小腿肌群发力（让该练习成为一种负重的踝关节伸展运动）来启动台阶踏上运动，而不是通过前腿的膝-髋伸展来启动这一练习。这种方法是否可取，要取决于所期望的运动结果及其在训练计划中的位置。在后腿的脚踝充分跖屈的情况下启动这项运动，能防止这种动作的发生，尽管运动员在试图通过脚踝获得一些推力时，经常把他们的体重重新落到后腿上。可以通过抬高后脚脚趾、脚踝充分背屈来抵消这个动作，这会显著增加运动难度，因为运动员此时只能用前腿进行主动推动作。

本章还强调了速度连续性的重要性。蹬踏台阶动作也可以是超等长模式的，如图10.34所示。需要注意的是，在开始做这类动作时，要用力抬起前脚并使其位于台阶上方。这种快速动作能通过腘绳肌和臀肌引起牵张反射，该牵张反射会在随后的动作中帮助形成爆发性的髋关节伸展运动。

具有足够运动控制能力并已经获得一系列训练进展的运动员，可以通过把弓步与台阶踏上运动相结合来额外增加训练难度，如图10.35所示。反向弓步接台阶踏上动作要求运动员在复杂的运动中对姿势进行控制，从而同时增加了该练习在矢状面中和垂直方向上的难度。

单侧动作

许多动作需要通过单腿姿势来产生力量。

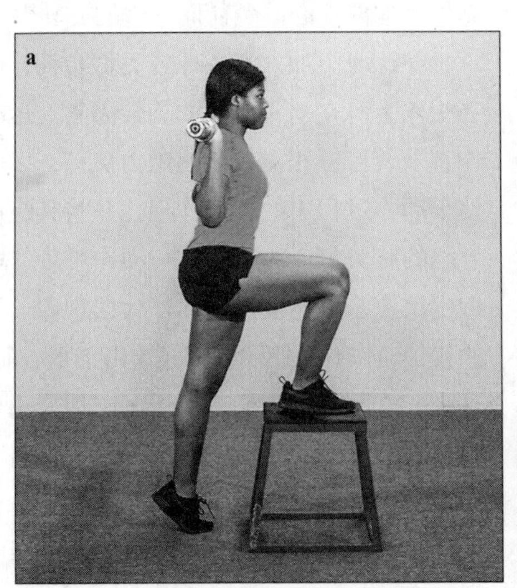

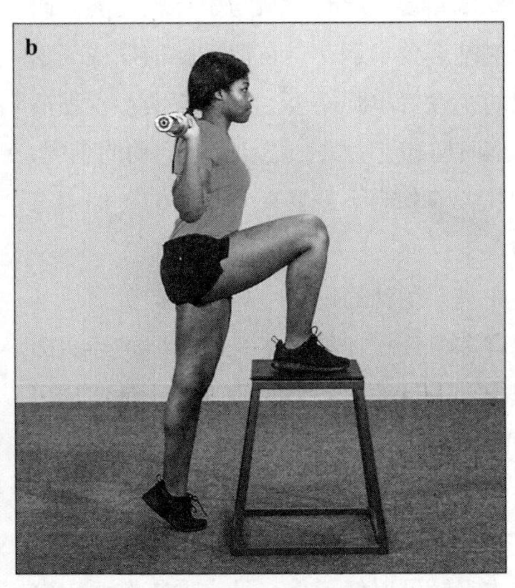

图10.33　不同台阶踏上运动变式的结果：a. 台阶较低，同时强调了膝-髋伸展；b. 台阶较高，使髋关节位于膝关节下方，这就要求运动员通过髋关节伸展来启动运动，因而在更大程度上调动了臀肌和腘绳肌来参与这项运动

图10.34　爆发式台阶踏上运动：a.前脚抬高（位于台阶上方）的起始姿势；b.踏上台阶；c.最高位置

在运动控制的基础阶段，单腿深蹲是极具挑战性的运动。支撑面偏离重心，这意味着神经肌肉系统从一开始就面临着要保持动态平衡的挑战。与正常深蹲相比，由于通过单腿做动作，单腿深蹲的负荷也加倍了，因而即使没有外部负荷，力量练习难度也会明显增加。

单腿深蹲中的力学要求与深蹲相同。教练应该期盼的是：在运动员下蹲时，重量会朝脚的后部转移，膝关节与脚趾呈一条直线，同时在整个动作过程中，躯干保持挺直，腰部曲线保持自然。一种常见的动作代偿现象是，通过膝关节屈曲来开启该运动，这会增加股四头肌参与该运动的程度。这种代偿动作通常伴随着躯干的前倾。这两个动作都是用来使力的作用线前移而不是后移的。

开始这一运动最简单的方法就是通过支撑身体来减少保持平衡的难度。墙壁的巨大表面积加上瑞士球的表面积（图10.36），使运动员能够在保持躯干挺直的同时实现单腿深蹲。在重心位于支撑腿的后方、支撑面（脚与墙壁之间的距离）较大的情况下，运动员能够更加容易地完成一个完整的运动。髋关节有充分的空间下降至有支撑的下蹲位置。随着时间的推移，可以用较小的实心球来代替瑞士球，从而减小支撑力度。瑞士球单腿靠墙下蹲是一种不太自然的动作，因为站立腿被固定在身体前方，同时也无须维持平衡姿势，这多少改变了躯干相对于下肢的位置。但这种练习的确会使运动员熟悉运动和负重的练习难度，并使训练者能够识别出潜在的运动功能障碍，比如膝关节内翻。

练习的进阶情况与运动幅度或施加的外部负荷有关。在深蹲运动中使用跳箱是有争议的，如果使用不当，单腿踩箱深蹲可能会在负重起身过程中导致不良的脊柱负重方式，应当始终避免发生这种情况。不过，像其他练习一样，如果指导得当，这个动作对于力量输出能力的提高，以及自信心的提升是有好处的。对运动员的指导应该是：直到臀部刚刚碰到箱子顶部之前，运动员都要加以控制地下蹲，而当臀部碰到箱子顶部时，运动员应立即大力收缩臀肌以返回单腿站姿。教

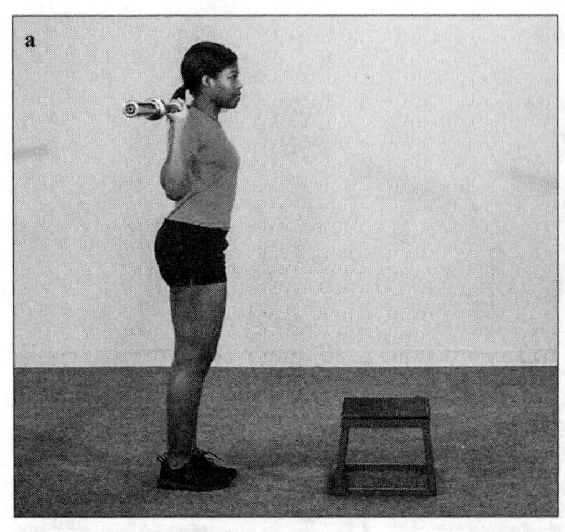

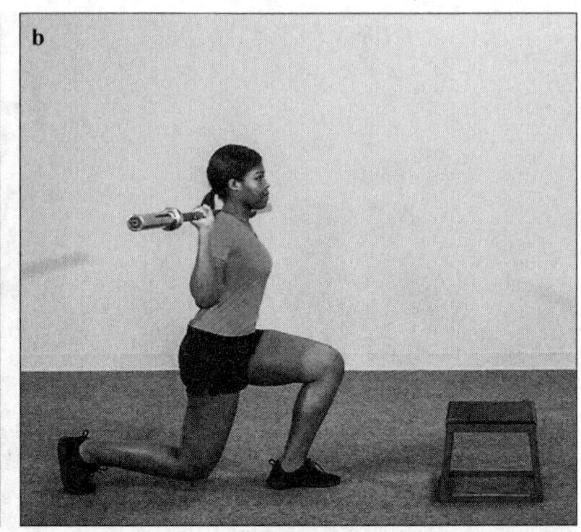

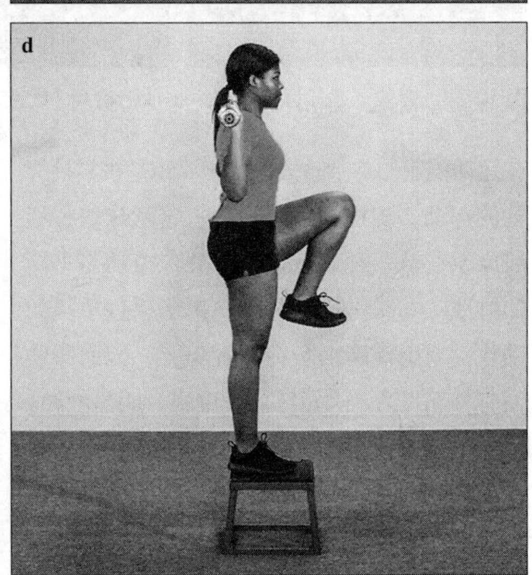

图10.35 反向弓步接台阶踏上动作：a.起始姿势；b.反向弓步到达最低位置；c.踏上台阶；d.结束姿势

练必须确保运动员不坐到箱子上去，因为坐下会让肌肉不再紧张，从而使运动员在回到站姿前就放松了身体。随着时间的推移，箱体的高度可以逐渐减小，因为在牺牲运动范围的情况下，发展一种有限的髋关节和膝关节屈曲和伸展的负重运动是没有意义的。在运动幅度增加到足够大时，可以增加负荷。

利用过顶深蹲动作来延伸动力链也是一种有用的增大训练难度的方法。使用单臂悬吊带是增强信心和解决单腿下蹲平衡问题的另一种方法。使用站立腿的异侧手臂进行前部支撑（有助于保持髋部和躯干呈开放姿势），可以使运动员自然后坐呈下蹲动作。在底部位置，手臂应完全伸展以支撑运动员，而不要向前拉动躯干（此处可看作是重量分布）。教练应该花些时间调整悬吊带，使悬吊带的长度适合运动员。单腿侧蹲，使运动员保持髋部和肩膀在同一平面以及躯干直立的姿势。教练从侧面观察能看清运动员在下蹲过程中体重分布是否正确（朝向脚跟）以

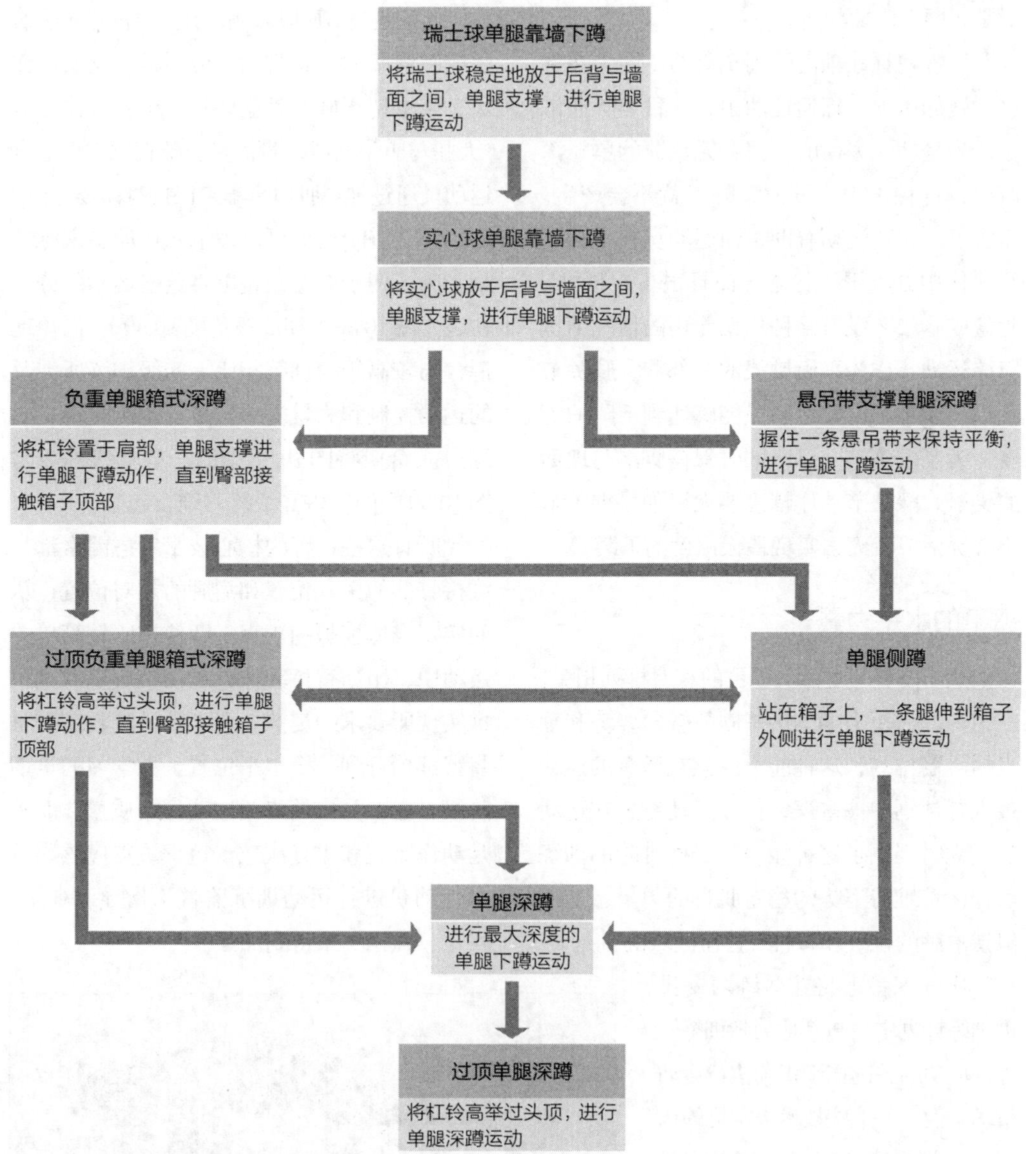

图10.36　单腿下蹲的进阶举例

及在运动中髋关节和膝关节的动作是否同时进行。运动员熟练掌握了动作后，可以增加跳箱或台阶的高度以增加训练难度。另外，通过加入哑铃等外部负荷，能够增加动作幅度内可移动的阻力负荷。

单腿深蹲是对许多运动员来说难以完成的动作之一。这项训练对臀肌以及髋关节和腹股沟周围的大部分肌肉组织的平衡性和力量都是相当大的挑战。运动员必须通过单侧肢体的全幅度动作（相对较大的距离）来移动重心。当股骨的力臂达到最长、大腿平行于地面时，该动作达到最难点。当运动员通过这个位置时，教练可以观察到运动员骨盆蜷缩（骨盆后倾），通常会发生脊柱前倾（有时是屈曲）现象。

尽管在脊柱轴向受到负重的（因为在脊柱上施加压力）任何运动中，这种姿势通常被认为是功能失衡的，但在无负荷的单腿深蹲中，这种压力（重力除外）就不会产生。事实上，这种运动有助于使运动员在单腿深蹲动作中处于平衡状态，而且很少在腰椎-骨盆或胸腰区没有某种代偿作用的情况下执行该运动。作为平衡挑战的一部分，膝关节会远超脚趾，以使运动员能够达到下蹲的深度。为了做到这一点，同时保持脚掌与地面的接触，踝关节动作幅度要大。如果踝关节不够灵活，就无法实现最大深度的下蹲。

躯干的水平力量

运动姿势与身体各部位的相对排列相关。产生内部作用力以维持坚固的轴向姿势和垂直的骨骼排列，这种能力应该在所有的运动员训练计划中被重视，许多运动变式在运动员站立时强调了这种能力。一些进阶的训练动作注重维持姿势的稳定肌群的力量，从而保持肩胛的位置和腰椎-骨盆区域的排列。

应仔细考虑将这些练习安排进训练计划中。与其他力量训练一样，成功的关键在于正确执行运动技术。但是，这些技术中常见的错误一般都未能被纠正，从而容易导致代偿现象的增加，而不能达到所期望的目标。

髋关节和肩关节的排列很大程度上决定了维持运动员姿态时所调动的肌肉，如图10.37所示。如果髋关节未处于中立位置，则会调动髋关节屈肌和腹直肌来支撑腰椎-骨盆的位置。骨盆姿势不正确可能导致髋关节屈肌紧绷，并且无法通过多裂肌或腹横肌的等长收缩（但不是独立发挥作用）来维持正确的骨盆姿势。中立骨盆姿势（大腿与躯干共线，身体呈一条直线）更适合运动员通过神经肌肉募集来保持身体姿势。

一些进阶运动可以被纳入运动员训练计划。为了便于介绍，这里将这些运动区分为初级（图10.38）和高级（图10.39）。简单地说，与较高级的训练相比，初级训练所涉及的运动控制和力量需求较少。也就是说，教练可能希望将图10.38中的一些初级练习与图10.39中的一些高级练习结合起来。

所有这些训练的核心技术考虑因素都是维持骨盆的中立位置和肩胛的相对位置，从而实现身体姿势的正直。即使在比较简单的运动中，比如臀桥动作，运动员可以通过腰椎实现所要求的姿势，而不是通过收缩臀肌将臀部抬升到一个水平位置。在学习的早期阶段，运动员应始终关注动作的质量，而不是动作组数和重复次数，这一重点应该通过对运动员进行运动训练监督（指导、观察、纠正、强化）来得到加强。

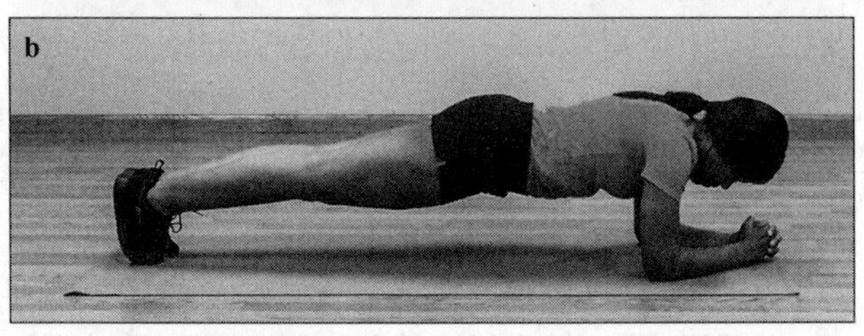

图10.37 关节位置决定肌肉功能。平板支撑的姿势：a.骨盆位置错误；b.骨盆位置正确

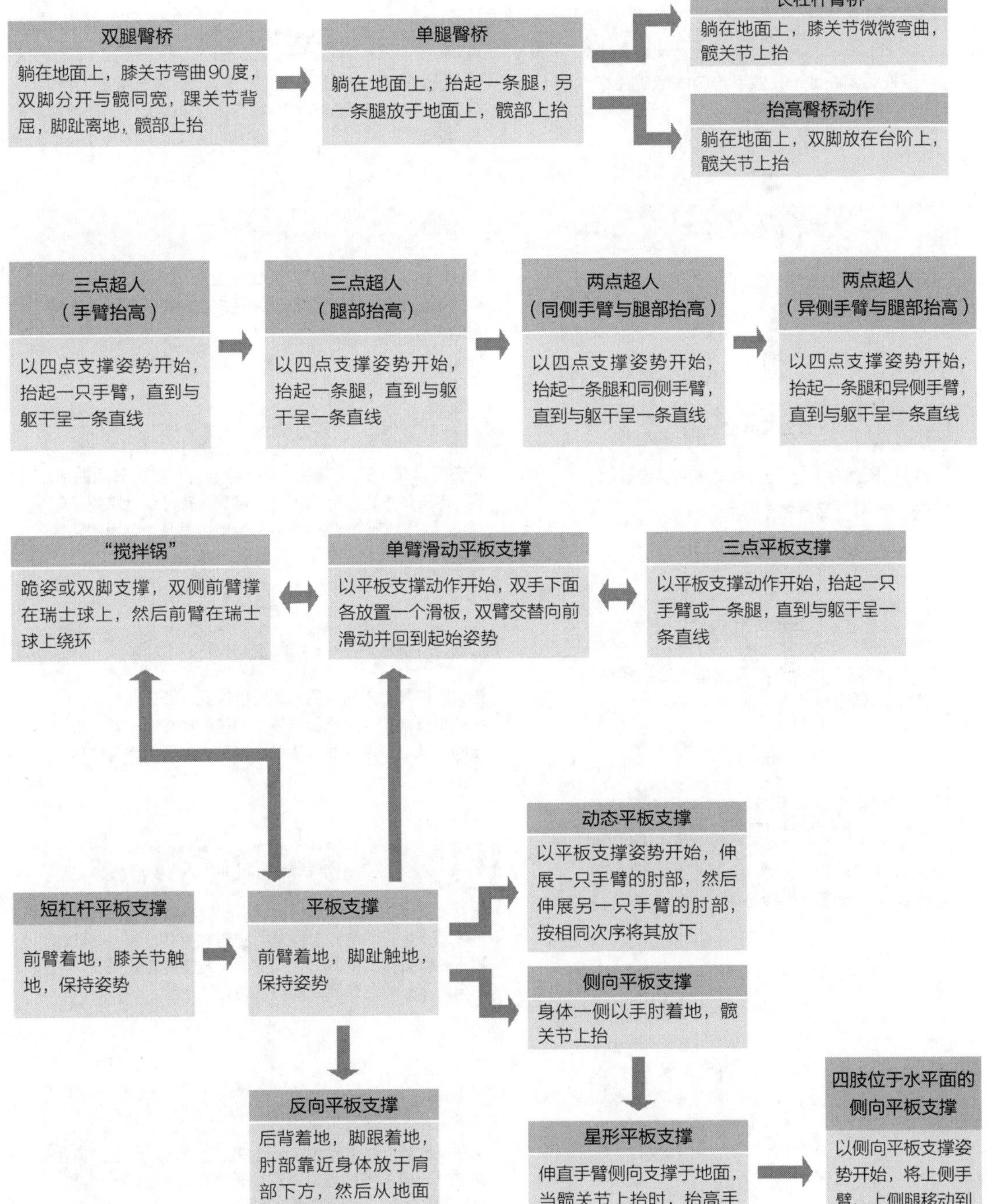

图10.38 初级水平面躯干力量训练

短力臂推出

靠近杠铃跪在地上，双手与肩同宽握住杠铃。滚动杠铃远离身体

毛毛虫（手爬）

双手与双脚同时接触地面，移动手掌使其尽可能远离身体

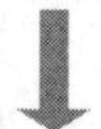

长力臂推出

靠近杠铃站在地上，双手与肩同宽握住杠铃。滚动杠铃远离身体

哑铃推出

靠近哑铃站在地上，手臂伸直，双手握住哑铃。滚动哑铃远离身体

单臂哑铃推出

站在地上的单只哑铃旁，手臂伸直，手放在哑铃上。滚动哑铃远离身体

短力臂烛台下降

躺在卧推凳上，从头后方抓住卧推凳。膝关节屈曲90度，将身体垂直举起，远离卧推凳。有控制地将躯干朝卧推凳方向降低

长力臂烛台下降

躺在卧推凳上，从头后方抓住卧推凳。膝关节伸直，将身体垂直举起，远离卧推凳。有控制地将躯干朝卧推凳方向降低

短力臂烛台升降

躺在卧推凳上，从头后方抓住卧推凳。膝关节屈曲90度，将身体垂直举起，远离卧推凳。有控制地将躯干朝卧推凳方向降低，然后在躯干接触卧推凳之前再次将身体抬起

长力臂烛台升降

躺在卧推凳上，从头后方抓住卧推凳。膝关节伸直，将身体垂直举起，远离卧推凳。有控制地将躯干朝卧推凳方向降低，然后在躯干接触卧推凳之前再次将身体抬起

烛台升降加扭转

躺在长卧推凳，从头后方抓住卧推凳。膝关节伸直，将身体垂直举起，远离卧推凳，旋转髋关节。有控制地将躯干朝卧推凳方向降低，向另一个方向旋转髋关节，然后在躯干接触卧推凳之前再次将身体抬起

椅子边缘烛台

躺在卧推凳上，肩膀放在卧推凳的边缘，从头后方抓住卧推凳。膝关节伸直，将身体垂直举起，远离卧推凳。有控制地将躯干朝卧推凳方向降低

图10.39　高级水平面躯干力量训练

除了加入外部负荷之外（例如在髋部加上杠铃来增加臀桥动作的阻力），还可以通过调整支撑面积或重心位置来增加初级训练的难度。例如，以单腿姿势进行臀桥动作将非常具有挑战性。类似地，改变力臂和重心的相对位置可以明显增加运动难度。例如，在超人系列练习动作中，举起手臂保持肩关节和髋关节的位置，比抬起腿保持肩关节和髋关节的位置更容易，因为手臂通常较短且重量小于腿部。与对侧支撑姿势相比，当身体同侧的手臂和腿部同时抬高时，在高难度运动中保持两点平衡的姿势更加困难。在同侧手臂和腿部抬起并完全伸展的情况下，综合的杠杆作用以及偏离重心的支撑面，使保持所需的平衡姿势变得非常具有挑战性。

基本的平板支撑是将双侧膝关节放在地面上，因此与依靠双脚脚趾和双侧前臂支撑的典型平板支撑相比，前者减少了力臂并减轻了腰椎–骨盆区域的压力。应在训练计划中同时训练俯卧、仰卧（反向平板支撑）和冠状面（侧向平板支撑）的姿势，以使静力性力量强度得以最大化提升。通过结合动态动作（平板支撑行走、“搅拌锅”动作）、减少支撑点的数量（如抬起脚）或改变支撑面的大小这些变式来增大训练难度。在冠状面的侧向平板支撑中，将手臂或腿部放到身体前方来增加单独的运动平面，此时重心向外侧往支撑面方向移动，因此需要姿势控制肌肉非常努力地发挥作用。

上下波比运动和腹肌轮前推是类似的训练动作，其中改变力臂和支撑面是增加运动难度的主要方法。这些练习通过充分挑战骨盆和肩带的离心控制能力来强调姿势的完整性。因此，它们是相当高级的练习，应该谨慎进行。力臂越长，对肩带和骨盆的训练要求就越高。与推出训练有关的常见错误就是用肩膀主导运动。如果在髋关节充分伸展之前肩膀离身体太远，那么肩膀的力量就会限制运动幅度。

检查方式是，假定运动员的起始动作是双膝跪地（限制力臂），那么手臂开始移动杠铃杆之前，髋关节应该处于中立位置（膝关节、髋关节和盂肱关节呈一条直线）。运动员也可能会主动探索支撑面和力臂之间的关系。例如，运动员掌握用脚尖支撑的完整杠铃推出的伸展动作后，直接用哑铃进行训练就有些操之过急。缩短力臂，回到跪姿可能是更加可行的训练方法。

同样地，运动员想要尝试超过自己能力范围的烛台练习，可能会使腰椎过度伸展，造成不必要的扭伤。这一动作应该缓慢并有控制地进行，尤其是在降低阶段的后半段。虽然动作主要发生于矢状面上，但是会在水平面发生扭转，以及挑战协调性的动作。

训练中，不应低估将练习从一端移动到另一端所增加的复杂性。这一变化会大大减少肩关节和上背为动作提供的支撑面，并且会使运动员在适应了减少支撑面的情况下，在更大的运动幅度内下降。远离运动员的卧推凳一端必须压上重物，否则，运动员会导致卧推凳倾斜。

旋转控制

旋转常见于体育动作中。通过躯干有力地产生旋转的能力在许多专项体育动作（投掷、击打、格斗）中都是非常重要的。旋转控制应该被视为运动员整体力量发展计划的一部分。

旋转需要前侧链肌肉（腹直肌、腹外斜肌、腹横肌）和后侧链肌肉的协调运作。后侧链肌肉可以根据功能不同分为两大类：深层肌和表层肌。深层肌（多裂肌、回旋肌、半棘肌）负责脊柱的对侧旋转（例如，右侧肌肉将身体旋转到左侧）。表层肌（竖脊肌、头夹肌、颈夹肌）是同侧旋转肌，例如右侧肌肉收缩会将身体旋转到右侧。

发展躯干旋转能力的训练通常是基于固定的躯干旋转下肢，或者在站立姿势下，上身围绕下身固定支撑面旋转的方法。上身和下身之间的关系反映出了典型的运动需求。在下身朝一个方向旋转时，上身几乎不会朝另一个方向旋转。确实，在有负重的条件下（即使是简单的重力），这种运动可能也会对脊柱和相关躯干肌群产生极大的压力。

另外，矢状面运动量较大的运动员往往会有髋关节、胸腰椎部分活动度减小的趋势（动作幅度减小）。该区域独立的主动旋转训练会增加活动度和力量，从而可以解决这一问题。在单腿跪姿斜向绳索砍劈（图10.40）运动中，运动员的髋关节是固定的，因此当负荷在此范围内移动时，只有通过躯干才能产生旋转。手臂保持伸展，这样力量可以有效地进行传递。运动开始时，运动员将头部和颈椎远离配重片，然后伸展躯干，同时向同一个方向旋转。该运动既可以由低向高做，结束动作为手臂举过头顶；也可以由高向低做，结束动作为手与髋部齐平。

改变为站立姿势（图10.41），这样运动就可以通过调整绳索高度，以斜对角或者横向的动作模式进行，迫使运动员控制髋关节姿势，使其保持中立位置，并朝向前方（例如，髋部不旋转）。保持髋部的中立位置需要激活臀肌，以及骨盆和腹股沟部位肌群的等长收缩动作。运动员必须使水平面运动只发生在躯干，同时将身体重心转移到身体前方。坐姿和站立姿势的一般进阶动作包括双膝高位跪姿和单膝跪姿（一侧膝关节跪地，另一侧膝关节弯曲），这两种姿势可以很好地迁移到运动中。

过度增加阻力负荷有可能引起髋部的代偿来启动运动，而不是使躯干旋转。在专项训练结束时（例如，运动员已经完成了许多一般性训练），可能会采用这种由髋关节启动的重负荷旋转训练，因为在以地面为支撑面的训练中，力量需要由髋关节产生，并通过动力链转移。

绳索训练器能够调整阻力负荷的高度，这一点非常有用。动作可以设计为抵抗旋转力量的形式。在许多接触性运动中，这种力量是很重要的。绳索抗旋推拉（图10.42）就是这样的练习。运动员必须保持躯干稳定的姿势，在矢状面内伸展手臂，同时抵抗水平的旋转力量。

反向螺旋（图10.43）是一项单边旋转力量训练，其鼓励力量从下肢通过躯干向对侧上肢转移。正确的练习方式是，在力量从核心部位转移到四肢时，运动员保持膝关节、髋关节、躯干和肩膀的完整性。非支撑腿髋关节和膝关节的屈曲让躯干能够从屈曲位置进行伸展和旋转；这个动作是由腿部的伸展启动的。腿部力量应该从伸展腿通过旋转的骨盆和躯干转移至伸展的后背，到达对侧肩膀。在此过程中，绳索应该远离身体，跟随胸腰筋膜的力线走向。

旋转还可以通过固定上身，而不是下身来发展。这样的训练显然对胸椎灵活性的发展没有帮助，但是它们可以发展旋转力量。在雨刷练习（图10.44）中，上身固定在地面上，腿提供了阻力负荷，在髋关节屈曲90度的情况下，负荷从左腿移动到右腿。随着运

图10.40　单腿跪姿斜向绳索砍劈，由高向低运动：a.起始姿势；b.结束姿势

图10.41　站姿侧向绳索砍劈：a.起始姿势；b.结束姿势

动员姿势力量的发展，通过移除上身的地面支撑并需要直接的肌肉动作来固定上身，可以提高该练习的功能性。进阶训练（悬垂式雨刷练习，如图10.45所示）需要高水平的等长力量使躯干保持姿势，好让腿部可以以侧边到侧边的动作来进行旋转。

头顶力量

本章忽略了许多传统的可能会对发展全身力量非常重要的力量运动，而优先进行与体育运动技巧和姿势控制直接联系的功能性力量训练。当许多体育动作并不直接需要这种技能时，许多读者可能会质疑发展头顶力

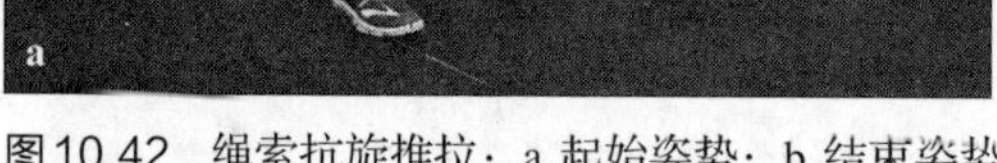

图10.42　绳索抗旋推拉：a.起始姿势；b.结束姿势

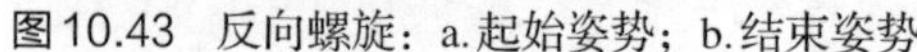

图10.43　反向螺旋：a.起始姿势；b.结束姿势

量。发展过顶力量是有必要的，原因有两点：其一，所有的过顶负荷都会对运动员伸展的动力链构成直接的挑战，因此会对运动员保持姿势的完整性构成显著的挑战；其二，在进行过顶训练时，运动员承受的负荷方向与重力方向相反，通过过顶训练，运动员的力量和爆发力会得到最佳的呈现。

最佳的过顶运动，无论是推还是拉，通常都是以运动员进行基础的头顶拉（如爬绳）和倒立动作开始的。这些动作包括上身和下身的协调动作，尤其是手倒立，需要极强的躯干等长力量来保持身体竖直。

手倒立是一项极具挑战性的体操动作，运动员需要在极窄的支撑面上保持身体的重

图10.44 雨刷练习：a.起始姿势；b.结束姿势

图10.45 悬垂式雨刷练习

心。手倒立比头手倒立更具挑战性，因为头手倒立的支撑面更宽，重心更低。如果运动员有墙的辅助，那么完成该训练还是相对容易的。虽然许多人想要将手放在靠近墙的位置，然后向上踢起双脚，但是这种方法通常会让运动员失去平衡，脚在墙上，但是没有在重心或者支撑面（例如，双手）的正上方。顺便说一下，如果没有墙面的支撑，许多运动员不足以强壮到可以踢起双脚到呈倒立的姿势。事实上，该动作不需要太多的相对力量，运动员会担心在顶端失去平衡和缺少上踢的力量也是一个原因。

学习手倒立更为实际的方法是将脚放在墙上，将手向墙的方向逐渐靠近，同时沿着墙面向上移动脚（图10.46）。这一动作会使手和头越来越靠近墙，最终身体垂直于地面。当保持这个姿势时，运动员能学会用力支撑他的体重，此时盂肱关节完全屈曲、胸椎和手臂完全伸展。

手倒立可以通过减少支撑点数量（例如，用一个支撑点只对双脚进行支撑），或者保持没有支撑的手倒立姿势来增加难度。这个姿势是过顶推举动作的倒置，通过双手与地面接触，而不是双脚。然而，负荷完全施加在手臂和肩膀上，运动员需要时间来逐渐进阶到推起自身的体重。确实，手倒立可以通过引入俯卧撑将其转换成倒立俯卧撑（图10.47）。这种变式需要强大的肩膀和手臂力量，以及

图10.46　沿着墙面向上移动脚：a.起始姿势，脚放在墙上，双手撑地；b.中间阶段，手向靠近墙的方向移动，脚向上移动；c.平衡阶段，脸面向墙，手倒立

姿势控制力量。

爬绳传统上是初级体育教学课程中的主要组成部分，但是近几年变得不受欢迎了。爬绳对于任何可以爬快或爬远的人来说，都是一项具有挑战性的运动，该技能可以通过全身的运动——运动员要采用腿部蹬伸和双手拉动的方法在绳子上爬得更高，可进阶为只用双手爬的形式。

引体向上（图10.48）也演化出了多种变式。基础的方式是，运动员悬垂在杆上，正握横杆。正握是运动和日常活动中最为常见的握杆方法。在该训练中，这种握法着重强化背部肌肉，尤其是背阔肌和大圆肌，同时在动作的顶点处着重强化菱形肌和斜方肌。运动中还涉及许多手臂屈肌（肱二头肌、肱肌和肱桡肌），通过改变握法（变成反握），手臂屈肌的锻炼效果就会得到加强。通常来说，反握引体向上对运动员来说更加容易。

头顶下拉动作使得引体向上成为基础力量和功能力量训练者非常喜欢的训练。引体向上是一种基础动作，很容易依据个人水平来增加难度，因为运动员在整个运动过程中可以完全控制自己的体重。例如，运动员可以在引体向上的上拉阶段快速进行，下降阶段缓慢进行，或者通过负重腰带来增加负荷。通常，运动员会通过摆动来代偿以产生动量，但是通过指导正确的动作可以很容易地纠正这个错误。

带有外部负荷的3个基本头顶动作（图10.47）使躯干完全伸展，当运动员面朝前时，手臂锁定将负荷支撑于头部后上方。负荷直接位于支撑面的正上方，使前后的力矩最小，从而挑战姿势的平衡性。由于这个原因，上举动作通常开始于杠铃杆位于运动员双肩和上斜方肌所在的上背部。双手稍比肩宽，正握住杆。从这个姿势开始向上推杠铃杆，直接垂直地移动到头顶，而从身体前方上举需要垂直并向后举起杠铃达到相同的位置。运动员也可以用哑铃来完成该动作，这需要对每只手臂和肩膀有更多的单独控制。这种训练的动作难度更大，所以增加的外部负重通常很少。

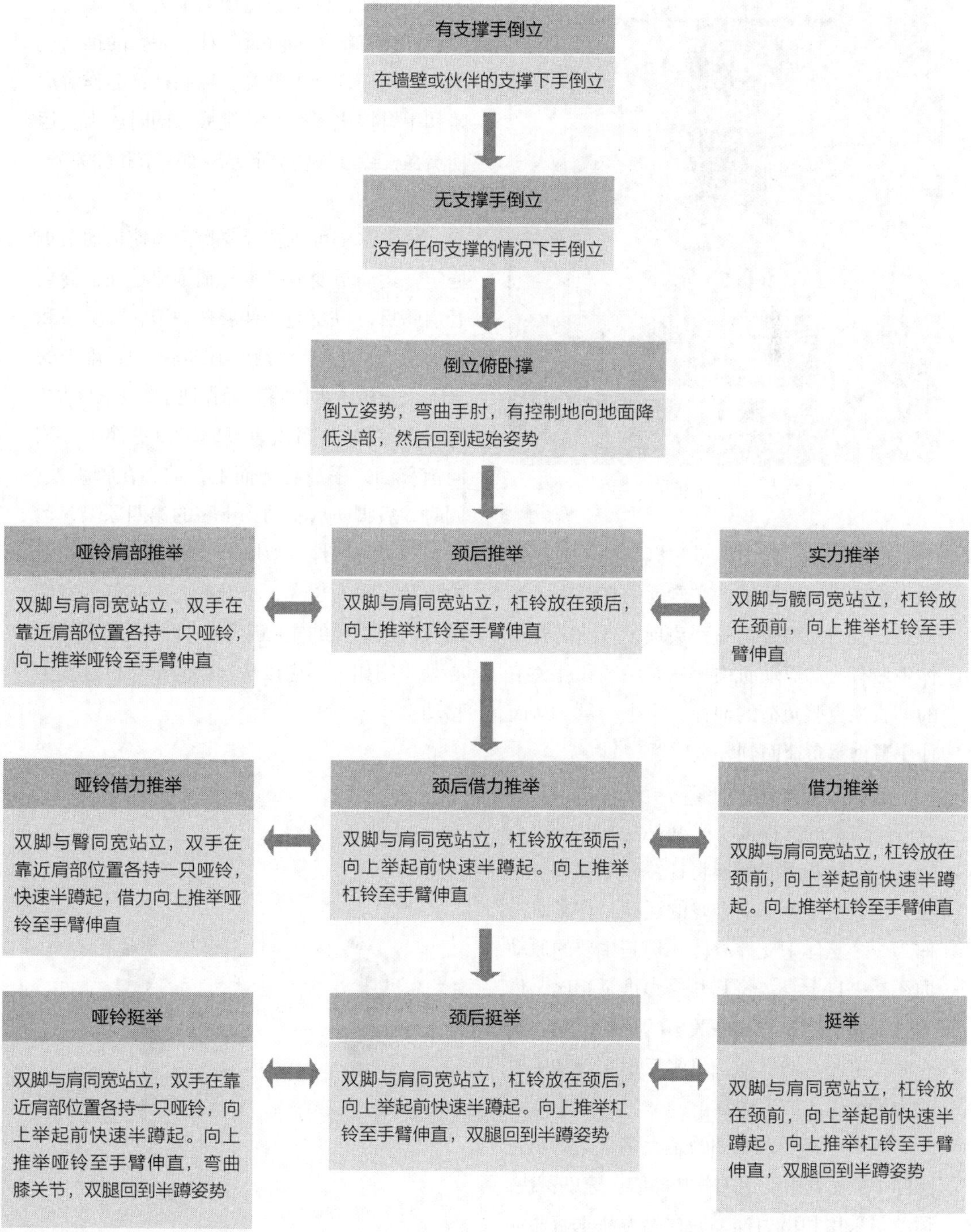

有支撑手倒立

在墙壁或伙伴的支撑下手倒立

↓

无支撑手倒立

没有任何支撑的情况下手倒立

↓

倒立俯卧撑

倒立姿势，弯曲手肘，有控制地向地面降低头部，然后回到起始姿势

↓

哑铃肩部推举

双脚与肩同宽站立，双手在靠近肩部位置各持一只哑铃，向上推举哑铃至手臂伸直

↔

颈后推举

双脚与肩同宽站立，杠铃放在颈后，向上推举杠铃至手臂伸直

↔

实力推举

双脚与髋同宽站立，杠铃放在颈前，向上推举杠铃至手臂伸直

↓

哑铃借力推举

双脚与臀同宽站立，双手在靠近肩部位置各持一只哑铃，快速半蹲起，借力向上推举哑铃至手臂伸直

↔

颈后借力推举

双脚与肩同宽站立，杠铃放在颈后，向上举起前快速半蹲起。向上推举杠铃至手臂伸直

↔

借力推举

双脚与肩同宽站立，杠铃放在颈前，向上举起前快速半蹲起。向上推举杠铃至手臂伸直

↓

哑铃挺举

双脚与肩同宽站立，双手在靠近肩部位置各持一只哑铃，向上举起前快速半蹲起。向上推举哑铃至手臂伸直，弯曲膝关节，双腿回到半蹲姿势

↔

颈后挺举

双脚与肩同宽站立，杠铃放在颈后，向上举起前快速半蹲起。向上推举杠铃至手臂伸直，双腿回到半蹲姿势

↔

挺举

双脚与肩同宽站立，杠铃放在颈前，向上举起前快速半蹲起。向上推举杠铃至手臂伸直，双腿回到半蹲姿势

图10.47 从手倒立到挺举

图10.48 引体向上

过顶推举、借力推举和挺举中，腿部的动作略有不同。的确，在运动的环境中，运动员要有力地将重物举到头顶，自然需要身体中最有力的驱动肌肉——髋关节和膝关节的伸肌来克服负荷的惯性，产生动量，从而使手臂推举负荷回到安全位置。

过顶推举没有腿的参与。在运动员双脚分开（最大的支撑面）平衡站立、上身挺直以后，肩膀和手肘伸展将杠铃向上举起。这在一定意义上是一项全身的运动，许多肌肉作为一个整体来支撑身体，但是主要的原动力还是来自上身。将其与借力推举相比，借力推举始于髋关节和膝关节的反向运动。这一髋关节驱动动作通过牵张反射来增加下肢的力量输出，产生动量。

挺举（许多人熟知的是大多数运动员在国际举重比赛中使用的分腿站姿）速度更快，运动员采用和借力推举同样的方法垂直驱动杠铃。但是在杠铃离开运动员肩膀以后，腿部垂直驱动杠铃加速的动作停止，运动员爆发性地再次屈曲髋关节和膝关节，在杠铃下方接住杠铃，保持在过顶上举姿势。该动作中，杠铃有很少的垂直位移，手臂的推力也很小。然而，接住杠铃，控制杠铃动作对肩膀和手臂提出了很大的挑战，同时还需要运动员在杠铃过顶姿势下伸展髋关节和膝关节，垂直站立。

分腿站姿可以扩大支撑面，使运动员更稳定。运动员变成弓步分腿姿势是在杠铃离开肩膀后，以及完全伸展髋关节、膝关节和踝关节之后。这一分腿动作应该通过虚拟的十字来分析（可以将其画在地上，如图10.49所示）。前腿（每次重复时可以更换）应该向前移动，平放在地面上，重心在脚跟处。同时，后脚向后移动到十字的第四象限，运动员前脚掌触地。双脚分开的宽度取决于阻力负荷，阻力越大，上升的高度越低，宽度越大。运动员的重心应该立即放到十字的中心处（例如，不应该从起始的推举位置发生移动）。

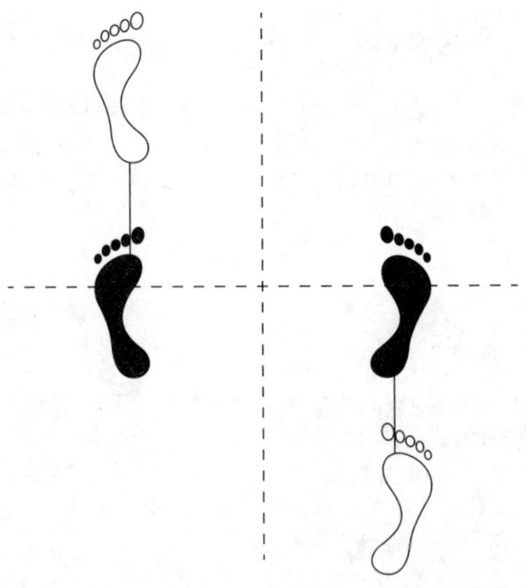

图10.49 在快速挺举姿势中实现有效的弓步下蹲

完成这一姿势之后，重量完全处于过顶

锁定位置，运动员稳定了姿势，双脚应该回到与肩同宽的位置。前脚朝着中线向后退，然后后脚向前移动。当双脚水平，杠铃完全处于头顶之上时，挺举动作完成。

训练顺序和计划

本章分析了力量训练中功能性的概念及其在发展运动员运动能力和将训练转化为运动表现时的重要性。许多文本涉及力量训练的其他方面，在运动员职业生涯的不同阶段对其进行规划。本章的重点是力量训练如何与整体的训练计划相结合，并通过均衡的安排与运动员的一般和专项运动需求保持一致。

任何计划的设计都遵循一些主要原则。第一，力量训练应该因人而异，与运动员个人的能力相匹配，这也是与全方位的运动发展训练相一致的目标。第二，负荷量要合适。要对训练的组数、重复次数、阶段和强度进行仔细评估，以确保运动员的训练负荷适当。关于力量和爆发力训练需要考虑的最为重要的一点是训练质量，这是保证运动员在相对较低的训练量下还能维持良好状态的关键。

在学习动作的时候，训练量很大，因为要不断增加重复次数和练习。但是这种方法可能意味着大量进行1到3种动作训练，其间需要进行大量的指导教学。即使是训练有素的运动员，为达到力量或爆发力的目标而执行的高级力量训练计划也很少会使用每组超过5次的重复次数。一旦超过5次，对于神经肌肉系统的挑战会由于疲劳而大大减少。相比之下，执行康复训练计划的运动员（重塑神经肌肉系统）可能会寻求更多的重复次数（10到15次）来建立动作的神经模式，但是与达到训练目标和运动表现目标的训练相比，负荷量会明显不足。

本章小结

获得力量的能力支撑着运动员在执行广泛的运动技能方面的成功。需要重点考虑的不是运动员需要变得多么强壮，而是他能在动作技能的使用过程中获取多少力量来使这些技能尽可能有效地发挥。

力量训练中功能性的概念与运动员训练计划的许多方面有关。其核心问题是力量训练的刺激如何激发运动员的运动系统。姿势整体性、神经肌肉系统的需求以及力量产生速率都是整体训练计划中每一项功能性练习的重要决定因素。

在力量训练计划中实现超负荷应该被简单地视为增加运动员需要移动的阻力负荷。通过相关运动的复杂性去考虑力臂、重心位置、运动幅度或范围、支撑面的大小或者位置，教练可以采取一系列更为复杂或更为困难的力量训练，从而发展运动员募集功能性力量以优化运动表现的能力。

与大多数运动相关的体育训练一样，进阶的挑战应该基于运动员自身的能力。为了更有效地学习，运动员需要跳出他们的舒适区，但这并不意味着超越他们有效运动的能力。其目的是在没有或者不发生动作代偿的前提下，巩固合适的运动模式。长期来看，动作代偿会影响运动员产生功能性力量的能力。为实现这一目标，需要在长期的训练计划中选择合适的重复次数和变化形式。

第11章

理论应用

本书探讨了人体如何运作和适应生理–力学刺激，以提高运动技能。本书还展示了一些训练方法及其应用，以便使用者可以将这些理论应用在一系列训练过程中。在对提高运动员动作效率的因素进行分析的过程中，理解这些内容的最好方式，是通过提出一个训练计划来解释这些因素是如何共同发挥作用，以实现既定目标的。

无论是运动员、专项教练、科学家，还是体能教练都要知道，设计计划并非只有一种正确的方式。有许多方式能实现目标，只要遵循支撑运动和人类身体发育的原则。本章给出一些案例分析，并提供一些有助于运动员实现具体目标的训练计划。

读者可在之前的章节中找到每项计划的原理，并应该采取批判性的方式来分析每一项计划，并试着理解为什么要做这样的计划。我一直致力于遵循简化的原则，无论是训练计划的结构还是练习的选择。实际上，如果对两者进行简单的讲解或不针对某个运动员来说，我会有许多不同的方案，毕竟使用者可以采用许多不同的练习方式。希望读者思考一件重要的事情，即基于理论发展和目标来决定训练方法。因此，在阅读本章时，请读者评估是否会采用同样的训练方法。

记住，这项工作并不是按照规定的体育发展预期进行的（例如，基础体能训练常被误解为“让我的运动员去做奥林匹克式举重和挺举等”），而是要提供训练的附加价值，可以让运动员在自己的专项运动中优化运动表现，减少受伤的概率。给予运动员训练的益处，让他们在未来取得成功。

案例分析1：网球

斯蒂芬妮，16岁，一名网球运动员，正式从事这项运动已有9年之久。她身高180厘米，体重63千克。斯蒂芬妮通常一天练习2到4小时的网球，但是她的体能训练仅限于在学校和当地健身房中完成一些常规有氧运动，以及一些基础的抗阻训练。她的训练年限以及身体能力的发展水平都很合理。她渴望成为一名职业运动员，并争取在不久的将来可以参加几场国家级的比赛。虽然在训练刚开始时她没有受伤，但是后来她的脚踝受伤了（两次轻微的距腓前韧带扭伤）。

距腓前韧带连接距骨和腓骨，位于踝关节的外侧。距腓前韧带扭伤是常见的一种脚踝扭伤。通常情况下，网球运动员用外侧脚支撑发力以打出正手斜线球，但无法控制横向动量时，就会发生距腓前韧带扭伤。跳跃后落地时，若身体重心移到身体一侧，且脚踝处于跖屈（脚尖朝下的一种不良姿态）和反向的（内旋）状态时，易导致韧带拉伤或者撕裂。

虽然治疗主要集中在脚踝上，但分析表明，斯蒂芬妮受伤的原因是在动力链的上部，尤其是在髋关节周围。该伤势是斯蒂芬妮无法控制其动态姿势造成的，尤其是转换成单腿支撑姿势时，很大程度上是臀肌激活不足造成的。这种单腿支撑姿势在网球运动中很重要，因为很多击球动作是在单腿或分腿姿势下完成的。

网球教练认为斯蒂芬妮在前后移动时倾向于使用短小的步法，以至于不能有效移动，且倾向于在击球时采用窄姿站位。她在伸手接球时非常容易受伤，因而需要学会采用更稳定的脚跟或全脚掌的触地方式，这样才能为击球动作提供一个稳定的基础，并且可以实现单腿和双腿姿势的平稳转换。

除非需要直线加速从后场扣球，网球运动员从站立姿势开始的最初几步，通常采用与其他项目运动员不同的移动方法。当横向或向后移动以拦截与运动员加速度方向垂直飞行的球时，几个大步通常比多个小步（通常为线性加速方式）更为有效。

斯蒂芬妮的训练计划会注重改善功能性力量，使其可以通过姿势链将旋转力量传递至上肢，并转化为挥拍速度。斯蒂共妮同时进行一系列场上动作的训练，提高专项灵敏性技术，优化其在网球场上的动作。斯蒂芬妮还要掌握如何通过生理-力学机制更好地产生旋转的力量，以便在发力的同时，控制好上身在各种不同脚部姿势下产生的力矩。该训练计划包括提升其在单腿支撑状态下在3个动作平面上的减速和再加速能力，以及训练其将重心控制在支撑面合适位置的能力，目的是提高其稳定性（击球过程）和移动性（接球过程）。

接下来的训练重点是将3个月的训练和场上实战相结合。

功能性力量

1. 采用基于地面的练习，提升动力链的大力量输出能力，重点关注下肢屈肌、伸肌、背阔肌［连同浅表结缔组织（胸腰筋膜）与臀大肌一起形成弹性悬索将球拍拉回，并存储弹性势能，在击球时释放］以及躯干来稳定脊柱并产生旋转，这对每一次击球动作都是至关重要的（图11.1）。通过肩膀将地面反作用力转化为上肢（手臂）力量的能力也很重要（斯蒂芬妮之前曾经做过肩内外旋肌群的强化训练，但是这些肌肉不能孤立使用以产生挥拍的速度）。
2. 提升在各种单腿和单侧支撑姿势下的大力量输出能力。
3. 提升3个动作平面中动作结束时产生高输出功率的能力。

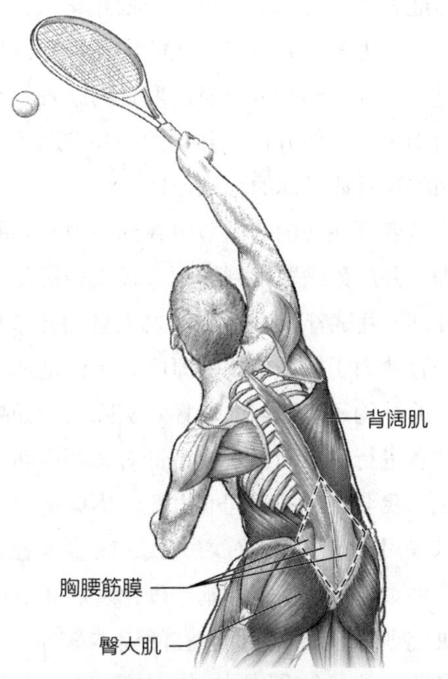

图11.1　躯体的整体运动源于背阔肌、臀大肌和胸腰筋膜之间的相互作用

功能稳定性

1. 提升双脚落地的技术。
2. 提升单脚落地技术和双腿反应力量，以便能够在支撑面上快速调整。
3. 动态地转换到一个宽大、低重心的下肢支撑姿势，并从这个姿势产生上身的旋转和一系列其他动作。

场上移动

1. 在适度稳定的基础上，发展专项的向前、向后和横向步法。
2. 提高步法的复杂性。
3. 提高步法的效率和速度。
4. 将这种步法应用于开放性运动场合，以及网球对打中。

训练计划中，早上进行力量和稳定性训练，因为这段时间斯蒂芬妮的体力比较充沛。训练课之间有3到4小时的间歇，有助于她恢复体能。每节网球训练课开始前，会进行动态的热身活动，热身活动中会逐步增加稳定性内容，然后引入场上移动的练习。这一系列练习能够有效提升动作技能与专项技能之间的转换效果，也使网球教练与运动员发展专家紧密合作，更好地影响斯蒂芬妮的场上动作。逐渐地，练习阶段的动作训练将被移至热身阶段，以便有时间进行进阶训练。随着斯蒂芬妮运动效率、姿势控制能力和力量的提高，她的挥拍技术也需要提升，以匹配她增强的身体素质。

斯蒂芬妮这一阶段一周的训练计划如表11.1所示，在训练周结束时，会为练习赛做出适当的调整。训练计划应该与训练阶段相匹配，例如，在阶段3中，将第6天的能量代谢训练融入网球专项计划中，以便使训练单元在赛前专项化。想了解更多关于累积负荷策略和阶段负荷策略的信息，可以查询关于周期训练的文献[1]。

12周的训练计划可分成3个4周的训练阶段。每周都会调整训练负荷（训练量 × 该训练的相对强度）：第1周是中等负荷；第2周是重负荷；第3周是超重负荷（这时会出现过度刺激）；第4周训练负荷会减少（中等），以便运动员恢复体能，但是训练量不会减少。这样的安排能够让斯蒂芬妮随着计划的执行，适应不断增加的训练负荷。训练负荷在一周之内同样有所变化，如表11.2所示，虽然训练的侧重点会发生变化，但因为训练过程的转移是在训练阶段的末期发生的，因此更多地关注网球的专项训练负荷。

除了周与周的训练计划有所不同以外，一周内每天的训练负荷也是不同的。训练的重点也会在各个训练要素间转换，以实现适当的超负荷、恢复以及适应性目标。这一点很重要，因为虽然斯蒂芬妮的训练年限非常合适，能够承受一定的训练负荷，但是一周内各个训练项目的训练强度都不能太高，否则会造成过度刺激，或长期而言，可能会导致过度训练的问题。

表11.1　斯蒂芬妮的一周训练计划

日	1	2	3	4	5	6	7
上午	力量训练	稳定性和能量代谢训练	稳定性和力量训练	积极恢复	稳定性和力量训练	稳定性和能量代谢训练	积极恢复
下午	动作和网球专项训练	动作和网球专项训练	网球专项训练		动作和网球专项训练	网球专项训练	

表11.2　周训练计划中每个训练项目相对训练负荷的变化

训练负荷	1	2	3	4	5	6	7
力量训练的训练负荷	重	休息	轻	积极恢复	中等	休息	积极恢复
稳定性训练的训练负荷	休息	重	轻		中等	休息	
能量代谢训练的训练负荷	休息	轻	休息		休息	重	
动作训练的训练负荷	中等	轻	休息		重	休息	
网球专项训练的训练负荷	轻	重	中等		中等	中等	

训练阶段1：第1周到第4周

该计划的目的是培养基本的场上动作技能，加强基础力量素质，使斯蒂芬妮在训练过程中取得进步，实现既定目标。重点是运动模式与高质量的神经肌肉系统发展。

力量训练

第1周到第4周的力量训练如表11.3所示。该训练计划中的部分练习在第10章已有说明。这些练习都是从单脚或双脚姿势开始的，涉及多个关节和多肌肉参与，能够使运动员实现大力量输出（例如深蹲和硬拉）和高输出功率（例如高翻拉）。

稳定性训练

稳定性训练旨在实现几个目的。有的训练是为了提升臀肌的激活能力以稳定髋关节，优化髋、膝和踝在运动时的位置。训练时可以使脚保持静止姿势，或者以一定的策略来发展动态动作中有控制的落地技术。其他训练，尤其是在不稳定表面上进行的训练，是为了在其他关节运动时，加强脚踝的本体感受能力。训练重点除了腿部以外，一些训练还注重肩关节在全身运动过程中的整体性以及稳定性，以帮助斯蒂芬妮控制肩关节的功能。第1周到第4周的稳定性训练如表11.4所示。

表11.3　第1周到第4周的力量训练

力量训练1			
运动	组数	重复	描述
硬拉	4	5次	站立，杠铃放在小腿前。双手握距与肩同宽，正反握住杠铃，背部挺直，全脚掌承重。同时伸展髋部和膝盖，拉起杠铃至直立
弹力带辅助引体向上	4	8次	使用一个比肩稍宽的握距，身体悬垂在单杠上。使用背部肌群发力，将身体拉起，直到下巴位于单杠之上，然后有控制地下降。弹力带会帮助身体克服重力
负重单腿箱式深蹲	5	每条腿5次	将杠铃放置在肩后。单腿站立深蹲，直到臀部碰到箱子的顶部
斜板杠铃卧推	4	5次	躺在斜板卧推凳上，卧推凳的倾斜角度为25到35度。杠铃放在架子上，杠铃杆位于胸部正上方。双手握杠，握距稍比肩宽。保持双脚支撑地面，臀部和肩膀接触卧推凳，将杠铃从支架上举起，下放至胸中部

续表

力量训练1			
运动	组数	重复	描述
“搅拌锅”	3	30秒	前臂放在瑞士球上，以双膝（退阶）或双脚（进阶）支撑，保持耳朵、肩膀、髋、膝和踝呈一条直线，肘撑围绕瑞士球绕环，就像搅拌锅一样
力量训练2			
运动	组数	重复	描述
前脚抬高分腿下蹲	4	每条腿5次	分腿下蹲，前脚抬高，使前侧腿的后链承重
悬吊带单腿深蹲	4	每条腿8次	抓住悬吊带保持平衡。单腿下蹲至最大深度，恢复站立姿势
直腿硬拉	4	8次	以高翻的握距拉起杠铃至大腿处，双脚间距与髋同宽，膝关节微屈，重心放在脚掌中部，动作开始时，髋部向后上方移动，躯干前倾，杠铃顺着腿向下移动
倒立（同伴辅助）	4	30秒	同伴辅助倒立。脚应该在头顶的正上方
拉力器抗旋推拉	3	每边5次	拉力器与胸同高。与拉力器成90度站立，上身挺直，膝盖弯曲，双脚分开与肩同宽。练习时，面朝前方，手臂不动，抵抗拉力器产生的横向拉力。手臂弯曲，将手柄拉到胸前
力量训练3			
运动	组数	重复	描述
膝上高翻拉	4	5次	从高翻的二次上拉姿势开始（双脚分开与肩同宽，膝盖弯曲，杠铃位于大腿中部），重心放在脚的中部。爆发式伸展臀、膝、踝三关节，完成高翻的二次上拉，杠铃迅速上升，踮脚使重心转移到脚尖。最后，快速耸肩，杠铃上升到身体的前部
杠铃过顶深蹲	4	5次	将杠铃举过头顶，然后完成深蹲，上身保持挺直，保持腰骶部对齐锁定
颈后握杠直线弓步	4	10次	肩后握杠。弓步向前成双脚窄撑，前腿的膝盖与前脚的脚趾对齐，后腿的膝盖与前脚的脚跟对齐
爬绳	4	1次	双手交替抓绳上爬，手臂向上，双手紧握绳子，用双臂拉动身体，双脚夹绳支撑身体，以便攀爬
拉力器侧向砍劈	2	每边6次	双脚分开与髋同宽，髋部与拉力器成90度。拉力器与躯体中部齐平。双臂伸直，抓住把手。头和颈椎向与配重片相反的方向转动，然后躯干向相同方向旋转，带动手臂用绳索拉起配重片

表11.4　第1周到第4周的稳定性训练

稳定性训练1			
运动	组数	重复	描述
20到30厘米跳箱双脚跳下呈稳定姿势	3到5	5次	躯干保持正直，跳下箱子，踝关节背屈，准备触地。双脚落地，膝盖与脚尖对齐，重心位于脚的中部
10米单脚跳	4到6	每条腿1次	单脚跳10米。确保每次落地都很平稳（髋部和肩膀保持水平，膝盖和脚尖对齐，重心位于脚的中部）
20到30厘米跳箱跳上	3到5	6次	双脚起跳，双脚落地，保持稳定的姿势，髋、膝、踝对齐
前后交替弓步	3到5	每条腿8到10次	执行向后弓步，然后从下蹲位置过渡到同一条腿的向前弓步。在规定时间内，连续完成向前、向后弓步，不要中断
稳定性训练2			
运动	组数	重复	描述
星形偏移	3	每条腿10次	单腿站立。支撑的腿在运动过程中保持不动。保持髋部和肩膀呈开放姿势。抬起的腿向前伸，尽可能远地在身前触地；向左后方45度，尽可能远地触地；再伸向身体右后方45度方向。重复上述动作
弹力带抗阻-四向迈步	3	每个方向10次	单腿站立，弹力带套在站立脚的胫骨中部。横向拉弹力带。向前迈步，触地后还原，向左迈步、向右迈步、向后迈步或者随意迈步。重复以上各个方向的动作
单腿站立抛接网球	3到5	每条腿8到10次	单腿站立。同伴扔出网球，接住；或者对着墙扔球，在不同的高度和速度下接球。保持平衡
双腿臀桥练习	3到5	10次	仰卧，膝盖呈90度，双脚分开与髋同宽，踝背屈，使脚趾离开地面。收缩臀部，将髋部抬起，直到膝盖、臀部和肩膀呈一条直线
稳定性训练3			
运动	组数	重复	描述
泡沫垫-前弓步	3	每条腿10次	站立，向前做弓步，将前面的腿放到泡沫垫上。下蹲直至髋关节低于膝关节，恢复到起始姿势
侧向单腿跳	3到5	每条腿5到8次	单腿侧向跳过低栏架。落地时，髋、膝和踝对齐，保持稳定，上身保持挺直
敏捷梯向前单腿跳	3到5	每条腿6到8次	单腿连续向前跳过敏捷梯，跳进敏捷梯的每个方格并平稳落地
单手持倒置壶铃行走	4到6	每侧手臂10米	单手持倒置壶铃，屈臂使肱骨与肩胛骨平面持平。向前走20米

能量代谢训练

要注意，能量代谢训练并不是该训练阶段的首要任务。虽然如此，在网球运动员的整个准备期中，还是需要一定的能量代谢训练。这些能量代谢训练应该被整合到整个训练计划中。能量代谢训练作为其他训练内容的补充，可以重点发展高水平的神经肌肉系统。

能量代谢训练基于重复进行的高强度（接近最大强度）运动。在该训练中应重点关注全身性的快速运动，或者功率自行车训练中的高功率、高频率运动。能量代谢训练可提高无氧功率和无氧能力，并通过运动间歇时对氧债的偿还来改善有氧能力。同时，神经肌肉系统募集快速收缩运动单位来完成训练，因此发展了力量和稳定性。

方案1（双脚离地的能量代谢训练，二选一）

划船测功仪：10×500米，组间间歇60秒。

功率自行车：10×1千米，训练间歇比为1∶2。

方案2

跑步：2×8×200米，训练间歇比为1∶1.5（每次重复的目标时间为35到38秒），组间间歇4分钟。

动作技能训练

在此要感谢耶斯·格林，他长期以来作为安迪·穆雷及其他专业运动员的体能教练，我与他共事多年，他非常了解如何执行球场上以截击技术转换为重点的网球专项动作技能训练。在此列出了这些训练的一些变式。在训练的初始阶段，这些技能是封闭式的，在规定好的程序下借助药球（实心球）进行训练。这些训练使运动员模拟网球运动中的上肢动作，同时放大网球击球过程中典型的下肢动作模式。这些训练应该从球场的底线开始，随着技能日渐熟练，运动员逐渐向球网移动，就像比赛中的对抗回合一样。下面选出了4个训练动作。

网球动作进阶练习1

从底线中心开始（图11.2）。训练开始时，垫步小跳呈分脚站立姿态（网球里的分腿垫步）。在髋部位置最大限度地旋转右腿，脚与底线平行。左脚做交叉步动作，形成宽弓步姿势。左脚应与底线很近，双脚形成窄小支撑（双脚都接近底线）。此处，右腿向前呈运动姿态，双脚在底线的两侧，与球网成45度角。调整步伐，将药球正手抛出，右腿跟随向前以弓步姿势结束。以反手动作重复以上练习。

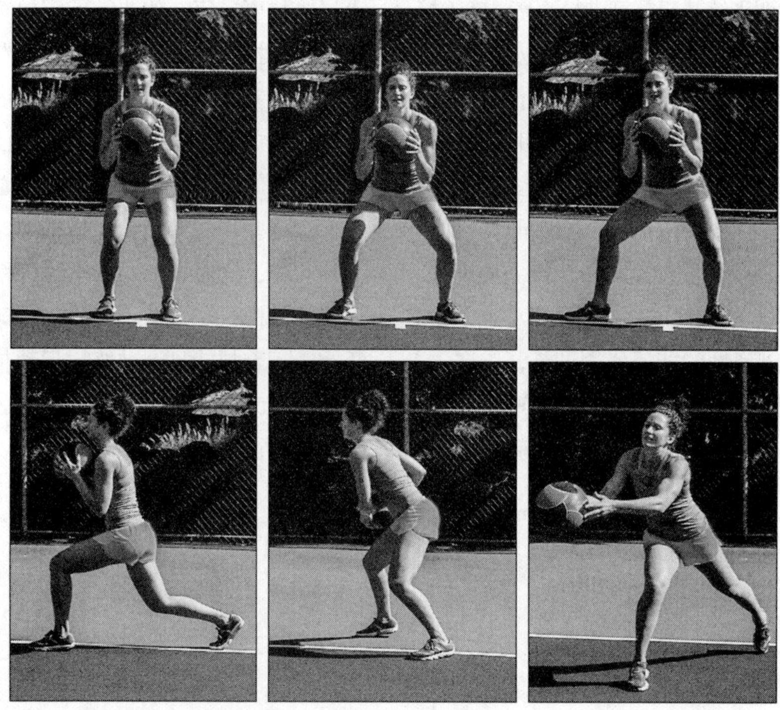

图11.2　网球动作进阶练习1

网球动作进阶练习2

从底线中心位置开始（图11.3）。完成分腿垫步，右脚放到底线内，脚尖向外斜45度。左脚向前迈出，成向前的低弓步姿态。此时左脚与右脚对齐，使躯干直立，准备做出正手击球动作。然后调整步伐，将药球正手抛出，右腿跟随向前以弓步姿势结束。以反手动作重复以上练习。

图11.3　网球动作进阶练习2

网球动作进阶练习3

该练习（图11.4）模仿了由内向外的正手动作。在底线处，垫步小跳呈分腿站立姿态。以左腿为轴，右腿后移，髋关节随之转动。最后身体与球网接近垂直。用右脚作为支点，将左脚向前移动，脚尖落地，准备好正手击球动作。调整步伐，将药球正手抛出，右腿跟随向前以弓步姿势结束。

图11.4 网球动作进阶练习3

网球动作进阶练习4

在底线处，垫步小跳呈分腿站立姿态（图11.5）。交叉步跳过栏架，接到抛出的药球，单脚落地支撑。另一只脚落地时与第一只脚对齐，躯干与球网接近垂直。调整步伐，模拟正手击球动作，将球抛给传球者。右脚跟随向前以弓步姿势结束。调整步伐，回到底线位置，双脚齐平。以反手动作重复以上练习，腿部动作相反。

图11.5 网球动作进阶练习4

训练阶段2：第5周到第8周

此阶段增加了动作的复杂性和强度。此时，斯蒂芬妮应该已经熟悉了运动技能，而且可以通过提高动作速度或动作的复杂程度进一步提升动作学习和发展神经肌肉系统。例如，在球场训练时，可以通过提升训练的开放性来实现这个目的；但是在健身房，想做到这一点，就需要提高姿势控制的难度，专注于在髋关节、膝关节和踝关节的位置变化中保持稳定。

力量训练

第5周到第8周的力量训练如表11.5所示。

表11.5 第5周到第8周的力量训练

力量训练1			
运动	组数	重复	描述
硬拉	4	5次	站立，杠铃放在小腿前。握距与肩同宽，正反握握紧杠铃，背部挺直，全脚掌承重。同步伸展髋部和膝盖，拉起杠铃至直立
引体向上	4	4次	双手握杠，握距比肩稍宽。悬垂于单杠上。用背部肌肉将身体拉起，直到下巴高于单杠
瑞士球单腿靠墙蹲起	4	每条腿5次	背靠健身球靠墙，单腿站立，进行全幅度的单腿蹲起（髋关节低于膝关节）
斜板哑铃卧推	4	5次	躺在斜板卧推凳上，卧推凳的倾斜角度为25到35度。双手握住哑铃，手臂伸直，将哑铃置于胸部正上方，双脚踩实地面，臀部和肩膀紧靠卧推凳，将哑铃向下放至胸部中间位置，再回到起始位置
平板支撑	3	30秒	趴在地面上，前臂（肘部在肩膀正下方）和脚尖撑地。将身体撑起离开地面，让耳朵、肩膀、膝盖和脚踝呈一条直线。保持这个姿势
力量训练2			
运动	组数	重复	描述
前脚抬高-杠铃过顶分腿下蹲	4	每条腿5次	双脚站立，前脚抬起20到30厘米，重心位于前脚的脚跟。伸直手臂将杠铃举过头顶进行分腿下蹲
侧向单腿下蹲练习	4	每条腿8次	单腿站在低跳箱上，一只脚在低跳箱外。非支撑脚的踝关节背屈，单腿下蹲，直到非支撑脚的脚跟碰到地面
直腿硬拉	4	8次	以高翻的握距拉起杠铃至大腿处，双脚间距与髋同宽，膝关节微屈，重心放在脚掌中部，动作开始时，髋部向后上方移动，躯干前倾，杠铃顺着腿向下移动
颈后推举	4	5次	双脚分开与髋同宽站立，杠铃置于颈后。向上推举杠铃，直到手臂伸直

续表

力量训练2			
运动	组数	重复	描述
两点超人	3	每侧手臂与腿完成10次	以四点跪撑姿势开始（双膝微微离地，双脚和双手支撑身体），手臂伸直，双手位于肩膀正下方，膝关节在髋关节正下方。举起对侧的手臂和腿，直至与躯干呈一条直线。保持肩部和髋部水平

力量训练3			
运动	组数	重复	描述
悬垂高翻拉	4	5次	双脚分开与髋同宽站立，膝关节微屈，身体前倾，肩膀位于杠铃的前方，杠铃位于膝关节上方，重心靠后位于全脚掌。伸展髋部，膝关节在杠铃下方屈曲，经由爆发力姿势在身体前方完成杠铃高翻的第二次提拉动作
高杠位深蹲	4	5次	双手握住放置在背部顶部（肩膀后方）的杠铃进行深蹲
颈后杠铃弓步行进	4	10次	双手握住放置在肩膀后方的杠铃。向前弓步，然后后脚向前迈，进行下一个弓步
仰卧划船	4	8到10次	杠铃放在支架上。躺在杠铃杆下方，脚放在平台上，双手拉住杠铃杆将身体抬离地面，脚踝到肩膀呈一条直线。上拉身体，使胸的中部触碰到杠铃
拉力器对角线伐木	1组高到低，1组低到高	每边6次	双脚分开与髋部同宽，髋部与拉力器成90度。拉力器起始位置位于头顶上方。双臂伸直抓住把手。向远离配重片的方向旋转身体，向下拉动把手并斜跨过身体前面。反方向由低到高还原成起始姿势

稳定性训练

第5周到第8周的稳定性训练如表11.6所示。

能量代谢训练

这一阶段的能量代谢训练补充了针对神经肌肉系统的高强度训练。以短间歇方式训练，在短间歇和不完全恢复的情况下进行接近最大强度的运动，发展运动员的无氧糖酵解供能能力及提高输出功率，并通过氧债偿还来发展有氧能力。

方案1（双脚离地的能量代谢训练，二选一）

划船测功仪：10×300米，组间间歇30秒。

功率自行车：10×500米，训练间歇比为1∶2。

方案2

跑步：2×8×100米，训练间歇比为1∶2，组间间歇3分钟。

动作技能训练

阶段2中的动作技能训练与阶段1的相同，只不过增加了训练的开放性，因为随着斯蒂芬妮对动作技能越来越熟悉，需要改变环境刺激，以确保其学习的持续性。斯蒂芬妮的训练与阶段1中的相同，只是传球给她之后，她要把球击回。起初，每次击球都是独立进行的，没有后续动作。

表11.6 第5周到第8周的稳定性训练

稳定性训练1			
运动	组数	重复	描述
20到30厘米跳箱单脚跳下呈稳定姿势	3到5	每条腿5次	躯干直立从跳箱跳下，脚踝背屈准备触地。单脚落地，膝关节与脚尖对齐，重心位于脚的中部
跳箱跳上	3	5次	根据能力，选一个能跳上去的最高的跳箱，双脚起跳，双脚落在跳箱的中间位置。注意以稳定的姿势落地，保持髋、膝、踝对齐
单腿跳低栏架	3到5	每条腿6次	单腿跳过10个低栏架，确保每一次都平稳落地
后弓步－侧向抗阻	3到5	每条腿6到8次	后弓步蹲起。弹力带套在腰部，提供侧向的拉力
稳定性训练2			
运动	组数	重复	描述
单腿阿拉贝斯克旋转	3	每条腿8次	单脚站立，膝关节微微弯曲，非支撑腿踝关节背屈，脚跟尽可能向后伸，同时身体前倾，以髋关节为轴，直到抬起的腿与地面平行。向外旋转躯干和非支撑腿
绳索反向旋转	3	每条腿8次	单腿站在绳索器前。支撑脚对侧的手握住绳索把手。向斜上方拉动把手，直到手臂伸直
平衡盘单腿站立接网球	3到5	每条腿8到10次	单腿站在平衡盘上。接住同伴扔出的网球或者从墙上弹回的网球
单腿臀桥	3到5	每条腿10次	仰卧。一条腿屈曲90度，脚放在地面上。抬起另一条腿，挺髋，保持支撑侧的髋、膝、踝对齐
稳定性训练3			
运动	组数	重复	描述
时钟式弓步	3	每条腿8次	一只脚在地上不动，另一只脚向前做弓步，然后向右、向后、向左轮流做弓步。每次做完弓步后回到原站立姿势
单腿六边形跳跃	3	每条腿5到8次	在地上画一个六边形，对角线长大约1米。站在六边形的中心，面朝前方。依次从六边形的每条边单脚跳出，再单脚跳回中间，要求准确落地并始终面朝前方
敏捷梯单脚滑冰跳	3到5	每条腿6到8次	单脚站在敏捷梯的一边，跳进第一个方格，再沿对角线向前跳到敏捷梯的另一边。然后侧身跳进下一个方格，再沿对角线向前跳到敏捷梯的另一边。继续沿着敏捷梯进行滑冰跳
实心球下落俯卧撑	3	10次	以双手支撑在一个实心球上的俯卧撑姿势准备。双手同时离开球，分别在球两边的地上触地支撑。随后身体立刻缓冲，肩胛部稳定无晃动

训练阶段3：第9周到第12周

本阶段的训练是为了使斯蒂芬妮在此周期中（4周）将神经肌肉系统的发展和动作技能的完善整合起来，为锦标赛做好准备。这一阶段，训练强度往往会增加，而训练量会减少，但这种变化在斯蒂芬妮的案例中并不是很明显，因为进一步的学习与提高（并不一定是训练成果）仍然是她训练的一个关键特征。将力量和姿势控制应用到动作技能中，以及将能量代谢能力整合到球场上是这一训练阶段的主要特征。

力量训练

在这一周期内（4周），重点在于提升爆发力。基于速度的练习已被证明有效，如高翻拉及其变式、单臂哑铃抓举和挺举练习。增强式复合训练，即大重量训练后接着是高输出功率训练，包括快速伸缩复合训练，这也反映出了训练目标的变化。第9周到第12周的力量训练如表11.7所示。

表11.7　第9周到第12周的力量训练

力量训练1			
运动	组数	重复	描述
高翻拉组合	4	2次（两次高翻拉后接一次膝上高翻是一次重复）	从杠铃悬垂姿势开始，做两次高翻拉。第三次重复时，从悬垂姿势做一次高翻挺举。在肩膀上抓握杠铃后，做一次前蹲起，再恢复站立姿势
负重引体向上	4	5次	在腰带上悬挂额外负荷，完成引体向上
负重单腿箱式蹲起	3	每条腿5次	抓握杠铃放在肩后，单脚站立。完成单腿深蹲，再站起直到臀部触碰跳箱的顶部
组合： 1. 双臂斜板哑铃交替推举 2. 击掌俯卧撑	3	3次	躺在斜板卧推凳上。每只手在胸部上方各持一只哑铃。每次只将一只哑铃向下放到胸部，交替进行推举
		5次	从俯卧撑姿势开始，双手分开稍比肩宽，拇指朝前。做爆发性俯卧撑，将身体推离地面，在最高处击掌
单臂滑动平板支撑	每只手臂2组	30秒	从平板支撑姿势开始，手下放滑动圆盘。单手前后滑动圆盘30秒。换另一只手练习
力量训练2			
运动	组数	重复	描述
颈后推举	4	5次	双脚分开与髋同宽，抓握杠铃放在颈后。快速完成1/4下蹲，然后双腿用力蹬起。然后举起杠铃，当杠铃离开肩膀时，屈膝下蹲。快结束时，手臂伸直，杠铃举至头顶，双腿下蹲1/4的高度
组合： 1. 杠铃负重上台阶 2. 交替分腿跳	4	每条腿4次	抓握杠铃放在颈后。踏上一个稳定的平面，然后向上蹬伸。前面的引导腿带动后面的腿上台阶
		6次	分腿姿势。快速反向运动，尽力向高跳。在空中换腿，以分腿姿势落地
直腿硬拉	4	5次	以高翻的握距拉起杠铃放于大腿处，双脚间距与髋同宽，膝关节微屈，重心放在脚掌中部，动作起于髋关节，躯干前倾，杠铃顺着大腿向下移动

续表

力量训练2			
运动	组数	重复	描述
侧桥	3	每边30秒	侧卧，肘关节在肩膀下面，前臂放在地面上并与身体垂直。将髋关节从地面抬起，使鼻子、胸骨、肚脐、双膝和脚踝中线呈一条直线

力量训练3			
运动	组数	重复	描述
单臂哑铃抓举	4	每只手臂4次	单手抓握杠铃。躯干挺直站立，髋部和膝部弯曲，重心位于双脚的中部。髋、膝和踝充分伸展，然后耸肩拉起哑铃，伸直手臂。耸肩动作结束后，下蹲抓握哑铃形成过顶深蹲的姿势
组合： 1.高杠位深蹲 2.跳箱跳上（最高）	4	3次	抓握杠铃放在肩膀的后面进行深蹲
		4次	双脚跳上跳箱，并落在跳箱的中间位置，根据自己的能力选择最高的跳箱
单臂绳索划船	4	每只手臂6次	站立在绳索器旁，下蹲至1/4蹲的高度，绳索与肩同高。一手抓住把手，手臂伸直。绳索拉近身体，在控制下还原
杠铃后弓步	4	每条腿5次	抓握杠铃放在肩后。双脚并拢站立。一只脚向后迈一大步，下蹲呈弓步，髋部低于前腿的膝关节
对墙正手、反手抛接实心球	3	每边5次	距墙1米站立。分别使用正手和反手站姿，将实心球对着墙用全力抛出。抓住弹回的球然后重复

稳定性训练

斯蒂芬妮需要在稳定性训练（表11.8）中更加注重提升动态姿势的控制能力，可以增加多方向（多平面）的动作来达到这一目的。

表11.8 第9周到第12周的稳定性训练

稳定性训练1			
运动	组数	重复	描述
20到30厘米跳箱跳深接单脚落地	3	每条腿5次	从跳箱上跳下，主动以踝背屈的方式落地后，再跳起。单脚落地并保持稳定。每次重复动作都换一次落地脚
栏架单脚四向跳	3	每条腿8次	4个栏架围成正方形，单脚站在正方形的中心。始终面向前方，向前跳过一个栏架，跳回正方形的中心，再跳过下一个栏架，跳回中心。依次跳过各个方向的栏架
跳箱踏上练习	3	每条腿8次	使用足够高的跳箱，高度要足以使踏上跳箱的前腿的膝关节高于髋关节。前脚踏上跳箱为起始姿势，触地脚不发力，由前脚蹬伸发力，使整个人蹬上跳箱

续表

稳定性训练2			
运动	组数	重复	描述
交叉式弓步	3	每条腿8次	起始姿势为基本运动姿势。右膝交叉在左膝前，脚平放在地面上。做尽可能深的弓步动作。恢复站姿，换另一边重复动作
单脚站立拔河	3	10到30秒	单脚站立并抓住绳子的一头，同伴抓住绳子的另一头。同伴的作用是拉动绳子让运动员失去平衡
波速球单脚站立抛接网球	3到5	每一侧接球8到10次	单脚站在波速球的弧形面上，保持平衡，接住同伴扔出的网球或者从墙上反弹回的网球
稳定性训练3			
运动	组数	重复	描述
20厘米跳箱单脚落地	3	每条腿5次	跳下跳箱，单脚落地。保持落地姿势
侧向单脚跳栏架	3	每条腿6到8次	单脚侧向跳过栏架，以踝关节背屈方式前脚掌平稳落地
单脚对墙抛接实心球	4	每条腿5次	单脚站立，对墙抛接实心球
实心球对墙反弹抛接	3	每只手臂10次	屈肘，成90度。向内旋转肱骨，同时肩部不要水平内收，将实心球向墙壁抛出。接到弹回的球，手臂外旋

能量代谢训练

能量代谢训练要根据网球比赛间歇性的高强度运动需求来量身定制。高水平的网球比赛是高强度无氧运动，有较小的运动间歇比。比赛也许会持续很长时间，但真正的运动时间通常不会超过总时长的25%[2]。因此，将能量代谢训练设计成小运动量、高强度的训练，这些训练也强调对Ⅱ型运动单位的刺激，补充了力量和动作技能训练。

运动员临近比赛时，最常用的训练方法就是逐渐减少训练量，在训练效果降低之前，消除疲劳，为比赛做好充分的准备。减少训练量、提高训练强度的一个方法就是，将能量代谢训练整合到网球专项训练中。这种方法能够减少总训练量，而且能够使专项训练达到更高的训练强度。这种训练方式也可以让斯蒂芬妮将取得的所有训练提升融入高强度的专项训练中去，这将在她疲劳的情况下强化她近期提升的动作技能。

方案1（高强度折返跑）

第1组：10×50米全速跑，每30秒开始一次；2分钟休息时间。

第2组：10×5米向前冲刺，后退回起点，10米冲刺，然后转身回到起点，再20米冲刺，回到起点；训练间歇比为1∶2；2分钟休息时间。

第3组：20×10米冲刺跑，每10秒一次，2分钟恢复时间。

第4组：2×10×20秒，极速10米持续折返跑，在两端完成180度急转身，每次10秒恢复时间。

方案2

加入网球动作：6组，每组6次的高强度60秒连续对打或15个击球，每次间隔20秒，每组之间有90秒恢复时间。

动作技能训练

这些训练将一连串击球与场上的一系列动作模式组合在一起。这些动作模式都是在不同的地面上重复进行的典型的动作模式。开始时，可能会让斯蒂芬妮将心理和身体演练结合在一起，运用夸大的步法进行表象击球训练，将6到10次击球组成一次练习序列。这一序列可以演变成强度逐渐增加的喂球练习，确保她能够对球的速度和位置做出动态和快速的反应，同时持续练习和改善单个动作的细节，重点强调动作模式。当练习变得更为复杂时，这些动作模式不会被破坏。

这些练习是真正的运动专项练习，代表了训练计划中竞技体能训练和运动专项训练相结合的最高水平。如果没有网球教练的指导，训练效果是不好的。的确，运动发展专家带来了这种训练方式。这种训练是跨学科的，并且符合运动员专项技术所需的训练（以运动员为中心的指导）。

案例分析2：足球

卡莉是一名19岁的足球运动员，今年是她与英国女子超级联赛团队签订合同成为专业运动员的第一年。她身高177厘米，是一名中场球员。因此，她需要在球场上冲刺来断球和拦截进攻球员，在无人防守时带球移动，向前冲刺参与进攻，或者断球，在球被踢过防线后，需要转身并回追。她还需要跳得比进攻球员高，将空中球顶回防守区域。

卡莉踢足球已经8年了。在校期间，她曾代表学校打过篮球，还加入地区代表队打过英式篮球。过去几年时间里，除了足球教练为她安排的基本训练，她没有接受过关于功能性力量、速度的训练或者快速伸缩复合训练。她并没有损伤史，因此无法显示她的动力链哪个环节存在薄弱点。俱乐部为卡莉进行了动态动作评估，包括弓步和深蹲模式、单腿深蹲、重复屈膝跳，以及在矢状面和冠状面跳过栏架后分别用双脚和单脚落地的测试。这些在第6章有讲解。

对功能性动作的测试结果进行分析后，卡莉被认为在无负重的自重状态下拥有良好的功能性动作控制能力，但是髋关节伸肌和膝关节伸肌力量较弱，这将会限制运动中的动作。例如，在前脚掌着地缓冲时，她需要尽力保持髋部和膝部的正确位置，她的落地动作沉重，因为吸收冲击力的时间较长，所以臀部下沉，落地的稳定效果不理想。首先要矫正她的膝外翻，因为当她从较高处跳下或从低处单脚落地时，膝外翻都比较明显。

卡莉在测试有氧耐力的yo-yo间歇恢复测试中完成了1724米的距离[3]，这表明与同级别和同位置的运动员相比，她有很好的有氧能力。在速度测试中，她的25米跑成绩为4.22秒，反向纵跳高度为38厘米。这些成绩表明她在水平和垂直方向都缺乏基本的力量产生能力，这关乎她能否在场上完成好她的本职工作，尤其是她必须跳得比进攻球员高以完成头球动作，或者在短时间内完成加速，在碰撞中保证足够的侵略性。

在战术方面，卡莉很清楚她在比赛中的作用，这可以掩盖其加速能力的不足，不过在高水平的比赛中，这会限制她的效率，尤其是在球位于她的身后（这迫使她需要转身追球），或者当她需要满场追球，以及阻止进攻球员反击的时候。

速度对中场球员来说是非常重要的素质。维斯科维[4]发现，在高水平女子足球比赛中，防守球员需要冲刺跑（速度超过5米/秒）的平均距离为15.3米（±9.4米），有记录的最快速度为6.1米/秒（数据截至英文版成稿时）。2012年，国际足联在女子世界杯比赛中使用了全球定位系统，结果显示，国际赛事中的中场球员每场比赛通常要跑动10 160米，每场比赛速度超过6.95米/秒的冲刺跑有3次，且这个速度范围内的平均跑动距离为16.67米[5]。同样，速度为5.8米/秒到6.95米/秒的冲刺跑有18次，平均距离为11.6米；速度为5米/秒到5.8米/秒的冲刺跑有40次，平均距离为8.4米。这些数据表明，尽管速度是一个重要指标，但是起始阶段前几米的加速能力对中场球员来说更加重要，因为高速运动是在12米以内完成的。发展加速能力所需的关键机制，是让髋部和膝部的屈肌和伸肌向心收缩产生足够大的力量。对于一个与肌肉受体结合的睾酮水平较低的女性运动员来说，通过力量训练增加其神经和激素反应，最大化力量产生能力才是重点[6]。

为了更好地了解卡莉在场上转身和加速跑时的移动方式，在卡莉进行灵敏性测试（图11.6）时采用高速摄像分析技术。这一测试是自主启动的，所以没有测试反应速度。运动员在测试时先完成5米加速跑，180度转身后再完成10米加速跑，接着进行下一个180度转身，然后再次冲过起跑线，电子门会记录时间。在这一测试中，卡莉用时5.4秒。

对录像的定量分析表明卡莉在180度转身时动作效率较低，这让我们确定了卡莉需要提升的几个技术方面，包括：转身时沿着目标移动方向启动动作，转身开始时保持手臂紧贴身体（减小转动半径，从而减小阻力），确保蹬地腿充分伸展。这一动作可以通过更长的发力时间来增加冲量，从而提高最初几步的速度。关于这些概念的具体解释，可参考第4章和第8章。

比赛中的任何加速、反应和启动速度都是非常重要的考量因素。在卡莉的案例中，教练认为她理解比赛的能力并不是制约因素，她可以根据比赛中所发现的情况做出合理的决定。但是，她还没有足够的身体素质来对这些决定迅速做出反应。

卡莉的教练愿意为她投入时间和精力，培养她在未来成为俱乐部的重要球员。他明白提高力量和姿势控制能力能显著减少她受伤的概率，长远来说，可以让她有更多的机会被团队选中。作为一名有技能、有想法、有观察能力的中场球员，她如果可以做到动作更快、更敏捷，就会成为全能型球员。因此，教练支持为卡莉设计个性化的训练计划。为了给训练打好基础，卡莉会比其他队员少完成一些耐力训练，尤其是在赛季前的早期阶段。

准备阶段

和团队运动里的所有个人训练计划一样，卡莉赛季前的竞技发展计划需要与团队的训练准备计划相结合，这样她就可以和队员一起参加所有的队内训练。在准备阶段，可以找到最大的训练量，如表11.9所示，要仔细监控卡莉对训练的反应，以防训练量和训练强度的增加导致过度训练。因为教练已经完全参与到提升身体素质的训练计划之中，所以他了解卡莉在测试赛中可能会感到疲劳，或经历延迟性肌肉酸痛（DOMS）。教练可以允许这种情况在此阶段发生，只要这种情况不会延续到赛季，那时她将成为他首发阵容中的关键人物。

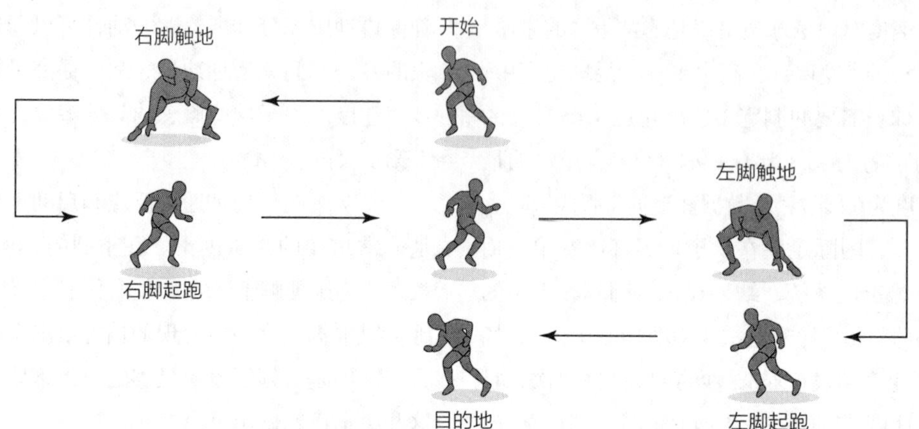

图11.6 灵敏性测试测量转身和加速速度

表11.9 整合到团队准备训练中的基础阶段计划（3个中周期）

周数	第1周	第2周	第3周	第4周	第5周	第6周	第7周	第8周	第9周	第10周
月份	2月				3月				4月	
比赛	测试赛			测试赛			测试赛			联赛
阶段	一般准备阶段			专项准备阶段			赛前准备阶段			比赛阶段
力量训练	体能训练，每周3次			最大力量训练，每周3次			速度力量训练，每周2次			速度力量保持训练，根据具体比赛时间制订训练计划
快速伸缩复合训练	落地技术以及姿势控制训练，每周2次			进阶的落地技术训练、向心垂直跳跃训练，每周2次			增加冲量的产生：进一步提高落地技术以及向心纵跳向跳深和连续跳跃转变，每周2次			强化垂直方向的冲量（不产生延迟性肌肉酸痛），根据具体比赛时间制订训练计划
速度和灵敏性训练	动作技能发展、线性加速技术和变向技术训练，每周2次			力学技能向线性力量的转变和非变向加速度训练，每周2次			不同位置的专项速度训练和场景应用训练（在一定的情景下进行训练），每周2次			不同位置的专项速度训练和场景应用训练，每周1到2次，根据具体比赛时间制订训练计划
耐力训练	大运动量的间歇训练，每周2次			专项化的间歇训练，每周3次			能量代谢训练，每周3次（结合技术训练）			在技术训练中进行耐力保持训练
技术训练	基本技术训练，每周3次			个人技术、不同位置和团队技术准备训练，每周3次			团队战术准备训练，每周4次，并结合一些相关比赛			根据具体比赛时间制订训练计划

在一般准备阶段，训练目的是向卡莉介绍一些基本技术，这些技术会为她的长期训练打下坚实的基础。虽然这个阶段有一般身体准备（典型特点是在大多数训练中，运动员的

训练量很大）的双重目标，但是此阶段的重点是学习和提高技术。虽然训练负荷反映出了卡莉相对较长的训练年限，但是也要考虑到一个事实，即她在正规的快速伸缩复合训练和抗阻训练方面，缺乏具体的训练经验。

卡莉作为一名职业运动员，几乎还是个新手。对她来说，非常具有诱惑力的就是进入程序化的训练，即对训练的每个方面都有完整的课程，但这种方法会显著而快速地增加过度训练的可能性。因此，每个训练周之间的恢复时间应该最大化。我们将一些训练要素结合起来，是为了有效利用训练计划，让运动员进行适度的训练。尽可能在每个恢复日结束后，或每个训练周内尽早让运动员开始无须克服疲劳的训练。一旦这些训练结合在一起，那么与速度相关的训练都应该在每次训练课的开始阶段完成。

这一计划很好地阐明了在一般准备阶段，如何将快速伸缩复合训练和技术训练等整合在一起，对运动员各方面进行特定的训练。为了强化长期学习的训练效果，此训练项目以随机训练法（第7章）为基础，这一点在此训练阶段（表11.10）具有代表性的周计划中有所体现。

表11.10　卡莉的标准训练周计划

训练	周一	周二	周三	周四	周五	周六	周日
训练1	快速伸缩复合训练、速度和灵敏性训练	负重训练	恢复日	快速伸缩复合训练和负重训练	速度和灵敏性训练以及技术训练	负重训练	恢复日
训练2	技术训练	耐力训练：大运动量的间歇训练		技术训练		耐力训练：大运动量的间歇训练	

快速伸缩复合训练、速度和灵敏技术训练

动态热身旨在帮助运动员有更好的运动表现，能够让运动员的身体做好充分的准备来应对一些高强度的训练。训练时机对于强化运动训练的核心原则，以及运动的力学模式都非常重要，所以教练要利用这些重要的时机，为今后的训练周期创造一个良好的练习环境。速度训练应关注卡莉需要加强的相应环节，比如加速训练和变向训练。

动态热身和灵活性训练如下。

对墙跑练习（第8章）：每个练习2组×10次重复。

- 单腿军步对墙跑。
- 单腿驱动对墙跑。
- 两步对墙跑。

同伴施加阻力的单腿军步：4组×每组前进10米。

环形跳：按顺序进行训练，3组，组间间歇60到90秒。

- 实心球最大发力垂直上抛，重复5次。
- 全力纵跳头球，平稳落地，重复8次。
- 原地纵跳，空中旋转180度，重复8次。
- 双手放在髋部，进行最大发力蹲跳，重复5次。
- 立定跳远，平稳落地，重复5次。

40米阶梯式冲刺短跑（图11.7）：强调跑步技术，2组×4次重复，每次间歇60秒，组间间歇2分钟。

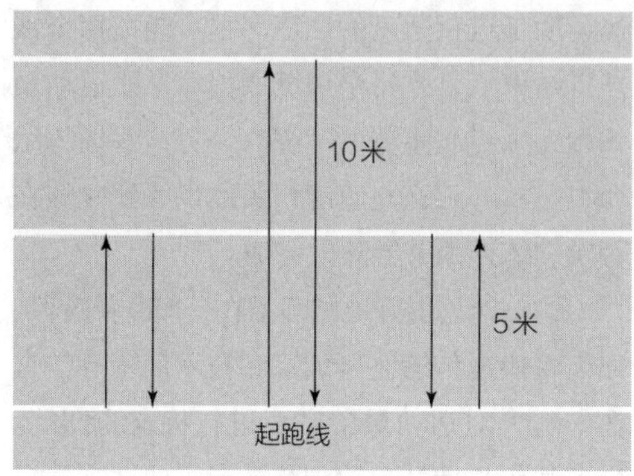

图11.7　40米阶梯式冲刺短跑

负重训练

负重训练是为了发展基础动作的技术，能够让髋关节和膝关节伸肌拥有更大的力量输出能力。在训练计划的后期，负重训练是其他核心训练项目的前提。正如第10章所述，负重训练（表11.11）的特点是通过完整的动作幅度，进行多关节、多肌群的复合练习。

速度和灵敏性训练

运动员必须完成特定的热身运动（表11.12），以使运动神经系统和骨骼肌肉系统为后续的训练做好充分的准备。通常情况下，热身运动始于一些低强度的运动，这些运动能够让核心区和肌肉的温度升高，增加运动肌群的血流量。运动员通过逐渐提高动作强度来完成一些热身运动，其中包括一些基本的练习动作，通过全幅度的动作并结合一些灵活性练习，即在整个动力链中拉伸肌肉和结缔组织的练习。通过一些练习来激活神经肌肉系统为后续的训练做准备也是十分重要的。同样，结合一些练习来刺激其他感受机制（如本体感觉）对运动员来说大有益处。每个热身运动都应以速度快、爆发性强的动作作为结束，以使神经肌肉系统在后续的运动训练中充分发挥作用。

表11.11　负重训练

项目	组数	重复	组间休息时长
膝上高翻拉	4	5次	3分钟
六角杠铃硬拉	4	8次	3分钟
瑞士球单腿靠墙下蹲	4	每条腿10次	2分钟
直腿硬拉	4	10次	2分钟
“搅拌锅”	3	30秒	60秒

表11.12　热身运动

项目	描述
触碰对方膝盖内侧	站姿，运动员间距为一臂。听到“开始”的指令后，试着去触碰同伴的膝盖内侧，同时移动双脚避免被对方触碰到自己的膝盖内侧
腘绳肌拉伸	一条腿向前伸直，踝关节保持背屈。背部挺直，弯腰尽可能触碰到前腿的脚踝。保持此姿势0.5秒，恢复站姿，换另一条腿重复此动作
抱膝运动	躯干挺直，屈腿抬膝，让膝盖靠近胸部，双臂环绕小腿。将膝盖拉高，离胸部越近越好。保持此姿势0.5秒，放松恢复，然后换另一条腿重复此动作
抱膝加踢腿运动	先做抱膝运动，但不要将抬到高处的腿放下，而是让其在通过手指时踢出，并使腿在身体前方伸直。恢复站姿，换另一条腿重复此动作

续表

项目	描述
开门	双手置于脑后，使双肘在头部两侧。右腿经前屈膝抬起向外旋转，并努力触碰到同侧肘部，肘部保持原来的位置不能下降。之后换左腿重复相同动作
关门	双手置于脑后，使双肘在头部两侧。右腿经后屈膝抬起向内旋转，并努力触碰到对侧肘部，肘部保持原来的位置不能下降。之后换左腿重复相同动作
举臂踢腿	躯干挺直，双臂充分上举，使之尽可能垂直于地面。使膝盖处于伸展状态，脚踝保持背屈，向前军步走，腿部伸直，每一步尽量高地踢出去
深蹲走	以半蹲的姿势开始，抬起左脚，尽量向远处迈出，脚尖指向前方。重心左移，带动右脚继续完成深蹲走。双脚轮流重复此动作
矢状面摆腿	保持单腿站立，侧身靠墙。前后摆动腿部
冠状面摆腿	保持单腿站立，面向墙面，腿部向身体一侧摆出并摆回至身体前方。脚尖一直保持向前状态
向前风车摆动	保持单腿站立，侧身靠墙，膝盖弯曲，髋部旋转，使外侧腿经后向前运动，就像抬腿跨栏的动作
向后风车摆动	保持单腿站立，侧身靠墙，膝盖弯曲，髋部旋转，使外侧腿经前向后运动，就像抬腿跨栏的动作
卡里奥克舞步	沿目标方向侧身站立。一条腿侧跨一步，然后体后交叉，再侧跨一步，继续20到30厘米*，之后换相反方向
弓步转体	双手交叉置于脑后，一条腿向前迈，保持下身不动，上身旋转，然后上身还原。恢复站姿，换另一条腿重复相同动作
反向弓步转体	做出向后大幅度的弓步动作，腿尽可能向后远伸，膝盖不要触及地面。在弓步的最低处，抬起手臂，朝着前腿的方向旋转身体。坚持5秒，然后恢复初始姿势，换另一条腿重复相同动作
蝎式运动	面朝下趴在地板上，双臂向两侧伸展，手掌向下，双腿绷直。抬起左脚脚跟，使其去触碰右手。然后恢复初始姿势，换另一条腿重复相同动作
30米加速重复跑	站姿启动加速跑。每组加速跑的速度都应比前一组更快，更接近最大速度
侧向并步	侧向并步30米，手臂在身体两侧摆动。每两次并步转换一次方向，并继续并步
30米加速重复跑	
登山式旋转运动	以俯卧撑姿势开始。左脚向前迈出，使之位于左手外侧。右手向上方伸展，并旋转躯干。坚持1到2秒，恢复初始姿势，再换另一侧重复此动作
30米加速重复跑	
交替式立卧撑	以俯卧撑姿势开始。双脚向前，使脚跟在双手外侧落地。之后尽量向高处跳跃，落地并恢复俯卧撑姿势。双脚向前，使脚跟在双手内侧落地，尽量向高处跳跃。重复交替式立卧撑动作
30米加速跑	

*注：原书数据如此。

热身后，进行约25分钟简单的加速技术练习和协调性练习，之后进行技术训练，以传球和空间移动为基础。这些技术在第8章中已经做了详细阐述。运动员必须在每组和每次练习之间得到充分休息，这样才能保证训练的高质量。

快速踏步：4×10米，步行返回恢复。

双脚弹跳练习：4×10米，步行返回恢复。

单脚弹跳练习：4×10米，步行返回恢复。

单腿A垫步：4×10米，步行返回恢复。

四方变向训练（图11.8）：2×4次重复。

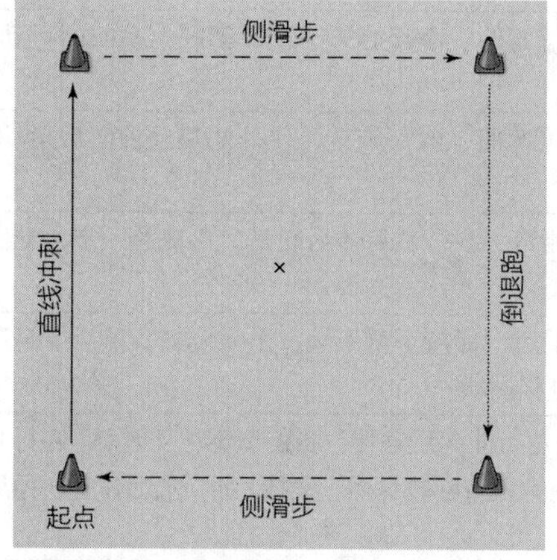

图11.8 四方变向训练

滚动式加速练习：5米移动过渡到10米最大加速度，2×6次重复。

- 侧滑步：每侧2组。
- 倒退跑练习：2组。

大运动量的间歇训练

这部分训练是为了让卡莉能为日后的高强度运动做好准备，并通过偿还氧债提升有氧运动能力。氧债是因为运动强度接近最大强度而产生的，即运动速度超过最大速度的80%。这类训练是发展无氧运动能力的前提，也是在疲劳的情况下保持高质量运动的基础。选取的距离是标准足球场的长度，总长度大概相当于运动员在赛场上运动距离的50%，尽管高速跑的距离可能要大于中场球员在一场足球比赛中的跑动距离。这种训练对于此计划的整体目标来说也起到了补充作用，在之前的案例分析中也曾强调过这一点。在计划的设计和执行过程中，“目标决定方法”这个原则都应该处于核心地位。

动态热身。

速度技术练习。

2×40米加速重复跑，恢复动作为倒退步行。

10×60米冲刺训练（目标为每组训练在11到13秒内完成），间隔时间为45秒。

休息2分钟。

10×（60+40）米的冲刺训练，每组动作之间步行60秒休息。其中，60米以80%的最大速度奔跑，40米全速冲刺。

休息2分钟。

10×40米奔跑训练，速度为最大速度的80%；接30米慢跑；接30米全速冲刺。此过程时长不超过20秒。组间进行60秒的恢复性慢跑。

休息2分钟。

3×60秒全力冲刺训练，两次练习之间休息3分钟。

放松。

专项准备训练

在大运动量的间歇训练期间，安排有效的恢复时间非常重要。如果不为运动员安排恢复时间，那么他们将无法适应训练，运动潜力和训练状态会逐渐下降，直至过度训练（或恢复不足）。在此期间，运动员几乎学不到任何新的技术，他们在训练中的表现水平也会受到严重影响。在这种情况下，严重受伤或反复发作的轻微损伤的风险也会增加。

如果所有的训练内容都需要完成，相比于针对各个方面制订整套训练计划，将各个训练单元（整个训练计划中的小部分）有效整合到一起更重要。在执行这些计划的过程中，了解最佳训练状态和从训练刺激中恢复的生理需求是很重要的。如果条件允许，速度和爆发力训练应该被安排在力量训练之前，而力量训练又应该被安排在耐力训练之前（表11.13）。

表11.13　专项准备阶段的小周期（周训练）计划

训练	周一	周二	周三	周四	周五	周六	周日
训练1	快速伸缩复合训练与负重训练	变向练习结合线性加速练习	恢复日	快速伸缩复合训练	加速训练	负重训练	恢复日
训练2	技术训练	专项耐力与技术训练		负重训练	专项耐力与技术训练	耐力训练	

有人可能会问，在表11.13列出的周训练计划中，为什么恢复之后的第一项训练项目不是加速训练。虽说这种训练安排较为理想，但是如果将加速训练与负重训练安排在同一天进行会造成过度训练。运动员在完成了高负荷的神经肌肉训练和骨骼肌肉训练之后，通常需要24小时到48小时的恢复期。因此，运动员不应该连续进行高负荷的训练。同样地，快速伸缩复合训练和负重训练能够互为补充，尤其是对二者进行配对或者将其作为组合式强化训练方法（第9章）时。因此，在合适的时候，这些要素都应该与表11.13中的训练计划相结合。

同样，运动量最高的跑步训练计划（耐力训练与技术、战术训练相结合）最好不要安排在负重训练之前，因为结构性疲劳负荷（微细纤维层面上的肌肉和结缔组织损伤）在一天内可能会过大。对运动员来说，一些低运动量但是需要肌肉向心收缩产生很大输出功率的加速训练，与专项耐力与技术训练结合在一起可能会是一对更好的组合。但是，妥协是必要的，与计划中单独进行的任何训练相比，每个方面的时间都有所减少。

但是，这种时间安排的变化并不一定是坏事。力量训练确实能够极大地强化和改善运动员的爆发力表现。虽然目前很多文献作者都建议，为了使整个训练计划富有成效，训练负荷应该保持在1RM的90%以内，是否做到这一点应由运动员自行决定，毕竟他们在这种训练模式中有丰富的经验。

经验不足的运动员也同样能从训练中受益，他们可以在自身能力范围内去增强神经肌肉系统。同样，最大的垂直跳跃训练也可以增强基于爆发式髋关节和膝关节伸展的力量训练效果。

快速伸缩复合训练和负重训练

表11.14中列出了强调肌肉力量和神经肌肉爆发力的快速伸缩复合训练和负重训练。

变向接直线加速训练

这组速度训练要求卡莉从不同的运动方向或脚的位置转变为最大直线加速跑。下面是在专项准备阶段中运动员进行速度训练的一个范例。该训练的重点是变向后与直线加速跑的衔接。

表11.14 强调肌肉力量和神经肌肉爆发力的快速伸缩复合训练和负重训练

项目	组数	重复	组间间歇	动作描述
全力跳箱跳上	4	3次	90秒	运动员跳上个人能力范围内的最高的跳箱，双脚起跳，落在跳箱顶部的正中位置
膝上高翻拉	4	5次	3分钟	双脚分开与髋同宽，膝关节弯曲，躯干直立，提起杠铃置于大腿中部，身体重量均匀分布于双脚。伸展髋、膝、踝，迅速提拉杠铃，蹬伸的最后阶段应充分提踵，蹬伸结束后快速耸肩，使杠铃在上升过程中始终保持在身体前方
组合： 1. 高杠位深蹲 2. 交替分腿蹲跳	4	5次	深蹲与跳跃间隔60秒，每组运动间隔3分钟	将杠铃放在后背最上部，进行深蹲
		10次		双腿分开站立，快速反向跳跃，尽可能向上跳。空中换腿。着地时仍保持双腿分立
组合： 1. 杠铃单腿半蹲触箱 2. 跨箱侧向跳	3	每条腿5次	半蹲与前推运动之间休息30秒，每组动作之间休息2分钟	将杠铃架置于肩膀后方，单腿站立，完成半蹲动作，直到臀部触及跳箱。箱子高度合适，在触箱时保持半蹲状态
		每条腿4次		将一只脚置于20到30厘米高的跳箱上，另一只脚置于地面上。单腿发力蹬离跳箱，跳到箱子的另一侧。在另一侧落地时，再次蹬推，回到原始位置
跪姿腘绳肌离心训练	4	8次	2分钟	保持跪姿。让同伴握住脚踝，或者将脚踝置于杠下，双脚固定不动。用弹力带套住上身，以便在伸展躯干时起到支撑作用，并能帮助运动员回到起始位置。降低躯干，直到躯干与地面平行，伸展臀部，推动躯干向前，保持肩膀在髋部上方
单臂滑动平板支撑	2	60秒（每只手臂30秒）	60秒	平板支撑姿势开始，双手撑在滑板上。单臂向前、向后滑动平板，重复30秒，换臂重复相同动作

动态热身。

技术训练。

- 双脚弹跳3×10米，用走回起点的方式恢复。
- 单侧直腿练习结合A垫步，3×20米，用走回起点的方式恢复。
- 直腿小跳接跨步跑，每条腿完成3×30米，用走回起点的方式恢复。
- 侧向单侧直腿跨栏架，然后转髋逐渐加速，共6个栏架，加速距离为20米，每条腿重复3次，用走回起点的方式恢复。

同伴面对面追逐练习：距离20米，2×4次重复，重复动作之间充分休息，每组动作之间休息3分钟。

后退前进跑（图11.9）：2×4次重复，重复动作之间充分休息，每组动作之间休息3分钟。

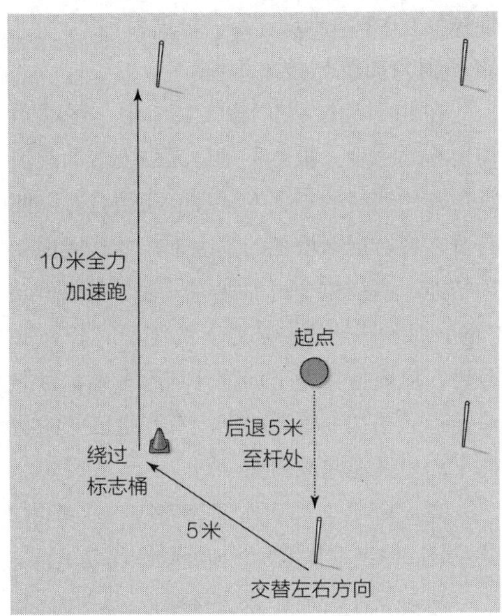

图11.9　后退前进跑

敏捷梯侧向移动后冲刺（图11.10）：2×4次重复，重复动作之间充分休息，每组动作之间休息3分钟。

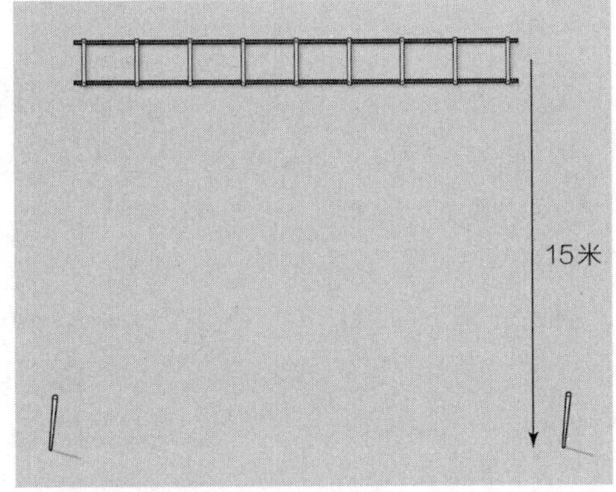

图11.10　敏捷梯侧向移动后冲刺

动态启动（图11.11）：1×6次重复，每次重复动作之间充分休息。

作为提高动作技能的一种方法，敏捷梯训练的效果经常被高估，因为运动员在该训练后所形成的运动模式并不自然，而且姿势也不正确。即使如此，它还是很受欢迎。敏捷梯训练的一个目的是训练多方向单脚运动。在敏捷梯侧向移动后冲刺训练过程中，卡莉必须借助脚部一侧（内侧或者外侧，取决于脚与移动方向的相对位置）来产生强大的地面反作用力，从而侧向移动。同时，她必须维持每次单脚落地和离地时髋部水平以及膝与髋对位。

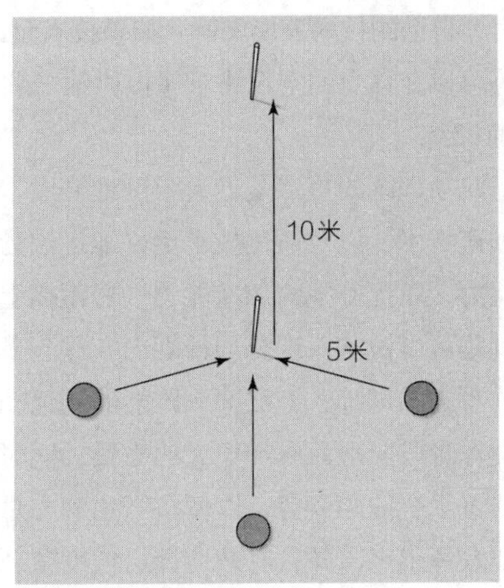

图11.11　动态启动

卡莉还处于学习的过渡阶段。因此，在变向训练中，她只能进行一些单方向变向练习。如果训练中变向过于复杂或过多，她就不能专注于做好基本的练习和改进她的技术。她应该关注的是如何带着目的去实现训练目标。复杂的变向练习也不特定于她在场上的位置需求，所以通常要求她在相对短的距离内，动态启动和单向变向之后，进行全速冲刺。

这些训练能够让运动员的赛场表现更加出色，变向技术需要在赛前反复练习，直线加速需要有力，并且在整个冲刺过程中以最大的速度完成。卡莉可以用摄像机记录自己的运动过程，之后回看进行反思，这能帮助她更好地了解相对于加速技术熟练的运动员而言，自己的技术表现如何。如果技术允许，教练可以在休息的空隙将录像提供给卡莉。

加速训练

此项训练的重点是最大限度地开发卡莉的加速技术，以及通过技术更好地运用力量的能力，以提升她的加速能力。短距离上坡冲刺跑可以被纳入训练周计划内。作为一种抵抗重力的训练，上坡冲刺跑能够让运动员在支撑阶段向地面施加更大的力量，同时将小腿置于合适的姿势，以便将产生的力量有效地发挥出来，并且有效地针对坡度重新定位下一步的摆动腿。

6×15米加速跑，坡度为5度，训练间歇比为1∶6，3分钟的积极性恢复，6×20米加速跑，坡度为5度，3分钟的积极性恢复，6×10米加速跑，坡度为5度，3分钟的积极性恢复，6×15米加速跑，坡度为5度。

专项耐力训练与技术训练

在此训练过程（图11.12）中，运动员需要将高强度（虽然不是最大强度）的跑步练习与比赛时的一些专项技能相结合，以使自身在疲劳逐渐增加的情况下，继续展现专项技能，完成整个耐力训练。这个训练单元（整个训练计划的一部分）的练习时长为30分钟，应安排在整个训练计划的末尾，目的是让运动员在训练课初期没有产生疲劳的状态下高质量地完成训练。

完成以下全部动作即为完成一次练习。共6组，每组重复4次，训练间歇比是1∶3。

从起点开始跑10米去接球；

带球绕过标志杆；

转身，将球传回至起点；

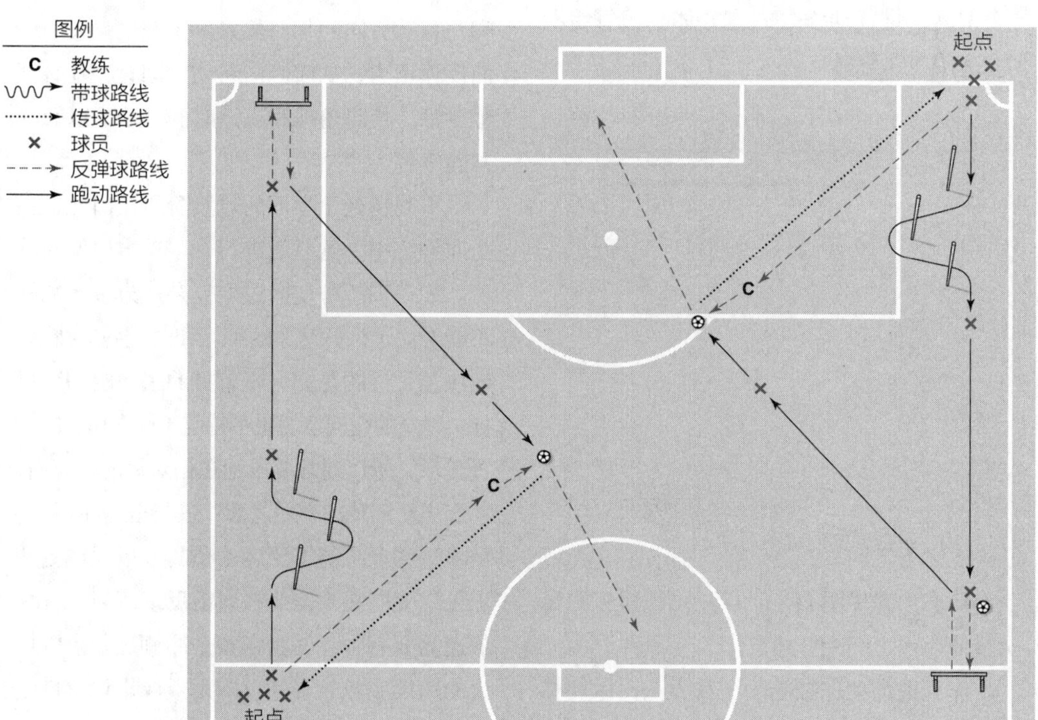

图11.12　专项耐力训练与技术训练

跑30米去接球；

进行1到2次撞墙过人；

长传到教练所在位置（C点）；

沿传球线路前进；

接住教练在⊗位置传出的球，用头球或者挑传的方式将球射入网内；

跑回起点，重复练习。

赛前准备训练

在此训练期间，训练计划（表11.15）的重点将转向技术、战术训练方面。不仅训练总量减少、训练强度提高，同时还会改变训练过程中训练课的顺序。例如，在正常情况下，运动员在精力最旺盛的时候才进行快速伸缩复合训练。但是在职业体育项目，以及像足球这种接触类运动项目中，运动员必须在重大比赛期间保持精力旺盛的状态，这一点非常重要。

表11.15　赛前准备阶段的训练周计划

训练	周一	周二	周三	周四	周五	周六	周日
训练1	技术训练	加速训练	快速伸缩复合训练与负重训练	恢复日	变向接直线加速训练、技术训练	教学比赛	恢复日
训练2	快速伸缩复合训练与负重训练	技术训练和专项体能训练	技术训练				

快速伸缩复合训练与负重训练

卡莉已经从跳跃控制训练进阶至中级训练，如表11.16所示。这些训练内容既能满足她自身体能的需要，同时也能满足比赛的要求。这些练习包括单腿练习、双腿纵跳练习，以及多方向起跳与落地练习。将这些练习组合起来进行复合训练，爆发式练习被安排在了高强度的抗阻练习之后，因为二者具有相似的神经机制。

这些练习几乎占据了整个力-速度曲线的范围，最大速率的力量练习在该训练周期中应该排在第一位。在进行抗阻训练的运动员中，卡莉的年龄相对较小，所以那些专门为她设计的训练项目旨在加强她的基本运动能力。训练年限较长的运动员在参与训练时，训练负荷相对更大（例如，每组动作重复3次），或者递减训练（在最后一组训练中减少阻力负荷，使杠铃速率达到最大）。

我们也会考虑为运动员制订一些更复杂的组合练习，比如为能力突出的运动员安排反向弓步接上台阶练习，但是这种训练项目无法反映出卡莉的需求和能力。我们可以为卡莉安排这样的训练项目，但是在此之前，她需要在较长的时间内进行一些能够提升基础的功能性力量的训练项目。

表11.16 注重肌肉力量和神经肌肉爆发力的快速伸缩复合训练和负重训练

项目	组数	重复	间歇	动作描述
组合： 1. 从大腿高度开始的抓举 2. 单腿六边形跳跃	3	5次	练习之间间歇60秒，组间间歇3分钟	以第二次提拉开始时的跳跃姿势站立。采用抓举握法抓握杠铃，下肢和躯干同样呈抓举姿势；进行爆发式抓举，以过顶蹲的姿势接住杠铃
		每条腿5次		在地板上画一个六边形，其边长为0.5米左右。站在六边形的中央，面朝前。单腿跳到六边形之外，再跳回中央，沿着每条边依次跳出跳进，跳跃过程中始终面朝前。之后换另一条腿重复
组合： 1. 高杠位后蹲 2. 最大高度跳箱跳上	4	5次	练习之间间歇60秒，组间间歇3分钟	将杠铃放在背部最上方，做一个深蹲
		3次		根据个人能力，运动员尽可能跳上最高的跳箱，双脚起跳并落在跳箱顶部的正中间
组合： 1. 背杠铃上步练习 2. 单腿收腹跳	3	每条腿4次	练习之间间歇30秒，组间间歇2分钟	单脚踏在一个稳定的平面上，前腿蹬伸，驱动身体向上运动。后腿离开地面后，身体站直，将后腿向前抬，直到大腿与地面平行，保持单腿平衡站立
		每条腿4次		单腿站立，身体快速1/4蹲，之后尽可能高地跳起，在空中使膝盖向胸部靠拢，单脚或双脚落地
北欧腘绳肌离心练习	4	6次	2分钟	跪姿，脚踝固定住（同伴或杠铃杆）。保持膝、髋、肩关节在一条直线上，身体有控制地慢慢向前倾斜，直到无法保持离心控制。用腘绳肌的力量将身体拉回原始位置，或者双手撑地回到原始位置
跪姿腹肌推拉	2	5到10次（重复次数由动作质量决定）	60秒	跪姿，双手抓住杠铃杆，双手握距与肩同宽，两臂伸直。保持膝、髋、肩关节在一条直线上，向前滚动杠铃杆使之尽可能远离身体，之后回到原始位置

加速训练

这个训练周期强度大但是训练量少，因为在此之后，卡莉要与全队进行几个小时的能量代谢训练。雪橇训练要求卡莉通过下肢伸展产生最大的推动力，以克服雪橇所带来的外部阻力。此训练周期采用复合训练体系，即将无阻力练习安排在阻力练习之后，通过大负荷的练习增加神经肌肉系统中运动单位的募集，从而更好地发展无阻力下的加速能力。

动态热身。

技术训练。

- 靠墙两步冲刺。
- 双脚反弹跳。
- 单侧直腿结合A垫步。
- 单腿硬拉接单腿直腿垫步。
- 前倒启动接5米、10米、15米冲刺。

雪橇加速训练：3×4次，每次完成后接15米无阻力加速跑；两次重复之间要有足够的休息时间；组间休息3到4分钟。

动态起跑比赛（与同伴进行3到5米动态起跑比赛）：3组10米，3组15米；两次重复之间要有足够的休息时间；组间休息3到4分钟。

练习专项体能的技术课

这堂体能课是针对足球专项的。设计小场地比赛（图11.13）是为了使运动员最大限度地参与。为了优化运动员的空间意识和高强度的动作，赛场大小需要经过适当的测量。运动员跟踪模式通常表明，在赛前准备阶段的训练计划中，参与小场地比赛的球员更有可能在更高的强度下产生高质量的运动模式，这有助于在有压力的环境中整合技术和战术技能，因此这类体能课能够帮助运动员在专项准备阶段实现一些关键的目标。

小场地比赛如图11.13所示。在比赛中，共有两组运动员，每组4人，各自站在赛场上不同的标志桶处。裁判哨声响起，他们就全速冲入球场中央（一个边长为30米的方格）。

4对4赛制：比赛时长4分钟，共4节比赛，每节比赛中间有90秒的休息时间，每场比赛结束后有2分钟的休息时间。

2对2赛制：比赛时长2分钟，共8节比赛，每节比赛中间有90秒的休息时间，每场比赛结束后有2分钟的休息时间。

6×50米冲刺训练，每隔30秒进行一次。

在小场地比赛中，卡莉能够有各种机会去练习变向技术和加速跑技术，所以说，这些小场地比赛与她平时所进行的各项训练也是相关的。运动员认为，小场地比赛训练比传统的耐力训练更加有趣。因此，那些正处于体能训练基础阶段的运动员，能够从合理的训练计划和比赛中受益，以便改善专项耐力。

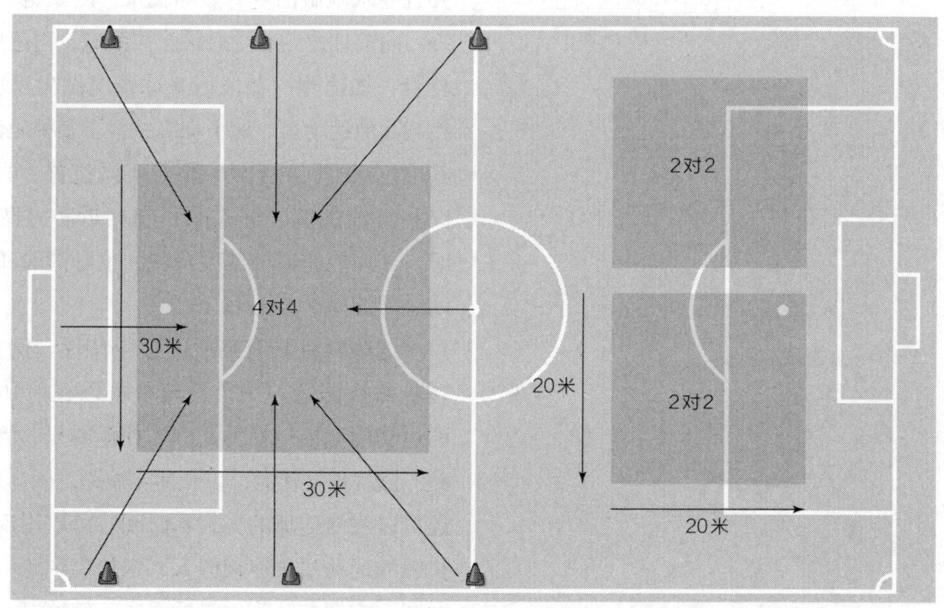

图11.13 小场地比赛，有益于专项耐力及技术、战术的整合

注：原书图如此。

变向接直线加速训练

由于这堂训练课被安排在技术训练课之前，因此训练总量少而强度高。这一训练课同样应该帮助卡莉为接下来的训练做好准备。设计这些练习的目的是尽可能地整合专项位置的动作模式和技能。

动态热身。

疯狂球游戏。

- 21分制。运动员抛球，球每在地上弹跳一次，该运动员就得一分，运动员需在球停止弹跳后开始滚动前接住球，如果球发生了滚动，那么该运动员得分清零。率先获得21分的运动员获胜。
- 报数接球。同伴抛球，并在1到4中随机说一个数字，运动员需按照同伴说出的数字让球弹跳相应次数后，及时接住球。

转身快跑（图11.14）：共2组，每组重复6次（两边轮流进行），两次重复之间应有足够的休息时间，组间休息3分钟。

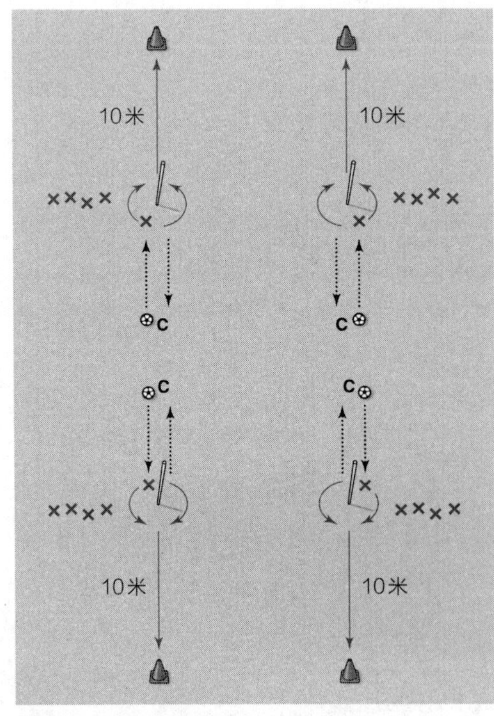

图11.14　转身快跑

清除和关闭（图11.15）：共2组，每组重复6次（两边轮流进行），两次重复之间应有足够的休息时间，组间休息3分钟。

本堂课从疯狂球游戏正式开始。这些与同伴共同完成的练习项目其实非常有趣。参与疯狂球游戏的运动员根据球的运动做出反应，以此提高步速和姿态控制能力。灵敏性训练需要具有反应和决策方面的考虑才能真正发挥作用，而这些具有比赛性质的日常游戏非常适合于达成这一目的。在疯狂球游戏中，运动员也能练习脚部与地面接触的合理方式，因为疯狂球的弹跳方向一直在发生变化，这使运动员必须在脚跟离开地面的同时，将体重合理地分布于双脚。

疯狂球游戏之后的一些训练，整合了卡莉在整个计划中亟须练习的一些方面，即足球专项动作的练习，这些练习是开放式的，并且要求她做出更有效的决策。比如她多次练习向前加速跑，之后跳起接头球，再落地；转身，加速跑，并根据来球情况做出反应，拦截其他运动员。这个训练结合了多种元素，其中包括不同的启动刺激、不同位置上的变向和直线加速。进攻队员在接近防守队员时，如何控制或使速度最优，也是清除和关闭练习的元素（图11.15）。

这些训练具有高度的适应特性。例如，在转身快跑练习中，运动员可以在前10米的运动中变换运动方式，比如侧滑步、倒退跑、侧滑步接转向，以及冲刺短跑。同样地，还可以改变传球的方式和时间，可以用反应机敏的运动员来替代假人，以提高训练中对时间、空间和动作质量的要求，使冲刺、转身移动技术更加实用。

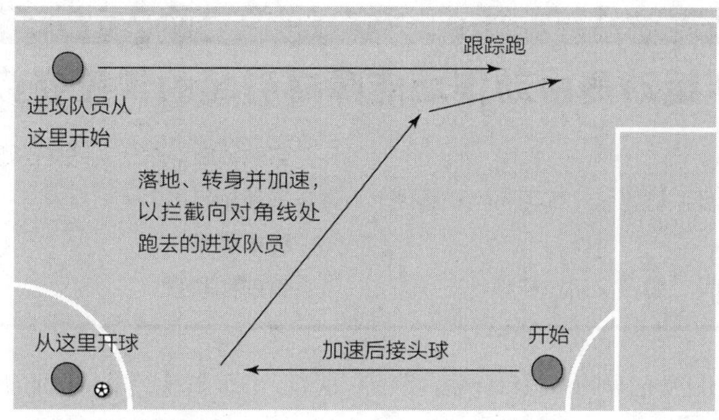

图11.15　清除和关闭

案例分析3：多项目计划

多年来，萨姆在某一地区担任许多运动团队的体能教练，他为许多项目和各个年龄段的运动员都服务过。萨姆逐渐发现，高年龄段的运动员在运动能力上存在着很大的问题，这是因为在他们的成长经历中，处于低年龄阶段时缺少合理的发展计划。

如同他在执教棒球队时的发现："从成年人的角度来说，我应该为运动员提供身体素质方面的服务，就好像给蛋糕加糖霜。这项工作应该是复杂而精细的，而且只会让最后的结果产生5%的差异。"

但是在很多情况下，有的蛋糕甚至在烘焙环节就出了差错。运动员的身体潜能一般都只开发了60%左右，因此我们需要在运动员的早期发展阶段就制订合理的训练计划和指导方式，为运动员在职业发展道路上开发更大的潜力而发挥显著的作用。

萨姆注意到，在许多运动项目中，很多处于青少年后期和成年期的运动员，会出现动作功能障碍。他曾与许多高水平专业人士谈论过这种现象，涉及的运动项目包括篮球、排球、足球、橄榄球、棒球和曲棍球等。他也曾在工作过的田径俱乐部里与其他同事讨论过此事。他发现有非常多的运动员都有习惯性的动作功能障碍（主要是由于运动员没有得到正确的指导而形成不合格的动作力学机制和姿势控制模式），这种功能障碍与髋部、腰椎–骨盆区域和胸椎区域肌肉紧张有关。这一点已在下文的"青少年运动员由动作功能障碍引起的常见姿势问题"中做出了详细说明。

萨姆认为非常有必要去制订一个多项目计划，这将成为他所在地区运动员发展经历中一个特定的组成部分。这个训练计划能为运动员在一般运动和专业发展（跑步、跳跃、能量代谢和抗阻训练）方面提供一套安排合理的、综合性的体能训练课程，使运动员在结束该计划的训练之后，为实现更高水平的运动表现做好充足的准备。通过运动和训练，运动员的潜力都可以得到开发。在很多典型的高水平的运动表现训练计划中，运动员出现动作代偿，无法使潜力发挥到极致，从而丧失了继续参与运动的兴趣时，该训练计划却能针对这个问题大大降低运动员的掉队率。

青少年运动员由动作功能障碍引起的常见姿势问题

跟腱紧张。

髋关节优势屈肌群紧张（练习不当和腘绳肌紧张）。

与腘绳肌相比，股四头肌过于强壮。

臀肌募集不充分（髋关节侧面的控制不力，骨盆前后倾斜）。

胸椎紧张。

肩前侧紧张。

为了支持自己所倡导的多项目计划，萨姆选取了几位运动员，对其做简单的动作技能分析。这一评估工作是在一位运动训练师兼理疗师的帮助下完成的，在他的帮助下进行了一些关节稳定性测试和灵活性测试，其中包括星形偏移平衡测试、测试膝关节稳定性的改良托马斯试验、测试灵活性的slump试验，以及其他关节特定的测试。站姿评估与其他一系列基本的动作评估一起完成。进行这些评估测试主要是为了有效地进行其他方面的评估工作，为教练提供准确的参考信息，便于教练通过具体的训练计划将相关信息反馈给运动员。第6章中对此类信息有更加全面的说明。

深蹲动作评估

起始姿势

双脚分开与肩同宽，双脚朝前。将手放在头部两侧，肘部指向两侧，然后将双臂举过头顶，充分伸展肘部。

技术

有控制地完成下蹲动作，蹲得尽可能低。

检查要点

脚跟始终不能离开地面。

运动员整个动作过程中始终保持正确的腰椎曲度，注意腰骶和腰胸结合处的转动。

膝盖要与第二趾对齐。适度移动膝关节和旋转髋关节，注意膝关节不要过度内扣。

站立和下蹲应连贯流畅。

按照下列流程观察运动员，运动员出现动作代偿时停止动作。

- 下蹲至大腿与地面平行（屈膝90度）。
- 全蹲（髋关节在膝盖水平线以下）。
- 以双臂举过头顶的形式下蹲至大腿与地面平行（屈膝90度）。
- 以双臂举过头顶的形式全蹲。

直线弓步动作评估

起始姿势

站立。

技术

双手放于头部两侧，肘部屈曲，指向两侧。向前迈步，前腿的大腿与地面平行。抬头挺胸，将前脚放在地面上，前膝与第二趾对齐。随后使后腿膝盖触地，位于前脚脚跟后方。坚持2秒，之后恢复到站立姿势。换另一条腿重复相同的动作。

检查要点

膝盖与第二趾对齐，并且臀部收紧。腰部和胸部挺直。

按照下列流程观察运动员，运动员出现动作代偿时停止动作。

- 前腿弯曲90度，后膝触地。
- 前腿弯曲90度，后膝触地，然后身体恢复站立姿势。
- 二级动作，加上前腿的旋转动作。

正向、侧向双脚或单脚跳过栏架动作评估

起始姿势

站立，双脚分开与髋同宽，双臂放松垂放在身体两侧。

技术

朝着规定的方向单脚或双脚跳过4个栏架，平稳落地。

检查要点

落地时髋、膝、踝关节保持在同一条直线上。臀部后坐、收紧，躯干保持平稳，胸部和腰部挺直。落地时很安静，保持全脚掌触地。

按照下列流程观察运动员，运动员出现动作代偿时停止动作。

- 双脚跳起，双脚落地。
- 双脚跳起，单脚落地。
- 单脚跳起，单脚落地。
- 屈髋90度单脚跳起，单脚落地。

单腿屈伸动作评估

起始姿势

站立，双脚分开与肩同宽，之后单脚站立。双臂放松垂放在身体两侧。

技术

支撑腿保持全脚掌触地，有控制地进行3次单腿屈伸。之后换另一条腿重复相同动作。

检查要点

运动员应保持膝盖与第二趾对齐，臀部后坐、收紧。脊柱保持中立位。不要发生骨盆前倾，或腰椎过伸。

脚部位置一直保持不变，不要出现过度内翻或早期外翻。

骨盆保持水平，不要偏向任何一边。

肩膀、躯干与支撑腿保持在同一条直线上。运动员在整个过程中，动作是持续和连贯的，对身体是有控制的。

运动员应完成以下动作。

- 单腿屈伸60度。
- 单腿屈伸90度。
- 单腿屈伸120度。
- 单腿深蹲。

俯卧撑动作评估

起始姿势

请参考各种动作的动作描述。

技术

在做俯卧撑时要让身体保持一条直线——肘部充分伸展，至充分屈曲，胸部距离地面大概7.5厘米。

检查要点

肩膀保持中立位，不要耸肩。

肩胛骨保持中立位，不能出现翼状肩胛。

胸椎和腰椎位置正确。

在整个运动过程中，骨盆始终保持中立位，不要向前或向一侧倾斜。

按照下列流程观察运动员，运动员出现动作代偿时停止动作。

- 对墙俯卧撑，双脚离墙的距离大概是胫骨结节到地面距离的1.5倍，双手分开与肩同宽（撑墙），前额触及墙面。
- 倾斜俯卧撑，双手撑在底座或桌边上做俯卧撑。
- 倾斜俯卧撑，双手撑在高度为20厘米的木块上做俯卧撑。
- 在地面上做俯卧撑。
- 下倾斜式俯卧撑（双脚放在高度为20厘米的木块上）。

四点跪姿动作评估

起始姿势

双手、双脚四点触地，双脚分开与臀部同宽，双手分开与肩同宽，并与肩部对齐，将身体重量均匀分布在与地面接触的这4个点上。

技术

按照下述顺序完成动作。要保持肩部和髋部位置水平，腰部与骨盆不要朝任意一侧倾斜，不要在做动作时大幅度调整身体重心。

第1级：抬起一只手臂指向前方，并与躯干保持在同一条直线上。保持此姿势，之后恢复起始姿势，换另一只手臂重复相同动作。

第2级：向后抬起并伸直一条腿，肩膀、臀部、膝盖与脚踝四者保持在同一条直线上。保持此姿势，之后恢复起始姿势，换另一条腿重复相同动作。

第3级：同时举起对侧的一只手臂和一条腿。

第4级：同时举起同侧的一只手臂和一条腿。

检查要点

肩膀和臀部水平并保持在同一条直线上。

躯干不能发生任何扭转。

躯干不能伸展，运动员抬起肢体时，不能塌腰或弓背。

骨盆位置保持水平，不要向前或向任何一侧倾斜。

肩胛骨不要突起，也不要出现翼状肩胛。

根据运动员在测试中的表现，萨姆和理疗师能够给运动员提供一份分析报告，为将来运动表现的提高提供反馈和进阶建议。

这些评估测试结果证明了制订训练计划的必要性，它们为运动员的运动发展与提高提供了非常有价值的帮助。因此，萨姆在大量运动计划及其研究成果的基础上，创建了运动学院，并实施他的训练计划。他的训练中心和设计的计划使不同项目、年龄相仿的运动员聚集在一起，通过实现一系列具体的目标来共同提高运动水平。

运动学院的目标

- 通过持续的进阶学习实践来提高运动能力。
- 通过持续的进阶学习实践来增强姿势控制能力和相关的功能性力量。
- 通过承诺在发展性环境中实施训练计划来培养运动员的训练能力。

运动员个人情况简介

观察分析及相关建议

该运动员的比目鱼肌、股四头肌和腘绳肌都非常紧张。他应该主要针对髋、膝、踝关节周围的肌肉进行动态和静态相结合的关节灵活性训练。

该运动员在深蹲测试和单腿跳测试项目中动作幅度不到位，而且动作控制得不够好。上述不足可能与该运动员的比目鱼肌、股四头肌和腘绳肌过度紧张有关。他应该在指导和反馈下，训练单腿和双腿深蹲时对腰椎和膝关节的控制。

该运动员在俯卧撑动作评估中，表现出肩胛骨离心控制能力弱；在四点跪姿动作评估中，腰椎－骨盆控制能力弱。他应该在平时的训练中着重进行肩胛骨控制练习和肩袖处旋转肌群的力量练习。此外，为了增强对骨盆的控制能力，他还需要进行躯体力量提升练习、臀大肌和臀中肌的力量练习。

为了保证训练计划的执行质量，必须限制运动员的人数，每个教练最多只能指导12名运动员。所有有效的运动员发展体系，都是建立在之前训练计划基础上的。许多运动员进入运动学院时等级是U14，之后将会开始他们第一次系统的、有专业指导的体能计划。学院需要针对一些关键的基础素质，构建并实施与神经肌肉系统、骨骼肌肉系统和能量代谢系统有关的发展计划。训练计划的进程是从以提升总体运动能力为基础的早期阶段，发展到基于参加训练课程的年龄且侧重于运动表现能力的阶段，这些课程更能反映出专项运动项目对运动员的要求。

萨姆同时也十分希望此训练计划能反映出一种逐级进阶的哲学，即运动员刻苦训练不只是为了达到一时的成就。他希望运动员能够在身体素质方面做好准备，以便能顺利过渡到高中和体育俱乐部的专业模式中去。因此，当运动员还在小学进行最后一年的体育训练时，学院就要为他们制订高中所需的运动训练计划，方便他们提前做好准备。在学校的体育训练体系有所变化时，训练计划使运动员的体能足以适应更高水平的训练要求和赛场表现要求。

注意：年龄只是参考指标。加入学院的运动员可根据自身的能力和训练水平，在训练过程中采取合适的训练计划。因为学院会为运动员提供多种运动项目的训练计划，所以所有运动员都可以根据自身情况进行适当的调整，而且也没有必要将运动员限定在某一年龄组别中。

基础训练计划

基础训练计划能够为运动员在灵活性和稳定性方面打下坚实的基础。运动员通过这种训练能够最大限度全范围地活动各个关节，同时在运动范围内能感知并控制身体姿势。后续训练计划还包括速度技术的训练和非专项的能量代谢训练，让运动员在疲劳状态下仍能保持良好的运动状态。

一般情况下，此计划中运动员的年龄在12岁到14岁，正是处于青少年发育的早期。女性运动员在这个阶段可能正处于青春期，所以训练课的内容是有区别的。对女性运动员来说，练习项目侧重于组合式发展训练，涉及在动态活动中髋、膝、踝关节的位置变化，相关内容在第3章、第5章、第9章和第10章中都曾着重强调过。而一些早熟的男性运动员也同样处于青春期。为了区分早熟运动员和正常发育的运动员，可以在他们处于身高突增期时，追踪他们的站立身高和坐姿身高，以观察他们的发育进程。

经历过青春期的运动员和能够胜任难度更高的训练项目的运动员，很快就可以进入后续训练阶段，也可以直接进行下一个等级的训练，以便能从后续的更高强度的力量训练中受益。这种方法使运动员最大限度地受益于体内高水平的合成代谢激素和雄激素。但是，只有运动员的灵活性、稳定性和姿势控制能力都达到标准后才能优先进行力量训练。

第3章中曾提过，处在此发展阶段的运动员，一般会在执行熟练动作时经历一个瓶颈期，这是因为他们的骨骼生长十分迅速，神经肌肉系统也在发生着很多变化。所以，此阶段训练计划的重点是采用个性化（差异化）的训练方法，为每名运动员设定不同的任务，从而让他们更好地掌握动作技能。

表11.17中列出了8堂训练课的计划安排，同时也列出了每堂训练课的目标和具体运动方式。运动员每周参加一到两次该训练计划，每次的时长为40分钟。在训练的开始，会采用板块周期模式，注重训练某一具体方面，以确保他们在早期学习阶段能完全掌握基础姿势和技能。这种训练模式可以一直重复，随后可以加入一些新的技能训练（比如，速度方面的训练）。年轻的运动员如果能一直坚持进行此类训练，那么这种练习随机分布但逐级进阶的训练单元能够为运动员的长期学习打下基础。

表11.17 基础训练计划：8堂训练课的计划安排

第1堂课	第2堂课	第3堂课	第4堂课	第5堂课	第6堂课	第7堂课	第8堂课
热身	热身	热身	热身	热身	热身	热身	热身
髋关节灵活性练习	踝关节灵活性和稳定性练习	髋关节灵活性练习	胸椎灵活性练习	踝关节、膝关节、髋关节、胸椎：灵活性和动作分解练习	跳高和跳远练习	髋关节灵活性练习	胸椎灵活性练习
跳跃：双脚触地练习	跑步技术练习	膝伸肌、髋伸肌力量练习	跳跃：落地技术练习	攀爬练习和上身向上拉练习	跑步：动作速度练习	跑步技术练习	跳跃：双脚触地练习
能量代谢游戏	姿势稳定性练习	变向技术练习	全身爆发力练习：实心球抛掷	能量代谢循环练习	变向：躲避游戏	姿势稳定性练习	能量代谢游戏

通过给每个运动员布置简单的训练任务或家庭作业，进一步培养训练精神。这些任务可能只是做一些简单的静态拉伸动作，这些动作主要针对运动员特定的身体紧张部位，

以及运动员需要加强练习的方面。这些任务和目标都是由教练设定的，他们负责监控运动员在各个任务中的参与情况和表现情况。这个方式会一直进行下去，并作为对所有运动员常规筛查（每年3次）的一种补充。

热身的主题是使用之前学习的训练动作来激活和加强神经肌肉系统，提高关节灵活性，为后续的训练课做好准备。一套精心设计的准备活动，始于一些低强度的练习，之后在动态动作中逐渐增加动作的强度和复杂程度，然后逐级进阶至训练课的第一项主体内容。

基础训练计划第1堂课如下。

热身运动（10分钟）。

- 提升心率：四个运动员围成正方形，一个运动员在中间；在腋下传网球，手臂不能和网球接触，每扔10次球就要拦下一次球，或者换掉中间的那一个运动员。
- 从脚跟过渡至脚尖行走，同时摆臂。
- 腘绳肌牵拉10次。
- 单腿登山10次。
- 俯冲俯卧撑10次。
- 腹肌轮推拉10次。
- 膝盖与肘部十字交叉动作10次。

髋关节灵活性练习（10分钟）。

- 弓步上举。
- 祈祷式深蹲。
- 四肢触地髋旋转动作：先做出螃蟹的姿势，然后将臀部抬高，向外旋转，使一侧膝盖向地面下落，然后回位，双脚保持不动。
- 深蹲姿势下膝关节外侧和内侧运动：从深蹲姿势开始，一侧膝盖向后并向外移动，然后再向前并向内移动，触及地面，在动作过程中脚踝内旋。

跳跃：双脚触地练习（10分钟）。

- 4×10米双脚快速触地跳跃。
- 双脚跳下，半蹲落地缓冲，5×4次重复。

能量代谢游戏：在体操馆内进行障碍训练（图11.16），计时比赛或配对比赛。

髋关节灵活性练习的基础是双手和双脚触地，膝关节是动作的重点。只有当股骨在髋部的球窝关节内旋转时，这种训练才有完成的可能。这些动作利用一些主动机制和被动机制来针对那些在青少年运动员中被认定为高风险的关键的灵活性区域。有一些练习，例如弓步上举，双手姿势的固定需要肌肉控制，同时还会对运动员的肌肉进行牵拉。其他动作也需要主动肌的控制力量来启动和进阶（例如，深蹲姿势和蟹式姿势中的髋关节旋转动作）。佛式牵拉是一项更为被动的练习，是一种抗阻式静态牵拉动作。

跳跃练习一般为简单的线性运动，在脚踝绷紧的情况下，注重主动地触地。在一些小空间里，也可以进行跳跃运动，因此该训练课内可以提前备好能量代谢训练的器械。运动员会进行一系列的全身运动，其中包含许多高强度动作，并且通常是大力量或者高速度的动作。运动的整体持续时间不能过长，运动员可以在各项训练之间选择休息和恢复的间歇时长。综合所有这些因素意味着，处于青春前期的运动员，由于其不能完成无氧运动，所以不应该对其施加过度的压力（第3章）。

运动的竞争性因素，应该通过合适的运动员配对来进行加强，并将任务当作竞赛一样来完成。可以采用交错开始的方式进行练习，这样运动员就可以在许多训练站点同时进行练习。让运动员组成团队，记录团队完成任务所需的所有时间，以此鼓励团队合作。虽然有争议，但在提供适当的指导、监督和

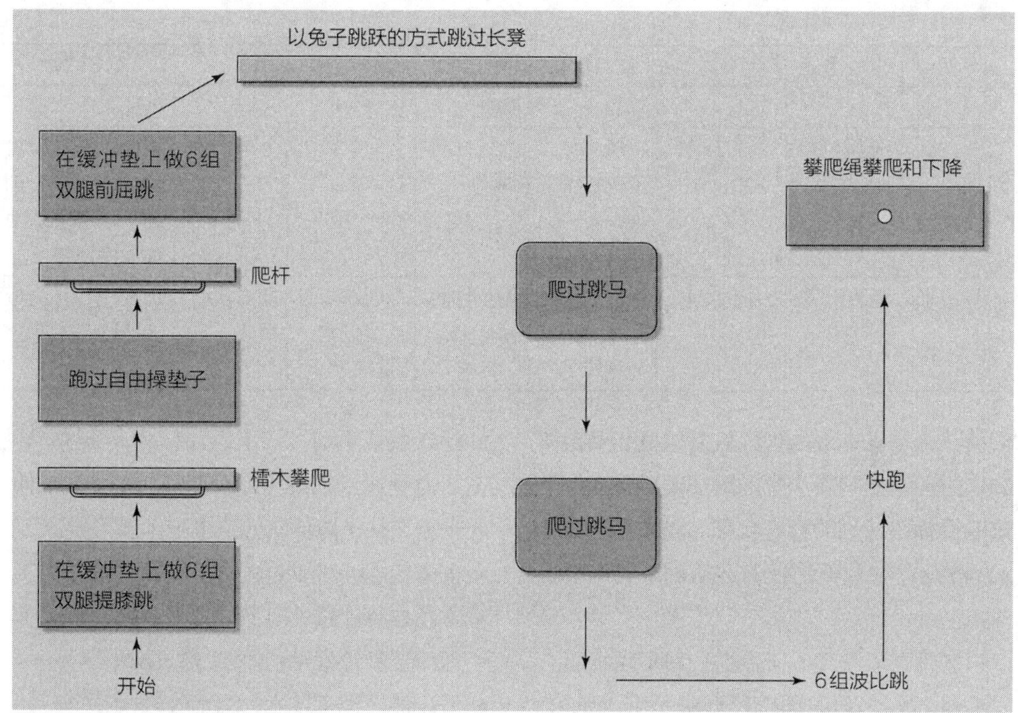

图11.16　体操馆内的障碍训练

注意细节时，檑木攀爬、攀爬绳攀爬和下降运动都是安全的运动方式。没有证据表明这些是高风险的运动，并且，我们认为在训练器材中加入相关设备对运动员来说是有利的。

当我们把设备布置成上述形式时，障碍物训练可以转变成游戏，例如落地抓人游戏。运动员要在周围跑动，如果触地就可能会被抓住。但是他们在一个障碍物上只能停留规定的时间（最长时间），因此他们需要思考，下一步应该往哪里移动。在这样的游戏过程中，需要将速度、灵敏性、全身力量和耐力发挥到极致。这些游戏除了有益于运动员，还可以作为结束训练课的一种有趣的方式。

过渡训练计划

该计划（表11.18）旨在夯实基础，为14岁的运动员顺利过渡到高中体育运动做好准备。该计划的重点仍然是动作质量，但是对技术动作的发力要求提高了。同样，运动员必须掌握基本的功能性力量训练动作，其中一些要在负重下进行。现在大多数运动员处于青春后期，不同性别运动员的绝对力量、爆发力和速度都在增加。的确，目前对负荷（或训练表现的指标）的考虑在增加。我们鼓励运动员举起更重的重量、跑得更快、跳得更高和更远，只要这样做不妨碍正确技术的执行。

该周期训练课中的训练单元较少，更注重具体的（通常并不全面的）目标。在这一阶段，运动员应该具有很好的协调能力，能够在基本的负重或者反弹运动中（例如跑步和跳跃运动）展示良好的力学技能。教练要注重运动员在运动过程中保持正确的关节位置，不要出现动作代偿。训练重点仍然是姿势控制和强化神经肌肉系统。功能性肌肉肥

表11.18　过渡训练计划

第1堂课	第2堂课	第3堂课	第4堂课	第5堂课	第6堂课	第7堂课	第8堂课
热身	热身	热身	热身	热身	热身	热身	热身
跳跃：纵跳训练	跑步：线性加速训练	变向技术训练	跳跃：落地技术训练	力量技术训练	变向：躲闪技术训练	力量技术训练	跳跃：低障碍物快速伸缩复合训练，双脚跳跃动作顺序训练
力量技术训练	能量代谢循环训练	力量技术训练	反应和决策接多方向加速训练	能量代谢循环训练	侧向跳以及落地技术训练	能量代谢游戏	加速度转化为最大速度

大被认为是受有效的训练机制以及相关激素和遗传因素影响所产生的附加效果，而不是该阶段训练计划的特定目标。肌肉肥大（第2章讨论过）并不是任何运动训练的主要关注点。

教练在渐进式热身活动中引入动作练习，这些练习在之前的训练计划中是重点练习。在热身运动中，重点是髋部和胸椎的灵活性的加强，以及动力链中伸肌群的激活。运动员通过这样的热身训练会合理地进阶到力量技术训练，其目标是在保持胸椎伸展的状态下，通过髋伸肌的全幅度运动来提升力量水平。

过渡训练计划第5堂课如下。

热身（10分钟）。

- 提升心率："陷在泥里"，贴着标签的人必须站立不动，只能由队友从他伸展的胳膊下钻过，才能自由活动。
- 10米脚跟走接10米脚尖走，配合手臂摆动。
- 10次反向北欧下降（腘绳肌离心练习）。
- 10次深蹲姿势下膝关节外侧和内侧运动：从深蹲姿势开始，一条腿向后、向外侧运动，然后再向前、向内侧触地，脚踝也自然地随之内旋。
- 10次弓步走接直臂转体。
- 10次双臂上举直腿跨栏。
- 10次蝎式运动。

力量技术训练（25分钟）。胸椎保持伸展，重点强化髋伸肌的抗阻技术和力量。

- 上举实心球弓步走：（1到3）×8次。
- 六角杠铃硬拉：（1到3）×6次。
- 深蹲接哑铃推举：（1到3）×5次。
- 弓步侧向绳索伐木：（1到3）×6次。

能量代谢循环训练（15分钟）。两人一组，一人做动作，另一人提供阻力，或必要时提供帮助。然后互换角色。练习之间的转换要尽可能快。每组训练之间休息60秒，完成2到4组。

- 2次推雪橇后冲刺。
- 8次在同伴阻力下俯卧撑。
- 8次在同伴支撑下仰卧划船。
- 5次跳羚。
- 1次环游世界。

在这堂课里，每项练习的难度都可以很容易根据专项需求和运动员的自身需求进行调整。举例来说，如果运动员在做弓步动作时由于肩部灵活性不足不能将实心球保持在头顶上，则可以在头部后方增加扶手。如果运动员已经知道在六角杠铃硬拉过程中可能产生左右不平衡，那么可以采用手提箱式硬拉（一只手拿着壶铃，另一只手什么都不拿，运动员做硬拉动作，从地面提起壶铃，站立，放回地面，保持髋部和肩膀水平）。

力量技术训练应该控制在10组内，平衡性可以在各种练习中进行调整，以达到运动员想要的平衡效果。例如，如果一个运动员需要更大的整体力量，那么他就要多做几组硬拉；而如果某个运动员需要通过躯干到头顶的运动来提高控制能力，那么他应该多重复几组深蹲接哑铃推举。很明显，可以调节这些动作中的重量，使其与个人能力相匹配。各练习之间休息1或2分钟，让运动员在每项练习中都能得到适当的恢复，并在规定时间内完成该堂课的练习。

能量代谢训练背后的思路是符合力量训练的主题，使用全身力量练习，通过在疲劳状态下的重复练习来提升耐力。大多数练习使用身体的重量，因此运动员需要和与自己体重、力量相似的队友合作。除了要让运动员在疲劳状态下训练，根据自己的节奏进行恢复，这一环节要求运动员在疲劳的情况下进行合作和交流，以完成既定的任务。

和所有的训练课一样，每项练习的组数和重复次数可以根据个人能力进行适当的调整。同样，使用的阻力也可以调整。例如，相对强壮的运动员可能希望在俯卧撑下降和撑起的过程中都有阻力，而能力稍差的运动员可能希望只在撑起过程中有阻力（例如，不要离心超负荷），还有一些运动员可能不需要任何来自同伴的外部阻力。同样地，在仰卧式划船练习中，想要调整手臂所拉动的阻力重量，也可以通过弯曲或者伸展下肢来调整重心的位置，以及身体杠杆臂的相对位置来实现。在15分钟内获得乐趣、力量发展和疲劳，是这个年龄段的运动员完成训练的理想方式。

进阶训练计划

该计划与目前运动员在运动发展阶段正在进行的专项训练互为补充。计划是多方面的，因此教练可以根据运动员喜欢的运动和运动员需要量身定制训练方案。该计划更加强调特定性和个性化的课堂目标，而不是一堂课包含所有的训练单元。

如第3章所列出的，在这一发展阶段，运动员的有氧能力可以通过训练达到最高水平。实现这一目标的最佳方式，是通过多个短时间和高强度的间歇训练，以及和游戏相关的活动。这种方法确保了耐力的提升，能够与这一阶段进行的力量、爆发力和速度训练互为补充。从发育角度来看，这个年龄正常发育的孩子，无氧系统已完全成熟，应该实行全方位的能量系统训练。因此，应该采用高强度训练和短时、长时间歇训练。

在学院的组织结构中，和运动员合作的教练必须了解，如何处理体重增加的问题及体重增加对体形产生的影响。运动员应该清楚地知道瘦体重和脂肪重量的区别，一切与身体形态有关的问题都要及时处理。这个话题可能包括与需要或避免肌肉肥大有关的问题，以及与美学、外观和运动生活方式和其他社会发展方面之间的平衡问题。

男生身高突增期结束后的12到18个月以后和女生身高突增期结束后，是通过力量训练增强全身力量的最佳时期。此时应强调神经肌肉系统训练，重点关注高力量、高爆发力输出、多关节阻力以及跳跃能力的训练。例如，运动员以之前练习过的动作为基础（或者如果他们没有掌握基础，就接着之前的训练进阶）进行高质量的奥林匹克举重技术训练。随着个人的持续进步，训练也会进阶。

现在，年轻运动员在训练进阶过程中第一次有了体验强调负荷的机会。这种训练被认为是向年轻运动员介绍周期化基本知识的理想方法（例如，在训练周期的不同阶段强调课程的具体方面）。运动学院的计划越来越灵活，因为不同学校的运动员在一年的不同阶段需要不同的训练内容。这一点在表11.19有所反映。

表11.19 整体进阶训练计划

确认的运动员训练需求或训练重点				
重点	力量	爆发力	速度	耐力
每周的力量训练课	3到4	3	2到3	2
每周的速度和灵敏性训练课	0.5	1到2	2.5	1
每周的快速伸缩复合训练课	0	1到2	1.5	1
每周的能量代谢训练课	0.5	0.5	0	3

运动员和教练一起确定如何构建计划体系。例如，某位运动员希望花8周时间进行力量训练，4周进行爆发力训练，4周进行速度训练，4周进行耐力训练，再回到力量训练。另一位运动员想集中更多的精力在耐力训练上。除了要提高特定的运动能力以外，运动员还要学习与制订计划相关的重要课程。

首先，需要明白，强调身体素质并不意味着只关注这一个因素。例如，在关注功能性力量时，还有一点也很重要，就是不能忽视速度训练的补充作用。毕竟在许多运动中，力量会表现为速度，因此运动员任何时候都不能太过偏离速度训练。

其次，如果适当关注训练目标，训练重点的变化将优化运动表现。如第7章所述，在重复刺激以提供训练和改变刺激以加强训练之间做出适当调整、找到平衡是十分重要的。在长期的训练和学习计划中，计划的不可预测性同样也非常重要[7]。

最后，运动员开始意识到加强某些运动素质是有前提的。运动员要想变得更加强壮，就需要能够动态定位自己的姿势。要想增强爆发力，首先要变得更加强壮。要想发展速度，首先要变得更有爆发力。记住，计划的训练课要基于运动员的个人能力，采用个性化的方法设计。

与训练体系中的其他训练因素相比，虽然耐力训练不那么受到重视，但是许多专项训练中都包含耐力素质，如表11.20所示。

表11.21提供了关于跳跃训练课的更多详细内容。

在训练过程中使用清单或者模块化的方法进行进阶，能够使训练的主题适应日益增加的个性化需求。有更多姿势控制需求的运动员，在相关的训练过程中，可以被指导进行适当的训练课和练习（如第10章所述）。同样地，在进行更高等级的跳跃训练之前，关注基本落地技术的运动员，也需要适当的指导，先进行特定的训练课。

表11.20　进阶训练计划：第1至4课

	训练课1	训练课2	训练课3	训练课4
跳跃训练：板块训练中的训练课主题	单腿技术训练	多方向跳跃训练	垂直推进：实心球和弹跳练习	强化触地反弹训练
力量训练：板块训练中的训练课主题，训练多关节动作，而不是肌肉	悬垂高翻2×5次； 前深蹲接上推举2×5次； 双杠臂屈伸2×5次； 俯身划船2×5次； 进阶版平板支撑1次； 短臂悬垂提臀1次	从大腿高度开始的抓举2×5次； 后蹲2×5次； 直腿硬拉2×6次； 倒立俯卧撑2×5次； 仰卧划船2×8次； 烛台动作进阶（反向卷腹、直腿上举、烛台动作变式）1次； 实心球旋转抛掷1次	高抓第一次提拉2×5次； 单腿深蹲2×5次（每条腿）； 后弓步2×5次； 爬绳4次； 臀推进阶1次； 跪姿对角线伐木1次	从大腿高度开始抓举和高翻2×5次； 过顶深蹲2×6次； 引体向上2×5次； 站姿交替哑铃推肩2×5次； 旋转躯干1次： 雨刷动作进阶1次； 折刀动作进阶（短力臂、长力臂、有阻力）1次
速度和灵敏性训练：板块训练中的训练课主题	线性加速训练	变向灵敏性训练：反应并决策，加速，减速，变向，再加速	最大速率技能与实践	变向灵敏性训练：反应并决策，加速，减速，变向，再加速
能量代谢训练：板块训练中的训练课主题	脚离地式间歇训练，例如，全力划船10组，每组300米，间歇40秒	高强度跑动间歇训练	能量代谢循环训练：例如，10个全身性练习6组，每个练习30秒，练习之间间歇15秒，组间间隔1分钟	大运动量的间歇训练（跑步、骑自行车、划船）

表11.21　跳跃：单腿和重量转移训练课

项目	组数	重复次数	间歇
右脚单脚跳（10%步幅）	3	10	2分钟
左脚单脚跳（10%步幅）	3	10	2分钟
双脚交替跳（最大弹跳的60%到80%）	3	10	3分钟
交替单脚跳和连续跳跃（全力）	4	6	4分钟

运动表现计划

许多运动员在16岁时会开始专项化的计划。这个时间要早于我们所认知的，因此被称为早期专项化，例如游泳和体操。运动学院使得专项计划得到推广，但前提是要有良好的动作技能和功能性力量提升的基础。运动员被允许重新回到练习阶段，加强之前掌握的某些动作，以确保动作实现自动化。

游泳运动员史蒂文

史蒂文是一名从事自由泳项目的运动员。他一周会参加3次学院的陆上体能课程。他的主要目标是保持姿态控制的肌内和肌间力量，从而可以在水中保持水平姿势。在这一点上，游泳不同于其他运动，运动的力量并不基于地面反作用力，而基于手臂施加的拉力和腿部施加的推力以抵抗流体阻力，从而在水中实现流线型的运动姿态。

这说明，其第二个目标是能够产生地面反作用力，这样就能执行有力的启动和转体。史蒂文需要最大限度地利用关键机会在比赛中产生水平推力。史蒂文的计划如表11.22所示。

表11.22 游泳陆上训练运动计划

训练课1	训练课2	训练课3
高翻拉4×4次	颈后推举4×5次	前蹲4×5次
过顶深蹲4×8次	过顶弓步走4×10次	十字：用肌肉向上支撑4×8次（动作质量决定重复次数）
手倒立钟摆，坚持5秒，4×6次（每只手臂3次）	负重引体向上4×5次	扔实心球4×15次
俯身绳索交替飞鸟4×5次（每只手臂）	实心球体前旋转下抛4×8次（每只手臂）	跪姿绳索四方向伐木3×8次
卧拉4×8次	负重臀桥4×8次	烛台动作（反向收腹）4×10次
腹肌轮4×10次	绳索反向旋转，每边3×8次	

美式橄榄球运动员麦克

麦克在他的高中橄榄球队里是非常有潜力的跑卫。他体重80千克，需要力量、速度和灵敏性训练。他有7年的美式橄榄球训练经历，进行专业训练计划已有3年，因此他已掌握了大部分基本训练技术。

作为一个跑卫，麦克需要能够从低位站姿开始实现迅速加速，并有效地变向。他也需要在为队友阻挡的时候，能够从较低的姿势爆发，冲撞防守队员的上身。在力量房里，他的主要目标是在最短的时间内发出更大的力，提高自己的爆发力-体重比。麦克还需要具备许多的练习技术，以便在后续的运动生涯中，更好地完成教练安排的训练。他的速度和灵敏性训练分为线性加速、变向接3步加速，以及模式化跑动。

麦克在运动学院一周训练4天（表11.23），在力量房里完成3堂训练课，一周里还会完成3堂速度训练课。在赛季里（8月到10月），以及季后赛和美国全国锦标赛（10月到12月）期间，麦克一周训练4天，周五参加比赛。一年中剩下的时间，他会参加各种运动，作为他运动全面发展的一部分。这也是为了他长期提高而训练，而不只是为了比赛。麦克计划中的跑动训练如图11.17所示。

速度和变向环节的动态热身（周一）如下。

前弓步5次，后弓步5次，20米跨步跑（50%最大努力）。

右脚在前小马跑。

侧移步5次，然后20米跨步跑（50%最大努力）。

左腿在前小马跑。

俯撑后踢腿，每条腿8次，然后20米跨步跑（50%最大努力）。

20米侧滑步，配合摆臂。

表11.23 跑动爆发力发展的运动计划

周一	周二	周三	周四
速度：变向		速度：线性加速	速度
动态热身		热身：技术练习	动态热身
练习： 侧滑步接直线冲刺1×6次； 内切接直线冲刺1×6次； 外切接直线冲刺1×6次； 灵敏杆曲线跑1×6次； 5–10–5专业灵敏（触线）1×6次		练习： 拖雪橇40米加速跑，2组有阻力（10千克），2组没有阻力，组间完全恢复	练习： 模式化跑动3×10次，随机变向
力量训练： 高翻4×3次； 负重俯卧撑4×5次； 滑板侧弓步蹲4×6次； 俯身划船4×5次； 绳索下劈3×5次； 烛台动作3×10次	力量训练： 箭步式挺举4×4次（换腿）； 颈后深蹲5×5次； 负重引体向上4×5次； 直腿硬拉4×5次； 悬垂雨刷2×10次		力量训练： 从大腿高度开始的抓举4×4次； 卧推4×4次； 实心球的推、抛组合1次； 单腿深蹲4×5次； 直腿举杠铃4×3次； 斜插杠铃左右转体，（每侧）3×5次

俯卧撑向上纵跳，交替更换脚跟间距，脚跟在双手外侧、内侧各10次；然后20米跨步跑（50%最大努力）。

20米侧滑步，配合摆臂。

单腿登山动作10次，然后20米跨步跑（75%最大努力）。

侧卧外展提腿5次，侧卧内收提腿，每条腿5次。

四肢触地髋部外展5次。

四肢撑地，膝盖向前、向后画圈各5次。

蝎式运动10次。

单腿臀桥，每条腿5次。

仰卧单腿腘绳肌牵拉，每条腿10次。

起跑姿势牵拉小腿10次。

水平剪刀撑5次，大腿内侧牵拉，每边4次。

20米蹲走，然后20米反向蹲走。

20米向前垫步，然后20米向后垫步。

本章小结

这一章阐释了在运动员发展计划中，教授动作技能的基本原则。计划的目标决定了实现的方法。在每一个案例中，计划考虑的重心应是运动员，而不是教练的需求或者其他计划的需求。

回顾每一个案例分析，读者应该能够确定之前几章的关键主题和特点。所有方法都有其科学基础，为了实施计划，采用了一种整合的模式。在每一个案例中，动作技能的提高都是通过平衡方法强化、改善姿态控制能力，以及增强控制和转移力量来实现的。所有这些都基于一个平衡的训练进阶，即从

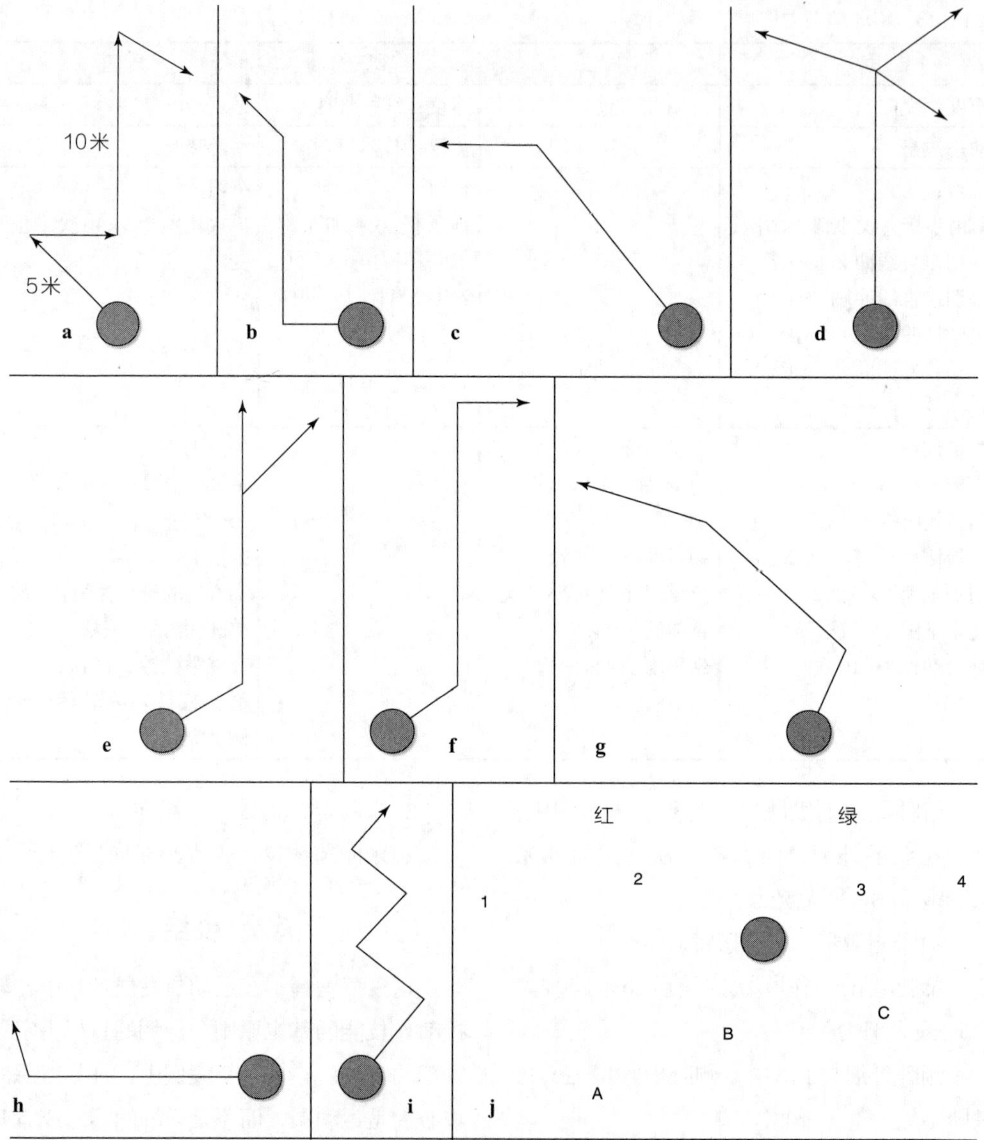

图11.17 模式化跑动训练：a.左右应急路线跑；b.左右旗帜路线跑；c.左右短平路线跑；d.左右选项路线跑；e.左右缝线路线跑；f.左右外折路线跑；g.左右偷跑路线跑；h.左右摇摆路线跑；i.左右锯齿路线跑；j.顺序跑动路线跑

一般的动作技能训练进阶到运动专项技术训练，也基于运动员为提高自身能力所需要的挑战。计划可以反映出所有的训练原则，遵循这些原则是提高动作质量的核心。

参考文献

第1章

[1] Stone, M.H., M. Stone, and W.A. Sands. 2007. *Principles of resistance training*. Champaign, IL: Human Kinetics.

[2] Bompa, T.O., and G.G. Haff. 2009. *Periodization: Theory and methodology of training*. 5th ed. Champaign, IL: Human Kinetics.

[3] Siff, M.C. 2003. *Supertraining*. 5th ed. Denver, CO: Supertraining Institute.

[4] Gallahue, D.L., and F.L. Donnelly. 2003. *Developmental physical education for all children*. 4th ed. Champaign, IL: Human Kinetics.

[5] Abbott, A., D. Collins, K. Sowerby, and R. Martindale. 2007. *Developing the potential of young people in sport*. A report for sportscotland by the University of Edinburgh.

[6] Jess, M., D. Collins, and L. Burwitz. 1999. The role of children's movement competence as an antecedent of lifelong physical activity. *Health Education Journal*, 1–15.

[7] Bailey, R., M. Toms, D. Collins, P. Ford, A. Macnamara, and G. Pearce. 2011. Models of young player development in sport. In *Coaching children in sport*, ed. I. Stafford. Abingdon, UK: Routledge.

[8] Stafford, I., ed. 2011. *Coaching children in sport*. Abingdon, UK: Routledge.

第2章

[1] Enoka, R. 2002. *The neuro-mechanics of human movement*. Champaign, IL: Human Kinetics.

[2] Kenny, W.L., J. Wilmore, and D. Costill. 2015. *Physiology of sport and exercise*. 6th ed. Champaign, IL: Human Kinetics.

[3] Kendall, F.P., E.K. McCreary, P.G. Provance, M.M. Rodgers, and W.I. Romani. 2005. *Muscles: Testing posture and function with posture and pain*. 5th ed. Baltimore: Lippincott, Williams & Wilkins.

[4] Semmler, J.G., and R.M. Enoka. 2008. Neural contributions to changes in muscle strength. In *Biomechanics in sport: The scientific basis for performance*, ed. V.M. Zatsiorski, 3–20. Oxford, UK: Blackwell.

[5] Coyle, D. 2009. *The talent code*. New York: Random House.

[6] Brewer, C. 2008. *Strength and conditioning for sports: A practical guide for coaches*. Leeds, UK: 1st4sport publications.

[7] Beachle, T., and R.W. Earle. 2008. *Essentials of strength training and conditioning*. 3rd ed. Champaign, IL: Human Kinetics.

[8] Cronin, J.C., and A.J. Blazevich. 2009. Speed. In *Applied anatomy and biomechanics in sport*, 2nd ed., ed. T.R. Ackland, B.C. Elliott, and J. Bloomfield. Champaign, IL: Human Kinetics.

第3章

[1] Bompa, T.O., and G.G. Haff. 2009. *Periodization: Theory and methodology of training*. 5th ed. Champaign, IL: Human Kinetics.

[2] Brewer, C. 2013. *Strength and conditioning for sports: A practical guide for coaches*. 2nd ed. Leeds, UK: 1st4sport publications.

[3] Viru, A., M. Loko, A. Harro, L. Laaneaots, and M. Viru. 1999. Critical periods in the development of performance capacity during childhood and adolescence. *European Journal of Physical Education* 4(1): 75–119.

[4] Lloyd, R., and J.L. Oliver. 2013. Developing younger athletes. In *High-performance training for sports*, ed. D. Joyce and D. Lewindon, 15–28. Champaign, IL: Human Kinetics.

[5] Gallahue, D., and C. Donnelly. 2007. *Developmental physical education for all children*. 2nd ed. Champaign, IL: Human Kinetics.

[6] Balyi, I., R. Whey, and C. Higgs. 2013. *Longterm athlete development*, 33–48. Champaign, IL: Human Kinetics.

[7] Rumpf, M.C., J.B. Cronin, S.D. Pinder, J. Oliver, and M.G. Hughes. 2012. Effects of different training methods on running sprint times in male youth. *Pediatric Exercise Science* 24(2): 170–186.

[8] Bouvier, M. 1989. The biology and composition of bone. In *Bone mechanics*, ed. S.C. Cronin, 1–14. Boca Raton, FL: CRC Press.

[9] Pfeiffer, K.A., F. Lobelo, D.S. Ward, and R.R. Pate. 2008. Endurance trainability of children and youth. In *The young athlete: The encyclopaedia of sports medicine*, ed. O. Bar-or, and H. Hebestreit, 84–95. Oxford, UK: Blackwell.

[10] Malina, R.M., C. Bouchard, and O. Bar-Or. 2004. *Growth, maturation and physical activity*. Champaign, IL: Human Kinetics.

[11] Behringer, M., A. Vom Heede, M. Matthews, and J. Mester. 2011. Effects of strength training on motor performance skills in children and adolescents. *Pediatric Exercise Science* 23(2): 186–206.

[12] Lloyd, R.S., A.D. Faigenbaum, M.H. Stone, J.L. Oliver, I. Jeffreys, J.A. Moody, C. Brewer, K.C. Pierce, T.M. McCambridge, R. Howard, L. Herrington, B. Hainline, L.J. Micheli, R. Jaques, W.J. Kraemer, M.G. McBride, T.M. Best, D.A. Chu, B.A. Alvar, and G.D. Myer. 2014. Position statement on youth resistance training: The 2014 international consensus. *British Journal of Sports Medicine* 48(7): 498–505.

[13] Verhagen, E., and W. Van Mechelen. 2008. The epidemiology of paediatric sports-related injuries. In The young athlete: *The encyclopaedia of sports medicine*, ed. O. Bar-Or and H. Hebestreit, 141–150. Oxford, UK: Blackwell.

[14] Baquet, G., C. Guinhouya, G. Dupont, C. Nourry, and S. Berthoin. 2004. The effects of a short-term interval program on physical fitness in prepubertal children. *Journal of Strength and Conditioning Research* 18(4): 708–713.

[15] French, D. 2014. *Programming and adaptation implications for concurrent training*. UKSCA annual conference, July 2014.

第4章

[1] Whiting, W., and R. Zernicke. 1998. *Biomechanics of musculo-skeletal injury*. Champaign, IL: Human Kinetics.

[2] Stone, M.H., M. Stone, and W.A. Sands. 2007. Modes of resistance training. In *Principles and practice of resistance training*, 241–257. Champaign, IL: Human Kinetics.

[3] MacIntosh, B.R., and R.J. Holash. 2000. Power output and force-velocity properties of muscle. In *Biomechanics and biology of movement*, ed. B.M. Nigg, B.R. MacIntosh, and J. Mester, 193–210. Champaign, IL: Human Kinetics.

[4] Plisk, S. 2008. Speed, agility and speed-endurance development. In *Essentials of strength training and conditioning*, 3rd ed., ed. T.R. Beachle and R.W. Earle, 457–485. Champaign, IL: Human Kinetics.

[5] Krzysztof, M., and A. Mer. 2013. A kinematics analysis of three best 100m performances ever. *Journal of Human Kinetics* 36:149–160.

[6] Stone, M.H., M. Stone, and W.A. Sands. 2007. Neuromuscular physiology. In *Principles and practice of resistance training*, 15–43. Champaign, IL: Human Kinetics.

第5章

[1] Posture Committee of the American Academy of Orthopedic Surgeons. 1947. Posture and its *relationship to orthopedic disabilities: A report of the Posture Committee of the American Academy of Orthopedic Surgeons*. Evanston, IL: American Academy of Orthopedic Surgeons, p. 1.

[2] Wallace, B. 2001. Balance training. In *Therapeutic exercise: Techniques for intervention*, ed. W.D. Bandy and B. Sanders, 239–262. Baltimore: Lippincott, Williams and Wilkins.

[3] Enoka, R. 2002. *Neuromechanics of human movement*. 3rd ed., 241–312. Champaign, IL: Human Kinetics.

[4] McGill, S. 2004. *Ultimate back fitness and performance*. 3rd ed., 113–124. Ontario, Canada: Backfit Pro.

[5] Behnke, R. 2012. *Kinetic anatomy*. 3rd ed. Champaign, IL: Human Kinetics.

[6] Enoka, R. 2002. *Neuromechanics of human*

movement. 3rd ed., 313–358. Champaign, IL: Human Kinetics.

[7] Fisher, L. 2003. *How to dunk a doughnut: The science of everyday life*. New York: Arcade.

[8] Hamill, J., and K.L. Knutzen. 2003. *Biomechanical basis of human movement*. 2nd ed., 337–379. Baltimore: Lippincott, Williams and Wilkins.

[9] Stone, M.H., M. Stone, and W.A. Sands. 2007. *Principles of resistance training*, 45–60. Champaign, IL: Human Kinetics.

第6章

[1] Watson, A.W.S. 2001. Sports injuries related to flexibility, posture, acceleration, clinical defects, and previous injury in high-level players of body contact sports. *International Journal of Sports Medicine* 22:222–225.

[2] Scache, A.G., T.M. Wrigley, R. Baker, and M.G. Pandy. 2009. Biomechanical response to hamstring muscle strain. *Gait & Posture* 29(2): 332–338.

[3] Cook, G. 2003. *Athletic body in balance*. Champaign, IL: Human Kinetics.

[4] McDonough, A., and L. Funk. 2014. Can glenohumeral joint isokinetic strength and range of movement predict injury in professional rugby league? *Physical Therapy in Sport* 15:91–96.

[5] Watson, A.W.S. 2001. Sports injuries related to flexibility, posture, acceleration, clinical defects, and previous injury in high-level players of body contact sports. *International Journal of Sports Medicine* 22: 222, 225.

[6] Schmidt-Wiethoff, R., W. Rapp, F. Mauch, T. Schneider, and H.J. Appell. 2004. Shoulder rotation characteristics in professional tennis players. *Interna-tional Journal of Sports Medicine* 25(2): 154–158.

[7] Kaplan, K.M., N.S. ElAttrache, F.W. Jobe, B.F. Morrey, K.R. Kaufman, and W.J. Hurd. 2010. Comparison of shoulder range of motion, strength, and playing time in injured high school baseball pitchers who reside in warm- and cold-weather climates. *American Journal of Sports Medicine* 39(2): 320–328.

[8] Hewett, T.E., G.D. Myer, K.R. Ford, R.S. Heidt, A.J. Colosimo, S.G. McLean, A.J. Van den Bogert, M.V. Paterno, and P. Succop. 2005. Biomechanical measures of neuromuscular control and valgus loading of the knee predict anterior cruciate ligament injury risk in female athletes: A prospective study. *American Journal of Sports Medicine* 4(1): 492–501.

[9] Hamilton, R.T., S.J. Shultz, R.J. Schmitz, and D.H. Perrin. 2008. Triple-hop distance as a valid predictor of lower limb strength and power. *Journal of Athletic Training* 43(2): 144–151.

[10] Evans, K., K.M. Refshauge, and R. Adams. 2007. Trunk muscle endurance tests: Reliability and gender differences in athletes. *Journal of Science and Medicine in Sport* 10:447–455.

第7章

[1] Eyesenck, M.W. 1994. *The Blackwell dictionary of cognitive psychology*, 284. Oxford, UK: Blackwell.

[2] Gholve, P.A., D.M. Scher, S. Khakharia, R.F. Widmann, and D.W. Green. 2007. Osgood Schlatter syndrome. *Current Opinion in Pediatrics* 19(1): 44–50.

[3] Kujala, U.M., M. Kvist, and O. Heinonen. 1985. Osgood-Schlatter's disease in adolescent athletes. Retrospective study of incidence and duration. *American Journal of Sports Medicine* 13(4): 236–241.

[4] Bompa, T.O., and G.G. Haff, 2009. *Periodization: Theory and methodology of training*. 5th ed. Champaign, IL: Human Kinetics.

[5] Stone, M.H., M. Stone, and W.A. Sands. 2007. *Principles of resistance training*. Champaign, IL: Human Kinetics.

[6] Seefeldt, V., J. Haubenstricker, and S. Reuschlein. 1979. Why physical education in the elementary school curriculum? *Ontario Physical Education & Health Education Association Journal* 5(1): 21–31.

[7] Huber, J. 2013. *Applying educational psychology in coaching athletes*. Champaign, IL: Human Kinetics.

[8] Schmidt, R.A., and T.D. Lee. 2011. *Motor control and learning: A behavioural emphasis*. 5th ed. Champaign, IL: Human Kinetics.

[9] Schmidt, R.A., and T.D. Lee. 2014. *Motor learning*

and performance. 5th ed. Champaign, IL: Human Kinetics.

[10] Kirk, D., and A. MacPhail. 2002. Teaching games for understanding and situated learning: Rethinking the Bunker-Thorpe model. *Journal of Teaching in Physical Education* 21(2): 177–192.

第8章

[1] Buttifant, D., K. Graham, and K. Cross. 2013. Agility and speed in soccer players are 2 different performance parameters. In *Science in football IV*, ed. A. Murphy, T. Reilly, and V. Spinks. Oxford, UK: Routledge.

[2] Plisk, S. 2008. Speed, agility and endurance development. In *Essentials of strength training and conditioning*, ed. T.R. Beachle, and R.W. Earle. Champaign, IL: Human Kinetics.

[3] Sheppard, J.M., and W.B. Young. 2006. Agility literature review: Classifications, training and testing. *Journal of Sports Science* 24:919–932.

[4] Jeffreys, I. 2013. *Developing speed*. Champaign, IL: Human Kinetics.

[5] Dawes, J., and M. Roozen, 2013. *Developing agility and quickness*. Champaign, IL: Human Kinetics.

[6] Mero, A., P.V. Komi, and R.J. Gregor. 1992. Biomechanics of sprint running. *Sports Medicine* 13(6): 376–392.

[7] Brown, T.D., and J.D. Vescovi. 2012. Maximum speed: Misconceptions of sprinting. *Strength and Conditioning Journal* 34(2): 37–41.

[8] Chelladurai, P. 1976. Manifestations of agility. *Canadian Association of Health, Physical Education, and Recreation* 42: 36–41.

[9] Gallahue, D.L., and F.C. Donnelly. 2003. *Developmental physical education for all children*. 4th ed. Champaign, IL: Human Kinetics.

[10] Lafortune, M.A., G.A. Valient, and B. McLean. 2000. Biomechanics of running. In *Running*, ed. J.A. Hawley. An IOC medical commission publication, Blackwell.

[11] Nimphius, S. 2014. Increasing agility. In *High-performance training for sports*, ed. D. Joyce, and D. Lewindon. Champaign, IL: Human Kinetics.

第9章

[1] Hay, J.G., J.A. Miller, and R.W. Canterna. 1986. The techniques of elite male long jumpers. *Journal of Biomechanics* 19(10): 855–866.

[2] Thompson, P. 2009. *Run, jump, throw: The official IAAF guide to teaching athletics*.

[3] Wilt, F. 1978. Plyometrics: What it is and how it works. *Modern Athlete and Coach*, 16.

[4] Kilani, H.A., S.S. Palmer, M.J. Adrian, and J.J. Gapsis. 1989. Block of the stretch reflex of vastus lateralis during vertical jump. *Human Movement Science* 75: 813–823.

[5] Potach, D.H., and D.A. Chu. 2008. Plyometric training. In *Essentials of strength training and conditioning*, 3rd ed., T. Beachle, and R.W. Earle, 413–456. Champaign, IL: Human Kinetics.

[6] Maclean, S. 2008. Using deterministic models to evaluate your athlete's performance: What are they and why should I care? Presented at the USOC Training Design Symposium, USOC Training Centre, Colorado Springs, CO, 23 March.

[7] Moran, K.A., and Wallace, E.S. 2007. Eccentric loading and range of knee joint motion effects on performance enhancement in vertical jumping. *Human Movement Science* 26(6): 824–840.

[8] Gallahue, D.L., and F.C. Donnelly. 2003. *Developmental physical education for all children*. 4th ed. Champaign, IL: Human Kinetics.

[9] Jess, M., D. Collins, and L. Burwitz. 1999. The role of children's movement competence as an antecedent of lifelong physical activity. *Health Education Journal*, 1–15.

[10] Allerheiligen, B., and R. Rogers. 1996. Plyometric program design. In *Plyometric and medicine ball training*, ed. by the National Strength and Conditioning Association. Colorado Springs: NSCA. pages 3–8.

[11] Wathen, D. 1994. Literature review: Explosive plyometric exercises. In *Position paper & literature review: Explosive exercises and training and explosive plyometric exercises*, ed. by the National Strength and Conditioning Association. Colorado

Springs: NSCA. pages 13–16.

[12] Lipp, E.J. 1998. Athletic physeal injury in children and adolescents. *Orthopedic Nursing* 17(2): 17–22.

[13] NCAA. 1994. Injury rates for women's basketball increases sharply. *NCAA News* 31 (May 11).

[14] Gilchrist, J., B.R. Mandelbaum, H. Melancon, G.W. Ryan, H.J. Silvers, L.Y. Griffin, D.S. Watanabe, R.W. Dick, and J. Dvorak. 2008. A randomized controlled trial to prevent noncontact anterior cruciate ligament injury in female collegiate soccer players. *American Journal of Sports Medicine* 36(8): 1476–1483.

[15] Komi, P., and C. Bosco. 1978. Utilisation of stored elastic energy in leg extensor muscles by men and women. *Medicine and Science in Sports and Exercise* 10(4): 261–265.

[16] Garhammer, J. 1991. A comparison between male and female lifters weightlifters in competition. *International Journal of Sport Biomechanics* 7: 3–11.

[17] Cormie, P., J.M. McBride, and G.O. McCaulley. 2007. Validation of power measurement techniques in dynamic lower body resistance exercises. *Journal of Applied Biomechanics* 23: 103–118.

[18] Sale, D.G. 2002. Postactivation potentiation: Role in human performance. *Exercise and Sports Science Reviews* 30(3): 138–143.

[19] Harrison, A.J., S.P. Keane, and J. Coglan. 2004. Force-velocity relationship and stretch-shortening cycle function in sprint and endurance athletes. *Journal of Strength and Conditioning Research* 18(3): 473–479.

第10章

[1] Stone, M.H., M. Stone, and W.A. Sands. 2007. *Principles and practices of resistance training*. Champaign, IL: Human Kinetics.

[2] Laplante, M., and D.M. Sabatini. 2009. mTOR signaling at a glance. *Journal of Cell Science* 122 (Pt 20): 3589–3594.

[3] Delavier, F. 2001. *Strength training anatomy*. Champaign, IL: Human Kinetics.

[4] Brewer, C., and M. Favre. 2016. Weight lifting for sports performance. In *Strength & conditioning for sports performance*, ed. I. Jeffreys, and J. Moody. Oxford, UK: Routledge.

[5] Favre, M.W., and M.D. Peterson. 2012. Teaching the first pull. *Strength and Conditioning Journal* 34(6): 77–81.

[6] Enoka, R.M. 1979. The pull in Olympic weightlifting. *Medicine and Science in Sport* 11(2): 131–137.

[7] Garhammer, J. 2004. USAWUSA Weightlifting Symposium, USOC, Colorado Springs, CO, July.

[8] Caterisano, A., R.F. Moss, T.K. Pellinger, K. Woodruff, V.C. Lewis, W. Booth, and T. Khadra. 2002. The effect of back squat depth on the EMG activity of 4 superficial hip and thigh muscles. *Journal of Strength and Conditioning Research* 16(3): 428–432.

[9] Nuzzo, J.L., G.O. McCaulley, P. Cormie, M.J. Cavill, and J.M. McBride. 2008. Trunk muscle activity during stability ball and free weight exercises. *Journal of Strength and Conditioning Research* 8(1): 95–102.

[10] Lloyd, R.S., A.D. Faigenbaum, M.H. Stone, J.L. Oliver, I. Jeffreys, J.A. Moody, C. Brewer, K.C. Pierce, T.M. McCambridge, R. Howard, L. Herrington, B. Hainline, L.J. Micheli, R. Jaques, W.J. Kraemer, M.G. McBride, T.M. Best, D.A. Chu, B.A. Alvar, and G.D. Myer. 2013. Position statement on youth resistance training: The 2014 international consensus. *British Journal of Sports Medicine* 48(7): 498–505.

[11] Hewes, G.W. 1955. World distribution of certain postural habits. *American Anthropologist* 57: 231–244.

[12] Beachle, T., and R.W. Earle, eds. 2008. *Essentials of strength training and conditioning*. 3rd ed. Champaign, IL: Human Kinetics.

第11章

[1] Bompa, T.O., and Haff, G.G. 2009. *Periodisation: Theory and methodology of training*. 5th ed. Champaign, IL: Human Kinetics.

[2] Christmass, M.A., S.E. Richmond, N.T. Cable, and P.E. Hartmann. 1998. A metabolic characterisation of singles tennis. In *Science and racket sports II*, ed. A. Lees, I. Maynard, M. Hughes, and T. Reilly. London: E. and F.N. Spon.

[3] Bangsbo, J., M. Iaia, and P. Krustrup. 2008. The

yo-yo intermittent recovery test: A useful tool for evaluation of physical performance in intermittent sports. *Sports Medicine* 38(1): 37–51.

[4] Vescovi, J.D. 2012. Sprint profile of professional female soccer players during competitive matches: Female Athletes in Motion (FAiM) study. *Journal of Sports Sciences* 30(12): 1259–1265.

[5] M. Ritschard, and M. Tschopp, eds. 2012. Physical analysis of the FIFA Women's World Cup Germany 2011. *FIFA Technical Study Group*. Switzerland: Aesch/ZH.

[6] Stone, M.H., M. Stone, and W.A. Sands. 2007. *Principles and practices of resistance training*. Champaign, IL: Human Kinetics.

[7] Plisk, S., and M. Stone. 2003. Periodisation strategies. *Strength and Conditioning Journal* 17: 19–37.

作者简介

克莱夫·布鲁尔是一位全球知名的跨多个领域的运动训练专家，他所擅长的领域包括高水平运动训练、运动员发展与应用运动科学。他是多伦多蓝鸟队（一支职业棒球队）的高水平运动助理总监，也是美国国家橄榄球队聘请的人类运动表现顾问，而且他还担任过全球多个运动团体组织的顾问，这些团体组织包括曼联足球俱乐部、温布尔顿网球公开赛、英国国家体能协会、苏格兰橄榄球联盟、利物浦女子足球俱乐部、国际田径联合会（国际田联），以及IMG学院。作为维德尼斯维金橄榄球联盟俱乐部（2011到2014年）的体能训练主管，他帮助这支球队取得了其在超级联盟比赛中的最好成绩，同时把每年的损伤率降低了约18%。布鲁尔还为运动医学全球运动表现系统担当顾问，为全世界各地的客户提供运动表现发展方案。他还在一些组织里担当领军人物，例如（全英）橄榄球联盟人体（运动）表现处主任。

布鲁尔受英国国家体能协会和美国国家体能协会，以及英国体育与运动科学协会的委托，担任技术支持专家。他是英国科学委员会认证的科学家，还是英国奥林匹克协会首批体能注册教练成员。2015年8月，为了彰显他对业界做出的贡献，英国国家体能协会授予他院士称号。

布鲁尔是国际田联体能训练的专业策划者，还曾是苏格兰第一位国家级田径项目的体能训练教练。在20多年的职业生涯中，布鲁尔执教过很多体育项目，包括网球、足球、橄榄球和雪橇，无论是职业水平还是国际水平的项目指导，他都能胜任。从2007年开始，布鲁尔与其他运动专家一起研究了关于“如何才能设计出英国执教模式可以依靠的最合理有效的运动发展框架”的课题。他写了几篇论文和一些书中的章节，论及应用体育科学和训练模式，以及对运动员发展的培养与执教，他还为教练群体写了两本有关训练模式的书。他出席过很多国际会议，包括奥运会前的体育科学会议、美国奥委会国家教练会议、国际橄榄球执教科学会议、美国国家体能协会全国会议，以及欧洲体能会议。

布鲁尔是英国人，居住在美国佛罗里达州坦帕大都市区。他的工作足迹遍及加拿大和美国，目前在多伦多蓝鸟队就职。

译者简介

任满迎，河北师范大学运动人体科学专业硕士；北京市体育科学研究所体能训练研究室主任，研究员，国家体育总局运动能力评估和综合干预实验室副主任，中国体育科学学会体能训练分会委员，北京体育科学学会体能训练分会秘书长；国家体育总局“优秀中青年专业技术人才百人计划”成员，国家体育总局“全国体育事业突出贡献奖（个人）”、北京市体育局“北京市体育事业突出贡献奖先进个人”获得者；国家体育总局备战2024巴黎奥运会科技助力专家组成员，多名奥运会金牌运动员的体能教练；承担或参与国家体育总局、北京市科学技术委员会、北京市体育局科研课题20余项，先后在国内外核心期刊及学术会议上发表体能训练及运动生物力学研究相关论文50余篇，译著、编著体能训练图书多部。

赵晓锋，国家体育总局竞技体育司前特聘运动表现专家（2014索契冬奥会、2016里约奥运会），2012—2022年先后执教国家体操队、国家游泳队、国家羽毛球队、国家花样滑冰队等多支国家队，备战奥运赛事；取得ASCA L1（澳大利亚体能协会体能教练认证）、CISSN（国际运动营养学会认证运动营养师）、国家高级运动营养师认证，为德国Creapure签约运动表现专家，担任中国足协特聘讲师、上海市青训复合型团队特聘专家、陕西省体操协会副主席；参与翻译《运动技能提升指南：基于运动表现提升的动作练习与方案设计》《青少年运动员营养指南》；致力于推广数字化体能训练的实践与应用。